상담의 이론과 실제

THEORY AND PRACTICE OF COUNSELING

제3판

상담의 이론과 실제

장성화·김순자·윤향숙·박지현·황윤미 공저

동문사

머리말

제4차 산업혁명시대, 빅데이터 시대, MZ 시대를 살아가는 현대인들에게 상담심리의 수요가 급속도로 늘어나고 있다. 어쩌면 전반적인 사회 분위기들 속에서 상담심리에 대한 필요성이 확대된다고 볼 수 있다. 특히 대한민국이라는 사회는 급격하게 변화를 추구하는 스마트 시대를 살아감으로 국민들의 정서적인 가치관이 혼란스럽고 정신적, 육체적, 심리적 갈등에 따른 OECD 1위 자살률, 미래에 대한 진로 정체감에 대한 문제 등으로 심적인 고통을 호소한다.

근래에 학교폭력 상담, 진로상담, 자살상담, 학교부적응 상담, 군 생활부적응 상담 등의 어려움으로 비행과 탈선, 중도학업 포기, 자살시도 등의 행위가 개인에게 미치는 영향을 넘어서 국가차원의 사회전반적인 문제로 나타나고 있다. 이러한 과정들로 인하여 상담심리에 대한 관심과 학업을 시도하는 자들이 계속해서 늘어남으로 학부과정에 상담심리학과가 많이 개설되고 있다. 그리고 대학원, 교육대학원, 특수대학원에 상담심리학과, 심리학과, 군상담심리학과 등에서 상담심리를 공부하고 있다. 이에 본 집필진은 상담에 대한 가장 기초적인 상담이론과 실제라는 과목을 수강하는 학부생, 대학원생, 전문상담 교사, Wee 센터, 1318 청소년 상담기관, 평생교육기관에 종사하시는 선생님들과 독자들에게 도움(그림, 표, 상담사례 등)을 드리기 위해 집필하였다.

이 저서는 총 4부 19개 장으로 구성되어 있다. 제1부 상담의 기초에 포함된 내용은 제1장 상담자의 의미에서 상담의 정의, 생활지도 및 심리치료, Strong의 EAT를 살펴보고, 제2장 상담의 목표에서 소극적 목표, 적극적 목표를 살펴보고, 제3장 상담의 기본 원리에서 개별화의 원리, 의도적 감정표현의 원리, 통제된 정서 관여의 원리, 수용의 원리, 비판단적 태도의 원리, 자기결정의 원리, 비밀보장의 원리를 살펴보고, 제4장 상담의 기본 조건에서 신뢰, 수용, 긍정적 존중, 공감적 이해, 진실성(일치성)을 살펴보고, 제5장 상담의 유형 및 기능에서 상담의 유형, 상담의 기능을 살펴본다.

제2부 상담이론의 개요에 포함된 내용은 제6장 상담이론에서 정신역동적(정신분석 상담, 분석심리학 상담, 개인심리학 상담), 행동주의적(Pavlov의 고전적 학습이론, Skinner의 조작적 학습이론, Bandura의 사회학습이론), 인본주의적(인간중심 상담, 실존주의 상담, 형태주의 상담), 인지주의적(인지정서행동 상담, 교류분석 상담, 현실치료 상담) 분석이론을 살펴본다.

제3부 상담이론 분석에 포함된 내용은 제7장 정신분석 상담에서 Freud, 인간관, 주요 개념 및 기법, 상담목표와 과정, 평가, 요약, 상담사례, 연습문제 등을 살펴보고, 제8장 분석심리학 상담에서 Jung, 인간관, 주요 개념 및 기법, 상담목표와 과정, 평가, 요약, 상담사례, 연습문제 등을 살펴보고, 제9장 개인심리학 상담에서 Adler, 인간관, 주요 개념 및 기법, 상담목표와 과정, 평가, 요약, 상담사례, 연습문제 등을 살펴보고, 제10장 행동주의 상담에서 Watson, 인간관, 주요 개념 및 기법, 상담목표와 과정, 평가, 요약, 상담사례, 연습문제 등을 살펴보고, 제11장 인간중심 상담에서 Rogers, 인간관, 주요 개념 및 기법, 상담목표와 과정, 평가, 요약, 상담사례, 연습문제 등을 살펴보고, 제12장 실존주의 상담에서 Frankl, 인간관, 주요 개념 및 기법, 상담목표와 과정, 평가, 요약, 상담사례, 연습문제 등을 살펴보고, 제13장 형태주의 상담에서 Perls, 인간관, 주요 개념 및 기법, 상담목표와 과정, 평가, 요약, 상담사례, 연습문제 등을 살펴보고, 제14장 인지, 정서, 행동 상담에서 Ellis, 인간관, 주요 개념 및 기법, 상담목표와 과정, 평가, 요약, 상담사례, 연습문제 등을 살펴보고, 제15장 교류분석 상담에서 Berne, 인간관, 주요 개념 및 기법, 상담목표와 과정, 평가, 요약, 상담사례, 연습문제 등을 살펴보고, 제16장 현실치료 상담에서 Glasser, 인간관,

주요 개념 및 기법, 상담목표와 과정, 평가, 요약, 상담사례, 연습문제 등을 살펴본다.

제4부 상담의 실제에 포함된 내용은 제17장 상담자의 역할과 자질에서 상담자의 역할, 상담자의 자질, 한국상담심리교육복지학회, 한국상담학회, 한국상담심리학회의 정관, 윤리강령, 윤리규정, 윤리헌장, 상담윤리 자격 선서문, 연습문제 등을 살펴보고, 제18장 상담의 기법에서 비언어적 기법, 언어적 기법, 연습문제 등을 살펴보고, 제19장 상담의 과정에서 초기 단계, 중기 단계, 종결 단계, 사례개념화, 연습문제 등 그리고 부록으로 사례발표 양식에 대하여 살펴본다.

상담이론과 실제를 집필한 저자들은 수련감독급 자격증을 취득한 학자들로 구성되어 있으며, 본 저서로 학업을 수행하는 학생들과 자격증 취득을 준비하는 대학생(원)을 위하여 최대한 쉽게 풀어쓰기 위해 노력하였다. 내용은 꼭 알고 넘어가야 되는 상담이론과 사례 등을 빠뜨리지 않고 작성하였다. 특히 수업시간이 지루하거나 재미없다고 생각하는 상담이론과 실제 수업을 대학생들이 흥미를 갖고 쉽게 접근할 수 있도록 그림과 상담사례 등을 포함하였지만, 여전히 어려움이 있음을 고백합니다. 지금보다 내일을 위해서 끊임없이 더 노력하는 학자로 거듭나도록 최선을 다하겠습니다.

끝으로 이 책이 나오기까지 물심양면으로 도움을 주신 건국대학교 김충기 명예교수님, 공군사관학교 함성수 교수님, 그리고 오랜 시간을 함께한 동문사 이중수 사장님과 직원 여러분들께 진심으로 감사의 마음을 드립니다.

2022년 7월 청주 쌍수리 연구실에서

대표저자 장성화 올림

차례

PART 01

상담의 기초

01 상담자의 의미
02 상담의 목표
03 상담의 기본 원리
04 상담의 기본 조건
05 상담의 유형 및 기능

Chapter 01

상담자의 의미

1. 상담의 정의

상담(counseling)이란 무엇인가?

상담은 라틴어의 consulere로서 Synder에 의하면 '문의하다, 충고하다, 고려하다(to consider), 반성하다(to reflect), 숙고하다(to reflect), 조언을 받다 및 조언을 구하다(to take or to ask counsel)' 등의 뜻이 포함되어 있다. 즉, 상담은 충고, 권고, 고려, 반성, 심사, 숙고, 조언 등의 활동을 의미한다. 또한 相談(상담)이란 말을 한자의 뜻으로 살펴보면, 서로 이야기하는 것([서로 상, 相], [이야기 담, 談]) 혹은 서로 의논하는 것 등으로 이해하기 쉽게 느껴지나, 실제로 상담은 이러한 의미만 가지고 있는 것은 아니다. 즉, 전문적으로 해석하면 상담은 상담자가 도움을 필요로 하는 사람에게 전문적인 지식과 자질을 가지고 내담자 자신의 환경에 대

상담(counseling)이란 라틴어의 consulere로서 Synder에 의하면 '문의하다, 충고하다, 고려하다, 반성하다, 숙고하다, 조언을 받다, 조언을 구하다' 등의 뜻이 포함되어 있다.

한 이해를 증진시키고, 비합리적인 사고를 합리적인 사로고 바꾸거나 합리적인 의사결정을 내릴 수 있도록 돕는 것이다.

오늘날의 상담 용어는 Williamson(1939)의 『How to Counsel Students (학생상담기법)』에서 처음 사용되었으며, 여러 학자들의 정의를 살펴보면 다음과 같다.

Rogers(1952)는 상담자와의 안전한 관계에서 내담자가 과거에 부정했던 경험을 다시 통합하여 새로운 자기로 변화하는 과정이라고 하였다.

https://www.amazon.com/Counsel-Students-Techniques-Clinical-Counselors/dp/B000JILMSC

Rogers(1952)는 상담자와의 안전한 관계에서 내담자가 과거에 부정했던 경험을 다시 통합하여 새로운 자기로 변화하는 과정이라고 하였다. 또한 Hahn과 Maclean(1955)은 상담이란 혼자서 해결할 수 없는 문제로 곤란을 받고 있는 개인과 이 개인의 제반적이며 개인적인 곤란을 해결하는 데 도움을 줄 수 있는 훈련과 경험을 해 온 전문가와 1:1의 관계에서 이루어진다고 했다. Burks와 Stefflre(1979)는 상담을 상담자가 내담자의 행동을 바람직한 방향으로 변화시키기 위한 전문적인 조력과정이라고 하여 자신과 환경에 대한 학습을 강조하였다.

이장호(1986)는 도움을 필요로 하는 내담자가 전문적 훈련을 받은 상담자와의 대면관계에서 생활과제를 해결하고, 행동 및 감정 측면의 인간적 성장을 위해 노력하는 학습과정이라고 정의하였다.

이장호(1986)는 도움을 필요로 하는 내담자가 전문적 훈련을 받은 상담자와의 대면관계에서 생활과제를 해결하고, 행동 및 감정 측면의 인간적 성장을 위해 노력하는 학습과정이라고 정의하였다. 박성수 외(2002)는 상담이란 내담자와 상담자 간의 수용적이고 구조화된 관계를 형성하고, 이 관계 속에서 내담자가 자기 자신과 환경에 대해 의미 있는 이해를 증진하도록 함으로써 내담자 스스로가 효율적으로 의사결정을 하고 여러 심리적인 특성을 긍정적인 방향으로 변화시키도록 원조하여 결과적으로 내담자의 성장과 발전을 촉진하는 심리적인 조력의 과정이라고 하였다. 이재창(2005)은 상담을 전문적인 훈련을 받은 상담자가 도움을 필요로 하는 내담자에게 자신과 주위 환경에 대한 이해를 촉진시킴으로써 적응과 발달을 할 수 있도록 행동의 변화를 가져오게 하는 상호작용의 학습과정으로 정의하였다.

노안영(2005)은 상담은 전문적 훈련을 받은 상담자와 조력을 필요로 하는 내담자가 상담활동의 공동 주체로서 내담자의 자각 확장을 통해 문제예방, 발달과 성장, 문제해결을 달성함으로써 그의 삶의 질을 향상하기 위해 함께 노력하는 조력과정이라고 하였다. 방선옥과 장성화(2011)는 상담은 전문적 훈련을 받은 상담자와 도움을 필요로 하는 내담자 간의 상호작용을 통해서 내담자가 자신의 문제를 스스로 인식하고 해결해 갈 수 있도록 조력하는 것이다. 궁극적으로 말하자면 내담자의 성장과 발달을 촉진하고 도모하는 과정을 상담이라고 정의하였다. 따라서 상담이란 학회 및 국가기관에서 전문적인 임상 경험과 훈련을 받은 상담자가 심리적인 문제로 인하여 고통과 아픔으로 자신의 잠재능력을 발휘하지 못하는 내담자와 대화를 통해서 문제해결 및 행복한 삶을 살아가도록 도움을 주는 것이라고 정의한다.

방선옥과 장성화(2011)는 상담은 전문적 훈련을 받은 상담자와 도움을 필요로 하는 내담자 간의 상호작용을 통해서 내담자가 자신의 문제를 스스로 인식하고 해결해 갈 수 있도록 조력하는 것으로, 궁극적으로 내담자의 성장과 발달을 촉진하고 도모하는 과정을 상담이라고 정의하였다.

상담의 정의는 학자마다 조금씩의 차이가 있으나, 상담에 대한 다양한 정의의 공통점은 다음과 같다.

첫째, 상담자와 내담자 간의 동등한 입장이다.
둘째, 상담은 언어적 수단에 의한 역동적인 상호작용이다.
셋째, 상담은 전문적인 조력을 주는 관계이다. 상담자는 전문적인 훈련을 받은 사람이고 내담자는 조력이 필요한 사람이다.
넷째, 상담은 학습의 과정으로 내담자가 자각 확장을 이루도록 돕는다.
다섯째, 내담자의 삶의 질을 향상시킨다.
여섯째, 상담은 내담자의 문제예방, 발달, 성장 그리고 문제해결을 달성한다.

미국심리학회(APA)는 상담의 특성을 다음과 같이 제시한다.

첫째, 상담은 전문적인 활동이다.

둘째, 상담은 개인적이고 사회적이며 직업적인 능력 강화와 교육적인 관심사 등을 다룬다.

셋째, 상담은 '정상적인 범주' 내에서 생활하는 사람을 대상으로 이루어진다.

넷째, 상담은 이론 중심적이고 구조화된 환경 속에서 이루어진다.

다섯째, 상담은 내담자가 의사결정하는 것과 새로운 방식으로 행동하고 느끼고 생각하는 방식을 고려해 보는 과정이다.

여섯째, 상담은 다양한 하위 전문영역을 포함한다.

2. 생활지도 · 심리치료

생활지도(guidance), 상담(counseling) 그리고 심리치료(psychotherapy)라는 용어는 여러 영역에서 사용되며 명확하게 구분되는 것보다 이러한 의미와 기능을 혼동하여 사용되고 있다.

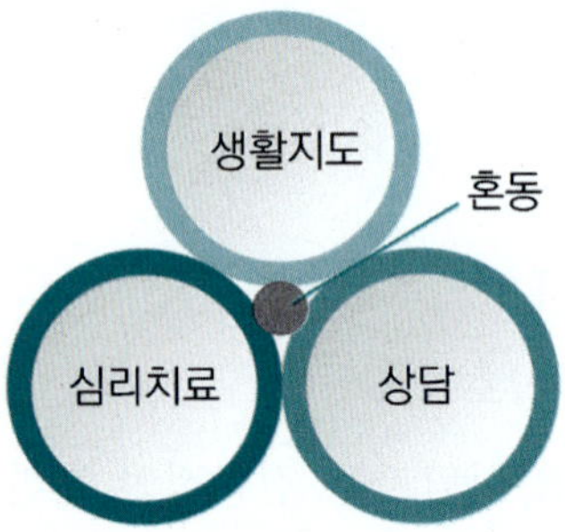

생활지도(guidance), 상담(counseling) 그리고 심리치료(psychotherapy)라는 용어는 여러 영역에서 사용되며 명확하게 구분되는 것보다 의미와 기능을 혼동하여 사용되고 있다. 따라서 생활지도, 상담, 심리치료의 차이점을 살펴보면(정원식, 박성수, 김창대, 1999) 다음과 같다.

첫째, 학문적 기초가 다르다. 생활지도는 교육학적 배경에서 발달했고, 상담은 인간에 대한 평범한 학문의 통합적 집합이라고 볼 수 있는 행동과학이나 인간과학에 기초하고 있다. 상담은 교육학 외에도 심리학, 사회학, 문화인류학, 철학, 종교학 등이 통합하여 생성된 것이다. 둘째, 활동의 궁극적 목적에 차이가 있다. 생활지도는 현실에 적응하고 자기 방향을 정립해 나가는 것이 궁극적 목적이라고 할 수 있다. 상담은 능력을 함양하는 것이 목적이기 때문에 생활에 적응하는 측면을 넘어 개인의 고유한 특성을 최대한 발달시키려 한다. 셋째, 관심의 초점이 다르다. 생활지도는 생활 전반에 초점을 맞추고, 상담은 개인의 내면세계에 더 초점을 맞춘다. 넷째, 방법이 다르다. 생활지도는 정보제공, 가르치기, 훈련, 교정과 같은 방법을 사용하지만 상담은 관계 맺고 발전시키기, 마음이 소통되는 의사 전달하기, 힘을 북돋아 주기와 같은 방법을 주로 사용한다. 상담은 마음속 깊은 곳에 있는 내용까지도 드러내 놓고 다루지만 생활지도는 객관적 현실에 초점을 둔다. 다섯째, 담당하는 사람이 다르다. 생활지도는 학급담임 및 교과지도 교사 등 교육자라면 누구나 한다. 그리고 상담은 전문화할수록, 생활지도는 보편화할수록 성과를 거둘 수 있다.

상담과 심리치료의 차이는 어떤 사람에 의해서 누구를 대상으로 무엇을 목표로 하느냐에 따라 구분된다. 즉, 상담은 정상적인 사람의 정상적인 문제를 다루는 것이고 심리치료는 무의식적 동기, 성격 문제의 고질적 원인 등을 파헤쳐 성격의 재구성을 주로 다룬다고 할 수 있다.

상담과 심리치료의 차이는 어떤 사람에 의해서 누구를 대상으로 무엇을 목표로 하느냐에 따라 구분된다.

Shertzer와 Stone(1981)은 첫째, 상담에서는 상황적이고 환경적인 압력을 다루는 반면, 심리치료는 성격의 수정과 좀 더 심각한 행동의 수정에 관여한다.

둘째, 상담은 주로 심각한 적응문제를 가지고 있는 사람들보다는 정상적인 사람들을 대상으로 하는 반면, 심리치료는 대개 심리적 장애를 가지고 있는 사람들을 대상으로 한다. 셋째, 상담에서는 현재의 의식적인 자료를 강조하는 반면 심리치료에서는 무의식적 과정의 반응에 대한 역사적이고 상징적인 자료를 강조한다. 넷째, 상담은 주로 학교, 대학, 지역사회 건강센터 등에서 실시되는 반면, 심리치료는 임상진료소, 병원 등에서 실시된다. 다섯째, 상담에서는 개인의 긍정적인 장점을 강조하지만, 심리치료에서는 진단과 치료를 강조한다. 여섯째, 상담은 주로 단기간 동안 실시되지만, 심리치료는 좀 더 긴 기간 동안 실시된다. 일곱째, 상담에서는 개인이 발달과업에 적응하도록 도와주는 것을 강조하지만, 심리치료에서는 개인의 내적인 갈등을 주로 다룬다.

따라서 이장호(2003)의 생활지도, 상담, 심리치료의 내용을 요약하면 [표 1-1]과 같다.

표 1-1 생활지도, 상담, 심리상담의 비교

구분	생활지도	상담	심리상담
대상자	소속 인원 전체	개인 내담자, 가족, 소집단	개인 내담자, 소집단
목표	바람직한 생활과정과 성장발달의 지도	구체적 생활과제의 해결: 감정, 사고, 행동양식의 변화	정서적 문제의 해소: 성격구조의 심층적 변화
다루는 문제	현실적 능력의 평가 및 장래 계획 등	장애적 긴장, 불안, 비능률적 행동습관, 비성취적 관념	신경증, 성격장애, 우울증
전문가	일반교사, 교도교사, 연수담당자	상담교사, 상담심리 전문가	임상심리 전문가
장소	교육 장면 전체	상담실, 출장 장소	상담실, 출장 장소
지속 횟수	수시	1~20회 정도, 비교적 단기	1~100회 정도, 비교적 단기
접근 방법	정보, 자료 제공, 조언	면접 중의 조언, 교육, 훈련, 분석	분석적 면접

출처: 박경애(2007). 상담의 주요 이론과 실제. 서울: 교육아카데미.

3. Strong의 EAT

https://www.apa.org/pubs/journals/cou

Strong(1968)은 내담자는 기본적으로 상담자의 제안에 의해서 변화를 시도하지만, 상담자와 라포가 없거나 믿지 못하면 변화를 시도하지 않는다. 그러므로 Strong은 내담자들이 상담자에게 바라는 전문성(Expertness), 사람을 이끌어 주는 친근감(attractiveness), 믿음을 주는 신뢰감(trustworthiness)으로 구분했고 이러한 Strong의 EAT가 높은 상담자로 지각할 때 내담자들에게서 상담의 효과가 높은 것으로 나타난다.

따라서 Strong이 주장한 전문성, 친근감, 신뢰감은 다음과 같다.

첫째, 전문성이다. 상담자는 타당한 주장을 할 수 있는 능력을 갖춘 자이다. 여기서 상담자의 전문성은 학위증서, 상담자격증, 면허 종류와 등급, 전문훈련을 받은 기관, 합리적인 언행 그리고 전문가의 지명도이다.

둘째, 친근감이다. 이는 내담자와 비슷한 의견, 출신 배경, 사투리, 억양, 단어선택 등과 상담자가 내담자를 평가하거나 공격하지 않고 친절해야 한다. 그리고 내담자에 대한 상담자의 자기노출도 친근감의 중요한 요소이다.

셋째, 신뢰감이다. 이는 솔직하고 정직하고 비밀을 유지해야 한다. 그러므로 상담자에게 진지하고 개방적으로 대화하게 되며 존경심이 간다.

Chapter 02

상담의 목표

상담의 목표는 상담자의 훈련방법, 가치체계, 역할에 대한 지각, 내담자의 욕구, 상담이론이나 적용 분야에 따라 조금씩 차이가 있다. Krumboltz (1993)는 상담목표를 모든 내담자에게 동일하게 적용하면 안 되는 이유를 세 가지로 설명하고 있다. 첫째, 상담목표는 내담자가 요구하는 목표이어야 한다. 둘째, 상담자는 내담자가 이런 목표를 달성할 수 있도록 기꺼이 도와주어야 한다. 셋째, 내담자가 상담목표를 성취한 정도를 평가할 수 있어야 한다. 따라서 상담의 목표는 소극적 목표와 적극적 목표로 나누어 살펴볼 수 있다(김영봉, 권순희, 장성화, 황인호, 김옥진, 유홍위, 2011).

상담의 목표는 소극적 목표와 적극적 목표로 나누어 살펴볼 수 있다.

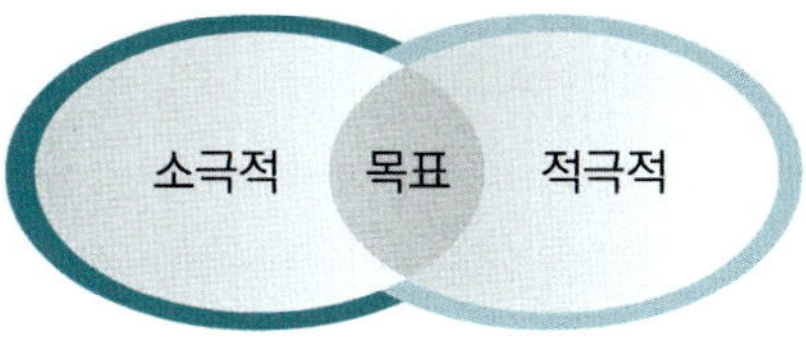

1. 소극적 목표

소극적 목표는 제거하거나 감소시킴으로써 달성될 수 있는 것이다. 어떤 문제행동을 제거하거나 감소시킴으로써 달성될 수 있는 다섯 가지를 정의하면 다음과 같다.

첫째, 문제해결은 인간의 삶은 언제나 문제와 씨름하면서 늘 새로운 문제에 직면하고 해결하는 것의 연속이다.

둘째, 적응은 장기적인 안목과 깊은 배려 속에서 후속 상황에 더 잘 적응할 수 있도록 지원하는 것이다. 개인의 욕구와 환경 사이에 갈등이 생기면 적응에 문제가 생기게 된다. 개인의 다양한 내적 욕구 사이에서 생기는 갈등과 대립을 해소하는 것도 포함된다.

셋째, 치료가 상담의 목표가 되는 것은 신체적 질병이나 정신적 질환을 치유하는 것보다 마음속의 상처(불안, 갈등, 분노 등)가 주는 고통이 매우 크며 인간에게 광범위한 영향을 주기 때문이다.

넷째, 예방은 교육, 직업, 결혼, 여가 등 광범위한 삶의 문제를 장기적으로 예견하고 발달과정에 제기되는 문제를 사전에 대비하여 장애나 문제를 극복하면서 성장할 수 있도록 하는 것이다. 상담이 바라는 예방은 성격장애, 범죄나 비행, 신경증, 정신병 같은 이상심리 내지 정신병리를 사전에 예방하는 것이다.

다섯째, 갈등 해소는 가정, 학교, 직장, 지역사회 등 일상생활에서 인간관계의 갈등을 해소하는 것이다.

2. 적극적 목표

적극적 목표는 내담자가 자신의 문제를 인식하고 그 문제를 해결할 수 있는 능력을 키우도록 하는 것이다.

적극적 목표는 내담자가 자신의 문제를 인식하고 그 문제를 해결할 수 있는 능력을 키우도록 하는 것이다. Shertzer와 Stone(1974), 박성수 외(2002)는 내담자의 성장과 발달을 위한 적극적인 목표를 다음과 같이 다섯 가지로 정의하고 있다.

첫째, 행동 변화의 상담은 개인이 보다 생산적이고 행복한 생활을 하는 데 방해가 되는 행동을 감소(제거)시키고, 개인이 만족하고 성공적인 생각을 하는 데 도움이 되는 행동을 형성하거나 증가시키는 것을 목적으로 한다.

둘째, 정신건강은 개인의 정신이 건강해야 성격적인 통합을 이루게 되고, 의욕적으로 적응하면서 보다 건전한 인간관계를 형성할 수 있다. 따라서 상담은 단순히 부적응 행동의 치료에 그치기보다는 좀 더 적극적으로 정신건강을 촉진하는 것을 목표로 한다.

셋째, 문제해결에서 상담자는 내담자의 문제가 무엇인지를 정확히 파악하고, 해결을 위해 적극적인 노력을 기울여야 한다. 그리고 문제해결의 주체는 내담자 자신이라는 것을 주지시켜야 한다.

넷째, 개인적 효율성의 향상에서 상담자는 내담자의 사고, 행동, 의사결정의 효율성 향상을 도모해야 한다. 따라서 상담은 내담자의 생산적인 사고를 증진시키고 적응적인 인간관계를 형성하며, 다양한 문제 상황에 효과적으로 대처하는 능력을 기르는 것에 초점을 두어야 한다.

다섯째, 의사결정에서 상담자는 가능한 결정을 먼저 하지 말고 내담자 스스로가 의사결정을 하도록 도와준다. 상담은 여러 문제에 대해 내담자 스스로 효율적이고 합리적인 의사결정을 할 수 있도록 도와주는 것이다. 따라서 상담에서 내담자는 선택과 결정의 필요를 인식하여 이에 요구되는 정보를 수집 · 평가하고 선택하는 인지적 기능을 증진시키는 노력이 필요하며, 관련된 정서적 태도 함양을 위해 노력해야 할 것이다.

상담은 여러 문제를 내담자 스스로 효율적이고 합리적인 의사결정을 할 수 있도록 도와주는 것이다.

Chapter 03

상담의 기본 원리

상담자들은 각자의 이론적 배경에 따라 다른 형태의 접근을 하겠지만, 내담자의 성장과 성숙을 돕는다는 면에서 공통점을 지니고 있다. 따라서, 전문적인 상담자는 기본적 상담의 원리를 적용하여 상담을 진행해야 한다. 상담의 기본 원리와 관련하여 김흥규(1984), George와 Christiani(1995)가 제시한 이론을 요약하면(개별화 원리, 의도적 감정표현 원리, 통제된 정서관여 원리, 수용원리, 비판적 태도 원리, 자기결정 원리, 비밀보장 원리) 일곱 가지로 구분된다.

1. 개별화의 원리

인간은 누구나 욕구의 차이가 있고, 그 욕구를 충족시키는 방법도 차이가 있으므로, 상담자는 개인차를 인정하는 범위 내에서 상담을 전개시켜야 한다. 더구나 최근에는 우리나라에도 다양한 문화적 배경을 가진 구성원들이 모여 가족을 이루는 경우가 많아지고 있는데, 이러한 경우에는 원하는 바와 그것을 이루는 방식이 더욱 다를 것이다. 따라서 내담자의 개별

인간은 누구나 욕구의 차이가 있고, 그 욕구를 충족시키는 방법도 차이가 있으므로, 상담자는 개인차를 인정하는 범위 내에서 상담을 전개시켜야 한다.

적 다양성을 존중하는 것은 상담에 있어 무엇보다 우선시되어야 할 원리이다. 이 원리는 첫째, 상담자가 편견이나 선입관으로부터 탈피, 둘째, 인간 행동의 유형과 원리에 대해 전문적으로 이해, 셋째, 내담자의 말을 경청하고 관찰, 넷째, 내담자의 보조에 맞추어 진행할 수 있어야 하며, 다섯째, 인간의 감정 변화를 민감하게 포착해야 하며, 여섯째, 내담자와 견해차가 있을 때 앞을 내다보는 능력을 갖고 적절한 선택을 해야 할 것을 전제로 하고 있다.

2. 의도적 감정표현의 원리

감정은 가치중립적인 것으로 흔히 우리가 부정적 감정이라 부르는 분노나 슬픔, 미움, 시기, 질투까지도 그 자체로는 해로운 것이 아니며, 자신의 내면 상태일 뿐이다. 무엇보다 상담 장면에서는 부정적이라고 생각되는 감정일지라도 억누르지 말고 표현함으로써 정화해 나가는 것이 하나의 원리이다. 다만, 이러한 감정들을 행동화(acting-out)하는 것은 자제되어야 하며 언어적으로는 오히려 평소보다 더 적극적으로 진술해 보는 것이 필요하다. 이렇게 표현되는 감정은 상담자뿐 아니라 내담자 자신이 경청하게 되므로 스스로를 이해하는 데 효과적이다. 이때 상담자는 내담자가 자신의 감정을 드러내도록 촉진적이고 안전한 심리적 · 물리적 환경을 제공하는 역할을 하여야 한다.

상담자는 내담자가 자신의 감정을 드러내도록 촉진적이고 안전한 심리적·물리적 환경을 제공하는 역할을 하여야 한다.

3. 통제된 정서 관여의 원리

상담 장면에서는 정서적인 갈등이 많이 다루어지는데, 상담자는 내담자의 감정표현에 대해 민감하게 반영해야 하고 적절한 개입을 제공해야 한다. 이때 상담자는 내담자가 표현하는 감정에 대해 공감적인 반응을 하되, 동시에 상담자로서 객관적인 자세를 유지하고 있어야 필요한 도움을 줄 수 있다. 만약 상담자가 내담자가 표현하는 감정에 과하게 몰입하게 되면 상담관계에 균형이 깨질 수 있고 충분한 상담서비스를 받을 내담자의 권리를 침해하는 일이 생길 수도 있다.

상담 장면에서는 정서적인 갈등이 많이 다루어지는데, 상담자는 내담자의 감정표현에 대해 민감하게 반영해야 하고 적절한 개입을 제공해야 한다.

4. 수용의 원리

수용의 원리를 실천하기 위해서 상담자는 인간 행동 양식에 대한 이해가 있어야 한다. 이는 내담자의 행동이나 태도를 시인하는 것이 아님을 직시해야 한다. 내담자에 대한 객관성을 유지할 수 있어야 하고, 따뜻하고 온화한 말과 행동으로 내담자를 있는 그대로의 인격체로 존중하고 수용해야 하며 내담자를 인격체로서 존중한다는 사실을 말이나 행동으로 표

https://blog.naver.com/yeokyoung90/30186128081

현하고 전달하여야 한다. 그러므로 내담자의 장·단점, 바람직한 성격과 그렇지 못한 성격, 긍정적·부정적 감정, 건설적·파괴적 태도나 행동 등을 있는 그대로 이해하고, 그 인격의 가치에 대한 존중의 태도를 유지해야 한다. 만약 상담자가 권위적이거나 강압적인 자세를 보이면 상담관계는 깨어지고 만다. 수용의 대상은 있는 그대로의 현실이자 있는 그대로의 내담자를 말한다.

상담자가 권위적이거나 강압적인 자세를 보이면 상담관계는 깨어지고 만다. 수용의 대상은 있는 그대로의 현실이자 있는 그대로의 내담자를 말한다.

5. 비판단적 태도의 원리

상담자는 내담자의 진술에 대하여 도덕적인 판단을 하지 말아야 한다. 오히려 내담자의 의도를 읽어 주는 태도로 접근하는 것이 필요하다.

상담자는 내담자의 진술에 대하여 도덕적인 판단을 하지 말아야 한다. 오히려 내담자의 의도를 읽어 주는 태도로 접근하는 것이 필요하다. 왜냐하면, 내담자들은 이미 자신의 행동에 대해 내적인 판단으로 인해 자책감을 가지고 있을 가능성이 크기 때문이다. 비판단적 태도의 원리에서 상담자는 내담자의 행동, 태도, 가치관 등을 객관적으로 평가하여야 한다. 객관적 평가는 내담자를 이해하기 위한 것으로서 문제의 시시비비나 내담자의 특성, 가치관에 대해 비난하지 않으며, 판단적인 언어로 문제를 다루지 않는 것을 의미한다. 이는 상담자가 내담자에 대한 주관적인 선입견을 갖지 말아야 하며, 내담자의 말을 들어주고 기다려 주어야 하고, 다른 유사한 사례의 실제 보기를 들거나 어떤 규준 속에 넣어서 내담자를 다루려고 해서는 안 된다는 것이다.

6. 자기결정의 원리

상담자와 내담자가 공동의 목표를 설정하여 함께 내담자의 문제해결

방안을 도출해 내지만 결정은 내담자의 몫으로 남게 된다. 왜냐하면 상담실을 나가 현실에서 선택에 대한 책임을 지게 될 사람은 내담자이기 때문이다. 그리고 상담을 종결한 후에 닥치게 되는 모든 결정의 상황에서 내담자는 상담자의 도움 없이 독립적으로 선택을 해 나가야 하기 때문이기도 하다. 상담자는 내담자가 책임 있는 자기결정을 할 수 있다는 것을 믿어 주어야 하며, 적극적으로 지지해 주는 자세가 필요하다.

상담자는 내담자가 책임 있는 자기결정을 할 수 있다는 것을 믿어 주어야 하며, 적극적으로 지지해 주는 자세가 필요하다.

7. 비밀보장의 원리

상담의 가장 기본적인 원리는 비밀보장이다.

상담의 가장 기본적인 원리는 비밀보장이다. 상담은 무엇보다 상담자와 내담자 간의 신뢰를 바탕으로 하는 행위로, 내담자는 주로 타인에게 알리고 싶지 않거나 알리면 안 된다고 생각하는 문제를 호소하는 경우가 대부분이다. 그러므로 상담자는 비밀보장에 매우 철저한 자세를 갖추어야 하고, 연구활동에 사례를 공개할 시에는 반드시 내담자의 동의를 구해야 하며, 인적사항이 드러나지 않도록 주의해야 한다. 그러나 비밀보장에 있어 예외가 있는데 내담자가 자신 또는 타인을 해하려는 계획을 가지고 있을 때와 아동학대가 있을 때이다.

http://www.yes24.com/Product/Goods/24389760

또 다른 관점에서 Welfel과 Patterson(2005)은 효과적 상담의 기본 원리를 여섯 가지로 제안하였다.

첫째, 사회적 및 문화적 맥락에서 인간 행동을 이해한다. 인간의 의식과 행동은 그가 속한 사회와 문화에 따라 그 의미가 다르므로 상담자는 내담자의 이러한 배경에 대해 주의하여야 한다. 더구나 최근에는 우리나라에서도 다문화가정의 내담자가 늘고 있는 추세이므로 내담자의 문화적 배경에 대한 고려 없이 온전히 내담자를 이해했다고 하기는 어렵게 되었다. 더 나아가서는 개개인의 모든 내담자가 자신이 태어나서 자란 고유한 시대적 · 문화적 배경을 지녔다고 보아도 무방하다.

둘째, 성공적 상담의 정의로서 내담자가 원하는 성숙이다. 상담은 좁은 의미의 문제해결이나 정보제공이 아니라 궁극적으로는 내담자의 성장과 성숙을 목표로 하는 과정이다. 여기서 주의할 점은 이에 대해 내담자의 동의가 필요하다는 것이다. 즉, 내담자의 자발성에 근거한 성장과 성숙을 상담자가 돕는 행위라고 할 수 있다.

셋째, 내담자 변화의 근간으로서 상담자와 내담자의 긍정적 관계이다. 상담이론이나 기법이 아니라 상담자와 내담자의 관계가 상담결과에 가장 큰 영향을 미치는 요소라는 것은 연구를 통해 알려진 바 있다. 상담관계가 잘 형성되었을 때 상담자의 직면이나 해석이 내담자에게 오해 없이 전달되며 내담자의 변화를 촉진시키는 결과를 불러온다.

상담관계가 잘 형성되었을 때 상담자의 직면이나 해석이 내담자에게 오해 없이 전달되며 내담자의 변화를 촉진시키는 결과를 불러온다.

넷째, 강렬한 경험으로서 상담이다. 상담을 통해 내담자는 이전과는 다른 방식의 생각이나 시도를 하게 되는 경우가 많다. 즉, 변화를 경험하게 되는 것인데, 이러한 변화는 정서적으로도 내담자에게 색다른 강렬한 경험이 될 수 있다. 이때 상담자도 동참하여 그 경험을 나누게 된다.

다섯째, 상담과정에서 적극적 파트너로서 내담자이다. '내담자가 원하는 방향이 성숙'이란 측면에서도 언급한 바와 같이 상담과정은 협력과정이며, 아무리 유능한 상담자라 할지라도 내담자의 적극성이 없다면 성공적인 결과를 가져올 수 없다. 내담자가 가질 수 있는 최소한의 적극성은 상담실에 오는 것이며, 내담자의 지속적 참여 가운데 상담자의 역량이 발휘될 여지가 생기는 것이 일반적이다.

여섯째, 기본적인 전문적 책임감으로서의 윤리적 행위이다. 상담자는 내담자의 가장 드러내기 어려운 문제들을 다루게 되므로 윤리적 책임감이 무엇보다 우선시되어야 한다. 또한 이러한 윤리적 지침을 따르는 것은 동시에 상담자 자신을 보호한다는 면에서도 전문가로서 갖추어야 할 자질이다.

상담자는 내담자의 가장 드러내기 어려운 문제들을 다루게 되므로 윤리적 책임감이 무엇보다 우선시되어야 한다.

Chapter 04

상담의 기본 조건

상담은 인간의 가장 깊은 내면세계를 다루는 전문 활동이므로 무엇보다 신뢰를 바탕으로 하는 관계형성이 중요시된다. 이에 상담의 기본 조건으로 Rogers(1942)는 무조건적인 긍정적 존중, 공감적 이해, 진솔성을 강조하고 있다. 또한 Tyler(1969)는 수용, 감정이입적 이해, 진지성을 주장하였고, 이재창(2005)은 신뢰, 수용, 공감적 이해, 긍정적 존중, 진실성을 상담의 기본 요소로 제시하고 있다. 이러한 내용을 살펴보면 다음과 같다.

Rogers(1942)는 상담의 기본 조건으로 무조건적인 긍정적 존중, 공감적 이해, 진솔성을 강조하고 있다. 또한 Tyler(1969)는 수용, 감정이입적 이해, 진지성을 주장하였고, 이재창(2005)은 신뢰, 수용, 공감적 이해, 긍정적 존중, 진실성을 상담의 기본 요소로 제시하고 있다.

1. 신뢰

신뢰란 톱니바퀴와 같습니다.
서로가 먼저 마음을 열 때 비로소 맞물려 움직입니다.

▎내담자가 자신의 솔직한 감정과 생각 그리고 타인과의 관계에서 비밀스러운 문제를 드러내기 위해서는 상담자에 대한 믿음이 있어야 한다.

상담자와 내담자 사이에 신뢰(trust)가 중요하다는 것은 두말할 필요가 없다. 내담자가 자신의 솔직한 감정과 생각 그리고 타인과의 관계에서 비밀스러운 문제를 드러내기 위해서는 상담자에 대한 믿음이 있어야 한다. 상담자에 대한 믿음이 부족하면 상담내용은 매우 제한될 수밖에 없고 효과적인 상담결과를 기대할 수 없다. 신뢰 있는 관계를 위해 상담자는 먼저 전문가로서의 윤리적 자질을 갖추고 있어야 하며, 개방적인 태도를 취해야 한다.

2. 수용

▎수용(acceptance)이란 상담자가 편견이나 판단 없이 내담자의 생각, 감정, 행동뿐만 아니라 존재 자체에 대해 인정하고 받아들이는 것을 뜻한다.

수용(acceptance)이란 상담자가 편견이나 판단 없이 내담자의 생각, 감정, 행동뿐만 아니라 존재 자체에 대해 인정하고 받아들이는 것을 뜻한다. 즉, 상담자는 내담자가 어떤 과오가 있더라도 무비판적으로 받아주는 것을 말한다. 내담자를 수용한다는 것은 작게는 내담자의 행동에서부터 인간의 한계 및 불완전성 그리고 나아가서는 인격 전체를 수용하는 것을 말한다.

3. 긍정적 존중

긍정적 존중(positive regard)은 상담자가 내담자에 대해 따뜻한 배려의 태도를 갖는 것을 말한다. 이때의 배려는 비소유적인 태도로서 내담자의 특정 행동을 조건으로 하지 않고 내담자를 한 인간으로서 인정하여 존중하는 것이다. 즉, 내담자를 하나의 독립된 인간으로 수용하여 그로 하여금 자신의 감정을 느끼고 주체적으로 경험하고, 거기에서 자기 나름대로 고유한 의미를 발견하도록 허용하는 태도를 말한다.

긍정적 존중(positive regard)은 상담자가 내담자에 대해 따뜻한 배려의 태도를 갖는 것을 말한다.

4. 공감적 이해

공감적 이해(empathy understanding)는 상담과정에서 상담자가 내담자의 경험에 대해 정확하게 이해하는 것을 말한다. 이는 내적 준거체제의 이해라고도 하는데, 왜냐하면 사람마다 고유한 감정과 사고체제가 있기 때문이다. 상담자가 내담자의 주관적인 세계에 대해 내담자의 입장이 되어 내담자의 눈으로 사물을 바라보는 것이다. 은유적으로는 상대의 신발을 신고 걸어 보는 것으로도 표현된다. 즉, 상담자는 내담자 언어의 표면적 의

공감적 이해(empathy understanding)는 상담과정에서 상담자가 내담자의 경험에 대해 정확하게 이해하는 것을 말한다.

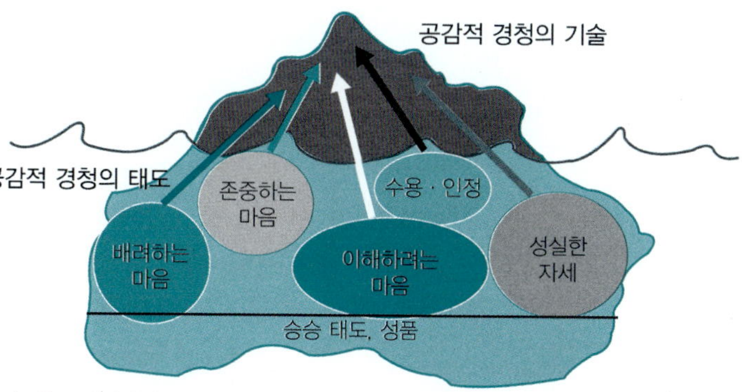

출처: 한국 리더십센터

미 속에 내포되어 있는 소망이나 기대 등도 함께 읽었을 때 공감적 이해가 되었다고 할 수 있다.

Patterson(1977)은 공감적 이해란, 내담자는 상담자가 자신의 사적인 세계로 들어오는 것을 허용하고, 상담자는 내담자가 표현하는 것을 내담자의 내적 준거체제의 관점에서 왜곡 없이 정확하게 이해해야 하며, 상담자가 이해한 것을 내담자에게 전달하는 3단계 과정을 거친다고 하였다.

5. 진실성(일치성)

일치성은 내담자를 진실하고 솔직하게, 가식이나 왜곡 없이 대하는 것을 말한다. 이를 다른 말로는 진솔성이라고도 부르는데, 진솔성은 상담자의 성숙도와 관계가 깊다.

일치성(congruence)이라는 말은 내적인 경험과 그에 대한 인식 그리고 외적인 표현의 일치를 뜻한다. 일치성은 내담자를 진실하고 솔직하게, 가식이나 왜곡 없이 대하는 것을 말한다. 이를 다른 말로는 진솔성이라고도 부르는데, 진솔성은 상담자의 성숙도와 관계가 깊다.

일치성은 Rogers(1951)가 상담자의 기본자세의 하나로 주장한 것으로 '상담자가 자유스럽고 아주 깊은 뜻에서 자기 자신이 되며, 자기 자신에 관한 자신의 인식을 정확하게 표현하는 실제적인 경험을 지니고 있는 것'이라고 하였다. 상담자가 내담자에게 본이 된다는 점에서도 일치성은 상담의 기본적인 조건이라 할 수 있다.

05 Chapter

상담의 유형 및 기능

내담자의 문제, 심리 방식, 특성이나 성격, 상담자의 상담방법을 어떻게 선택하느냐에 따라 위기상담, 촉진상담, 예방상담, 개인상담, 집단상담, 발달상담 등의 여섯 가지 유형으로 구분할 수 있다(김영봉, 권순희, 장성화, 황인호, 김옥진, 류홍희, 2011; Pietrofesa et al., 1978).

1. 상담의 유형

1) 위기상담

위기상담(crisis counseling)은 촉발 요인에 의해 생긴 정서적 혼란과 심리적 불균형 상태, 동시에 기존의 상황대처 전략이 효과적으로 작동하지 않는 상태를 말한다(Caplan, 1964). 가족이나 배우자의 사망, 이혼, 약물남용, 자녀의 비행, 실직 등으로 인해 파괴적 정서에 휩싸이면 자신 또는 남을 해칠 수 있으므로 즉각적인 조치가 필요하다. 삶의 성숙과정에서 자연스

위기상담(crisis counseling)은 촉발 요인에 의해 생긴 정서적 혼란과 심리적 불균형 상태, 동시에 기존의 상황대처 전략이 효과적으로 작동하지 않는 상태를 말한다.

https://nownews.seoul.co.kr/news/newsView.php?id=20190411601006

럽게 나타나는 발달과정적 위기와 달리 홍수, 폭풍, 교통사고, 전쟁, 이혼, 실직 등과 같이 정상적인 삶의 일과를 일탈하여 예측하지 못한 상황에서 발생하는 사건 상황적 위기는 그것을 경험하는 개인에게 심각한 신체적 · 심리적 위협을 주게 된다(James & Gilliland, 2001). 이때 내담자에게 심리적 안정감을 주고 상황을 객관적으로 바라볼 수 있도록 돕는 것이 위기상담이다.

2) 촉진상담

▌촉진상담(facilitation counseling)은 어떠한 위험성이 다가올 경우에 문제해결에 잘 대처할 수 있도록 내담자를 도와주는 상담이다.

촉진상담(facilitation counseling)은 어떠한 위험성이 다가올 경우에 문제해결에 잘 대처할 수 있도록 내담자를 도와주는 상담이다. 이러한 상담은 위기 개입적인 상담기법은 아니지만 개인들에게는 문제가 될 수 있는 경우를 의미한다. 예를 들어, 진로문제, 학업문제, 이성문제, 교우문제 등 여러 가지 문제들에 대해 자기 스스로 선택하고 문제를 해결해 나갈 수 있는 능력을 촉진해 주는 것이다.

3) 예방상담

▌예방상담(preventive counseling)은 미래에 일어날 수 있는 문제들을 사전에 필요한 조치를 취함으로써 어려움을 겪지 않도록 하는 상담이다.

예방상담(preventive counseling)은 미래에 일어날 수 있는 문제들을 사전에 필요한 조치를 취함으로써 어려움을 겪지 않도록 하는 상담이다. 이러한 상담은 내담자의 가능성, 정체감, 대인관계 능력, 가치관, 의사결정 능력 등 여러 가지 측면의 원활한 발달을 돕기 위하여 다양한 상담활동을 실천함으로써 문제를 지닌 내담자뿐만 아니라 대다수를 차지하는 정상적 내담자들에게 도움을 주려고 하는 것이다. 예를 들어, 약물 중독, 인터넷 중독, 휴대폰 중독과 성교육 프로그램 등은 이러한 문제가 발생하지 않도록 예방하기 위해서 교육 현장에서 지도되어야 한다. 즉, 예방상담에서는 상담자가 학생집단에게 정보를 제공하거나 적합한 프로그램에 개인을 의뢰할 수 있도록 하며, 상담자는 내담자와 개별적으로 집단상담과 개인상담을 병행하여 상담을 할 수도 있다.

4) 개인상담

개인상담은 일반적으로 가장 많이 활용하는 방법이며, 상담자와 내담자 간에 1대1로 진행되는 방식이다. 이러한 개인상담의 대상은 어린아이부터, 청소년, 대학생, 성인들까지 분류되며 각 대상과 심리적인 문제, 유형에 따라 상담이론과 접근방법에 조금씩 차이가 있다. 전문가는 내담자의 심리적인 문제와 유형에 따라 상담과정에서 문제를 평가하고 상담의 목표를 세우고, 상담의 진행 방향에 대한 많은 임상경험이 필요하다. 그래서 상담자는 임상과정에서 내담자 경험이 매우 중요

하다. 임상경험을 통해 자신의 문제를 해결하며, 상담을 어떠한 방향으로 진행할 것인지에 대한 간접적인 기회가 될 수 있다.

5) 집단상담

집단상담은 상담자 지망자가 필수로 체험하는 과정이다. 이 집단상담은 다양한 상담이론과 방법에 따라 구분된다. 10~12명 정도의 집단 구성원들 간의 역동적 상호작용 관계를 이용하여 대인관계, 미해결 과제, 미해결 감정, 사고와 감정 등의 행동 변화를 가져온다. 집단상담의 리더는 집단 촉진자 또는 집단 선도자라고 한다. 이러한 리더는 구조화 및 비구조화 집단을 운영하며 분산적 혹은 집중적 집단상담으로 진행한다. 특히 구조화 집단은 사전에 계획된 프로그램을 미리 제공하며 집단 리더에 의하여 구성원들에게 상호작용이 일어나도록 진행한다. 비구조화 집단은 구조화 집단과 반대로 사전에 계획된 프로그램을 주거나 행동을 지시하지 않고 구성원들 간에 행동이 일어나도록 진행하는 상담이다. 그리고 분석적 집단상담은 제한된 사건을 정해 놓고 구성원들이 여러 차례 나누어 상담을 실시하는 방식으로 집단 내에 학습된 내용을 실제 생활에 적용해 볼 수 있다. 집중적 집단상담은 상담의 극대화를 높이기 위해서 일정 기간을 정해 놓고 집중적으로 1박 2일 혹은 2박 3일간 진행한다. 집단 상담자의 선호도에 따라 구조화 혹은 비구조화, 분산적 혹은 집중적 집단상담을 혼합하여 사용하기도 한다.

- 구조화 집단은 사전에 계획된 프로그램을 미리 제공하며 집단 리더에 의하여 구성원들에게 상호작용이 일어나도록 진행한다.
- 비구조화 집단은 구조화 집단과 반대로 사전에 계획된 프로그램을 주거나 행동을 지시하지 않고 구성원들 간에 행동이 일어나도록 진행하는 상담이다.

6) 발달상담

발달상담(developmental counseling)은 개인의 전 생애를 바탕으로 이루어지는 상담이다. 따라서 상담자는 각 연령층에 속하는 내담자로 하여금 이완하고 압력이나 위기를 느끼지 않는 상황에서 내담자의 개인적 성장이 일어나도록 돕는 상담이다. 발달상담은 모든 연령층의 개인과 발달단계상의 문제를 다루고 성장을 추구하는 것이기 때문에 예방상담과 아울러 학생지도에 핵심이 되는 상담기법이다. 또한 발달상담은 위기 상황에서 이루어지는 것이 아니라 편안한 분위기에서 이루어진다는 점에서 위기상담과는 다르다.

https://blog.naver.com/leejsht0211/222299346412

발달상담(developmental counsel ing)은 개인의 전 생애를 바탕으로 이루어지는 상담이다. 따라서 상담자는 각 연령층에 속하는 내담자로 하여금 이완하고 압력이나 위기를 느끼지 않는 상황에서 내담자의 개인적 성장이 일어나도록 돕는 상담이다.

2. 상담의 기능

상담의 기능에는 교육기능, 집단 및 예방기능, 교정기능, 치료기능이라는 네 가지로 구성되어 있다(김충기, 강봉규, 2001).

1) 교육기능

교육은 바람직한 인간행동의 변화이다. 그러므로 상담도 내담자의 행동을 바람직한 변화와 방법으로 변화시키기 위해 끊임없이 노력하는 점에서 교육기능을 의미한다. 상담을 재교육과정, 사회화과정, 학습과정으로 판단하는 입장에서 교육기능을 강조한다.

2) 진단 및 예방 기능

내담자의 적응력과 성장 가능성을 높이기 위해서 내담자가 갖고 있는 부적응 행동의 원인을 진단 및 제거하기 위하여 상담이론을 적용한다. 여기서 상담이론 방법은 내담자의 부적응 행동의 원인을 살펴보는 관점에 따라 달라지기 때문에 진단 및 예방 기능은 상담에서 매우 중요하다.

3) 교정기능

상담의 궁극적인 목표 중 하나는 내담자의 행동변화이다. 즉, 변화의 방향은 바람직하지 못하거나 적응하지 못하는 행동에서 바람직하고 적응하는 행동으로 변화하는 것을 의미한다. 그러므로 교정기능은 상담 현장에서 기초적 기능에 속한다.

4) 치료기능

상담은 내담자가 안고 있는 문제나 어려움의 증상을 제거하거나 완화해 주는 기능이다. 이는 내담자의 잠재능력을 계발하고 대인관계능력을 성장시킨다. 장기적이고 간접적인 목표도 중요하지만 당장 내담자가 심리적 고통을 겪는 증상을 제거해 주는 단기적이고 직접적인 목표가 더 중요하다. 예를 들어, 또래관계에서 심리적 경험과 고통을 겪는 내담자가 있다면 또래관계의 능력을 향상시키는 데 도움을 주어야 하지만, 지금-여기서 겪고 있는 심리적 고통을 해소하도록 도움을 주는 것이 더 바람직할 수 있다.

PART 02

상담이론의 개요

Chapter 06

상담이론

상담이론을 네 가지로 분석하면, 첫째, 정신역동적 분석이론에 해당되는 정신분석 상담, 분석심리학 상담, 개인심리학 상담, 둘째, 행동주의적 분석이론의 내용은 Pavlov의 고전적 학습이론, Skinner의 조작적 학습이론, Bandura의 사회학습이론 등이 해당된다. 셋째, 인본주의적 분석이론은 인간중심 상담, 실존주의 상담, 형태주의 상담이 해당되며, 넷째, 인지주의적 분석이론은 인지 · 정서 · 행동 상담, 교류분석 상담, 현실치료 상담 등의 이론으로 정리하였다. 따라서 수업을 진행하기 전에 기본적인 개요를 읽은 후 수강하기를 부탁드린다([표 6-1] 참고).

표 6-1 상담이론의 기본적인 개요

분석이론	상담 구분
정신역동적	정신분석학, 분석심리학, 개인심리학
행동주의적	Pavlov 고전적 학습이론, Skinner 조작적 학습이론, Bandura 사회학습이론
인본주의적	인간중심학, 실존주의적, 형태주의적
인지주의적	인지정서행동학, 교류분석학, 현실치료학

정신역동적 분석이론

1. 정신분석 상담

Freud는 인간의 의식과 무의식의 수준에 대한 개념을 정신의 내면적인 힘과 갈등이 어떻게 나타나는지 찾기 위해 주장한 것이 정신분석적 상담이론이라고 하였다. 그리고 이 이론인 Freud의 정신분석 상담 그리고 Adler의 개인심리학 상담, Jung의 분석심리학 상담 등이 포함된다.

Freud는 인간의 성격구조를 원초아, 자아, 초자아로 구분하였고, 의식수준은 의식, 전의식, 무의식으로 설명했다. 특히 Freud는 유용한 심리적 에너지를 통제할 수 없을 때 원초아, 자아, 초자아 간의 갈등으로 불안이 생성된다고 주장했다. 이 불안은 현실적 불안, 신경증적 불안, 도덕적 불안으로 나타나며, 이 불안을 느끼지 않도록 하기 위해 자아방어기제(억압, 합리화, 투사, 승화, 보상, 치환, 반동형성, 퇴행, 동일시, 고착 등)를 설명했다. 그리고 인간의 성격발달은 5단계를 거쳐서 성장한다고 주장했고, 이를 구강기, 항문기, 남근기, 잠복기, 생식기라고 주장했다.

상담기법은 자유연상, 해석, 꿈의 분석, 저항의 분석, 전이의 분석(전이, 역전이), 훈습과 상담의 과정에서 개시단계, 전이발달, 전이해소로 진행된다. 추후에 Erikson의 사회심리적 이론, Mahler와 Klein의 대상관계 이론, Ricoeur의 Freud 정신분석적 해석과 Lacan의 무의식적 언어와 구조적인 접근이 최근에 나타나는 연구동향이다.

2. 분석심리학 상담

Jung은 자신의 무의식과 수많은 사람들의 심리분석을 통해 얻은 경험적 자료를 근거로 동서양의 철학과 사상, 종교적, 신화적 민담 등의 관점에서 이해하려고 했다. 성격구조를 의식과 자아, 집단무의식, 개인무의식으로 분류하고 이들 간에 통합하려는 역할을 집단무의식을 구성하는 원형(세계를 특정 양식으로 지각과 경험하고 반응하도록 이끄는 보편적, 집단적 경험을 기억함)은 자기(self)에 의해 성격이 형성된다.

이 집단무의식에 속하는 다양한 원형은 페르소나(persona, 가면), 그림자, 아니마와 아니무스, 자기 등이라고 하며 역할과 기능을 이해하는 것은 매우 중요하다. 자기는 중심성의 원형으로 총체적인 방식과 기능을 리더해 나가는 매체이다. 그림자는 자아 이상과 모순되는 성격의 한 부분이며, 남성에게 있는 아니마와 여성에게 있는 아니무스는 우리의 이성적인 부분으로 다른 쪽에 대한 경험으로 잠재적으로 우리 자신일지도 모르는 것에 대한 안내자를 의미한다. 그리고 성격은 자아, 개인무의식, 집단무의식의 세 가지로 분리되어 있지만 서로 교류하는 체계로 구성하고 성격의 발달은 아동기, 청소년기와 성인기, 중년기, 노년기로 구분된다. 특히 상담과정은 고백단계, 명료화단계, 교육단계, 변형단계로 진행된다.

Jung이 주장한 심리적 유형은 MBTI(Myers-Briggs Type Indicator)라고 네 가지(사고, 감정, 직관, 감각)와 두 가지(내향성, 외향성)의 요소로 구분되며, 첫째, 자아와 대상과의 관계에서 자아가 주체가 되어 반응하는 외향성(E)과 외부 자극을 왔을 때만 반응하는 내향성(I)으로 구분된다. 둘째, 자아와 관련된 비합리적 차원의 직관(N)과 감각(S)으로 구분된다. 셋째, 자아와 관련된 정신적 기능에서 합리적 차원인 사고(T)와 감정(F)으로 구분된다. 넷째, 감각과 직관을 통한 지각과 사고와 감정을 통한 판단으로 이루어진 지각(P)과

판단(J)으로 구분된다. 이처럼 Jung의 분석심리학은 Campbell의 방대한 저작활동에 힘입어 새로운 관점에서 나타난 연구동향이다.

3. 개인심리학 상담

Adler는 개인심리학의 개념을 부모의 양육태도와 긍정적 변화를 위한 의미로서의 교육과 각 개인의 자아상의 중요성으로 인식하였다. 즉, 인간을 목적론적 존재로 보고 사회적 존재로서 열등감을 극복하고 우월감을 성취하기 위해 노력해야 한다는 것이다. 어린 시절에 성장하면서 겪은 부모양육태도, 기관열등감, 과잉보호 등에서 나타난 열등감을 극복하고 이를 보상하려는 전체적인 입장에서 인간관을 살펴본다.

Adler의 주요개념은 열등감과 우월의 추구, 생활양식(지배형, 기생형, 회피형, 사회적 유용형), 다섯 가지 인생과제(영성, 자기지향, 일과 여가, 우정, 사랑), 허구적 최종목표, 공동체 의식, 출생순위와 형제관계로 설명한다. 상담기법으로 내담자의 수프에 침 뱉기, 언어적 기술, 격려하기, 행동적 기술, 가상행동, 역설적 의도, 상상하기, 버튼 누르기, 끓는 물에 찬물 넣기, 시범, 질문 등을 제시하였다. Adler의 개인심리학은 Dreikurs, Dinkmeyer, Mosak에 의해 새롭게 조명되었고, 인지정서행동(Ellis), 인간중심(Rogers), 게슈탈트(Perls)의 상담이론에 영향을 준 것으로 연구동향에서 나타나고 있다.

행동주의적 분석이론

4. 행동주의 상담

행동주의 상담이론은 학습이론을 기초로 한 Pavlov의 고전적 조건형성과 Skinner의 조작적 조건형성에 뿌리를 두고 다양한 발달을 하였고, 근래에는 학습이론에만 의존하지 않고 Bandura의 사회학습이론과 Meichenbaum의 인지이론에 대해 설명한다.

첫째, Pavlov의 고전적 조건형성은 자극과 반응에 기반한다. 인간이 자극에 반응하는 과정을 학습이론을 통해 설명하고, 소거, 자극일반화, 자극변별, 자발적 회복 등이 일어나는 원인은 학습의 조건형성이 어떻게 이루어지느냐에 따라 나타난다. 역조건형성을 통해 문제해결 방법은 Wolpe의 상호억제원리, 체계적 둔감법, 자기표현훈련 등이 사용된다.

둘째, Skinner의 조작적 조건형성은 강화이론으로 인간의 행동을 설명한다.

즉, Skinner는 학문적 목표를 조작적 행동에 관심을 두었기에 유기체에 의해서 발생되는 조작적 조건화, 조작적 행동을 연구하였다. 강화유형에는 정적 강화와 부적강화로 구분되며, 행동이 어떻게 달라지며, 처벌이 행동에 미치는 영향을 연구하였다. 그리고 처벌유형은 정적 처벌과 부적처벌, 조건화된 강화는 일차강화물, 이차강화물, 사회강화물로 구분하고, 강화계획은 고정비율, 변동비율, 고정간격, 변동간격 등으로 제시했다. 이에 Skinner의 행동수정에 대한 학습이론은 여러 방면에 영향을 미쳤다.

셋째, Bandura의 사회학습이론은 관찰학습, 모방학습, 대리적 강화 등의 사회적 환경 속에서 모방을 통해 많은 것을 학습하는 것을 강조했다. 즉, 대리적 강화는 자신이 직접 경험한 것이 아니라 다른 사람의 행동을 관찰함으로 보상과 처벌 방식, 사고 및 행동방식으로 강화된다는 것이다. 그리고 자신들이 행한 특별한 행동에 보상이 올 것인가에 대한 기대심리에 따라 행동의 반응 강도가 다르게 나타난다. 이에 Bandura는 강화가 인지적 경향에 따라 다르게 나타날 수 있다고 주장했다. 특히 자신이 힘든 상황을 극복할 수 있다는 노력과 원하는 결과를 얻을 때 신념 및 기대가 자기효능감으로 나타났다. 이러한 관찰학습 과정은 주의집중, 파지, 행동산출, 동기화 단계로 이루어진다.

넷째, Meichenbaum의 인지적 행동수정은 우리의 사고와 인지적 변화하는 것을 학습하고, 유기체적 반응과 행동에 더 큰 통제를 할 수 있다. 이 인지행동수정은 자기교습훈련, 자기예방훈련으로 자기의 사고과정을 바꾸는 것은 자신의 행동 변화의 통합적 부분이라고 주장했다.

종합적으로 행동주의 상담의 기법은 주장훈련, 이완훈련, 체계적 둔감법, 감동적 구상법, 부적연습, 홍수법, 혐오기술, 정적 강화, 토큰경제, 조형, 시범, 역할연기, 행동연습, 자기지시, BASIC-ID, 프리맥의 강화원리 등을 사용하고 있다. 그리고 Pavlov의 고전적 조건형성, Skinner의 조작적 조건형성, Bandura의 사회학습이론, Meichenbaum의 인지이론, Neilas와 Israel(1981)의 자기규정적 행동변화 4단계 프로그램 등을 강조하는 연구동향이 나타나고 있다.

5. 인간중심 상담

인본중심 상담이론은 현상학과 실존주의에 뿌리를 두고 있고, 개인의 내적 경험과 개인이 바라보는 세계관을 어떻게 지각하며 생각하느냐에 따라 행동이 다른 방식으로 나타난다. Rogers는 Freud의 정신분석 상담의 대안으로 인간중심 상담을 처음 사용하였고, Freud와 달리 한 인간을 결정론적 입장에서가 아니라 자유로운 존재로 자아실현의 의지와 더불어 선한 마음을 갖고 태어났다고 주장했다. 비지시적 상담 혹은 내담자 중심 상담이론으로 널리 알려져 있고, 자신이 주관하는 현실 속에서 자신을 유지, 향상 실현화시키기 위해 행동하는 것을 자아실현 경향성이라고 한다.

특히 실제적 자기와 이상적 자기의 두 가지 자아는 자기와 경험 간의 일치와 자기 일관성을 강조하고, 유기체, 가치의 조건화, 성격에 대한 명제 등의 주요개념과 공감적 이해, 무조건적 긍정적 배려, 일치성과 솔직성, 명료화 등을 상담기법으로 활용한다. 이 이론은 Evan, Heam, Uhleman와 Ivey(1989) 등이 상담면접에서 상담자의 효과적인 반응에 대한 연구로 많이 활용하는 연구동향이 있다.

6. 실존주의 상담

실존이란 인간 존재의 특유한 존재 방식을 뜻하며, 실존주의 철학에 근거를 두고 있다. 그러므로 실존주의 상담은 도움을 받기 원하는 내담자 자신을 문제의 중심에 놓고 생각과 자각의 상태에서 성장을 위해 끊임없이 노력하는 행위의 과정이다. 이 이론은 May, Bugental, Frankl, Yalom 등에 의해서 실존적 삶의 의미를 찾게 하려는 것이다.

Frankl은 정신과 의사로 자신의 경험과 나치 포로수용소에서 겪은 경험을 바탕으로 Freud가 주장한 쾌락의 원리보다 의미의 원리에 대해 강하게 주장했다. 이는 Frankl이 한계 상황에서 자신의 존재에 책임을 지지 않으면 안 된다는 것을 실존주의적 삶의 의미에 호소하거나 설득력으로 동료들에게 절망, 고독, 고립, 소외와 자살로부터 구하기도 했다. 따라서 의미의 원리를 찾고자 하는 상담기법은 역설적 의도, 역반영, 방관-반성 제거, 소크라테스 대화법이 해당되고, 주요개념은 실존의 방식, 자유와 책임, 불안과 죄책감, 삶의 의미성, 죽음과 비존재, 진실성 등을 강조하였다. 또한 상담과정에서 초기 단계, 중기 단계, 마지막 단계, 집단실존치료에서 의미치료를 적용하고 있다.

철학자 Nietzsche가 권력에 대한 의지를 강조했지만, Frankl은 의미의 원리에 자신의 철학적 바탕을 강조하였다. 이 이론은 Yalom이 집단실존주의와 저술 활동 등을 강조하면서 인간의 주된 관심사는 죽음, 자유, 고립, 무의미 등이라는 점을 강조하는 연구동향이 있다.

7. 형태주의 상담

형태주의는 전체 혹은 형태를 의미하는 독일어로 Perls는 게슈탈트를 부분이 전체를 통합하는 독특한 지각형태로 설명했다. 즉, 인간의 정서, 행동의 전체성과 통일성을 추구하며, 인간의 과거 경험이 현재의 장애에 어떠한 영향을 미치는가를 인식할 수 있는 능력이 있다고 본다. 이는 환경적 지원에서 자기지원으로 옮겨가는 것을 뜻한다. 내담자의 양극적인 감정을 받아들이고 돕기 위해 지금 여기에서 무엇을, 어떻게 느끼는가를 강조하며, 주요개념으로 전경과 배경, 게슈탈트의 법칙, 알아차림, 미해결과제, 성격변화단계, 부적응 행동원인, 환경과의 접촉장애 등이 있다.

주요기법은 자신의 욕구와 감정 자각, 신체자각, 환경자각, 언어자각, 과장하기, 반대로 하기, 머물러 있기, 빈 의자 기법, 자기 부분들과의 대화, 꿈 작업, 실험(과제하기) 등으로 구성되어 있다.

Perls는 영어 단어 뒤에 ism이 따라오는 경우는 보통 '주의'라고 해석되기에, 강박주의(당위주의, shouldism)는 강박적이고 당위적인 사고를 뜻하며 유연성이 결여되었다고 하였다. 이는 자신의 경험에 의해 신념화된 것을 과일반화하였다. 계산주의(aboutism)는 인간은 계산적이며, 대인관계를 거래로 생각하고 계산하고 나서는 행동을 의미한다. 이러한 생각은 자신의 정신건강에 해로운 결과로 나타난다. 상태주의(isism)는 존재론과 실존주의의 기본개념으로 현상학에서 설명하는 있는 그대로 받아들이고 인정하는 것이다. 즉, Perls는 형태주의의 입장에서 상태주의와 자각으로 인지하고 있다.

이는 실존주의 개념으로 있는 그대로를 주장하고 상태주의와 유기체의 지혜를 신뢰하고 유기체가 매 순간마다 변화를 알아차리는 자각을 형태주의 상담의 개념으로 보았다. 종합적으로 Perls는 강박주의, 계산주의, 상태주의의 한계를 극복하고 접촉경계인 자각이 건전한 인간관계(Sound Relationship)에 도움이 된다고 주장했다.

인지주의적 분석이론

8. 인지정서행동 상담

인지적 상담이론은 최근에 가장 많이 활용되고 있다. 이 이론은 인간의 사고에 관심이 있고, 정보처리 문제에서 오류가 발생하는 것처럼 인간의 잘못된 사고나 인지적 오류에 의한 비합리적 신념이 심리적인 문제로 나타나는 것을 의미한다.

인지정서행동 상담에서 Ellis는 인간은 합리적 사고를 하는 동시에 비합리적 사고를 하며, 비합리적 사고에 빠질 위험을 갖고 있다고 했다. 즉, 정서장애를 유발하는 것은 생활사건 자체가 아니라 사건에 대한 왜곡된 지각 및 잘못된 생각의 뿌리에서 나타나는 비합리적이고 자기패배적인 신념에 있다는 것이다. 따라서 인지정서행동 상담은 내담자가 갖고 있는 비합리적 생각을 비판하고 반박하게 함으로 비합리적 신념을 합리적 신념으로 변경하게 하고 문제를 해결할 수 있다. 상담기법으로 인지적 설명기법, 정서적 환기기법, 행동적 적극적 지시기법으로 분류하며, 상담목표는 자기에 대한 관심, 사회에 대한 관심, 자기지도력, 관용성, 융통성, 불확실성의 수용, 몰입, 과학적 사고, 자기수용, 다소의 위험감수, 반유토피아주의 등이 있다.

상담하는 과정은 ABCDE(F) 모형 등이 있고 이 이론은 내담자의 조력자 역할을 위해 인지적 기법, 정서적 기법, 행동적 기법을 모두 사용하며 통합적 상담기법이라고도 한다.

9. 교류분석 상담

교류분석은 세 가지의 자아상태가 어버이, 성인, 아이의 상태를 가지고 있고, Freud가 제안한 초자아, 자아, 원초아와 유사한 개념을 갖고 있다. 하지만 Berne은 자신이 주장한 자아상태를 경험적, 사회적으로 보는 반면 Freud가 제안한 자아는 추상적 개념으로 보고 있다. 즉, 정신분석학은 무의식에 초점이 있지만, 교류분석은 의식적 행동에 초점이 있다. 그러므로 교류는 두 사람의 자아상태가 서로 주고받는 자극과 그와 관련된 반응이다.

상담기법은 허용, 보호, 잠재력, 조작 등으로 구분하고, 상담과정은 구조분석, 교류분석(상보교류, 교차교류, 이면교류), 게임분석, 각본분석, 스토로크, 생활자세(자기긍정 및 타인긍정, 자기부정 및 타인부정, 자기긍정 및 타인부정, 자기부정 및 타인긍정) 등이다. 종합적으로 교류분석 상담은 내담자가 자신을 바라보는 자각과 자발성 그리고 친밀성을 회복하도록 조력하는 것이다. 내담자가 자신과 타인을 바라보는 인생각본을 바꾸어 바람직한 삶을 영위해 나아가는 것을 강조하고, 내담자가 의사결정자로서 성인 자아를 발달시키도록 돕는다.

10. 현실치료 상담

현실치료 상담은 Glasser가 처음으로 주장한 이론이다. 이는 기본적으로 내담자가 변화되기를 이끄는 실제적인 행동을 하도록 도움을 주고, 자신의 태도나 통찰, 감정, 과거, 무의식적 동기가 아니라 자신에 행하는 현재의 행동에 초점을 둔다. 현실치료의 주요개념은 기본적인 욕구 다섯 가지

[생존의 욕구, 소속과 사랑의 욕구, 힘(통제력)의 욕구, 자유의 욕구, 즐거움의 욕구], 전행동, 성공적인 정체감, 선택이론(최근 Glasser가 통제이론을 선택이론으로 변경함), WDEP[바람(want), 행동(doing), 평가(evaluate), 계획(plan)], SAMIC3/P[단순(sample), 현실적(attainable), 측정 가능(measurable), 즉각적(immediate), 통제가능(controlled), 일관성(consistent), 확고한 의지(committed), p(plan)]로, 상담기법은 유머사용, 역설적 기법, 곧장 맞대결하기로 구분한다.

특히 현실치료 상담은 상담자가 내담자를 가르치는 데 많은 도움이 되는 방법이기에 이 이론은 상당히 지시적이라고 볼 수 있다. 따라서 이 이론은 상담자와 내담자 간에 라포가 잘 형성되었을 때 효과가 나타나지만, 상담자와 내담자 간에 관계 형성이 되지 않으면 역효과가 나타날 수도 있다.

PART 03

상담이론 분석

07 Chapter

정신분석 상담

정신역동적 분석이론

1. Freud

Sigmund Freud(1856~1939)가 사용한 정신분석 Psychoanalysis는 Psych와 Analysis의 복합어이다. Psych는 그리스어로 '마음(Mind)'으로 번역하고 Analysis는 '나눈다', '분해하다'로 번역한다. 이러한 어원에서 알 수 있듯이 정신분석 상담은 인간의 깊은 마음을 복합적이고 통합적으로 이해하려는 것이다. 그는 1856년 5월 6일에 출생하였다. 현재는 체코의 영토가 된 모라비아의 프라이버그에서 8남매 중 맏아들로 출생하여 생애의 대부분을 빈(Vienna)에서 보냈다. 그는 빈민가에서 자라면서 자신이 학대받는 소수민족인 유대인임을 항상 의식하였고, 유대인은 의학이나 법학을 전공하지 않고는 마땅한 직업을 갖기 어렵다는 생각으로 의학을 전공하였다.

Freud의 가족 배경은 그의 정신분석이론을 이해하는 데 자주 거론될 만큼 그의 이론 형성에 많은 영향을 미쳤다. Freud의 아버지는 그 시대의 보통 사람들이 그러하듯 권위적이었으며, 어머니는 매력적이고 정이 깊었으며 사려 깊게 보살펴 주는 사람이었다.

Freud는 아버지가 세상을 떠났을 때 자신이 느낀 혼란스러운 감정으로 인해서 꿈을 얻었고, 오이디푸스 콤플렉스(Oedipus complex)를 발견했다고 말했다. 즉, 꿈의 의미를 탐색하면서 성격발달의 역동성에 대한 통찰력을 얻었으며, 아동기 기억을 검토하면서 아버지에 대해 느꼈던 강한 적대감과 어머니에 대한 성적 감정을 깨달은 것이다. 몹시 질투했던 갓 낳은 동생이 죽은 후 일생 동안 느껴야 했던 죄책감, 어린 시절에 목격한 어머니의 나체에 대한 강한 성적 흥분, 가부장적이던 아버지에 대한 증오와 반발, 어린 시절의 경험에 의해 결정된다는 결정론 등 가족 내에서의 경험들이 Freud로 하여금 인간의 심층 심리에 관심을 갖게 했으며, 무의식을 인간 행동과 성격의 결정요인으로 중시하게 하였다.

꿈의 의미를 탐색하면서 성격발달의 역동성에 대한 통찰력을 얻었으며, 아동기 기억을 검토하면서 아버지에 대해 느꼈던 강한 적대감과 어머니에 대한 성적 감정을 깨달은 것이다.

2. 인간관

Freud의 정신분석학에서는 인간을 비합리적이고, 결정론적인 존재로 가정하고 있다. 인간의 행동이란 기본적인 생물학적 충동과 본능을 만족시키려고 하는 욕망에 의하여 동기화되는 것으로 본다. 또 개인은 출생에서부터 6세 사이의 어린 시절에 경험한 무의식(unconscious) 속에 잠재되어 있는 심리 성적인 사건들에 의하여 결정되어 있는 존재로 본다. 그러므로

Freud의 정신분석학에서는 인간을 비합리적이고, 결정론적인 존재로 가정하고 있다. 인간의 행동이란 기본적인 생물학적 충동과 본능을 만족시키려고 하는 욕망에 의하여 동기화되는 것으로 본다.

정신분석 상담은 개인의 기본적인 성격구조를 변화시키고자 했으며, 이중 초기 아동기의 경험을 재구성하는 것이 필수라고 보았다.

Freud는 인간을 합리적 존재로 간주하던 당대의 지적 분위기에 저항하여, 인간의 의식을 영역 밖에 존재하는 비합리적이고 통제할 수 없는 무의식적 본능의 지배를 받는 수동적 존재로 보고 있다. Freud는 인간의 모든 행동, 사고, 감정은 신체적 긴장 상태에 의해 유발되는 무의식적인 성적 본능과 공격적 본능에 의하여 결정된다고 보고 있으며, 인간은 이러한 본능적 긴장을 해소하기 위하여 행동한다고 보고 있다. 이처럼 인간의 본능은 순수한 욕구 외에 고통스러운 외부 자극에 대처하기 위해 새로운 정신조직을 분화시켜 유동 에너지를 만든다. 이러한 인간의 본능을 추동(drive) 혹은 충동(impulse)이라고 주장한다.

첫째, 삶의 본능(eros, 성적본능)은 생명을 유지 · 발전시키고, 친밀하고 유쾌한 신체적 접촉을 갖고, 타인과 사랑을 나누며 개인의 창조적 발전을 도모하는 본능이다.

둘째, 죽음의 본능(thanatos, 공격적 본능)은 생물체를 무생물체로 환원하려는 본능이다. 이 본능 때문에 인간은 자기 자신을 파괴하고 자학하며, 타인이나 환경을 파괴하는 등의 공격적 행동을 보이게 된다.

리비도(libido)란 생물학적인 힘이 아닌 정신적인 힘에 의한 성적 본능의 에너지를 의미하는데 출생 시부터 나타나고 아동의 행동과 성격을 결정하게 된다. Freud는 성욕이라는 용어를 빠는 것부터 성교에 이르기까지 타인과 친밀하고 유쾌한 신체적 접촉을 갖고자 하는 아주 광범위한 의미로 사용했다. Freud의 초기 이론에서는 삶의 본능 중에서 성적 에너지를 리비도라고 하였으나 점차 그 개념을 확대하여 삶의 본능 전체를 의미하는 것으로 보았다. Freud의 정신분석에서는 인간의 모든 정신과정이 무의식으로부터 기원하는 것으로 보며 사람들이 겪는 심리적인 문제는 무의식이 작용한 결과이다. Freud는 인간 존재를 자신의 행복을 극대화하기 위하여

리비도(libido)란 생물학적인 힘이 아닌 정신적인 힘에 의한 성적 본능의 에너지를 의미하는데 출생 시부터 나타나고 아동의 행동과 성격을 결정하게 된다.

사회와 지속적으로 대항하는 투쟁적 존재로 보고 있으며, 사회를 개인 활동의 산물로 본다.

3. 주요 개념 및 기법

1) 성격 구조

Freud는 인간의 성격 구조를 의식 구조와 같이 세 부분으로 구성되어 있다고 보았으며, 이들 부분은 상호작용하여 전체 성격체계를 구성하고, 각각의 하위체계는 개인의 행동에 각기 다른 영향을 미친다고 보았다. 인간의 성격은 세 개의 분리된 요소로서가 아니라 전체로 기능하며, 원초아(id)는 생물학적 구성요소로 쾌락을 추구하고, 자아(ego)는 심리적 구성요소로 현실을 검증하고, 초자아(superego)는 사회적 구성요소로 완전을 추구한다. 초자아는 원초아의 충동을 억제하도록 하며 자아가 현실적인 목표 대신 도덕적인 목표를 추구하도록 한다.

(1) 원초아(id)

원초아는 심리적 에너지의 최초의 원천이며 성격의 원형이고 본질적인 체계로서 본능을 포함하고 있다. 비논리적이고, 도덕관념이 없고, 본능적 욕구 만족을 추구하는 쾌락원리에 의해 지배를 받는다.

라틴어의 'it'에서 유래된 말로 대개 이드라고 부른다. 원초아는 심리적 에너지의 최초의 원천이며 성격의 원형이고 본질적인 체계로서 본능을 포함하고 있다. 비논리적이고, 도덕관념이 없고, 본능적 욕구 만족을 추구하는 쾌락원리에 의해 지배를 받는다. 원초아는 대부분 인식되지 않으며, 무의식적이다.

(2) 자아(ego)

자아는 현실이라는 외부 세계와 접촉하여 성격을 지배하고 통제한다.

자아는 성격의 조직적이고 합리적이며 현실지향적인 체계로서 성격의 집행자이자 경영자이며, 이성, 상식이라고 불리는 것들을 내포하고 있다. 자아는 지적 활동으로 합리적이며, 원초아의 맹목적 충동을 억제하고 통제한다.

자아는 현실이라는 외부 세계와 접촉하여 성격을 지배하고 통제한다. 자아는 성격의 조직적이고 합리적이며 현실지향적인 체계로서 성격의 집행자이자 경영자이며, 이성, 상식이라고 불리는 것들을 내포하고 있다.

(3) 초자아(superego)

성격의 판사와 같은 부분이다. 즉, 어떤 행위의 선악을 구분하는 개인의 양심인 것이다. 초자아는 현실이 아닌 이상을 나타내며 완벽을 추구한다. 초자아란 부모와 다른 사람들이 어린이에게 가르쳐 준 사회의 가치와 도덕의 내면화된 표상이므로, 그 사회의 전통적인 가치나 이상을 나타낸다. 원초아, 자아, 초자아의 상호 관계는 다음과 같다(장성화, 2009).

- 원초아 : 건널목은 너무 멀어. 그냥 무단횡단을 하면 더 빨리 갈 수 있을 거야! 그래, 그렇게 하는 것이 좋겠어!
- 자아 : 얘들아, 싸우지 마! 교통질서는 사람의 안전을 위해 존재하는 것 아니겠어? 내가 생각할 때는 교통질서를 지키는 것도 중요하지만 지금 여기는 차도 없어서 안전하고 지금은 시간도 별로 없으니까 그냥 건너가는 것이 좋겠어. 다들 나를 따라와!
- 초자아 : 절대로 안 돼! 문화시민으로서 교통질서를 잘 지켜야지! 좀 시간이 걸리고 힘들더라도 건널목으로 건너야 해!

초자아란 부모와 다른 사람들이 어린이에게 가르쳐 준 사회의 가치와 도덕의 내면화된 표상이므로, 그 사회의 전통적인 가치나 이상을 나타낸다.

2) 의식 수준

Freud의 가장 큰 공헌은 무의식(unconsciousness)이나 의식(consciousness)의 수준에 대한 개념이다. 그 개념은 행동이나 성격의 문제를 이해하는 핵심으로 무의식은 직접 알 수는 없지만, 행동으로부터 추론할 수 있다. 인간의 정신을 크게 나누어 보면 수면 위에 뜬 부분에 해당하는 10%의 의식 세계와 물속에 잠긴 부분에 해당하는 90%의 무의식 세계로 되어 있다. 다시 말해서 빙산을 비유하면, 빙산의 꼭대기는 의식이고, 물을 통해 볼 수 있는 물에 잠긴 부분은 전의식이며, 눈에 보이지 않지만 빙산의 대부분을 차지하는 가장 넓은 부분은 무의식으로 되어 있다. 이렇게 볼 때 인간의 대부분의 행동은 무의식 세계의 지배를 받는다고 할 수 있다. 그러므로 의식 수준 세 가지는 다음과 같다.

▌의식은 한 개인이 어느 순간에 인식하고 있는 감각, 지각, 경험, 기억 등의 모든 것을 의미한다.

첫째, 의식(consciousness)은 한 개인이 어느 순간에 인식하고 있는 감각, 지각, 경험, 기억 등의 모든 것을 의미한다. 그러나 Freud는 각 개인이 인식할 수 있는 것은 정신생활의 극히 작은 부분에 지나지 않는다고 믿었으며, 빙산의 일각에 불과하다고 하였다.

▌전의식은 이용 가능한 지식이라고도 하고, 의식의 부분은 아니지만 주의를 집중하면 의식으로 떠올릴 수 있는 생각이나 감정을 말한다.

둘째, 전의식(preconsciousness)은 이용 가능한 지식이라고도 하고, 의식의 부분은 아니지만 주의를 집중하면 의식으로 떠올릴 수 있는 생각이나 감정을 말한다. 전의식은 정신세계에서 무의식 영역과 의식 영역을 연결해 준다.

▌무의식은 개인이 자신의 힘으로는 의식으로 떠올릴 수 없는 생각, 감정을 포함하며 감각기관으로 인식할 수 없는 마음 깊은 곳에 감추어져 있는 정신세계로 본능, 열정, 억압된 관념과 감정 등이 잠재되어 있다.

셋째, 무의식(unconsciousness)은 개인이 자신의 힘으로는 의식으로 떠올릴 수 없는 생각, 감정을 포함하며 감각기관으로 인식할 수 없는 마음 깊은 곳에 감추어져 있는 정신세계로 본능, 열정, 억압된 관념과 감정 등이 잠재되어 있다.

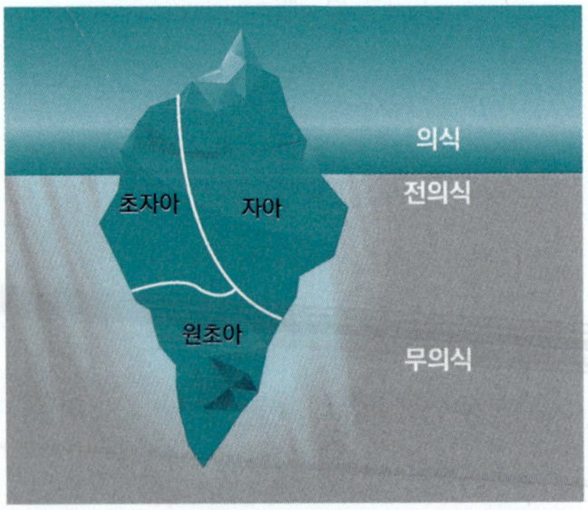

[그림 7-1] Freud의 인간의 마음(빙산)

이러한 정신의 세 가지 층은 구분되거나 절대적인 범주로 볼 수 없으며 정도의 범주로 보아야 하지만, 개인의 사고와 감정의 대부분은 의식 외부에 존재한다. Freud는 모든 정신 과정이 무의식으로부터 기원하기 때문에 무의식을 가장 중요한 의식 수준이라고 보았다.

3) 불안

불안은 무엇을 하기 위해 동기를 유발하게 하는 긴장 상태이다. 이것은 유용한 심적 에너지를 통제할 수 없을 때 발달하는 것으로 원초아, 자아 그리고 초자아 간의 갈등이다. 이러한 세 가지 자아 간 갈등이 생기면 불안이 형성된다.

불안은 무엇을 하기 위해 동기를 유발하게 하는 긴장 상태이다.

첫째, 현실적 불안(realistic anxiety)은 외부적으로 오는 위협에 대한 두려움으로 그 정도는 외부 세계가 주는 실제 위협의 정도에 비례한다. 이는 자아 차원의 불안이다.

둘째, 신경증적 불안(neurotic anxiety)은 본능이 통제되지 않아서 그로 인해 개인이 어떤 행동을 하게 됨으로써 처벌받지 않을까 하는 데 대한 두려움이다. 이는 원욕 차원의 불안이다.

셋째, 도덕적 불안(moral anxiety)은 신의 양심에 대한 불안이다. 양심이 잘 발달된 사람은 자신의 도덕률에 위배되는 일을 할 때 죄의식을 느끼게 된다. 이는 초자아 차원의 불안이다.

4) 자아방어기제

방어기제는 불안, 죄책감, 갈등, 고민, 드러낼 수 없는 욕구들 중 자기에 대한 여러 위협들로부터 자신을 보호하기 위해 사용하는 마음의 반응 양

방어기제는 불안, 죄책감, 갈등, 고민, 드러낼 수 없는 욕구들 중 자기에 대한 여러 위협들로부터 자신을 보호하기 위해 사용하는 마음의 반응 양식을 말한다.

식을 말한다(Nystul, 1999). 방어기제는 병적 행동이 아니고 정상적인 행동이다. 방어기제들은 현실을 왜곡시키며, 무의식의 수준에서 일어나는 두 가지 공통점이 있다.

억압(repression)은 고통스러운 생각, 감정들을 의식하지 못하게 하는 방어수단이다.

첫째, 억압(repression)은 고통스러운 생각, 감정들을 의식하지 못하게 하는 방어수단이다. 억압은 망각의 한 형태라고 할 수 있다(충동이나 욕구를 의식하지 못하고 불쾌한 사건을 기억하지 못함). 억압의 극단적인 한 형태가 기억상실증(amnesia)이다. 억압된 불안은 비합리적인 행동을 유발하는 원인이다. 예를 들어 슬픔을 억제하려는 사람이 오히려 미친 듯이 크게 웃는가 하면, 매우 소심한 사람이 크게 소리를 지르고, 방종한 행동을 하는 것을 의미한다. 그리고 너무나 고통스럽고 힘든 과거사건(성폭력, 성추행, 가정폭력) 등을 기억 못 하는 경우도 있다.

합리화(rationalization)는 자아가 경험한 상황이 고통스럽거나 받아들이기 어려운 경우, 사실적인 이유 대신에 그럴듯한 이유를 찾는 것, 즉 타당한 이유들을 조작하는 것을 말한다.

둘째, 합리화(rationalization)는 자아가 경험한 상황이 고통스럽거나 받아들이기 어려운 경우, 사실적인 이유 대신에 그럴듯한 이유를 찾는 것, 즉 타당한 이유들을 조작하는 것을 말한다. 예를 들어, 『이솝우화』에 보면 목마른 여우가 길을 가다가 포도를 발견하고는 따먹으려고 갖은 방법을 시도하다가 도저히 딸 수가 없자 그동안 노력을 기울인 것이 창피하기도 하고 그것을 딸 능력이 없다는 것을 스스로 인정하기가 싫어서 "신 포도이기 때문에 따 봐야 먹을 수가 없다"라고 선언을 하고 길을 간다는 이야기가 있다. 또한 이것은 시험시간에 부정행위를 한 여학생이 다른 친구들도 모두 부정

http://www.yes24.com/product/goods/75192781

행위를 많이 하는데 자기는 조금만 보고 답안지를 작성하였다고 생각하고 있는 것과 같은 의미이다.

셋째, 투사(projection)는 인정하고 싶지 않은 감정이나 소망, 태도, 성격 특징을 자신에게 속한 것이 아닌, 다른 사람에게 귀인시키는 것이다(받아들일 수 없는 생각 및 욕망은 자기 문제가 아닌 외부환경으로 돌림). 즉, 자신의 감정이나 소망이 견디기 어려운 고통스러운 감정을 불러일으키는 경우 이러한 감정이나 소망이 자아밖에 존재하는 것으로 생각한다. 예를 들어, 학교에서 친구와 싸움을 해서 선생님께 벌을 받게 된 아이가 다른 아이가 먼저 때려서 싸운 것이기 때문에 자신은 아무런 잘못이 없고 다른 아이에게 잘못이 있다고 판단하는 것을 투사라고 한다.

투사(projection)는 인정하고 싶지 않은 감정이나 소망, 태도, 성격 특징을 자신에게 속한 것이 아닌, 다른 사람에게 귀인시키는 것이다.

넷째, 승화(sublimation)는 당초에 목표나 욕구 에너지를 사회적으로 용인된 다른 목표나 욕구로 바꾸어 충족시킴으로써 긴장이나 스트레스를 해소시키려는 심리적 기제이다. 성적·공격적 에너지가 사회적으로 허용되는 경로로 전환되는 것으로, 공격적 충동을 권투로 전환하는 것이 그 예이다. 다시 말해서 긴장을 해소하고 발산시키고 부분적으로 만족을 얻는 행동이다. 예술작품이나 공격성이 있는 게임 등으로 미화시켜 표현한다.

승화(sublimation)는 당초에 목표나 욕구 에너지를 사회적으로 용인된 다른 목표나 욕구로 바꾸어 충족시킴으로써 긴장이나 스트레스를 해소시키려는 심리적 기제이다.

다섯째, 보상(compensation)은 어떤 일에 실패했다든가 자신에게 약점이 있을 경우, 이를 극복하기 위해서 다른 특성을 강조하는 것을 말한다. 예를 들어, 학업성적이 열등하여 운동이나 다른 활동으로 대신하여 만족을 추구하거나 스트레스를 해소시키려는 경우나, 자신의 낮은 학력을 자녀의 높은 학력을 통하여 대신하려는 경우가 모두 보상 행위에 속한다.

보상(compensation)은 어떤 일에 실패했다든가 자신에게 약점이 있을 경우, 이를 극복하기 위해서 다른 특성을 강조하는 것을 말한다.

여섯째, 치환(substitution)은 위협적 대상에서 안전한 대상에게로 이동시켜 충동을 해소하는 것이다(누군가에게 혼난 후 이 분노를 다른 대상자에게 푸는 행위). 또는 바라던 목표에서 대용의 목표로 에너지를 전환시킴으로써 스트레스를 해소시키고자 하는 적응 양식이다. 혹자는 이를 전이된 보상이라 부르기도 한다. 예를 들어, 세발자전거를 갖고 싶어 하던 욕구가 좌절되면

치환(substitution)은 위협적 대상에서 안전한 대상에게로 이동시켜 충동을 해소하는 것이다.

장난감 자전거를 갖고 만족한다든지 상사에게 꾸중을 들은 사람이 부하 직원에게 화풀이를 하는 등의 기제가 여기에 속한다.

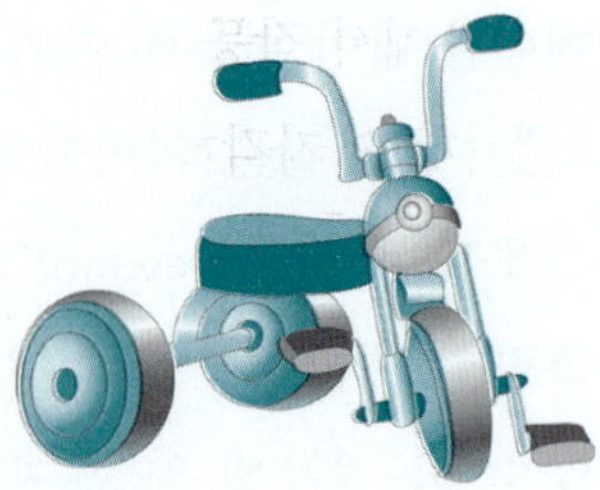

반동형성(reaction formation)은 자기에게 불안을 주고 위협이 되는 상황에서 벗어나기 위하여 그와는 반대되는 태도나 행동양식을 과장하여 그것을 방패 삼으려는 기제이다.

일곱째, 반동형성(reaction formation)은 자기에게 불안을 주고 위협이 되는 상황에서 벗어나기 위하여 그와는 반대되는 태도나 행동양식을 과장하여 그것을 방패 삼으려는 기제이다. 주로 나 자신보다 높은 권력자에게 반감을 표현할 수 없을 때 오히려 지나치게 공손한 태도를 보이는 것이다. 가령 자신의 성적 충동을 그대로 나타낼 수 없어서 반대로 성에 대해 극히 혐오를 보이는 것 등이다. 즉, 옛날 속담에 '미운 놈에게 떡 하나 더 준다'와 자기를 학대하는 대상인데도 좋아하는 모습으로 행동하는 것을 의미한다.

퇴행(regression)은 좌절을 경험하게 되면 발달 초기 단계의 행동양식으로 되돌아가는 것이다.

여덟째, 퇴행(regression)은 좌절을 경험하게 되면 발달 초기 단계의 행동양식으로 되돌아가는 것이다. 예를 들어, 여섯 살이 된 아이(첫째)가 새로 태어난 아기(둘째)에게 주어지는 관심과 애정으로 자신이 위협을 받게 되었다고 느낄 때 부모에게 관심을 얻기 위하여 아기처럼 오줌을 싸거나 어린 아이처럼 행동하는 것이 여기에 속한다.

동일시(identification)는 자기가 좋아하거나 존경하는 대상과 자기 자신 또는 그 외의 대상을 같은 것으로 인식하는 것을 말한다.

아홉째, 동일시(identification)는 자기가 좋아하거나 존경하는 대상과 자기 자신 또는 그 외의 대상을 같은 것으로 인식하는 것을 말한다. 가령 자기가 존경하는 사람의 옷차림, 머리 모양 혹은 여러 가지 행동양식을 구하며 자기의 가치를 확대시킴으로써 약점이나 결함 혹은 스트레스를 완화시키려는 행위이다.

열째, 고착(fixation)은 다음 단계로 발달해 가는 것이 불안해서, 지금 즉, 현재 단계에 그냥 머물러 있는 것이다. 어른다운 생각과 행동을 해야 되는 30대가 되었는데 고등학교 수준의 생각과 행동에 머물러 있는 것이다.

열한째, 거부(denial)는 억압과 비슷한 방어적 역할을 하나 전의식이나 의식수준에서 작동하는 방어기제 중 가장 단순하고 자신의 외적인 상황에서 생각하고 자각하는 왜곡적 방법이다.

열두째, 무효화(undoing)는 자신이 죄책감을 느끼는 행동을 무효화시키기 위해 인정할 수 없는 생각이나 행동을 부정한다.

5) 성격발달의 단계

Freud는 인간의 성격은 명확하게 구분할 수 있는 5단계를 거쳐서 발달한다고 주장하였다.

각 단계마다 의식과 성격이 각기 다른 자각 수준으로 그 기능을 담당하면서 인간이 발달한다고 보았다. 또한 인간발달 시기에 영향을 주는 것으로 리비도를 들 수 있다. 리비도는 일반적으로 성적 에너지를 뜻하는 것이라 볼 수 있지만, Freud는 리비도를 성본능, 성충동의 뜻으로서 사춘기에 갑자기 나타나는 것이 아니라 인간발달의 전반적인 단계에서 서서히 발달한다고 보았다(장성화, 2010).

리비도는 일반적으로 성적 에너지를 뜻하는 것이라 볼 수 있지만 Freud는 리비도를 성본능, 성충동의 뜻으로서 사춘기에 갑자기 나타나는 것이 아니라 인간발달의 전반적인 단계에서 서서히 발달한다고 보았다.

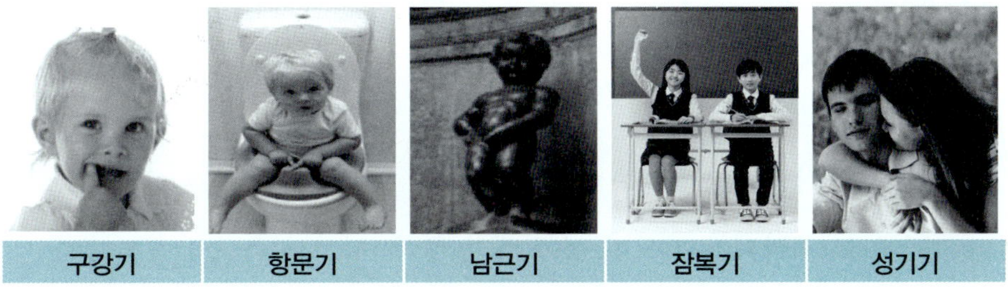

https://softthinker.tistory.com/4

[그림 7-2] 심리성적 발달단계

(1) 구강기(oral stage)

생의 첫 1년을 구강기라 하며 영아의 욕구, 지각, 표현 등이 주로 입, 혀, 입술 등 구강에 집중되어 먹는 것을 통해 쾌락을 추구한다. 이 시기에 만족을 못 하면 항문기로 넘어가지 못하고 고착되어 빠는 것에 집착하게 된다. 타인과의 관계에서 의존, 독립, 신뢰에 대한 태도를 형성한다.

(2) 항문기(anal stage)

1세에서 3세까지를 말하며 전반적 근육운동의 발달과 더불어 특히 항문 괄약근의 통제로 배변 조절이 중요한 시기이다. 이 시기 동안 유아의 성적 관심은 항문 부위에 모이며 대소변의 배설을 통해 쾌락을 느낀다. 이 시기에 배변 훈련을 받게 되는데, 조급하거나 억압적으로 시키면 성인이 되어서도 항문기 고착현상이 나타난다.

배변 훈련이 엄격하면 항문 공격성 성격으로 지저분, 무질서, 잔인함, 파괴적, 부적절하고 충동적 행동이 나타나고, 배변을 할 때마다 칭찬하여 배변 훈련에 지나치게 관심을 기울이면 항문 보유 성격으로 지나치게 청결하고, 꼼꼼하고 철저한 성격이 되며 자발성과 유연성 결여, 고집 셈, 인색함, 질서에 집착 등을 보이게 된다.

(3) 남근기(phallic stage)

3세에서 6세까지를 말하며 성에 대한 흥미, 성기의 자극과 흥분 등이 주된 관심사가 된다. 남아는 오이디푸스 콤플렉스(Oedipus complex), 여아는 엘렉트라 콤플렉스(Electra complex)가 나타난다. 남아는 거세불안을 유발시킬 수 있고, 여아는 남근을 선망하게 된다. Freud의 주장에 따르면, 어린아이에게도 성욕이 있으며, 남자아이의 성적 욕망은 어머니를 첫 번째 사랑의 대상으로 삼는다는 것이다. 그리고 아이는 자신을 아버지와 동일시하는 과정을 거치게 되면서 일정한 기간 동안 아이에게 있어서 아버지는 그 욕망의 장애물로 인식된다. 이 상황에서 단순하고 긍정적인 오이디푸스 콤플렉스가 생긴다는 것이 Freud의 주장이다(고유식, 2004). 그리고 아버지와 자신을 동일시하려는 아이의 바람은 아버지에 대한 적대적 성향으로 변하면서 그것이 어머니로부터 아버지의 자리를 빼앗고 그를 제거하려는 욕망으로까지 발전한다. 이처럼 아버지에 대한 양가적 태도와 어머니에게 애정을 느끼는 대상관계에 놓인 남자 아이들의 경우 '단순하고 긍정적인' 오이디푸스 콤플렉스라고 한다(박찬부, 1998).

오이디푸스 콤플렉스(Oedipus complex)의 해소는 도덕성, 달리 말하면 '초자아'의 발달을 가져온다. 아이들은 폭력적인 충동에 따라 행동하지 않고 사회문화적 관습에 복종하는 법을 배우게 되는데, 이 중에서 근친상간 금기는 가장 기본적인 것이다(조병기, 2006). 그러나 오이디푸스 콤플렉스를 성공적으로 헤쳐 나가지 못한 사람들은 미성숙한 채로 남게 되고 다음 단계로 성장해 나가지 못하며 한쪽 부모 혹은 양쪽 부모 모두가 자신을 꼼짝 못 하게 한다고 느낀다. 그 외에도 직업을 가질 때나 대인관계를 맺을 때 심리적인 문제들을 수용하기보다는 행동화(acting-out)해 버리고, 충동 조절이 되지 않아 권위적인 대상과의 관계적 어려움 등의 많은 문제를 겪게 된다.

> 오이디푸스 콤플렉스(Oedipus complex)의 해소는 도덕성, 달리 말하면 '초자아'의 발달을 가져온다. 아이들은 폭력적인 충동에 따라 행동하지 않고 사회문화적 관습에 복종하는 법을 배우게 되는데, 이 중에서 근친상간 금기는 가장 기본적인 것이다.

엘렉트라 콤플렉스(Electra complex)는 오이디푸스 콤플렉스와 반대로 딸이 아버지에게 애정을 품고 아버지 옆에는 강한 존재인 어머니가 있다는 걸로 질투심을 느끼며 어머니를 경쟁자로 인식하여 반감을 가져 부정적인 감정을 일으킨다는 이론이다.

> 엘렉트라 콤플렉스(Electra complex)는 오이디푸스 콤플렉스와 반대로 딸이 아버지에게 애정을 품고 아버지 옆에는 강한 존재인 어머니가 있다는 걸로 질투심을 느끼며 어머니를 경쟁자로 인식하여 반감을 가져 부정적인 감정을 일으킨다는 이론이다.

아동들은 자기 동성 부모와 동일시함으로써 적절한 성역할을 습득하여 양심이나 자아 이상을 발달시켜 나간다.

(4) 잠복기(latency stage)

6세에서 12세까지를 말하며 초자아(superego)의 형성과 자아(ego)의 성숙으로 본능적 충동은 상당히 통제 가능한 상태가 된다. 이 시기는 동성 간의 교류, 리비도 에너지와 공격적 에너지(libidinal & aggressive energy)가 공부나 놀이로 승화(sublimation)되는 시기이다. 다른 단계에 비해 평온한 시기로 성적 욕구가 억압되어 성적 충동 등이 잠재되어 있는 반면, 지적 탐색이 활발하게 이루어진다.

(5) 생식기(genital stage)

12세 이후로 사춘기의 시작에서부터 노인기에 이르기까지 연장되는 것으로 보았다. 생리적인 변화와 더불어 성 기능이 성숙되고, 호르몬 변화로 성 본능이 강화되므로 잠복되어 있던 성 에너지가 무의식에서 의식의 세계로 나오게 된다. 청소년들은 친구관계 만들기, 예술과 스포츠 활동, 장래 준비 등 사회적으로 수용될 수 있는 다양한 활동들로 성적 충동을 해소한다. 또한 자신에 대한 사랑이 타인에 대한 사랑으로 바뀌어 성인기로 옮아가는 때이다. 부모들의 영향력으로부터의 자유와 다른 사람들을 도와줄 수 있는 능력을 포함하는 성인기로의 이동이다.

이처럼 Freud는 다섯 가지의 성격발달을 정신분석적 입장에서 형성된다고 주장하지만, Erikson은 심리사회적 발달이론을 주장하였다.

6) 주요 기법

내담자가 떠오르는 대로 의식적 검열 없이 그대로 표현하게 하는 기법으로 무의식적 소망, 동기, 갈등 등을 의식화하는 데 사용한다.

(1) 자유연상(free association)

내담자가 떠오르는 대로 의식적 검열 없이 그대로 표현하게 하는 기법으로 무의식적 소망, 동기, 갈등 등을 의식화하는 데 사용한다. 상담자는 내담자의 증상과 관련되어 보이는 무의식적 자료들을 끌어내어 해석하므로 의식하지 못했던 근원적 역동을 내담자들이 잘 통찰하도록 한다. 지금까지도 내담자가 편하게 자유연상을 할 수 있도록 정신분석 상담자들은 카우치라는 소파를 이용하고 있으며, [그림 7-3]과 같다.

[그림 7-3] Freud의 상담실(카우치)

이와 같이 자유연상은 감정을 자유롭게 표현하고 경험을 개방하는 것은 내담자가 자신의 감정과 경험을 억압하지 않은 상태에서 자유롭게 떠오르는 것을 이야기하는 것이다.

(2) 해석(Interpretation)

꿈, 자유연상, 저항, 상담관계에서 나타나는 내담자 행동의 의미를 내담자에게 지적하고, 설명하고, 가르치는 것을 말한다. 그러므로 해석은 내담자의 생각과 감정을 구체적으로 살펴보고, 탐색해야 할 부분에 내담자의 관심을 끌어올리고 다양한 자료들 속에서 핵심적인 주제를 가려내거나 이해가 잘되도록 사용한다.

해석의 원리 여섯 가지는 다음과 같다.

첫째, 내담자를 먼저 준비시키기 : 내담자가 자기 행동의 의미에 관심을 가지게 한다.

꿈, 자유연상, 저항, 상담관계에서 나타나는 내담자 행동의 의미를 내담자에게 지적하고, 설명하고, 가르치는 것을 말한다.

둘째, 표면에서 심층으로 끌어올려야 한다.

셋째, 방어되고 있는 내용보다 방어를 먼저 다루어야 한다.

넷째, 타이밍 맞추기 : 한 걸음만 더 내디디면 이해할 정도로 가까웠을 때 해석하여야 한다.

다섯째, 해석을 받아들일 만큼 상담적 동맹이 있을 때 해석을 제시하여야 한다.

여섯째, 이론적 용어를 피하고 내담자의 용어를 사용하여야 한다.

(3) 꿈의 분석(Dream analysis)

꿈에는 사람들의 무의식적인 소망과 욕구, 두려움이 포함되어 있어 꿈을 무의식으로 가는 왕도라 하였다. 수면 중에는 방어가 허술하여 무의식적 욕구와 감정들이 꿈으로 표면화된다. 수면 중에도 초자아가 완전히 멈추는 것이 아니어서 원초아의 욕구를 검열한다. 꿈을 해석하여 내담자의 증상과 상태를 깨닫게 하여 내담자로 하여금 해결되지 않은 문제들에 대한 통찰을 얻게 하는 중요한 절차이다. 꿈에는 잠재몽과 현재몽의 두 수준의 내용이 있다. 잠재몽은 숨겨진, 상징적인, 무의식적인 동기, 소망, 두려움 등으로 이루어져 너무 고통스럽고 위협적이기 때문에 보다 수용하기 쉬운 현재몽으로 변형되어 나타나는데 잠재몽을 현재몽으로 바꾸는 작업을 꿈작업이라고 한다. 상담자는 꿈의 현재 내용에서의 상징을 탐색하여 위장된 의미를 밝혀내고, 내담자의 문제를 통찰함으로 자신을 이해하는 데 중요한 근거가 된다.

▎꿈을 해석하여 내담자의 증상과 상태를 깨닫게 하여 내담자로 하여금 해결되지 않은 문제들에 대한 통찰을 얻게 하는 중요한 절차이다.

(4) 저항의 분석(Resistance)

저항은 상담의 진전을 저해하고, 무의식적 내용 표현을 방해하는 모든 것을 말한다. 예를 들어, 지각, 결석, 무례한 행동, 중요하지 않은 얘기하

▎저항은 상담의 진전을 저해하고, 무의식적 내용 표현을 방해하는 모든 것을 말한다.

기, 자유연상 못하기 등이 있다. 그럼 내담자는 왜 저항하는가?

첫째, 억압된 심리내적 갈등을 밝혀내는 일이 가져올 불안을 피하고, 비밀스러운 갈망이 충족된 적이 없었음을 알게 될 때 겪을 좌절감을 회피한다. 고통이 심해도 자신의 방식을 유지하는 것이 안전하게 느껴지기 때문이다.

둘째, 상담자의 이해가 내담자에게 고통을 줄 수 있다. 자신을 방어하려고 아무것도 바라지 않던 내담자에게 희망을 선동할 수 있고, 상담자와 비교해 자신이 부적절하고 무가치하다고 느낄 수 있으며 타인에게 가까이 다가가면 거부당하리라는 두려움이 생기기 때문이다.

셋째, 타인과 과거를 비난하기 어려워질 수 있다. 즉, 자신의 대인관계를 있는 그대로 보게 된다면 자기 책임을 수용해야 하기 때문이다.

넷째, 가족이나 주요 타인들의 저항 때문이다. 내담자와 관계를 맺는 사람들은 신경증적 욕구가 맞물려 관계를 지속하고, 내담자와 상호작용하는 자신의 방식에 내담자를 묶어 두려 한다. 따라서 저항분석의 목적은 내담자가 그 저항을 처리할 수 있도록 하기 위해서 저항의 원인을 자각하고 인식하도록 돕는 데 있다.

(5) 전이의 분석(transference)

전이(Transference)란 내담자가 과거에 부모나 중요한 타인과 경험했던 감정과 갈등을 상담자에게 투사하는 현상이다.

전이(Transference)란 내담자가 과거에 부모나 중요한 타인과 경험했던 감정과 갈등을 상담자에게 투사하는 현상이다. 내담자는 신뢰-불신, 독립-의존, 사랑-증오 등 상반되는 감정에 대한 과거 갈등을 상담자를 대상으로 재경험하면서 전이가 발생된다. 전이는 내담자의 무의식이 의식의 표면으로 올라오는 것으로 전이 분석은 내담자로 하여금 과거의 영향이 어떻게 작용하는지 통찰하게 한다. 내담자가 상담자에게 경험하고 있는 감정은 현재의 감정 그 자체가 아니라 과거에 경험했던 감정의 재현이라는 시점 왜곡과 대상 왜곡을 나타낸다. 상담자는 이런 왜곡, 즉 전이를 분석함으로써 내담자를 과거의 영향으로부터 벗어나도록 하여 정서적으로 성숙한 인간이 되도록 돕는다.

한편, 역전이(Countertransference)는 상담과정에서 생기는 내담자에 대한 상담자의 무의식적 정서적 반응으로 상담자의 해결되지 않은 갈등이나 상담자와 내담자의 상호작용 중에 내담자가 상담자의 무의식적 감정에 영향을 미쳐서 나타나는 내담자에 대한 상담자의 감정 표현을 말한다.

(6) 훈습(working-through)

훈습은 내담자들이 상담과정에서 느끼는 통찰을 현실생활에 직접적으로 적용해서 일어나는 변화를 의미한다. 여기는 통찰을 상담하는 과정 중 내담자가 심리적 문제를 일으키는 원인을 파악하는 것으로 모든 문제들이 해결되는 것은 아니다. 그러므로 상담자는 내담자가 통찰을 통해서 현실생활에 적용함으로써 갈등에 대하여 과거보다 효과적인 방법으로 순응하거나 근본 문제를 해결하므로 내담자들의 행동에 변화가 일어난다. 상담자는 내담자의 갈등문제를 해결하기 위해 노력하는 몸부림을 적극적으로 지지해 주어야 한다. 상담과정을 통해서 얻게 된 통찰을 현실의 갈등 해결에 적응할 수 있는 에너지를 얻는다.

4. 상담목표와 과정

1) 상담의 목표

Freud의 정신분석적 치료에서 목표는 억압된 무의식적 갈등을 의식화하여 의식의 범위를 확대하여 자아 기능을 강화함으로써 증상과 관련된 정신적 갈등을 해소하는 것이다. 문제해결이나 행동을 학습하기보다는 깊이 있는 자기 통찰을 위해 과거의 억압된 세계를 깊이 탐색하여 적응적이고 문제해결적인 자아의 기능을 강화하는 데 있다. 그래서 원인을 멈추게 함으로써 결과를 멈추는 '뿌리치료'라고 할 수 있다.

▎Freud의 정신분석적 치료에서 목표는 억압된 무의식적 갈등을 의식화하여 의식의 범위를 확대하여 자아 기능을 강화함으로써 증상과 관련된 정신적 갈등을 해소하는 것이다.

2) 상담자의 역할

상담자는 익명성의 입장을 취하는데 '빈 스크린' 접근이라고도 한다. 이는 내담자로 하여금 과거의 중요 인물들에 대한 전이를 촉진시키기 위한 것이다.

또한 상담자는 내담자의 경험과 그때의 감정을 자유롭게 털어놓도록 많은 경청과 해석을 한다. 내담자의 저항에 주목하여 내담자의 말(음성)의 차이나 불일치를 감지하고, 자신에 대한 내담자의 느낌에 민감하여야 한다. 상담자는 그들이 문제를 통찰하고, 변화에 대한 방법을 더 잘 인식하고 삶을 합리적으로 통제할 수 있도록 도와주는 역할을 한다.

▎상담자는 내담자의 경험과 그때의 감정을 자유롭게 털어놓도록 많은 경청과 해석을 한다.

3) 상담의 과정

정신분석 상담의 과정은 크게 네 가지로 구분된다. 상담자와 내담자가 상담관계를 의식하는 개시단계, 내담자가 상담자에 대한 전이감정을 느끼는 것이 전이발달 단계, 전이에 대한 분석이 이루어지는 전이해소 단계, 통찰을 현실세계에서 계속 유지하기 위한 훈습단계가 있다.

개시 단계 ➡ 전이발달 ➡ 전이해소 ➡ 훈습단계

(1) 개시단계

상담자는 내담자가 쉽게 의식화할 수 있는 내용을 다룬다. 이에 상담자와 내담자는 라포를 형성하고 자유연상, 꿈의 분석 등을 통해 내담자의 심리적 문제에 대한 내용들을 중심으로 치료적인 관계를 맺는다. 치료적인 관계에서 상담자는 내담자의 감정, 가치, 동기, 사고 등에 대하여 비판하지 않고 수용해야 한다.

(2) 전이발달

내담자가 정서적으로 중요한 의미를 부여하는 감정의 전이를 시작한다. 통찰은 상담자가 전이해석을 통해 내담자가 현실과 환상, 과거와 현재를 구분하도록 해 줌으로써 자신의 문제를 통찰하는 것을 더해 가며 훈습이라는 과정으로 이어지고, 훈습은 통찰 후 실생활에서 사고와 행동을 수정하며 실행해 나가는 것을 말한다. 즉, 반복 → 정교화 → 확대하는 활동들로 이루어지는 과정이다.

(3) 전이해소

분석의 주목표가 성취되고, 전이가 잘 해결된 것에 합의하면 종결을 고려한다. 따라서 전이해소의 상담과정을 열 가지로 정리하면 다음과 같다. 첫째, 내담자가 갈등인 부정적 감정 등 심리적으로 불편한 것을 의미한다. 둘째, 내담자의 신경증적 증세가 나타난다. 셋째, 신경증적 증세를 자유연상, 꿈의 해석, 최면술 등으로 탐색한다. 넷째, 내담자와의 대화 중에서 갈등의 핵심적인 내용을 파악한다. 다섯째, 전이현상에서 내담자의 갈등을 표현하도록 한다. 여섯째, 내담자의 저항을 해석한다. 일곱째, 해석에 대한 내담자의 반응을 격려하면서 상담을 종결한다. 여덟째, 신경증적 증세가 감소한다. 아홉째, 부정적 감정이 해소되어 정신에너지가 해방된다. 열번째, 내담자가 스스로 자신의 문제에 대하여 통찰력이 생긴다.

(4) 훈습단계

내담자들이 심리적인 문제를 통찰했다고 하여 바로 내담자들의 문제가 해결되지 않는다. 즉, 내담자들이 통찰한 것을 자신의 실제 생활로 적용하는 과정이 훈습단계이다. 이 단계를 통해 내담자의 행동변화가 어느 정도 심리적 안정감이 나타나면 종결을 준비한다.

5. 평가

1) 공헌점

우리는 정신분석이론이 인간 이해의 폭과 깊이를 넓혀 주었다는 사실을 부인할 수 없을 것이다. 이러한 발달단계 역시 Freud 자신의 상담 경험과 자아분석 그리고 광범위한 임상관찰을 토대로 한 최초의 포괄적인 성격이론이며, 심리상담이론이라 할 수 있다. 인간의 행동을 좌우하는 중요한 역동적인 힘의 근원은 무의식에 있으며, 무의식적인 갈등이 부적응과 신경증 내지 정신질환의 근원이 된다는 이론이다.

인간의 행동을 좌우하는 중요한 역동적인 힘의 근원은 무의식에 있으며, 무의식적인 갈등이 부적응과 신경증 내지 정신질환의 근원이 된다는 이론이다.

지금까지도 이 발달단계이론이 논란의 대상이 되어 왔고 실제로 여러 가지 제한점을 가지고 있지만 이제 많은 학자들이 Freud 이론을 바탕으로 보다 나은 이론들로 수정 · 보완 · 확대시켜 나감으로써 그의 학문적 약점들을 극복한 새로운 이론들을 정립하고 있다. 이 같은 사실은 그의 이론을 근거로 하여 인간 이해의 새로운 시각이 열렸으며 또한 그의 이론이 심리학사에서 새로운 이론적 지평을 이룩해 놓았다는 것을 뒷받침하고 있다. 왜냐하면 Freud 이후의 이론들은 Freud 이론이 있음으로 인해 해석이 가능하기 때문이다.

정신분석 상담의 공헌점들을 요약하여 제시하면 다음과 같다.

① 인간은 개인이 인지하지 못하고 수용할 수 없는 충동들에 의하여 사고나 행동이 동기화된다는 사실을 밝혔다.
② 담대하고 통찰력 있는 탐구를 통하여 최초의 체계적인 성격이론과 최초의 효과적인 심리상담 기법을 개발하였다.
③ 성격의 발달에 있어서 유아기의 중요성을 강조하여 자녀양육에 대한 각성과 연구를 자극하였다.
④ 상담의 한 모형을 개발하고, 신경증과 상담과정에 있어서 불안의 기능을 처음으로 확인하였으며, 해석 · 저항 · 전이현상의 중요성을 강조하였다.
⑤ 상담자의 가치중립적인 태도를 최초로 강조하였다.

2) 한계점

한계점으로는 정신분석 상담이론이 아동을 직접 관찰한 결과가 아닌 정신질환자들을 치료한 과정에서 얻은 자료를 가지고 정상 아동의 발달을 추정했다는 것과 성적 욕구를 지나치게 강조하고 있다는 것이다. 또한 여성의 열등감 등에 대한 편견은 비판을 받고 있으며, 과학적 검증이 어렵다는 한계가 있다.

한계점으로는 정신분석 상담이론이 아동을 직접 관찰한 결과가 아닌 정신 질환자들을 치료한 과정에서 얻은 자료를 가지고 정상 아동의 발달을 추정했다는 것과 성적 욕구를 지나치게 강조하고 있다는 것이다.

정신분석 상담의 한계점들을 요약하여 제시하면 다음과 같다.

① 인간의 욕망, 특히 성적 욕구를 지나치게 강조하고 있다. 성적 에너지가 성감대를 찾아 신체의 부위로 옮아가는 과정을 발달로 보았다는 점에서 비판받고 있다.

② 인간을 성욕과 과거의 경험에 지배되는 수동적, 소극적 존재로 보았다는 점에서 비판을 받고 있다.

③ 남아의 오이디푸스 콤플렉스(Oedipus complex)와 여아의 엘렉트라 콤플렉스(Electra complex), 여성의 열등감 등에 대한 편견은 문화 비교 연구의 결과 보편성이 입증되지 못했고, 문화적 · 계층적 다양성을 고려해야 한다는 비판이다.

④ 양심이 발달하는 데에는 부모 형제, 가족뿐만 아니라 주변 이웃 사람들의 격려 및 인정과 처벌이 큰 역할을 한다는 사실을 무시했다는 비판이다.

⑤ Freud가 이용한 자료는 신경증 환자들의 치료과정에서 얻어졌기 때문에 정상 성인이나 정상 아동의 발달을 거꾸로 추적 · 설명하는 데에는 무리가 있으며 과학적 검증, 정확성이 결여되었다고 비판받고 있다.

6. 요약

- 인간의 행동을 기본적인 생물학적 충동과 본능을 만족시키려고 하는 욕망에 의하여 동기화되는 것으로 본다. 또 개인을 출생에서부터 5세 사이의 어린 시절에 경험한 무의식 속에 잠재되어 있는 심리 성적인 사건들에 의하여 결정되어 있는 존재로 본다.
- 인간의 성격은 세 개의 분리된 요소로서가 아니라 전체로 기능하며, 원초아는 생물학적 구성요소로 쾌락을 추구하고, 자아는 심리적 구성요소로 현실을 검증하고, 초자아는 사회적 구성요소로 완전을 추구한다.
- 정신의 세 가지 층으로 의식은 한 개인이 어느 순간에 인식하고 있는 감각, 지각, 경험, 기억 등의 모든 것을 의미한다. 전의식은 이용 가능한 지식이라고도 하고, 의식의 부분은 아니지만 주의를 집중하면 의식으로 떠올릴 수 있는 생각이나 감정을 말한다. 무의식은 개인이 자신의 힘으로는 의식으로 떠올릴 수 없는 생각, 감정을 포함하여 감각기관으로 인식할 수 없는 마음 깊은 곳에 감추어져 있는 정신세계로 본능, 열정, 억압된 관념과 감정 등이 잠재되어 있다.
- 불안은 무엇을 하기 위해 동기를 유발하게 하는 긴장 상태이다. 이것은 유용한 심적 에너지를 통제할 수 없을 때 발달하는 것으로 원초아, 자아 그리고 초자아 간의 갈등이다.
- 방어기제는 불안, 죄책감, 갈등, 고민, 드러낼 수 없는 욕구 중 자기에 대한 여러 위협들로부터 자신을 보호하기 위해 사용하는 마음의 반응양식으로 억압, 합리화, 투사, 승화, 보상, 치환, 반동형성, 퇴행, 동일시 등이 있다.
- Freud는 인간의 성격은 명확하게 구분할 수 있는 5단계, 즉 구강기,

항문기, 남근기, 잠복기, 생식기를 거쳐서 발달한다고 주장하였다.

- 정신분석의 주요 상담기법으로는 자유연상, 해석, 꿈의 분석, 저항의 분석, 전이의 분석, 훈습이 있다.
- 정신분석의 상담목표는 억압된 무의식적 갈등을 의식화하여 의식의 범위를 확대하여 자아 기능을 강화함으로써 증상과 관련된 정신적 갈등을 해소하는 것이다.
- 정신분석 상담자의 역할은 익명성의 입장을 취하는데 '빈 스크린' 접근이라고도 한다. 이는 내담자로 하여금 과거의 중요 인물들에 대한 전이를 촉진시키기 위한 것이며, 그들이 문제를 통찰하고, 변화에 대한 방법을 더 잘 인식하고 삶을 합리적으로 통제할 수 있도록 도와주는 역할을 한다.
- 정신분석의 상담과정은 개시단계, 전이발달, 전이해소, 훈습단계로 전이가 잘 해결된 것에 합의하면 종결을 고려한다.

7. 상담사례

내담자 저는 제가 그 여자(매춘부) 같은 좋지 않은 여자를 가까이하지 말아야 한다는 것을 알고 있어요. 한 마디로 지각이 없는 사람이죠. 그 여자는 그런 종류의 사람이에요.

상담자 그렇지만 당신은 그런 결정에도 불구하고 그 여자를 원하는 것같이 보이는데요. (내면적인 태도를 반영해 줌)

내담자 저는 그 여자가 저에게 나쁘다는 것을 알고 있어요. 내 아내가 훨씬 더 진실한 사람이지요. 그렇지만 저는 마음속에서 그 여자를 떨쳐 낼 수가 없어요. 그러나 그 여자에게 돌아가기를 원하지도 않아요. 또다시 복잡한 문제가 생길 테니까요. 아직도 그 여자를 자주 생각하기는 해요. 그리고 그 여자가 나를 즐겁게 해 주기를 바라고요. 그렇지만 이제는 직장 일에 충실할 수 있게 되었고 미술교육을 받기를 원하는 아내를 도와주고 싶어요. (긴 침묵)

상담자 알겠어요. (침묵) 지금 무슨 생각을 했나요.

내담자 갑자기 어떤 생각이 떠올랐어요. 제가 지하철 승강대에 서 있는 장면이 상상되었어요. 공상이에요. 내 앞에서 한 남자가 서 있군요. 지하철이 다가올 때, 제가 그 사람을 밀어 버리는 걸 생각했어요.

상담자 그 사람은 어떤 사람인데요.

내담자 누군지 모르겠어요. 저는 그 사람의 정체는 알 수가 없었어요. 그 사람은 그저 푸른색 옷을 입고 있는 것 같았어요. 어쩐지 저한테는 꺼림칙한 사람 같았어요. 가끔 저는 지하철 승강대에 서 있을 때 자신이 뛰어내리거나, 어떤 사람이 저를 밀어 버릴 것 같은 두려움을 느껴요.

상담자 그렇지만, 당신의 상상 속에선 당신이 그 사람을 밀었다고 하셨죠? 당신은 그 사람에게 화가 났나요.

내담자 아니에요, 그렇지 않아요. 저는 아무것도 느끼지 못했어요. 단지 그 사람을 밀어뜨리고 싶다고만 느꼈지요. (하품) 오늘은 피곤하군요. 사무실에서 복잡한 일이 많았기 때문에 오늘은 피곤한 날이었어요. 저는 오늘의 면접약속을 취소하려고 생각했었어요. 저의 비서와 내가 약속하는 것을 잊고 있었지만, 사실은 지방의 광고업자와 협의할 게 있었거든요. (이 말은 저항인 것 같다)

상담자 당신은 여기 오는 데 대해서 어떻게 느끼시나요. 여기 오기가 불편하다고 느끼나요. (면접약속의 취소를 원했다는 그의 말을 다룸)

내담자 (웃으면서) 그래요. 나는 원해서가 아니라 필요하다고 생각되어서 와요. 즐거울 것이 없잖아요.

상담자 그러니까 아마 당신은 여기 오는 것을 불쾌하게 여기고 있군요. (시험적인 해석)

내담자 아니요. 제가 불쾌하게 여기고 있다는 생각은 안 들어요. 제가 여기에 와야만 한다는 것을 알고 있으니까요. (해석을 부인함)

상담자 으-음

내담자 그렇지만 여기에 오는 데는 많은 문제가 있어요. 시간이 걸리구요. 즐거운 것도 없구요. 그러면서도 제 가족에 대해선 이번 문제를 해결해야 할 책임을 느끼고 있어요.

상담자 그렇지만 당신 자신을 위해서 노력한다고 할 때는 어떻게 느껴집니까?

내담자 솔직히 저는 제 가족을 위해서 와요. 간접적으로는 저한테도 혜택이 있겠지요.

상담자　당신이 여기에 오는 것을 정말 불쾌하게 여긴다는 생각이 들어요. (권위적인 해석) 아까 말한 상상에 관해 다시 생각해 봅시다. 그 상상 속에서 당신은 푸른 옷을 입은 사람에게 공격적인 행동을 했어요.

내담자　그래요.

상담자　제가 어떤 옷을 입고 있나요.

내담자　(놀라며) 선생님 옷이 푸른색이군요. (내담자는 놀란 것같이 보인다)

상담자　아마 제가 상상 속의 인물일 거예요. 당신은 나에게서 벗어나고 싶어 하는군요. 그리고 당신은 나에게 화를 내고 있는 것 같군요. (시험적인 해석)

내담자　아, 거의 잊어버릴 뻔했어요. (주머니에 손을 넣어 수표를 꺼냄) 2주일 내내 가지고 다녔는데 여기 왔을 때마다 당신에게 주는 것을 잊어버렸어요.

상담자　거기에는 틀림없이 어떤 이유가 있는 것 같은데요.

내담자　선생님은 제가 상담료를 지불하고 싶어 하지 않았을지도 모른다는 말입니까?

상담자　가능한 이야기지요. (침묵)

내담자　하지만, 저는 돈을 내려는 생각은 가지고 있어요. 그저 내는 것을 잊었을 뿐이지요.

상담자　사람들이 자주 잊어버릴 때는 분명한 이유가 있기 마련이죠. 당신이 나를 비판적으로 느꼈기 때문에 나에게 수표를 주는 걸 잊어버린 게 아닐까요? (시험적인 해석) 그런 경우라면 당신이 나에게 지금 수표를 주는 것이지요. 나에 대해 비판적인 것을 보상하는 셈이 되지요.

내담자　(웃음) 그래요. 제가 말할게요. 사실은 여기 오는 것에 대해서 불쾌했었지요. 저는 선생님이 좋은 의도로 말씀하신 것에 대해서도 화가 났어요. 선생님이 저더러 그 여자에게서 떠나라고 말하지는 않았지만, 저는 제가 한 일에 수치심을 느껴왔어요. 선생님께서 저에게 내 아내가 그 여자보다 더 좋다고 말해 주기를 바라기까지 했어요. 그렇지만, 제기랄, 그 여자에게는 끌어당기는 매력이 있지요. 자릿한 흥분을 느낄 수 있어요. 저로선 돌아갈 수도 없고 앞으로 나아갈 수도 없는 입장인 것 같아요.

상담자 당신의 욕망 사이에는 모순이 있어요. 당신이 현재 궁지에 몰린 것은 그 여자에 대한 욕망과 가족에 대한 죄의식과 책임감 사이에서, 오도가도 못하게 된 결과이지요. 당신은 내가 양단간에 선택해 주도록 원하고 있고, 내가 선택해 주지 않으면 화가 날 것입니다. (권위적인 해석)

내담자 그래요. 무슨 말씀인지 알겠어요. 아주 매력적이긴 하지만, 그 여자와 같이 사는 생활이 저에게 해롭다는 것을 알고는 있지요. 또 내 아내는 원래 질이 좋은 여자니까? 선생님이 추켜세울 필요는 없어요.

상담자 지금 내가 당신에게 선택을 해 준다면 문제가 생깁니다. 예를 들어서 당신에게 그 여자를 포기하라고 말한다면, 나는 당신이 지금까지 대항해 온 억압적인 권위자가 되는 셈이지요. 실제로 당신은 그 여자의 매력을 즐기면서 그런 권위를 무시하고 당신의 기분대로 하고 싶을 겁니다. 그러면 아마 당신은 나를 무시하려 들 것이고 우리 관계는 나빠지겠지요. 반대로 내가 당신에게 아내를 포기하고 당신 욕망을 따르라고 한다면 당신은 나를 경멸하게 될 거예요. 그래서 만일 당신이 그 여자에게 돌아가면 당장은 즐거움을 얻겠지만, 결국엔 당신에게 해롭게 이야기한 것에 대해서 나를 비난할 것입니다.

출처: 이장호(2000). 상담심리학 3판. 서울: 박영사.

연습
문제

상담의 효율성을 높이기 위한
정신분석 상담의 연습문제

① 정신분석 상담의 세 가지 성격구조인 원초아, 자아, 초자아에 대하여 논하시오.

② 정신분석 상담의 방어기제 중 자신이 일상생활에서 자주 사용하는 방어기제 세 가지를 설명하고 그 예를 드시오.

③ 정신분석 상담 중 무의식, 전의식, 의식에 대하여 설명하시오.

④ 정신분석 상담에서 주장하는 인간의 발달단계 중 항문기에 대하여 설명하시오.

⑤ 정신분석 상담의 공헌점과 한계점에 대하여 논하시오.

08 Chapter

분석심리학 상담

1. Jung

Carl Jung(1875~1961)은 목사의 아들로 태어났다. 그는 대단히 섬세한 감수성의 소유자였다. 과연 우리가 기억의 그물로 건져낼 수 있는 최초의 경험들은 몇 살부터의 경험들인가?

Jung은 놀랍게도 자신이 유모차에 누워서 푸른 하늘과 황금의 햇빛을 황홀하게 바라보았던 두세 살의 기억을 떠올린다. 그것도 80세가 넘은 나이에 말이다. 그는 역마살과 같은 예민한 감수성을 지닌 이유 때문에, 소년 시절에 많은 발작 증세를 앓았다. 이러한 세계에 대한 고통스러운 느낌은 오히려 자기만의 내면세계로 발걸음을 인도하게 한 요인이 되었다. Jung에게 있어서 세계에 대한 고독은 내면에 대한 탐구로 전이되었다.

Jung은 어느 날, 깊은 숲속에 숨어 아버지와 아버지 친구가 나누는 대화를 엿들었다. 그의 아버지는 아들의 병을 치료하기 위하여 많은 재산을 없앴고, 아들이 평생 돈을 벌 수 없게 된다면 슬플 것이라고 친구에게 말하였다. 처음에는 호기심으로 아버지와 친구분의 대화를 엿들었지만, Jung에게 있어서 그 대화는 벼락을 맞은 듯한 충격을 던져 주었다. 그 대화는 현실(現實)에 대한 최초의 경험이 되었다. 그는 정신을 바짝 차리고 아버지 서재로 달려가서 라틴어 문법책을 꺼내서 공부하기 시작했다.

그 와중에 몇 번의 발작 증세가 나타났지만, Jung은 굽히지 않고 발작을 극복하고 끈질기게 공부를 계속해 나갔다. 이후 발작 증세는 사라졌다. 이러한 경험은 자신을 철저하게 엄격한 사람으로 만들었고, 이후 Jung으로 하여금 인간의 심리를 연구하는 데 일생을 바치게 한 결정적인 계기가 되었다. 그는 스위스 바젤 대학을 나온 뒤 취리히 대학 의학부 정신과의 Eugene Bleuler 교수 문하에 들어갔다. 그곳에서 교수직으로 있으면서 단어연상검사를 연구하여 'complex' 학설의 기초를 마련하였고, 정신분열증의 심리적 이해와 이에 대한 정신치료를 처음으로 시도했다. 이 당시 Freud 학설을 접하여 한때 Freud 정신분석학파의 핵심인물로 활동하기도 했으나 Freud의 초기 학설인 성욕중심설의 부적절함을 비판하며 독자적으로 무의식 세계를 탐구하여 분석심리학을 창시하였다.

Jung은 Freud 정신분석 학파의 핵심인물로 활동하기도 했으나 Freud의 초기 학설인 성욕중심설의 부적절함을 비판하며 독자적으로 무의식 세계를 탐구하여 분석심리학을 창시하였다.

2. 인간관

Jung은 자기 자신의 무의식과 수많은 사람들의 심리분석 작업을 통해서 얻은 방대한 경험 자료를 토대로, 원시종족의 심성과 여러 문화권의 신화, 민담, 동서양의 철학과 사상, 종교현상들을 비교하였다. 그 결과 인간의 심성에는 자아의식과 개인적 특성을 가진 무의식 너머의 정신활동의 원천이고, 인류 보편의 원초적 행동 유형인 많은 원형(原型)들로 이루어진 집단무의식층이 있음을 확인하였다. 집단무의식에는 페르소나, 그림자, 아니마와 아니무스, 자기 등 다양한 원형이 있다. 나를 이해하고 실현시키는 작업은 인간의 뿌리인 다양한 원형을 이해하고 파악하는 작업이다.

Jung(1961)의 '나의 인생은 무의식의 자기실현에 관한 이야기다'라는 말은 함축적인 의미를 포함하고 있다. 그는 자신의 경험으로부터 심리치료법을 개발하여 이론화하였고, 심리치료를 받는 사람들이 '개체화'라는 자신의 신화를 발견하는 과정을 통해 더 완전한 인격체가 될 수 있다고 보았다. 나아가 모든 사람의 무의식 속에서 의식의 일방성을 자율적으로 보상하고 개체로 하여금 통일된 전체를 실현케 하는 핵심적인 능력을 갖춘 원형, 즉 자기 원형이 작동하고 있음을 증명하였다.

Jung은 의식에서 알고 있는 자아는 태어난 이후에 현실 경험을 통해 형성된 것이라고 주장한다. 이유는 각자 다른 경험을 하며 독특한 자신을 실현시키려는 작업을 수행하기 때문이다. 즉, 개인이 자기실현을 위해 필요한 것은 인류의 뿌리를 이해하는 것이다. 인류 역사의 이해는 나를 이해하는 데 소중하며, 문화유산을 이해하는 것은 내가 누구인가를 파악하는 데 귀중한 자료이다. 그러므로 단군신화를 비롯하여 많은 신화와 전래동화를 이해하는 것은 우리가 자신을 이해하는 데 많은 영향을 미쳐 왔다고 볼 수 있다.

Jung은 의식에서 알고 있는 자아는 태어난 이후에 현실 경험을 통해 형성된 것이라고 주장한다. 이유는 각자 다른 경험을 하며 독특한 자신을 실현시키려는 작업을 수행하기 때문이다.

주관적으로 자기를 실현하는 것은 의식보다 더 크게 우리를 지배하는 무의식의 갈등을 이해하는 것이다. 이러한 점에서 Jung은 무의식을 이해하기 위해 Freud보다 훨씬 더 꿈의 해석을 강조하였다. Jung의 꿈은 의식이 억압되어 무의식에 있는 메시지를 전달하는 것이 아니라 나타내려고 애쓰는 무의식이다. 따라서 Jung의 분석심리학의 체계에 대한 기본 가정은 다음과 같다(노안영, 2006; Manduro & Weelwright, 1977; Patterson & Watkins, 1996).

주관적으로 자기를 실현하는 것은 의식보다 더 크게 우리를 지배하는 무의식의 갈등을 이해하는 것이다. 이러한 점에서 Jung은 무의식을 이해하기 위해 Freud보다 훨씬 더 꿈의 해석을 강조하였다.

첫째, 성격은 집단무의식과 그것의 활동에 의해 영향을 받는다.

둘째, 자아에 수용될 수 없는 무의식적 요소는 개인무의식에 머무르게 된다.

셋째, 콤플렉스(complex)는 활동적 원형 이미지 주변에서 형성되어 작동된다.

넷째, 자아는 무의식과 외부 세계를 중재한다.

다섯째, 자기는 전체를 의미하여 조직화된 원형이다.

여섯째, 원형은 집단무의식의 기관으로서 기능한다.

일곱째, 무의식적 내적 세계인 정신적 현실은 외적 세계처럼 중요하다.

여덟째, Jung의 심리학은 오이디푸스(Oedipus) 시기의 갈등보다 그 이전의 중요한 경험, 불안, 방어에 관심을 둔다.

아홉째, 성격의 성숙은 평생에 걸쳐 진행되며 생의 후반기에 개성화 과정에서 가속화될 수 있다.

열째, 자기조절체계인 정신은 건설적인 무의식적 보상의 원리를 이용한다.

열한째, 정상적인 병리적 자아방어는 자기조절적인 정신 내에서 갈등을 다루기 위해 대립되는 힘이다.

열두째, 정신은 자발적으로 심리 전체, 의식과 무의식의 통합, 자기치료를 추구한다.

열셋째, 퇴행은 적응적 의미를 가질 수 있으며, 자아와 자기에 대한 기여로 일어난다.

열넷째, 정신에너지는 정신적 과정과 표상에 기여하는 일반적인 가설적 에너지다.

열다섯째, 개성화 과정은 개인의 심리적 유형과 관련해서 전 생애에 걸쳐 진행된다. 이러한 가정에서 분석심리학의 인간관은 무엇보다도 저 깊은 내면의 무의식을 향해 마음을 열어야 한다는 것이다.

3. 주요 개념 및 기법

1) 마음의 구조

(1) 의식과 자아

태도는 의식의 주인인 자아가 갖는 정신적 에너지의 방향이다.

능동적인 태도를 외향성(extraversion)이라고 하며, 외향성은 의식을 외적 세계 및 타인에게 향하게 하는 성격태도이다. 내향성(introversion)은 의식을 자신의 내적 주관적 세계로 향하게 하는 성격태도이다. 의식의 기능은 주관적 세계와 외부 세계를 지각하고 이해하는 서로 다른 방식을 의미한다.

Jung은 인간이 외향성과 내향성 두 가지 성격태도를 모두 가지고 있으며 둘 중 어느 태도가 지배적이냐에 따라 달라진다고 본다. 후에 사고와 감정, 감각과 직관의 기능을 조합하여 16가지 심리적 유형으로 결정되었다. 현재 많이 사용하는 성인과 아동을 위한 성격유형검사인 MBTI (Myers-Briggs Type Indicator)와 MMTIC(Murphy Meisgeier Type Indicator for Children)는 이러한 Jung의 이론에 기초를 두고 있다.

❙ 능동적인 태도를 외향성(extraversion)이라고 하며, 외향성은 의식을 외적 세계 및 타인에게 향하게 하는 성격태도이다.

❙ 내향성(introversion)은 의식을 자신의 내적 주관적 세계로 향하게 하는 성격태도이다.

표 8-1 Jung의 자아태도와 기능

태도	에너지의 방향	외향: 의식이 외적 세계 및 타인에게 향하는 성격태도
		내향: 의식이 자신의 내적 주관적 세계로 향하는 성격태도
기능	세상을 이해하는 방식	감각: 감각기관을 통해 정보를 받아들이는 것 직관: 감각 입력에 기저하고 있는 것에 대한 추측을 통해 정보를 받아들이는 것
		감정: 경험의 정서적인 측면 사고: 추상적 사고, 추론

(2) 개인무의식과 콤플렉스(장성화, 2010)

① 개인무의식

Freud의 전의식과 유사한 개념이지만 무의식까지 포함한 개념이라고 할 수 있다. 즉, 개인무의식(personal unconsciousness)은 의식되었지만, 그 내용이 중요하지 않거나 고통스러운 것이기 때문에 망각되었거나 억제된 자료의 저장소이다. 그러므로 너무 연약하여 의식에 도달하지 못하거나, 의식에 머물 수 없는 모든 경험은 개인무의식 속에 저장한다.

② 콤플렉스

콤플렉스는 개인무의식 안에 한 무리의 생각들이 뭉쳐서 콤플렉스로 형성되는 것이다.

콤플렉스(complex)는 개인무의식 안에 한 무리의 생각들이 뭉쳐서 콤플렉스로 형성되는 것이다. 즉, 어떤 핵 또는 중심이 마치 자석처럼 작용하여 관련된 생각들이 끌어 모아진 것이다. 콤플렉스의 핵은 아동기의 억압과 외상, 현재 겪는 갈등에서 주로 나타나며, 이러한 콤플렉스가 행사하는 힘은 아동기의 경험과 개인적 무의식에서 유래되기도 하지만 집단무의식이 작용하는 경우도 있다. 이와 같은 콤플렉스는 어머니 콤플렉스, 오이디푸스 콤플렉스, 엘렉트라 콤플렉스로 구분되었지만, 실제로 다루어진 콤플렉스는 오이디푸스와 엘렉트라 콤플렉스만 정신분석학 상담에서 언급되었다.

③ 집단무의식

집단무의식(collective unconsciousness)은 개인적 경험이 아니라 사람들이 역사와 문화를 통해 공유해 온 모든 정신적 자료의 저장소이다. 따라서 집단무의식은 인류 역사를 통해 선조로부터 물려받은 우리의 행동에 영향을 주는 정신적 요인인 수없이 많은 원형(archetypes)으로 구성되어 있다(노안영, 강영신, 2006). 예를 들어 직접적으로 의식화되지는 않지만, 역사 속의 신화, 민속, 예술 등이 지니고 있는 영원한 주제를 간접적으로 관찰한다.

(3) 원형

원형(Archetype)은 집단무의식을 형성하는 기본적인 요소나 근원적 이미지로 꿈이나 신화 속에서 나타난다. 즉, 원형은 세계를 특정 양식으로 지각하고 경험하고 반응하도록 이끄는 보편적, 집단적, 경험적인 아이디어나 기억들이다. 또한 서로 다른 문화로부터 나온 상징들이 유사성을 보이는 것은 인류에 의해 공유되는 원형으로부터 출현했기 때문이다(노안영, 2005).

원형은 집단무의식을 형성하는 기본적인 요소나 근원적 이미지로 꿈이나 신화 속에서 나타난다. 즉, 원형은 세계를 특정 양식으로 지각하고 경험하고 반응하도록 이끄는 보편적, 집단적, 경험적인 아이디어나 기억들이다.

① 페르소나

페르소나(persona)는 가면을 뜻하는 희랍어로 개인이 사회적 요구들에 대한 반응으로서 밖으로 내놓은 공적 얼굴이다. 즉, 페르소나를 통해 다른 사람과 관계를 맺으면서 좋은 인상을 주거나 자신을 은폐시킨다. 겉으로 표현된 페르소나와 내면의 자기가 상당히 불일치하게 되면 표리부동한 이중적인 성격으로 사회적응에 어려움이 있다.

② 그림자

그림자(shadow)는 인간이 드러내 보이는 측면과 반대되는 측면의 원형이다. 즉, 그림자는 인간의 양면성, 밝고 긍정적인 면과 어둡고 부정적인 면을 반영한 원형이다. 예를 들어, 유난히 청렴함을 강조하는 관리의 내면에는 같은 크기의 탐욕이 숨어 있을 수 있다고 보는 것이 Jung의 관점이다.

③ 아니마와 아니무스

▎남성 내부에 있는 여성성을 아니마라고 하고, 여성 내부에 있는 남성성을 아니무스라고 한다.

http://egloos.zum.com/skdud2/v/232608

남성 내부에 있는 여성성을 아니마(Anima)라고 하고, 여성 내부에 있는 남성성을 아니무스(Animus)라고 한다(Jung, 1945). 남성성의 속성은 이성이고, 여성성의 속성은 사랑이다. 따라서 성숙된 인간이 되기 위해서 남자는 내부에 잠재해 있는 여성성인 사랑을 이해하고 개발해야 하며, 여자는 내부에 있는 남성성인 이성을 이해하고 개발하는 것이 필요하다. 이러한 양면성으로 상대방의 성을 이해할 수 있다.

④ 자기

▎자기는 모든 의식과 무의식의 주인이다. 즉, 자기는 정신의 중심인 의식과 무의식의 양극성 사이의 평행점이다.

자기(self)는 모든 의식과 무의식의 주인이다. 즉, 자기는 정신의 중심인 의식과 무의식의 양극성 사이의 평행점이다. 자기는 다른 정신 체계가 충분히 발달할 때까지 나타나지 않는다. 개인의 자기실현은 자신에 대한 정확한 지각과 미래의 계획 및 목표를 수반한다.

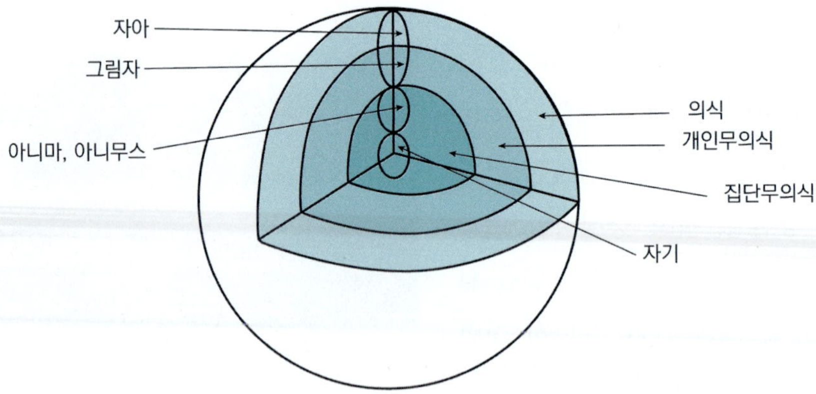

[그림 8-1] 마음의 원형

2) 정신에너지의 원리

(1) 대립원리

① 신체에너지 내에 반대되는 힘이 대립 혹은 양극성으로 존재하여 갈등을 야기하며 이러한 갈등이 정신에너지를 생성하는 데 필요하다는 것이 융의 대립원리이다.

② 정신에너지는 성격 내에 있는 힘들 간 갈등의 결과다. 갈등이 없으면 에너지가 없고 인생도 없다.

③ 양극성들 간에 갈등이 커질수록 에너지는 더 많이 생성된다.

(2) 등가원리

① 어떤 조건을 생성해 내는 데 사용된 에너지는 상실되지 않고 성격의 다른 부분으로 전환되어 성격 내에서 에너지의 재분배가 이루어진다.

② 어떤 특별한 영역에서 정신가치가 약해지거나 사라지면 그러한 에너지는 정신 내에 다른 영역으로 전환된다.

③ 등가는 에너지가 변화된 새로운 영역이 동등한 정신가치를 가진다는 것이다. 예를 들어, 내가 늘 행하던 야구 취미활동에 관심이 상실되면 그동안 쏟았던 정신에너지의 원리가 새로운 스포츠 취미활동으로 전환된다.

(3) 균형원리

① 물리학에서 균형원리는 에너지 차이의 평형을 의미한다. 즉, 성격 내 균형의 경향성이 있다.

② 두 가지 욕망이 정신가치에서 크게 다르다면 에너지는 보다 강한 욕

망에서 약한 욕망으로 흐른다. 예를 들어, 따뜻한 대상과 차가운 대상이 접촉하면 따뜻한 열은 같은 온도로 평행적인 상태가 될 때까지 따뜻한 대상에서 차가운 대상으로 이동한다. 이것은 열역학에너지 원리를 정신에너지에 적용한 것이다.

3) 심리적 유형

Jung은 심리적 유형에 관한 연구에서 자아의 기본적인 태도와 기능들을 제시하였으며, 그러한 태도와 기능이 다양한 비율로 결합되어 개인의 성격을 결정하는 몇 가지 유형이 나오게 된다고 설명하였다.

(1) 자아의 태도

Jung은 자아의 기본적 태도를 외향성과 내향성의 두 가지로 구분하였다. 자아의 기본적 태도는 태어날 때부터 결정되는 것으로 간주된다. 외향성은 정신에너지인 리비도가 객관적 외계의 표상으로 향하며, 객관적 사실과 조건에 관한 지각, 사고, 감정에 의해 좌우되는 것을 의미한다. 따라서 외향적인 사람은 사람, 사물, 사건들에 무한히 흥미를 느끼며 환경에 쉽게 적응한다. 그의 마음은 외부 대상에 의해 자극되고 특정하게 반응한다.

외향적인 사람은 자기 안에서 일어나는 변화를 바깥에서 영향을 미치는 외부 대상의 탓으로 여긴다. 내향성은 리비도가 주관적인 정신구조와 과정으로 향해 있다. 그래서 내향적인 사람은 외부 대상에 대한 자신의 성찰로부터 영향을 받는다. 내향적인 사람에게서 대상의 중요성은 대상 그 자체가 아니라 그것이 어떻게 심리에 관계되는지에 달려 있다. 그러므로 외향적인 사람은 외부 세계가 제공하는 정보로 판단하나 내향적인 사람은 자신의 주관에 의해 판단한다.

외향적인 사람은 자기 안에서 일어나는 변화를 바깥에서 영향을 미치는 외부 대상의 탓으로 여긴다. 내향성은 리비도가 주관적인 정신구조와 과정으로 향해 있다. 그래서 내향적인 사람은 외부 대상에 대한 자신의 성찰로부터 영향을 받는다.

예를 들어, 어떤 사람은 밖이 춥기 때문에 외투를 입도록 설득되나 밖이 아무리 추워도 추위를 느끼고 싶어 하는 다른 사람은 외투가 불필요하다고 여긴다. 어떤 사람은 세상 사람들이 찬양하기 때문에 그 테너 가수를 찬양하나 다른 사람은 그 테너 가수가 아무리 명성이 높아도 자기 취향에 맞지 않으면 높이 평가하지 않는다. 전자는 객관적 정보로 판단하나 후자는 자신과 객관적 사실 간에 삽입되는 자기 나름의 주관적 견해를 가지고 판단하는 것이다. 모든 사람은 외향성과 내향성을 양쪽 다 가지고 있으나 어느 한쪽의 상대적 우세가 그 유형을 결정한다. 즉, 외부 환경과 내적 성향이 어느 한쪽을 지지하고 다른 쪽을 제한하여 한쪽의 우세가 자연히 발생하게 되는데, 일반적으로 외향성과 내향성 중 어느 한쪽의 태도가 개인의 일생에 걸쳐 우위에 있게 된다. 객관적 지향이 우세하면 외향적이라 간주되며 주관적 지향이 우세하면 내향적이라 불린다. 외향적인 사람은 다른 사람과의 상호작용에 관심을 가진다.

그는 활동적이고 사교적이며 주위의 일들에 흥미를 가진다. 내향적인 사람은 자신의 내적 세계에 대해 사색하고 분석하는 일에 흥미를 갖는다. 그는 고독하고 비사교적이며 자기 일에만 관심을 가진다.

이 두 태도는 번갈아 나타날 수도 있지만 동시에 의식에 공존하지는 못한다. 자아의 태도 유형은 성별, 연령, 직업, 계층 등과 상관이 없다. 예를 들어, 동일 가족 내에서 한 자녀는 내향성이나 다른 자녀는 외향성일 수 있다. 이러한 사실에 비추어 자아의 태도 유형은 의식적인 판단이나 의도일 수 없으며, 무의식적인 본능적 동기에 의해 결정된다.

한편, 의식에 표현되는 것과 반대되는 태도가 무의식에 존재한다. 이것이 개인무의식의 일부가 되어 그 속에서 행동에 영향을 미칠 수 있다. 예를 들어, 외향적인 사람이 갑자기 우울해하고 비사교적으로 행동할 때 그는 일시적으로 무의식 속에 억압된 자신의 내향성을 표현한 것이다. 보통은 의식의 태도를 무의식의 태도가 적절히 보완하므로 문제가 없으나 의식의 태도가 너무 지나치면 때로는 정반대의 무의식의 태도에 의해 의식이 지배되기도 한다.

(2) 자아의 기능

Jung은 의식에 외향성과 내향성 외에 자아의 기본적인 심리적 기능이 있다는 것을 이후 추가하였다. 그는 외향성과 내향성이라고 해서 모두 똑같지 않음을 발견했는데, 특히 합리적 혹은 비합리적인 차원에서 다른 점에 주목하였다. Jung은 그 심리적 기능을 사고, 감정, 감각, 직관이라는 네 가지로 보았다.

▌자아의 기능은 사고, 감정, 감각, 직관으로 분류된다.

이들 네 기능 중 어떤 한 기능이 우세하면 그에 상응하는 유형이 된다. 즉, 자아의 기능은 사고, 감정, 감각, 직관으로 분류된다.

평가 혹은 판단에 사용되는 사고와 감정은 합리적 기능이라고 하는데 이 두 기능이 판단행위를 필요로 하기 때문이다. 사고와 감정은 실제로 정반대 기능이지만 양쪽 모두 경험에 대해 판단하고 평가하며, 체계화하고 분류하는 속성을 갖고 있다. 사고는 여러 가지 생각을 연결시켜서 일반적인 생각 또는 문제해결에 도달하는 기능이다. 즉, 사물을 이해하고자 하는 지적 기능이다.

▌사고는 여러 가지 생각을 연결시켜서 일반적인 생각 또는 문제해결에 도달하는 기능이다. 즉, 사물을 이해하고자 하는 지적 기능이다.

▌감정은 내적·외적 실체에 대한 인정 혹은 경시를 포함한다. 사고형은 모든 중요한 행동이 지적인 동기로부터 나온다.

감정은 내적 · 외적 실체에 대한 인정 혹은 경시를 포함한다. 사고형은 모든 중요한 행동이 지적인 동기로부터 나오고 감정을 누르는 경향이 있다. 다시 말해, 주로 사고를 통해 외부 세계에 적응하는 사람은 감정의 문제는 잘 다루지 못한다. 감정은 평가할 때 어떤 생각이 유쾌한지, 흥미 있는지 없는지 등에 의해 그 생각을 받아들이거나 거부한다. 감정은 주로 감정판단에 근거해 생활을 영위하며 상대적으로 사고기능이 열등하다.

지각의 두 형태인 감각과 직관은 이성을 필요로 하지 않으므로 비합리적 기능이다. 감각과 직관이 이성을 필요로 하지 않는 것은 두 기능이 모두 개인에게 작용하는 자극으로 인해 발생하는 심적 상태이기 때문이다. 이 상태는 방향이 없을 뿐만 아니라 사고나 감정과 달리 목표도 없다. 감각은 감각기관을 통해 현실을 경험하는 것인 반면 직관은 일종의 초감각적 경험이나 육감을 토대로 한다는 점에서 상반되는 기능이다. 감각은 나무를 보나 숲을 보지 못하며 직관은 숲을 보나 나무를 보지 못한다. 감각은 직관기능이 열등하며 분방한 예측을 주로 하는 반면, 직관을 통해 미래의 가능성을 잘 감지하는 사람은 감각을 통해 구체적인 현실을 파악하는 것은 잘하지 못한다.

감각은 감각기관을 통해 현실을 경험하는 것인 반면 직관은 일종의 초감각적 경험이나 육감을 토대로 한다는 점에서 상반되는 기능이다.

의식적 주의는 사고, 감정, 감각, 직관이라는 네 가지 심적 기능의 작용으로 발달한다. 사람은 성장하면서 네 가지 심적 기능을 같은 비중으로 똑같이 사용하지는 않는다. 예를 들어, 사고기능이 뛰어난 아동의 성격은 감정기능이 뛰어난 아동의 성격과 상당히 다르다. 결국 심리적 기능에서도 한 가지 기능만이 의식에서 지배적이고 나머지 세 기능은 개인무의식의 일부가 되는 것이다.

(3) 심리적 유형 : 태도와 기능의 조합

모든 사람이 자아의 태도와 기능을 활용해 생활을 영위해 나간다. 즉, 자아의 두 태도 중 상대적으로 발달한 기능이 일반적으로 그 사람의 내적·외적 생활에 관계하는 방식을 결정한다. 따라서 두 가지 태도와 네 가지 기능의 결합으로 여덟 가지 심리적 유형이 형성된다. 즉, 외향적인 사고·감정·감각·직관과 내향적인 사고·감정·감각·직관이 그것이다. 심리적 유형을 기계적으로 적용해 인간을 이해하는 것은 위험하지만 이러한 유형화가 인간의 다양성과 개성을 보여 주는 측면이 있으므로 인간의 이해를 도울 수 있는 일종의 가설이다. 각 유형을 살펴보면 다음과 같다.

외향적 사고는 자극에 의해 뇌에 전달되는 정보를 이용하는 것을 일컫 외향적 사고를 하는 사람은 실천적이며 실제적이다.

는다. 따라서 외향적 사고를 하는 사람은 실천적이며 실제적이다. 외향적 사고는 객관적 사고를 일생의 과제로 삼는다. 그 표본은 객관적 세계에 관해 배우는 데 전력을 다하는 과학자이다. 외향적으로 사고하는 사람은 자기의 감성적 측면을 억압하기 쉬우므로 냉정하며 오만하게 보이기 쉽다. 그 억압이 너무 심하면 감정이 결핍되어 사고가 빈약하고 메마르기 쉽다.

주관적으로 생각하는 내향적 사고는 내적인 심리세계에 관해 주로 생각한다.

주관적으로 생각하는 내향적 사고는 내적인 심리세계에 관해 주로 생각한다. 그러므로 내향적 사고는 생각이 내면으로 향해 있다. 자신의 실존을 이해하고자 하는 철학자가 그 표본이다. 극단적인 경우에는 현실을 완전히 떠나게 된다. 이 유형은 흔히 완고하고, 분별없으며, 거만하고, 쌀쌀하게 보인다.

외향적 감정은 외적 또는 객관적인 기준에 의해 지배된다. 이에 따라 외향적 감정형은 사고보다 감정을 상위에 놓는다. 여성에게 많은 이 유형은 상황이 변하면 감정도 변하기 때문에 변덕이 심하고 감정적이며 기분파로 보인다.

내향적 감정은 주관적 조건, 특히 원형에서 생기는 원시적 이미지에 주로 사로잡힌다. 내향적 감정형은 독창적 · 비정상적인 경향이 있으며, 자기의 감정을 감춘다. 여성에게 많은 이 유형은 말수가 적고, 접근하기 어려우며, 우울해 보이고, 깊고 열렬한 감정이 감추어져 있다.

외향적 감각은 개인이 어떤 객관적 현실에 직면해 있는가에 의해 결정된다. 따라서 외향적 감각은 외계에 관한 사실들을 파악하는 데 관심을 가진다. 주로 남성에게 많은 이 유형은 현실적이며 앞뒤를 계산하지 않고 있는 그대로 받아들인다. 극단적인 경우 호색가 또는 탐미주의자가 된다.

내향적 감각은 특정 시점에서의 주관적 현실에 의해 지배된다. 따라서 내향적 감각은 외적 대상과 거리를 두고 자신의 정신적 감각에 몰두한다.

외향적 직관은 객관적 상황에서 모든 가능성들을 발견하고자 하며 외적 대상에서 가능성을 찾는다. 그러므로 외향적 직관은 외계에서 새로운 가능성을 발견하기 위해 여기저기 뛰어다닌다. 일반적으로 여성들에게 많은 이 유형은 경솔함과 불안정이 특징이다. 신기한 일들만 쫓아다니기 때문에 흥미를 장기간 유지할 수 없다.

내향적 직관은 심적 현상의 가능성을 특히 원형의 이미지에서 찾는다. 내향적 직관형은 원형의 이미지 속에 고립되어 있는데, 그 이미지의 의미를 자신도 모른다. 예술가가 이 유형의 표본이다.

MBTI는 Jung의 이론에 바탕을 둔 성격유형검사로서 네 가지 차원을 설명하면 다음과 같다.

MBTI는 Jung의 이론에 바탕을 둔 성격 유형 검사이다.

첫째, 자아와 대상과의 관계에서 자아가 주체가 되어 반응하는 외향성(E)과 외부 자극이 왔을 때만 반응을 나타내는 내향성(I)이다.

둘째, 자아와 관련된 비합리적 차원의 직관(N)과 감각(S)이다.

셋째, 자아와 관련된 정신적 기능에서 합리적 차원인 사고(T)와 감정(F)이다.

넷째, 감각과 직관을 통한 지각과 사고와 감정을 통한 판단으로 이루어진 지각(P)과 판단(J) 차원이다. 이러한 네 가지 MBTI가 16가지 성격으로 나타난다. 이러한 MBTI 검사는 대인관계나 부부관계의 갈등에서 서로 다른 성격 유형을 서로가 이해하게 됨으로써 상대방의 독특성을 인정하고 수용하여 문제해결의 실마리를 찾을 수 있다.

표 8-2 분석심리학 MBTI 16가지 성격 유형

ISTJ 청렴결백 논리주의자	**ISFJ** 용감한 수호자	**INFJ** 선의의 옹호자	**INTJ** 용의주도한 전략가
ISTP 만능 재주꾼	**ISFP** 호기심 많은 예술가	**INFP** 열정적인 중재자	**INTP** 논리적인 사색가
ESTP 모험을 즐기는 사업가	**ESFP** 자유로운 영혼의 연예인	**ENFP** 재기발랄한 활동가	**ENTP** 논쟁을 즐기는 변론가
ESTJ 엄격한 관리자	**ESFJ** 사교적인 외교관	**ENFJ** 정의로운 사회운동가	**ENTJ** 대담한 통솔자

4) 성격의 발달

Jung에 의하면 성격은 자아, 개인무의식, 집단무의식의 세 가지로 분리되어 있으나 서로 교류하는 체계로 구성되어 있다. 그는 이 성격의 발달이 일생에 걸친 연속적 과정이라고 보면서도 두드러지는 변화가 일어나는 네 단계로 성격의 발달을 설명하였다.

아동기 ➡ 청소년기/성인기 ➡ 중년기 ➡ 노년기

(1) 아동기

이 단계는 출생부터 사춘기까지이다. 출생 후 몇 년 동안은 정신이 완전히 본능에 의해 지배되므로, 이 시기 동안 아동은 전적으로 부모에게 의존한다.

의식적 자아가 발달하기 전이므로, 지각된 것은 조직화되지 못하며 의식적 기억도 쓸모가 없다. 생활 속의 대부분을 부모가 결정한다. 유아의 행동은 본능에 의해 지배되므로 심리적 문제는 있을 수 없고 사실상 있지도 않다.

> 의식적 자아가 발달하기 전이므로, 지각된 것은 조직화되지 못하며 의식적 기억도 쓸모가 없다. 생활 속의 대부분을 부모가 결정한다. 유아의 행동은 본능에 의해 지배되므로 심리적 문제는 있을 수 없고 사실상 있지도 않다.

심리적 문제란 의식부에 자아가 존재해야 생기는 것인데 이 시기에 자아는 아직 형성되지 않았기 때문이다. 따라서 의식의 연속성도, 자아정체감의 감각도 없다. 아동기 후반부에 가서 기억이 지속되면서 또 자아정체감의 감각과 관련된 지각이 점차 분리되기 시작한다.

(2) 청소년기와 성인기

이 단계는 사춘기에 일어나는 생리적 변화로 시작되어 35~40세 사이에 끝난다. Jung은 청소년기를 정신적 탄생이라 불렀다. 정신적 탄생과 부모로부터 자아의 의식적 분리는 청소년기에 일어난다. 생리적 변화가 이러한 정신적 혁명을 수반한다. 청소년기는 본인도 부모도 어려운 시기이다. 물론 개인의 각오, 자각, 적응이 충분히 발달해 있으면 청소년기에 큰 어려움이 없다.

그러나 청소년기에는 현실과 모순되는 상황을 겪는 것보다 어린이로 머무르기를 좋아하는 어린이의 원형이 문제를 낳을 수 있다. 성인기는 외양적으로 팽창하는 시기이며, 성숙의 힘에 이끌려 자아가 발달하고 외부 세계에 대처하는 능력이 발달한다. 따라서 경력을 쌓고 가정을 이루며 사회적 성공을 얻기 위해 노력한다. 활력은 외부로 향하고 외향적 태도를 취하

> 청소년기에는 현실과 모순되는 상황을 겪는 것보다 어린이로 머무르기를 좋아하는 어린이의 원형이 문제를 낳을 수 있다. 성인기는 외양적으로 팽창하는 시기이며, 성숙의 힘에 이끌려 자아가 발달하고 외부 세계에 대처하는 능력이 발달한다.

기 쉽다. 대개 남자는 남성적인 원리를, 여자는 여성적인 원리를 발달시킨다.

(3) 중년기

중년기는 35세부터 40세를 전후해 정신적 변화가 오게 되며, 외향적 목표와 야망은 중년이 되면 그 의미를 잃기 쉽다.

이 단계는 35세부터 40세를 전후해 정신적 변화가 오게 되며, 외향적 목표와 야망은 중년이 되면 그 의미를 잃기 쉽다. Jung은 그러한 변화가 일어나는 것은 사회가 보상한 성취가 성격의 어떤 측면들을 희생시킨 대가로 얻어진 것이기 때문이라고 보았다. 그러나 중년기 위기에서 정신은 인간으로 하여금 내면으로 시선을 돌려 생의 의미를 음미하도록 촉구하여 위기에서 벗어날 출구를 제시하는데, 무의식이 정신의 균형과 조화를 위해 억압된 측면을 인식할 것을 요구한다. 즉, 중년기에는 외부 세계를 정복하는 데 쏟았던 에너지를 자신의 내부에 초점을 맞추도록 자극을 받으며 자신의 잠재력에 깊은 관심을 갖게 된다. 이에 따라 남자는 여성적인 측면을 표현하게 된다.

이는 성격의 태도 면에서 내향적으로 되면서 의식에만 집중하던 경향이 무의식의 세계를 깨달음으로써 바뀌기 때문이다. 중년기 변화는 처음부터 의식되는 현저한 변화가 아니며 오히려 무의식에서 야기되는 것 같은 간접적인 변화이다. 성격의 변화 같은 것이기도 하고 어떤 사람에게는 아동기에 사라졌던 특징들을 나타내는 것이기도 하다.

중년기에 청소년기나 성인기의 가치와 목표에 여전히 매달려 있으면 더는 발달하지 못한다. 그 가치들은 이미 의미를 상실했으므로 새 의미를 찾아야 하는데 그렇지 못하면 절망에 빠지게 되는 것이다.

(4) 노년기

노년기의 노인들은 자신의 삶이 더는 상승할 수 없으며 인생의 마감을 앞두고 있다는 것을 알아야 한다.

이 단계의 노인들은 자신의 삶이 더는 상승할 수 없으며 인생의 마감을 앞두고 있다는 것을 알아야 한다. 내적 과정에 있어 청소년기에는 자기 자신에게 지나치게 몰두하는 것이 좋지 않으나 노인에게는 자신에 대해 진지한 관심을 가지는 것이 의무이고 필수이다. 그런데 많은 노인들은 그렇게 하는 대신 지나치게 건강을 염려하고, 인색하며, 공리공론과 과거에 대한 찬양만 하면서 인생의 후반부도 전반부의 원리로 살려는 환상을 가진다.

Jung은 "사람이 나이가 들어 명상과 회고를 많이 하면 자연적으로 내적 이미지가 이전과 달리 큰 비중을 차지하게 된다."고 보았으며, 또한 "노인은 죽음 앞에서 생의 본질을 이해하려고 애쓴다."고 말하였다. 그는 노인이 내세의 이미지를 갖고 있지 않다면 건전하게 죽음에 직면할 수 없다고 믿었다. 나이 든 사람에게도 미래를 향한 목표는 필요하며 죽음의 불가피성은 어느 정도 죽음 자체가 하나의 목표로 간주되어야 함을 시사한다. 죽음에서 인간이 추구할 수 있는 목표를 발견하는 것이 건전하며, 죽음을 회피하는 것은 인생 후반부의 목적을 빼앗는 것으로 불건전하고 비정상적이라는 것이다.

4. 상담목표와 과정

1) 상담의 목표

Jung의 분석심리학 상담의 목표는 내담자로 하여금 무의식적으로 작동하는 정신 원리의 의식화 과정을 촉진하는 것이다. Jung은 인간의 성격발달 목표를 개성화(자기실현)로 보았다. 개성화는 인생의 전반기에는 분화를 통해 이루어지고 인생의 후반기에는 통합을 통해 달성된다. 즉, 전체로서 집단무의식을 갖고 태어난 개인은 인생의 초기에 자기에서 분화된 자아가

Jung은 인간의 성격발달 목표를 개성화(자기실현)로 보았다. 개성화는 인생의 전반기에는 분화를 통해 이루어지고 인생의 후반기에는 통합을 통해 달성된다.

인생 중반까지 발달하다가 다시 자아가 자기에게 통합되는 과정이 인생 중반 이후에 이루어진다. 따라서 상담자는 내담자를 돕기 위해 분화와 통합 과정을 통해 성격발달이 이루어지는 단계의 특징을 이해하게 하는 것뿐만 아니라 타고난 자기의 목소리에 귀를 기울여 그것을 이해하게 하는 것이 목표이다(노안영, 2006).

2) 상담자의 역할

상담자는 치료하는 주체라기보다는 내담자의 개인적인 발전과정을 함께 체험하는 사람 역할을 한다. 이러한 상호적 과정을 통해 내담자로 하여금 자신의 의식과 무의식의 합일 체험을 하도록 하는 것이다. Jung은 인간 개개인마다 다른 개성을 가지고 있다고 보기 때문에 단지 상담자의 치료 기술이나 언어로 내담자를 치유하는 것이라기보다는 상담자의 진정한 마음의 언어로 치유하는 것으로 보았다. 따라서 상담자는 인격적으로 통합된 마음의 자세를 가지고 상담 또는 치료적 장면에 임하여야 한다.

3) 상담의 과정

Jung의 상담과정은 고백단계, 명료화단계, 교육단계, 변형단계의 네 가지로 설명하고 있다(Douglas, 2005; 노안영, 2005; 김춘경, 이수연, 이윤주, 정종진, 최웅용, 2010).

(1) 고백단계

고백단계(Confession level)는 내담자의 강렬한 정서 방출과 상담적 관계를 형성한다. 내담자는 자신의 개인사를 고백함으로써 정화를 경험하며 의식 및 무의식의 비밀을 상담자와 공유한다. 상담자는 공감적인 태도를 유지하며, 내담자는 자신의 제한점을 상담자와 나누면서 모든 사람이 약점을 가지고 있다는 것을 자각하면서 인류와의 유대감을 느낀다. 즉, 고백단계를 통해 내담자와 상담자의 상담관계가 이루어지면서 내담자는 전이를 형성하게 된다.

(2) 명료화단계

명료화단계(Elucidation level)는 내담자가 정서적 혹은 지적으로 자신의 문제에 대하여 스스로 통찰을 얻게 하는 방법이다. 내담자가 갖는 증상의 의미, 아니마와 아니무스, 그림자, 현재 생활 상황과 고통 등이 명료화된다. 현재 겪고 있는 정서적 어려움이나 비현실적 생각과 환상이 아동기에 어떻게 시작되었는가에 대한 해석이 이루어지며, 전이와 역전이를 탐색하게 된다. 그리고 전이를 이해하는 과정에서 내담자는 상담자가 명료화하는 무의식적인 내용을 표면으로 이끌어낼 수 있게 되며, 내담자는 명료화 과정을 통해 문제의 기원에 대해 알게 된다.

(3) 교육단계

교육단계(Education level)는 내담자가 사회적 존재로서 부적응 혹은 불균형적 삶을 초래한 발달과정의 문제에 초점이 있다. 고백단계와 명료화단계에서 초점이 개인무의식에 있다면, 교육단계에서는 내담자들의 자아와 페르소나에 초점이 맞춰져 있다. 이는 슬기롭게 현실적인 사회 적응을 할 수 있도록 한다. 많은 경우에 내담자는 이 단계를 마치고 치료를 종결한다.

(4) 변형단계

변형단계(Transformation level)는 내담자와 상담자 간의 역동적인 상호작용을 통해 단순히 사회에 대한 적응을 넘어서 자아실현의 변화가 도모된다. 이런 점에서 Jung은 변형단계를 자아실현 기간으로 기술하며, 내담자의 의식적 경험과 무의식 경험에 가치를 둔다. 따라서 변형단계는 내담자의 의식과 무의식을 포함한 전체적 성격의 주인인 자아실현을 이루기 위한 과정, 즉 개성화를 지향하는 과정에 초점이 맞춰진다.

5. 평가

1) 공헌점

첫째, Jung은 인간을 전체적인 존재로 파악하였다. Freud의 초기 학설인 성욕중심설의 부적절함을 비판하여 독자적으로 무의식의 개념을 확신시켰다.

둘째, 개인적인 경험과는 상관없이 조상 또는 종족 전체의 경험 및 생각과 관계가 있는 원시적 감정, 공포, 사고, 원시적 성향 등을 포함하는 무의식인 '집단무의식' 개념을 등장시켰다.

셋째, 단어연상검사를 연구하여 콤플렉스(complex) 학설의 기초를 마련하였고 정신분열증의 심리적 이해와 이에 대한 정신치료를 처음으로 시도했다.

넷째, 인간의 정신 속에 끊임없이 반복 각인된 신화, 전설, 꿈, 환상 등은 어떤 기본적 인간 상황을 나타내는 '원형'의 이미지라는 Jung의 생각은 심리학뿐 아니라 예술과 과학에까지 지대한 영향을 끼쳤다.

2) 한계점

첫째, Jung의 유형론은 주기능과 보조기능의 조합, 우월기능의 일방성과 열등기능의 보상에 따라 같은 유형도 여러 다른 모습으로 나타나기 때문에 Jung의 심리적 유형들이 자기보고 질문지를 가지고 파악하는 데는 한계가 있다.

둘째, Jung의 이론은 방대하고 복잡하며 Freud의 특징인 체계성이 부족하다.

셋째, Freud 학파에 의해서 Jung은 원형의 개념을 형이상학적 관점에서 입증하지 못했고 그가 말한 정신의 성장을 설명한 발달 개념을 가지지 못했으며 Jung의 심리학이 시대에 뒤떨어진 의식의 심리학으로 되돌아갔다는 비판을 받는다.

6. 요약

- Jung은 인간 심성에는 자아의식과 개인적 특성을 가진 무의식 너머에 정신활동의 원천이고 인류 보편의 원초적 행동 유형인 많은 원형(原型)들로 이루어진 집단무의식층이 있음을 확인하였다.
- 마음의 구조는 의식과 자아, 개인무의식과 콤플렉스, 원형으로 나누어 볼 수 있다.
- 원형은 집단무의식을 형성하는 기본적인 요소나 근원적 이미지로 꿈이나 신화 속에서 나타난다. 즉, 원형은 세계를 특정 양식으로 지각하고 경험하고 반응하도록 이끄는 보편적, 집단적, 경험적인 아이디어나 기억들로 페르소나, 그림자, 아니마와 아니무스, 자기가 있다.
- 정신에너지의 원리로는 대립원리, 등가원리, 균형원리가 있다.

- 자아의 두 태도 중 하나와 자아의 기능들 가운데 상대적으로 발달한 기능이 일반적으로 그 사람의 내적 · 외적 생활에 관계하는 방식을 결정한다. 따라서 두 가지 태도와 네 가지 기능의 결합으로 여덟 가지 심리적 유형이 형성된다. 즉, 외향적인 사고 · 감정 · 감각 · 직관과 내향적인 사고 · 감정 · 감각 · 직관이 그것이다.
- MBTI는 Jung의 이론에 바탕을 둔 성격유형검사로서 네 가지 차원을 설명하면 다음과 같다.

  첫째, 자아와 대상과의 관계에서 자아가 주체가 되어 반응하는 외향성(E)과 외부 자극이 왔을 때만 반응을 나타내는 내향성(I)이다.

  둘째, 자아와 관련된 정신적 기능에서 합리적 차원인 사고(T)와 감정(F)이다.

  셋째, 자아와 관련된 비합리적 차원의 직관(N)과 감각(S)이다.

  넷째, 감각과 직관을 통한 인식과 사고와 감정을 통한 판단으로 이루어진 인식(P)과 판단(J) 차원이다.

이러한 네 가지 차원에서 MBTI는 열여섯 가지 성격으로 나뉜다.

- Jung은 성격의 발달이 일생에 걸친 연속적 과정이라고 보면서도 두드러지는 변화가 일어나는 아동기, 청소년기와 성인기, 중년기, 노년기의 네 단계로 성격의 발달을 설명하였다.
- Jung의 분석심리학 상담목표는 내담자로 하여금 무의식적으로 작동하는 정신 원리의 의식화 과정을 촉진하는 것이다. Jung은 인간의 성격발달 목표를 개성화(자기실현)로 보았다.
- 무의식을 이해하는 중요한 수단을 꿈의 분석, 회화분석, 적극적 명상, 분석적 심리상담 과정의 네 가지로 설명하고 있다.

7. 상담사례

내담자는 52세의 여성으로 이혼 경력이 있다. 간호사로서 자신이 풍족하게 살 수 있는 연봉이 보장되어 있지만 전 남편을 포함하여 현재 자신이 가까이 지내는 다양한 사람과의 관계에서 생기는 갈등을 다루길 원하고 있다. 그녀는 관계에서 갈등을 겪는 것을 매우 싫어하기 때문에 상대의 신경에 거슬리는 부분에 대해서는 이야기를 회피한다. 이것이 그녀를 더욱 불안과 두통 및 우울감에 시달리게 하고 대인관계를 어렵게 만들고 있다고 호소한다. 다음 상담사례는 내담자의 개인무의식과 집단무의식을 다루고, 특히 원형을 다루고자 하는 상담회기로 넘어가는 방법을 생각하는 데 도움이 되는 하나의 예시다(Ivey, D'Andrea, & Ivey, 2012).

상담자　상담의 목적 중 하나는 내담자 본인의 삶이 자신이 의식하지 못하는 일에 의해 어떻게 영향을 받고 있는지 이해할 수 있게 돕는 것입니다. 우리는 내담자를 돕는다는 것의 의미를 그들의 무의식적 삶의 한 부분인 어떤 것을 인식하거나 의식하게 되는 것이라고 정의합니다.

내담자　당신이 무슨 말씀을 하시는 건지 알겠습니다. 가끔 제가 10대였을 때 가장 친한 친구가 했을 법한 일들을 하고 있는 자신을 발견합니다. 저는 그녀가 하곤 했던 일들을 제가 하고 있다는 것을 모르죠. 나중에 돌이켜 보면서 그랬다는 것을 알게 되죠. 이런 것들이 당신이 말한 무의식적 자료가 맞죠?

상담자　네. 맞습니다. 그것은 몇 년 전에 당신이 친구에게 배웠던 것들의 예입니다. 그러나 나중에 다시 생각해 보기 전까지는 그녀가 당신 행동의 원천이었다는 것을 알아차리지 못했던 거죠.

내담자　음. 실제로 또 다른 친구는 제가 한 행동이 우리 둘 모두의 친구였던 그녀를 상기시킨다고 제게 말했어요. 그리고 그 친구가 그렇게 말했을 때, 저는 "오, 이런, 내가 정말로 알아차리지 못하는 사이에 나의 가장 친한 친구처럼 행동하고 있어."라고 저 자신에게 말했습니다.

상담자　네. 그것은 우리가 하고 있는 무의식적인 것으로부터 그것을 더 잘 의식하게 되는 것으로 옮겨 가는 것이 무엇인가를 잘 보여 주는 예입니다. 방금 말씀하신 예에서 당신의 친구는 당신이 무의식적인 어떤 것으로부터 당신이 행동을 의식할 수 있는 것으로 옮겨 가는 것을 도왔습니다. 나는 우리가 상담을 하면서 왜 자주 불안해하고, 왜 다른 사람과의 갈등을 해결하지 않으려는 패턴을 갖고 있는지를 이해하고자 할 때 무의식을 의식하려는 시도를 할 것입니다.

내담자 그것 참 좋은 아이디어 같네요.

상담자 좋아요. 우선 우리가 무의식을 의식화하고자 시도할 때 확인해야 할 한 사람의 무의식에는 세 종류가 있습니다. 첫째는 어떤 일에 관한 당신의 개인적인 무의식적 생각과 감정을 살피는 것을 의미합니다. 우리 무의식의 또 다른 부분은 세상에서 어떻게 살아야 하고 행동해야 하는지에 대해 가족에게 배웠지만, 어쨌든 잊어버렸고 무의식에 집어넣어 버린 교훈들에서 생깁니다. 우리 무의식의 세 번째 부분은 대개 사회가 가르쳤지만, 우리가 일상생활에서 그 일들을 할 때 항상 의식하지 못하는 역할과 관련이 있습니다.

내담자 그렇군요. 제가 왜 불안을 그렇게 느끼고 갈등을 좋아하지 않는지를 알아보기 위해서 이 자료에 관해 계속 이야기하는 것은 좋은 생각 같아요.

상담자 좋아요. 그럼 계속하도록 하죠. (그러고 나서 상담자는 내담자의 개인, 가족, 문화 무의식이 그녀의 불안과 대인관계에서의 갈등을 다루는 것을 꺼리는 것에 기여하는 원형을 탐색하는 과정을 시작하기 위해 "당신의 생각, 기분, 행동이 당신이 여성이라는 사실에 영향을 받고 있다는 것을 어떻게 생각하세요?", "당신의 가족으로부터 좋은 소녀가 되는 것, 착한 여성이 된다는 것에 대해 어떤 교훈을 배웠나요? 이 교훈들은 당신이 타인과 갖는 상호작용 방식과 관련이 있을 수 있습니다.", "사회에서 여성에게 일반적으로 가르치는 교훈은 무엇입니까? 이 교훈은 당신이 상담에서 도움을 받고자 하는 문제가 되는 생각, 감정, 행동을 우리가 언제 논의할 것인가를 찾는 데 중요합니다."와 같은 질문을 할 수 있다.)

출처: 김춘경, 이수연, 이윤주, 정종진, 최웅용(2016). 상담의 이론과 실제 2판. 서울: 학지사.

연습문제

상담의 효율성을 높이기 위한 분석심리학 상담의 연습문제

① 분석심리학 상담의 집단무의식에 대하여 설명하시오.

② 분석심리학 상담에서 페르소나에 대하여 설명하고 현재 자신이 사용하는 페르소나에 관하여 기술하시오.

③ 분석심리학 상담에서 발달단계 중 성인기에 대하여 설명하시오.

④ 분석심리학 상담에서 심리적 유형 중 내향적 감정에 대하여 설명하시오.

⑤ 분석심리학 상담의 공헌점과 한계점에 대하여 논하시오.

09 Chapter

개인심리학 상담

1. Adler

Alfred Adler(1870~1937)는 Freud, Jung과 어깨를 나란히 하는 오스트리아의 정신의학자이다. 그러나 Adler 심리학의 특징은 과거를 분석하고 무의식을 탐색하고 마음의 상처를 치료한다는 생각을 하지 않는다는 것이다. 보통 심리학이라고 하면 마음에서 실마리를 찾으려 하지만, Adler 심리학은 모습에서 실마리를 찾으려 한다. 즉, 문제해결을 목적으로 그것을 위해 어떤 행동을 해야 하는지를 강조한다. Adler는 인간을 가치 있고 사회적으로 동기화되며 창의적이고 독립적인 행동을 할 수 있는 존재로 보았다. 그의 이론은 사회적 민주주의의 개념에 기초하고 있기 때문에 최근에 와서야 교육학과 심리학에 영향력을 미치기 시작했다.

Adler는 인간을 가치 있고 사회적으로 동기화되며 창의적이고 독립적인 행동을 할 수 있는 존재로 보았다.

특히 Adler는 1902년 Freud 방어기제에 글을 발표한 후 Freud의 초대를 받아 정신분석학 회원이 되었다. 1907년 신체기관 열등에 관한 『A study on organ inferiority』 논문을 발표하여 Freud의 지지를 받았지만 1908년 공격성서설(introduction to aggression)이라는 글에서 성본능을 부정함으로 두 사람의 관계는 비난하는 관계가 되었다. 그리하여 1911년에 정신분석학회를 탈퇴하고 1912년에 개인심리학회(Society for individual psychology)를 창설하였다.

Adler는 '용기를 주는 자녀교육'을 제창, 심리치료적 실험학교를 세워 치료교육, 교육 치료적 틀을 체계화시키는 등 교육자로서의 의사로 널리 알려졌으며, 그의 이론은 제2차 세계대전 이후 다시 조명을 받기 시작하여 오늘날은 자녀양육, 결혼과 가족치료, 학교 상담, 인간관계 개선, 부모교육 및 부모상담 등 수많은 분야에 영향을 끼치고 있다.

Adler의 종교적 색채, 공동체를 강조하며 사회적 관심의 추구를 창조해 내려는 노력, 내담자를 격려하며 존중하는 태도, 인간 본성에 대한 긍정적 태도, 남녀의 동등성을 지지하는 것, 아동 양육에 있어 가족의 중요성, 자신의 학문적 성과물을 기꺼이 제공하는 학자로서의 높은 인격, 아동과 교육의 관심 등은 우리나라의 실상에 어느 것 하나 적용하지 않을 것이 없다. 그러나 우리나라가 주로 미국식 교육의 영향 아래 있어서인지 Freud 심리학의 대립으로 여겨지는 Adler 사상에 대한 연구가 시작된 지가 오래되지 않았다는 데 묘한 안타까움이 있다.

Adler 개인심리학(Society for Individual Psychology) 상담의 주요 개념들을 살피는 동안 부모 양육태도와 긍정적 변화를 위한 의미로서의 교육과 각 개인의 '자아상(자기인식)'의 중요성과 각자에게 내재되어 있는 창조적 능력을 확인하는 일이 얼마나 중요한 것인지를 새삼 깨닫는다. 생활양식, 열등감, 허구적 최종목표, 우월성 추구 등은 결국 복합적인 Adler의 '인간관'에 대한 다양한 해석 방법으로 이해되었다.

생활양식, 열등감, 허구적 최종목표, 우월성 추구 등은 결국 복합적인 Adler의 '인간관'에 대한 다양한 해석 방법으로 이해되었다.

또한 Adler가 인간의 모든 행동은 사회적 맥락에서 일어난다는 기본 전제를 하고서 다른 사람들과 어떻게 상호작용하느냐 하는, 즉 대인관계, 공동체 의식, 사회적 관심 등을 중요한 가치로 여기고 있다는 데 주목하였다. 그러면서도 개인이 처한 특수한 상황 등을 고려한 균형 잡힌 시각이 돋보였는데, 개인으로서 나 자신의 독특한 목적 추구 및 공동체적 삶의 의미를 되새기는 좋은 기회였다.

Adler의 개인심리학 상담은 이론이기에 앞서 자신의 열등함을 오히려 삶의 원동력으로 삼아 살아갈 수 있도록 하는 격려의 메시지였다. 그리고 개인심리학의 이론과 실제(The Practice and Theory of Individual Psychology)라는 대표 저서와 성격발달에서 사회적 힘을 강조하여 그의 후학인 Fromm, Honey, Sullivan 등에 직접적인 영향을 미쳤다. 또한 Maslow, May, Frankl, Ellis 등에도 직·간접적으로 영향을 주었다.

2. 인간관

'개인심리학'은 8~10년간 협력적 관계를 유지해 오던 Freud와 심각한 관점의 차이(특히 Freud의 성적 주장에 대한)로 결별한 다음, 1912년에 창립된 개인심리학회의 중심인물인 Adler에 의해 개발된 성격이론 및 상담체계이다. 인간의 모든 행동은 사회적 맥락에서 일어나며 인간은 선한 존재도 악한 존재도 아니다. 즉, 사회 속에서 성장함으로 이타적 동기를 갖게 된다는 것이다.

인간의 정신구조가 '자아, 초자아, 원초아'로 구성되며 무의식적으로 이루어진다는 Freud의 개념과 달리, Adler는 인간을 역동적인 통합체로서 간주했다. 모든 인간은 자체적으로 통합체를 형성하는 단일한, 불가분의 존재로서, 어떠한 심리학적 표현도 독립적으로 이해될 수 없으며 전체 성격

인간의 정신구조가 '자아, 초자아, 원초아'로 구성되며 무의식적으로 이루어진다고 하는 Freud의 개념과 달리, Adler는 인간을 역동적인 통합체로서 간주했다.

과 관련하는 접근방식을 강조한다. 각 인간을 완전한 통합체, 즉 독특하지만 여전히 완전한 인간 존재로서 간주한 것이다. 이러한 점 때문에 Adler는 자신의 접근을 개인심리학이라고 불렀다. Adler는 인간을 사회적이며, 자신이 선택한 '가공적 목표(허구목표, 자신에 대한 가상적 상)'를 향해 움직이는(행동의 목표지향성) 창조적이고, 책임이 있으며, "형성되어 가는" 총체적인 존재로 보았다. 때문에 Adler는 선택과 책임, 삶의 의미, 보다 나은 생활양식, 사회적 관심의 발달 등을 강조했다.

3. 주요 개념 및 기법

1) 열등감과 우월의 추구

(1) 열등감

Adler는 '기관열등감과 그것의 정신적 보상에 관한 연구(1917)'라는 초기 논문에서 열등감의 문제를 처음으로 연구하였다. 그는 '열등감'을 모든 사람들이 경험하는 보편적인 것이라고 믿었다. 유아들이 인생 초기에 자연스럽게 발견하는 자신의 왜소함과 무기력, 아동기의 질병과 약한 신체기관, 학교에 다니는 동안 경험하게 되는 경쟁과 적개심, 가족구도 및 출생순위에 기인한 가족관계, 성장과정에서의 부모 양육태도 등으로 인간은 어떤 측면에서 누구나 열등감을 느낀다. 따라서 '열등감'은 '정상적'인 것일 뿐 아니라 창조성의 원천이 되기도 한다.

열등감을 극복해 나가는 과정을 통해 더 높은 수준으로의 발전을 이루는데, 열등감은 완전한 존재로서의 자신에 대한 '삶의 목표'를 세우는 동기가 되기 때문이다. 일반적으로 열등감은 우월성 추구를 위한 추진력으로서 기여한다.

열등감을 극복해 나가는 과정을 통해 더 높은 수준으로의 발전을 이루는데, 열등감은 완전한 존재로서의 자신에 대한 '삶의 목표'를 세우는 동기가 되기 때문이다.

이것은 Adler 자신의 경험에서도 확인되는바, 어린 시절 잦은 병치레와 형제의 죽음 목격, 폐렴, 수레에 치이는 사고 등으로 죽음의 공포를 경험했으면서도 오히려 훌륭한 의사가 되겠다는 결심을 했고, 결국 낮은 수학 점수를 극복하고서 의사가 되었다.

다음은 이에 대한 Adler의 회상 내용을 인용한 것이다.

> "병이 나은 것을 기뻐하며, 하마터면 죽을 뻔했던 것을 오랫동안 이야기했다. 그때부터 나는 항상 어른이 되면 의사가 되어야겠다고 생각했던 것이 기억난다. … 다시 말해 나는 죽음과 죽음에 대한 공포를 극복하기 위하여 의사란 직업을 택하였다."

Adler는 그 자신의 생애와도 잘 매칭되는 것처럼 자기완성을 위한 필수 요인으로 열등감을 제시하였으며 열등감을 긍정적인 측면에서 보았다. 열등감이 없다면 사람들은 극복의 노력을 하지 않을 것이며 성취 목표도 세우지 않을 것이기 때문이다.

Adler는 인간의 행동이 과거 경험에 의해 좌우되기보다는 미래에 대한 기대에 의해서 더 좌우된다고 생각하였다. 때문에 자기 열등감을 당당히 극복해 낼 수 있었을 것이다.

(2) 열등감과 보상

'행동'을 이해하려면 기본적 열등감과 보상을 이해해야만 한다.

열등감에 대처하는 가장 기본적 수단의 하나가 보상인데, 열등감을 보상하는 구체적인 방법이 인생 스타일을 결정하는 요인이 되기도 한다. 뚱뚱한 소녀는 명랑한 성격을 발달시키고, 팔이 하나밖에 없는 골퍼도 훌륭한 선수가 되는 것처럼 보상은 어떤 사람이 삶의 문제에 적응하도록 도울

'행동'을 이해하려면 기본적 열등감과 보상을 이해해야만 한다. 열등감에 대처하는 가장 기본적 수단의 하나가 보상인데, 열등감을 보상하는 구체적인 방법이 인생 스타일을 결정하는 요인이 되기도 한다.

수 있지만, 보다 나쁜 부적응으로 이끌어 문제를 더욱 악화시킬 수도 있다.

지나친 열등감과 충분치 않은 보상은 개인에게 많은 종류의 심리적 어려움을 초래할 수 있다. 개인이 '열등감'에 취하는 태도가 긍정적이면 결과 자체는 바람직한 보상으로 나타날 것이지만 태도가 무기력하다면 '과장된 열등감' 혹은 '열등감 콤플렉스' 등을 초래하여 다양한 부적응과 정신장애 등으로 나타나기도 한다.

(3) 열등감이 생기는 원인

열등감이 생기는 원인은 다양하다. 열등감의 원인을 다음과 같이 제시하고 있다.

- 자기와 이상적인 자기에 대한 확신 간에 불일치가 있을 때(나는 키가 작다, 나는 키가 커야만 한다) 열등감이 생긴다.
- 자기개념에 대한 확신과 세계관에 대한 확신이 일치되지 않는 것(나는 약하고 무력하다, 인생은 위험한 것이다)에서 역시 열등감을 일으킨다.
- 자기개념과 윤리적 확신 간의 불일치(사람은 항상 진실만을 말해야 한다, 나는 거짓말을 한다)는 도덕적인 영역에서 열등감을 일으킨다. 따라서 죄책감도 열등감의 한 변형으로 보고 있다.

열등감을 어떻게 극복하고 지배하느냐에 따라 심리적 건강이 달라질 수 있다. 개인이 열등감을 극복하고 완성에 도달하기 위한 우월성을 추구하면 건설적 생활양식을 갖게 되어 심리적 건강을 달성한다.

열등감을 어떻게 극복하고 지배하느냐에 따라 심리적 건강이 달라질 수 있다. 개인이 열등감을 극복하고 완성에 도달하기 위한 우월성을 추구하면 건설적 생활양식을 갖게 되어 심리적 건강을 달성한다. 이러한 사람은 자신의 부족한 점을 스스로 인정하고 그것을 극복하려는 의지와 노력으로 자기완성을 이루기 위해 매진한다.

(4) 열등감 콤플렉스와 우월감 콤플렉스

① 열등감 콤플렉스

열등감을 극복하지 못하고 사로잡히게 되면 열등감 콤플렉스에 빠지게 되는데, Adler는 이러한 원인을 기관열등감, 과잉보호, 양육태만으로 제시하였다.

첫째, 열등한 생활양식은 기관결함이나 환경적인 재난에 대해 부적절한 보상을 한 결과로 나타난다. 다시 말해서, 기관열등감은 선천적 혹은 후천적으로 질병으로 나타나는 것이다. 기관열등감의 경우 개인의 신체와 관련하여 다른 아이들과 성공적으로 경쟁할 수 없어서 열등감이라는 소라껍데기 속에 움츠러든다.

둘째, 과잉보호나 응석받이는 사회적 관심의 적절한 발달을 저해한다. 과잉보호의 경우 '마마보이', 즉 자신감 부족의 결과로 인생의 어려운 고비에 부딪혔을 때 해결능력이 없다고 믿고 깊은 열등감에 젖게 된다.

셋째, 양육태만된 생활양식은 원치 않고 거부된 아이들에게서 주로 나타나는데 신체적 또는 심리적인 무시의 결과일 수 있다. 양육태만인 경우 열등감 콤플렉스를 가진 아이는 어려움을 극복하기보다는 그것을 피하려고 한다.

이처럼 부모역할이 아동의 생활양식에 강력한 영향을 주는데, 이러한 세 가지 어릴 때의 상황에서 비롯된 열등감 콤플렉스의 원인은 성년이 된 후에 신경증을 일으키는 중요한 요인이 된다. Adler는 자신의 논문이나 저서에서 종종 모든 신경증의 전형적인 두 가지 조건을 열등감 콤플렉스와 사회적 관심의 결여라고 하였다.

▎열등감을 극복하지 못하고 사로잡히게 되면 열등감 콤플렉스에 빠지게 되는데, Adler는 이러한 원인을 기관열등감, 과잉보호, 양육태만으로 제시하였다.

② 우월감 콤플렉스

우월감 콤플렉스는 참을 수 없는 열등감 콤플렉스를 '위장'하는 일종의

▎우월감 콤플렉스는 참을 수 없는 열등감 콤플렉스를 '위장'하는 일종의 신경증적 기법이다.

신경증적 기법이다. 유용한 우월성 추구와 대조적으로, 강한 열등감을 극복하려는 시도로써 또 하나의 '잔꾀'이며 '가면', 즉 열등감에 대한 바람직하지 못한 보상이다.

성격 특성과 관련하여 이러한 사람들은 자신이 탁월한 재능과 성취를 가지고 있다고 생각한다. 자기중심적이고 거만하고 속물적이며 교만하고 위세를 부리며 지배적일 수 있으며 매우 오만한 인상을 준다. 이는 '자신에게 반한' 사람으로 간주된다.

(5) 우월의 추구

Adler는 『신경증 체제(The Neurotic Constitution)(1912)』란 저서에서 새로운 심리학을 제시하면서 자신의 개념 중 가장 중요한 우월성 추구와 열등감이라는 개념을 정신건강에 도입하기 시작하였다. Adler는 우월성이란 개념을 자기완성 혹은 자아실현이란 의미로 사용하면서 인간의 자기 신장, 성장, 능력을 위한 모든 노력의 근원이 열등감이라고 말했다. 그에 의하면, 우리는 열등감을 경험하면 우월을 추구하도록 되어 있다. 이 동기는 정상인과 비정상인에게 공통적으로 존재한다.

Adler는 우월성이란 개념을 자기완성 혹은 자아실현이란 의미로 사용하면서 인간의 자기 신장, 성장, 능력을 위한 모든 노력의 근원이 열등감이라고 말했다.

https://search.daum.net/search?w=bookpage&bookId=3369887&tab=introduction&DA=LB2&q=The%20Neurotic%20Constitution

우월성의 추구는 부족한 것은 보충하며, 낮은 것은 높이고, 미완의 것은 완성하며, 무능한 것은 유능한 것으로 만드는 경향성으로서 개인의 최종목표와 밀접하며, 각 개인을 각자의 목표에 도달하도록 만드는 추진력이 된다. 출생에서 사망에 이르기까지 우월성 추구의 노력은 인간을 현 단계에서 보다 넓은 단계의 발달로 이끌어 준다. 건강한 사람에게 개인적 추구는 사회적 관심의 형태 또는 공동체에 대한 관심의 형태를 취하거나, 모든 인류를 위하여 타인의 복지를 추구하는 형태를 띠게 된다. 그러나 추구의 목표가 부정적인 경우에는 개인적 우월성, 즉 이기적 목표만을 추구하는데 Adler는 이를 신경증적 증상으로 본다. 우월성의 본질은 다음과 같다.

첫째, 인간의 기본 동기이다.

둘째, 모든 인간은 공통적으로 가지고 있다.

셋째, 우월성의 목표는 부정적 혹은 긍정적 영향을 취할 수 있다.

넷째, 우월성의 완성을 위해 노력과 열정이 필요하다.

다섯째, 우월성의 추구는 개인적으로 완성을 위해 노력을 하고, 사회적으로 문화를 완성하기 위해 노력해야 한다.

2) 생활양식

생활양식(Life style)은 '삶에 대한 개인의 기본적 지향' 혹은 '성격(개성)'을 말하며, 각 개인이 자신의 삶의 목표(최종목적)를 추구하기 위해 독특하게 발달시킨 행동이나 습관, 사고, 감정, 삶 등이라고 할 수 있다.

생활양식은 초기 아동기에서부터 신체기관의 활동과 함께 발달하기 시작한다. 생활양식은 아동이 지닌 열등감과 그 열등감을 보상하기 위한 행동들이 드러난 것이므로 옳거나 그르거나, 정상적이라거나 비정상적이라고 말할 수 있는 것이 아니다.

개인의 생활양식이 일단 형성되면 외부 세계에 대한 전반적인 태도가 결정되며 기본 성격구조가 일생을 통해 일관성 있게 유지된다. 이런 점에서 Adler는 서로 연관되어 있는 세 가지 중요한 인생 과제인 '사회에 대한 개인의 관계, 일이나 직업, 사랑과 결혼'에 대해 개인이 어떻게 접근하고 해결하는지를 통해 생활양식을 이해할 수 있다고 했는데 이러한 모든 문

생활양식은 '삶에 대한 개인의 기본적 지향' 혹은 성격(개성)을 말하며, 각 개인이 자신의 삶의 목표(최종목적)를 추구하기 위해 독특하게 발달시킨 행동이나 습관이라고 할 수 있다.

제에 대한 성공적인 해결은 사회적 관심과 관련된다.

Adler는 사회적 관심과 활동수준에 따라 생활양식을 지배형, 기생형, 회피형, 사회적 유용형으로 분류하였다.

이에 더하여 Adler는 사회적 관심과 활동수준에 따라 생활양식을 지배형, 기생형, 회피형, 사회적 유용형으로 분류하였는데 여기에 성격 유형을 연결하면 다음과 같은 표가 완성된다.

표 9-1 Adler의 생활양식의 유형

	높은 사회적 관심	낮은 사회적 관심
높은 활동성	사회적 유용형-낙천적인(유쾌한 성격) • 성숙한 인간 • 자신과 타인의 이익을 추구	지배형-성마른(화 잘 내는 성격) • 타인에게 지배와 착취 • 자신만의 이익을 추구 • 통제 상황에서 양육
낮은 활동성	기생형-냉담한(무기력한 성격) • 타인에게 빌붙어 • 자신의 이익을 추구 • 과잉보호 양육	회피형-우울한(성격) • 소극적, 불평불만 • 실패를 두려워함, 기가 꺾여 양육함

첫째, 지배형(Ruling type)은 권력을 강하게 추구하며 공격적이다. 부모가 지배하고 통제하는 독재형으로 자녀를 양육할 때 나타나는 생활양식이다. 그리고 독단적이고 활동적이지만 사회적인 인식이나 관심이 거의 없는 유형이다.

둘째, 기생형(Getting type)은 타인으로부터 모든 것을 기대하지만(의존성) 아무것도 되돌려주지 않는다. 부모가 자녀에게 독립심을 길러 주지 못하고 지나치게 '과잉보호'할 때 나타난다. 이들의 주된 관심은 될 수 있는 한 타인으로부터 많은 것을 얻어내는 것이다.

셋째, 회피형(Avoiding type)은 사회적 관심이 결핍되어 있으며 자신감이 없기 때문에 매사에 소극적이며 부정적인 태도를 가진다. 부모가 자녀교육을 할 때 자녀의 기를 꺾어버리는 것이 원인일 수 있다. 그리고 이들은 성공을 바라기보다는 실패하는 것을 두려워하고, 삶은 생활과제로부터 도피하는 사회적으로 무익한 행동이 주가 된다.

넷째, 사회적 유용형(Socially useful type)은 높은 사회적 관심과 활동성을 가지고 있으며 타인의 욕구를 의식하고 지역사회의 이익을 위해 기여한다. 심리적으로 건강한 사람의 표본이다. 또한 이 사람들은 관심이 많아서 자신과 타인의 욕구를 동시에 충족시키고, 인생 과업을 완수하기 위해 타인과 협동(업)을 한다.

3) 다섯 가지 주요 인생과제

Adler는 모든 사람이 적어도 세 가지 주요한 인생과제(일, 우정, 사랑)에 직면한다고 믿었으며, 그 후 연구를 통해 이 세 가지 주요 인생 과제야말로 건강과 안녕의 핵심인 것이 공고해졌다. Mosak과 Dreikurs는 Adler가 암시한 네 번째(영성), 다섯 번째(자기지향) 인생과제를 확인하였으며 이를 각 구성요소로 정리하면 다음과 같다.

- 인생과제 1 : 영성(우주, 신과 관련된 개인의 영적 자아를 다루는 것)
- 인생과제 2 : 자기지향(자기효능감, 자아존중감, 개인의 성공에 관심)
- 인생과제 3 : 일과 여가(자신감, 가치감, 불완전한 용기, 다시 시도할 용기 등)
- 인생과제 4 : 우정(사회적 관심으로 확대)
- 인생과제 5 : 사랑(자신과 상대방에 대한 많은 용기와 신념을 요구)

4) 허구적 최종목표(허구적 최종목적론, 가상 목표)

개인심리학 상담에서는 인간의 모든 행동은 목적이 있다고 본다. 행동은 목표를 지향한다. 인간 본성에 대해 낙관적인 Adler는 인간을 '현재를 바탕으로 미래지향적인 삶의 목표를 향해 노력하는 존재'로 보았다. 때문에 허구적 최종목표란 '완전해진 상태에 대한 개인의 이미지'로서, 이러한 허구(긍정적인 속성을 갖는 생각들, 이상, 가상 목표)는 인간의 행동을 보다 더 효과적으로 이끄는 유인이다.

Adler는 개인의 모든 심리 현상은 그의 허구적 목표를 이해함으로써 파악할 수 있다고 했다. 허구가 주관적인 것처럼 최종목표도 주관적이다. 미래의 목표를 형성하는 마음의 과정에서 유전, 환경, 기관열등감, 그리고 과거 경험이 사용될 수 있다. 미래 목표는 여전히 개인 자신이 형성하는 것이다. Adler는 이러한 삶의 목표는 최소한 사회에 기여할 수 있는 유용한 생활양식을 바탕으로 설정되는 것이 필요하다고 주장하였다.

5) 공동체 의식(공동체감, 사회적 관심)

Adler에게 있어서 인간의 열등감 극복과 모든 정신과 문화의 발달은 공동체감 형성과 사회적 관심 없이는 절대적으로 불가능하다.

Adler에게 있어서 인간의 열등감 극복과 모든 정신과 문화의 발달은 공동체감 형성과 사회적 관심 없이는 절대적으로 불가능하다. 그는 "인간의 불안은 단지 결속을 통해서만 제거될 수 있다. 이는 개인을 공동체와 묶는 것이다. 자신을 타인과 연결하여 인식하는 자만이 인생을 평안하게 살아갈 수 있다."고 했다.

자연의 관점에서 볼 때, 인간은 육체적으로 열등한 유기체이지만 언어를 발달시켜 개인을 인간이 될 수 있도록 하였으며, 다른 동물보다 공동생활, 타인들과의 연대를 유리하도록 했다.

Adler에게 있어서 가장 가치 있는 공동체 의식(사회적 관심)은 사회적 상황에 반응하려는 타고난 성향, 개인의 기본적인 인간성이지만 잠재적인 것이기 때문에 사회적 맥락 속에서 개발되어야 한다. Adler는 사회적 관심은 일체감이나 공감과 같으며, "다른 사람의 눈으로 보고, 다른 사람의 귀로 듣고, 다른 사람의 가슴으로 느끼는 것"(공감+동일시=공동체감)이라고 했다.

사회적 관심은 특히 공동체와 그 속에서 살고 있는 사람들의 향상에 대한 관심, 사회적으로 유용한 사람이 되고자 하는 바람을 포함한다. 이는 타인을 이해하고 타인의 복지를 고려하는 정도로 곧 정신건강의 척도이다. 어떤 사람들은 결코 사회적 관심을 발달시키지 않는데 이러한 사람들은 부적응적인, 심리적인 문제를 안고 있다.

6) 출생순위와 형제관계

출생순위, 형제에 대한 진술, 형제 속성에 대한 평가, 형제간 상호관계, 부모의 진술이 포함된다. 그리고 가족의 출생 순서에 따라 내담자의 나이 기준으로 나이 차이를 +, -로 작성한다. 예를 들어, 지현-8, 예주+8(내담자), 예원-4, 경희+3으로 작성한다. 형제에 대한 질문은 첫째, 누가 당신과 가장 많이 다릅니까? 어떤 면이 그렇습니까? 둘째, 누가 당신과 가장 비슷한가요? 어떤 면에서 그렇습니까? 셋째, 당신은 어떤 아이였습니까? 넷째, 나머지 형제들에 대해 말해 주세요.

Adler는 가정환경 중 출생순위가 생활양식에 영향을 준다고 보았으며 출생순위에 따라 독특한 특징이 있다고 하였다. 다음과 같이 다섯 가지 유형으로 나누었다(김춘기, 강봉규, 2001; Adler, 1958).

Adler는 가정환경 중 출생순위가 생활양식에 영향을 준다고 보았으며 출생순위에 따라 독특한 특징이 있다고 하였다.

(1) 첫째 아이(맏이)

첫째 아이는 동생이 태어나기 전까지 부모의 사랑과 관심을 독차지한다. 그러다가 동생이 태어나면 이것을 빼앗기기 때문에 상처를 입기 쉽다. 처음엔 동생과 경쟁하여 사랑과 관심을 되찾겠다고 하지만 실패하며, 그 결과 스스로 고립해서 적응해 나간다. 다른 사람의 애정이나 인정을 얻고자 하는 것을 포기하고 혼자 생존해 나가는 전략을 습득한다. 그래서 맏이는 일반적으로 다른 성인과 좋은 관계를 맺을 수 있으며 타인의 기대에 쉽게 순응하며 사회적 책임을 잘 감당하는 특징이 있다.

맏이는 일반적으로 다른 성인과 좋은 관계를 맺을 수 있으며 타인의 기대에 쉽게 순응하며 사회적 책임을 잘 감당하는 특징이 있다.

(2) 둘째 아이

둘째 아이는 태어날 때부터 형이나 누나와 같은 속도 조정자가 있다는 것을 알기 때문에 그들의 장점을 능가하기 위하여 도전을 한다. 그래서 맏이보다 빨리 발전하며, 경쟁심이 강하고 야망을 갖는다. 따라서 둘째 아이의 생활양식은 항상 자신이 형이나 누나보다 낫다는 것을 증명하기 위하여 노력한다.

(3) 중간 아이

중간 아이는 형제들과는 반대 방향으로 행동하는 경향이 있다. 독립적이고, 반항적이며, 예민하고, 지나치게 부모에게 자신의 위치에 대하여 보증을 받으려고 한다. 즉, 한 가족에 자녀가 4명이라고 하면 둘째 아이는 중간 아이처럼 인식할 수 있으며, 셋째 아이는 더 유순하며 사교적이므로 첫째 아이와 비슷한 태도를 가질 수 있다.

(4) 막내

다른 형제와는 달리 동생에게 자리를 빼앗기는 충격을 경험하지 않고 귀염둥이로 자라기도 하지만, 경우에 따라서는 모든 것을 형으로부터 물려받아야 하는 신세가 되기도 한다. 자신보다 힘이 세고 특권이 있는 형에게 둘러싸여 열등감을 경험하기도 한다. 또한 막내들은 가족구성원들이 생각지도 못한 방식으로 행동하는 경우도 나타난다.

(5) 외동아이

외동아이는 경쟁 상대가 없기 때문에 응석을 부리고 보호받고 싶어 한다. 그러면서 아버지와 라이벌 의식을 갖기도 한다. 이런 생활방식 때문에 외동아이는 의존성과 자기중심성이 현저하다. 이런 아이는 자기 자신이 항상 무대의 주인공 혹은 중앙에 있기를 희망한다. 그리고 자신의 위치에 누군가가 도전하면 매우 불공평하다고 스스로 생각한다.

표 9-2 출생순위와 형제관계

구분		내용
첫째	긍정적	• 책임감, 남들 보호-배려, 리더
	부정적	• 자신 없고, 일이 갑자기 나빠질 것을 두려워함 • 적대적이고 비관적, 지나치게 보수적 • 규칙과 법들에 신경 쓰고 권위적 인물에 쉽게 동조 • 퇴행적 행동 • 문제아, 부적응자가 될 가능성이 큼
둘째	긍정적	• 야심적이고 공동체감 있음 • 첫째나 막내보다 적응을 더 잘할 가능성 • 승부욕이 강해서 성취 가능
	부정적	• 반항적이고 질투가 많음 • 언제나 남들을 이기려고 경쟁하며 노력하는 경향 • 추종자 역할을 하기 힘듦 • 강한 소유욕과 집착을 보이는 경향

셋째	긍정적	• 자극을 많이 받고, 경쟁의 기회도 많아서 다른 형제들을 앞지를 수도 있음
	부정적	• 누구에게나 열등감 느낌 • 과잉보호로 문제아가 되거나, 적응 못 하는 어른이 될 가능성 • 응석받이 행동, 낮은 독립심, 열등감
외동	긍정적	• 형제가 없어서 부모의 사랑을 독차지할 수 있음 • 지나친 애정을 받는 일이 많음
	부정적	• 관심의 중심이 되고자 함(자신의 중요성에 대한 과장된 견해) • 타인과 경쟁을 겁냄 • 자신의 위치가 옳다고 생각함

7) 상담기법

▎개인심리학 상담에서는 내담자에게 스스로 변화할 수 있는 능력이 있다고 믿기 때문에 그러한 믿음을 그에게 보여 줄 수 있는 상담기법을 사용한다.

개인심리학 상담에서는 내담자에게 스스로 변화할 수 있는 능력이 있다고 믿기 때문에 그러한 믿음을 그에게 보여 줄 수 있는 상담기법을 사용한다(설기문, 1997; Shilling, 1974; Sweeny, 1989).

- 내담자의 수프에 침 뱉기 : 학교에서 아이들이 다른 친구들의 음식을 차지하기 위해 음식에 침을 뱉는 방식에서 시작했다. 상담자는 내담자의 어떤 행동의 대가와 목적을 인식하게 되면 상담자는 바로 그 행동이 총체적으로 손해되는 행동이라는 것을 내담자에게 보여 준다. 그럼 내담자는 손해 보는 게임을 하지 않는다.
- 언어적 기술 : 내담자의 의존성을 부추기지 않고 내담자의 자기 지도력과 자립 능력을 격려하도록 충고한다. 또한 언어적 기술의 다른 부분은 격려이다. 격려는 '나는 할 수 없다.'라는 부정적인 태도를 '나는 할 수 있다.'라는 긍정적 태도를 갖도록 한다. 이에 내담자에게 '능력이 있다.'고 말하거나 '잘해 보라고 사람은 실수를 통해 배운다.' 등의 시도도 수용한다.

• 격려하기 : 불안의 심리 상태를 가진 내담자는 성장할 수 있고 보다 자기충족적인 방향으로 모험을 감행할 수 있는 스스로의 능력에 대한 신뢰가 없기 때문이라 생각한다. 이런 내담자들의 내적 자원을 개발하고 촉진할 수 있는 용기를 주는 것이 필요하다.

• 행동적 기술 : 역할연기, 빈 의자 기법을 사용한다. 첫째, 역할연기는 원하는 모습으로 자신이 되어 있는 것으로 상상하고, 그렇게 행동하게 해본다. 즉, 내담자가 상상 속에서 그 역할을 실제로 생활해 보고 무슨 일이 일어났는지 설명하도록 한다. 둘째, 빈 의자 기법은 현재 상담하는 장면에 일치하지 않는 사람과 관련된 사건을 다룰 때 많이 사용하며, 특정 인물이 빈 의자에 앉아 있다고 생각하고 하고 싶은 말을 하도록 하는 상담기법이다.

• 가상행동 : 내담자가 바라는 행동(마치~처럼 행동하기)을 실제 장면이 아닌 가상 장면에서 '마치 ~인 것처럼(as if)' 해 보게 하는 것이다.

• 역설적 의도 : 바라지 않거나 바꾸고 싶은 행동을 의도적으로 반복 실시하게 함으로써 역설적으로 그 행동을 제거하거나 벗어나게 할 수 있는 것이다.

• 상상하기 : 내담자가 희망하는 행동을 상상하도록 하는 방법이다. 바람직한 자신의 모습을 상상함으로써 실제로 그렇게 되도록 하는 방법이다.

• 버튼 누르기 : 자신이 원하는 정서를 스스로 만들 수 있다는 사실을 알게 하는 것이다. 예를 들어, 우울 버튼을 누르면 우울해지고 즐거운 버튼을 누르면 즐거워진 것이라고 설명한다.

• 끓는 물에 찬물 끼얹기 : 내담자 행동의 목적과 대가를 인식하게 되면 상담자는 바로 그 행동이 총체적으로 손해가 되는 행동이라는 사실을 내담자에게 보여 줌으로써 내담자가 더 이상 손해되는 행동을 못 하도록 하는 것이다.

- 시범 : 상담자가 내담자에 대한 사회적 관심의 대표자로서 완전한 인간이 아니라 실수할 수 있는 보통 인간이라는 것을 의미한다. 따라서 상담자는 내담자가 모방할 수 있다는 가치적인 행동을 보여 준다.
- 질문 : 내담자의 문제가 성격상 심리적인지, 신체적인지 결정하기 위해 진단 도구를 사용하며 내담자가 하는 응답에 대해 반영하거나 해석할 때 치료적인 가치가 있다. 그리고 기적 질문을 한다. '만일 내가 당신의 모든 증상을 제거할 수 있는 능력을 가지고 있다면 당신의 인생에서 무엇이 변화될 것 같습니까?' 이때 내담자가 '나는 더 자주 파티에 갈 것입니다.' 또는 '시집을 낼 것입니다.' 답변하면 이 증상은 심인성일 가능성이 높습니다. 내담자가 또 다른 답변인 '더 이상의 고통이 없으면 좋겠어요.'라고 한다면 이 증상은 기질적인 가능성이 높다. 즉, 내담자의 응답에 따라 상담자는 내담자의 문제를 다루는 방식이 달라진다.

4. 상담목표와 과정

1) 상담의 목표

사회적 관심을 조장하고, 열등감을 감소시키며, 낙담을 극복하여 사회에 공헌하는 인간이 되도록 노력하는 것을 목표로 한다. 즉, Adler는 부적응 행동은 열등감과 관계가 있기 때문에 내담자들의 잘못된 발달을 재구성해 줌으로써 자신의 생활양식과 사회적 상황을 이해하도록 돕는 것이다(김충기, 강봉규, 2001).

Adler의 상담은 여섯 가지 목표를 갖는다(Mosak, 1995).

첫째, 내담자의 사회적 관심을 증진시킨다.

둘째, 열등감과 낙담을 제거한다.

셋째, 내담자의 관점과 목표를 수정하고 인생 각본을 바꾼다.

넷째, 좋지 못한 동기를 바꾼다.

다섯째, 타인과의 동등감을 계발시킨다.

여섯째, 내담자가 사회에 기여하도록 한다.

개인심리학 상담의 궁극적 목표는 개인의 사회적 관심을 방출시켜, 그가 동료, 협력자, 더 나은 사회를 만드는 데 기여하는 사람, 우주 속에서 소속감을 느끼고 편안함을 느끼는 사람이 될 수 있도록 하는 것이다.

개인심리학 상담의 궁극적 목표는 개인의 사회적 관심을 방출시켜, 그가 동료, 협력자, 더 나은 사회를 만드는 데 기여하는 사람, 우주 속에서 소속감을 느끼고 편안함을 느끼는 사람이 될 수 있도록 하는 것이다.

2) 상담자의 역할

Adler는 신경증을 앓고 있는 내담자를 '병이 들어서 치료를 받아야 할 환자'로 보지 않고 '낙담(좌절, 절망, 의기소침)'한 사람으로 본다. 상담자와 내담자의 관계는 대등하며 협동적이며, '격려'를 통해 내담자들의 자존감을 향상시키고 개인의 사회적 관심을 강화시키는 방법을 사용한다. 그렇기 때문에 상담과정은 '협동적 교육과정'이라는 개념을 지니고 있다.

3) 상담의 과정

Adler의 개인심리학에 있어서 상담은 개인의 생활양식을 파악하는 것이다.

Adler는 아동기 초기 경험들이 생활양식의 형성에 매우 중요하게 작용할 것으로 보고, 생활양식을 찾아내는 주요 방법으로 '초기 기억, 출생순위, 꿈의 분석, 기본적 오류' 등을 제안하였는데 요약하면 다음과 같다.

첫째, 초기 기억은 개인의 생활양식의 원초를 드러내는 주관적인 출발점이자 단서를 제공한다. 초기 기억들은 개인의 기본적인 인생관을 드러내며 가장 먼저 형성되는 기본적인 태도이다.

둘째, 아이들은 가족이라는 집단에서 공통점을 공유하고 있지만 각 아이의 심리적 환경은 출생순위 때문에 다르다. 출생순위와 가족 내 위치에 대한 해석은 어른이 되어 세상과 작용하는 방식에 큰 영향을 미친다.

셋째, 꿈은 꿈꾸는 사람과 관련하여, 그리고 그가 꿈꾸는 시간에 발견한 상황을 가지고 해석해야만 한다. 반복되는 꿈은 삶의 양식에 대한 중요한 지표이다. 그것은 개인이 우월성의 목표를 성취하기 위해 어떤 시도를 하는가를 제시해 준다.

넷째, 초기 회상으로부터 끌어낸 기본적 오류는 개인의 생활양식의 자기패배적인 측면에 관한 것으로 Adler가 강조한 사회적 관심의 개념과 대립된다.

5. 평가

Adler는 최초의 아동생활지도 클리닉을 창설(1922)하였고, 교사들을 대상으로 한 아동생활지도 훈련 등을 실시하였으며, 이를 계기로 공립학교에 수많은 아동생활 지도센터가 설립되었다. Adler의 노선에 따른 학교도 출현하였으며 격려, 학급 토의, 민주적인 원리 및 아동 자신과 타인에 대한 아동의 책임 등과 같이 현재까지도 사용되고 있는 교육방법들을 강조하였다. 개인심리학 상담의 공헌점과 한계점은 다음과 같다(강갑원, 2008; 김충기, 강봉규, 2001; Peterson & Nisenholz, 1999; George & Christiani, 1995).

1) 공헌점

첫째, 개인심리학의 업적은 아동교육과 부모교육에 적용할 수 있다.

둘째, 내담자에게 사회적 관심을 갖도록 함으로써 모든 사람에게 유익한 사회적 이익을 도모할 수 있다.

셋째, 가족 집단의 개념이 유용하고 이것을 사용하여 중요한 연구가 이루어졌다.

넷째, 개인차를 이해하는 데 필요한 생활각본, 가족의 역동성, 출생순위, 형제간 경쟁의식, 열등감, 우월감 등의 개념을 소개하였다.

2) 한계점

첫째, 통찰을 강조하기 때문에 지적 수준이 낮은 내담자에게는 적합하지 않다.

둘째, 지나치게 인지, 특히 기본적 오류를 강조하였다.

셋째, 개인심리학 상담의 이론이 연구에 기초한 것이 아니라 주로 상식적인 내용에 기초를 두고 있다.

넷째, 민족에 따라 가족 문제 노출을 꺼리는 경우가 있다.

다섯째, 상담 기간이 짧고 행동 지향적 상담을 바라는 내담자에게는 매력적이지 않다.

6. 요약

- Adler는 인간을 사회적이며, 자신이 선택한 가공적 목표(허구목표, 자신에 대한 가상적 상)를 향해 움직이는(행동의 목표 지향성) 창조적이고, 책임이 있으며, 형성되어 가는 총체적인 존재로 보았다. 때문에 Adler는 선택과 책임, 삶의 의미, 보다 나은 생활양식, 사회적 관심 발달 등을 강조했다.

- 유아들이 인생 초기에 자연스럽게 발견하는 자신의 왜소함과 무기력, 아동기의 질병과 약한 신체기관, 학교에 다니는 동안 경험하게 되는 경쟁과 적개심, 가족 구도 및 출생순위에 기인한 가족관계, 성장과정에서의 부모 양육태도 등으로 인간은 어떤 측면에서 누구나 열등감을 느낀다.
- 열등감을 극복하지 못하고 사로잡히게 되면 열등감 콤플렉스에 빠지게 되는데, Adler는 이의 원인으로 기관열등감, 과잉보호, 양육태만을 제시하였다.
- 개인의 생활양식이 일단 형성되면 외부 세계에 대한 전반적인 태도가 결정되며 기본 성격구조가 일생을 통해 일관성 있게 유지된다. 이런 점에서 Adler는 서로 연관되어 있는 세 가지 중요한 인생과제인 '사회에 대한 개인의 관계, 일이나 직업, 사랑과 결혼'에 대해 개인이 어떻게 접근하고 해결하는지를 통해 생활양식을 이해할 수 있다고 했는데 이러한 모든 문제에 대한 성공적인 해결은 사회적 관심과 관련한다.
- Adler는 가정환경 중 출생순위가 생활양식에 영향을 준다고 보았으며 출생순위에 따라 독특한 특징이 있다고 하였다.
- 개인심리학 상담의 상담목표는 사회적 관심을 조장하고, 열등감을 감소시키며, 낙담을 극복하여 사회에 공헌하는 인간이 되도록 노력하는 것이다.
- 상담자의 역할은 상담자와 내담자의 관계가 대등하며 협동적이며, '격려'를 통해 내담자들의 자존감을 향상시키고 개인의 사회적 관심을 강화시켜야 하기 때문에 상담과정은 "협동적 교육과정"이라는 개념을 지니고 있다.
- 개인심리학 상담에 있어서 상담과정은 개인의 생활양식을 파악하는 것이다. Adler는 아동기 초기 경험들이 생활양식의 형성에 매우 중요하게 작용할 것으로 보고, 생활양식을 찾아내는 주요 방법으로

'초기 기억, 출생순위, 꿈 분석, 기본적 오류' 등을 제안하였다.

7. 상담사례

1) 사례 1: 초기기억 분석 사례

상담가 파파넥(Papanek)이 1997년에 아들러의 초기기억 기법을 사용하여 만성 두통으로 치료받던 30세 이혼녀를 치료한 사례다. M은 아동서적에 삽화를 넣고 출판하는 매우 재능 있는 사람인데 좋은 직업을 가지고 있고 프리랜서 작가다. M은 일을 할 수 없을 정도로 두통이 매우 심했다.

M은 2회기 때 다음과 같은 말을 했다. M의 아버지는 집이 아니라 회사에서 그의 시간의 대부분을 보내는 매우 바쁜 일반 외과 의사였다. 엄마는 버림받았다고 느꼈고 아버지의 무관심에 대해 화를 냈다. 그리고 M이 10세 때, 엄마와 그의 동생은 아버지가 사무실에서 연애를 했다고 의심을 했다. 아이들에 대한 아버지의 태만이 중요한 요인이었다. 아이들이 아플 때조차 그는 "별로 심각하지 않아."라고 말하면서 병원에서 집으로 오지 않았다. 그러나 M이 6세 때, 갑자기 위통이 일어나 엄마가 아버지를 불렀을 때, 아버지는 집에 와서 딸이 맹장염에 걸린 것 같다고 걱정했다. 그는 당황해하며 M을 병원으로 데려갔다. 다행히 맹장염이 아니어서 수술을 받지 않았다. M은 아버지가 당황하는 것과 M을 돌보는 것을 보고 만족해했다. 상담자가 M에게 기억에 대한 느낌을 설명하라고 했을 때 M은 그것은 "아름다운 것"이라고 말했다. M이 구토를 했고, 위통이 있는 등 심각한 병의 증상을 가지고 있었는데도 그 기억을 아름답게 기억한 것이 매우 인상적이었다. 아버지의 돌봄과 관심은 M이 그것을 아름다운 것으로 기억하게 만들었다.
2회기에서 M이 '이제는 알 것 같다.'고 말했던 것이 상담자에게 매우 인상적이었다. M은 아픈 것이 관심을 얻는 유일한 방법이라고 느꼈던 것 같다. M은 다음 회기에서 자신의 두통이 크게 줄어들었다고 보고했다. 그리고 M은 지금 상담자와 M의 이전 상담자 사이에 차이를 이해하겠다고 했다. M의 이전 상담자는 항상 그의 두통을 억압된 분노라고 설명했다. M은 그의 해석을 믿기는 했지만, 효과를 볼 수 없었다고 한다. 즉, M이 자신에게 좋은 누군가의 관심과 주의를 받기를 원한다는 상담자의 해석은 꽤 효과가 있었다. M은 자신이 누군가를 실제로 원한다는 것과 그것이 이루어지지 않은 것에 대한 실망이 두통을 가져왔다는 것을 쉽게 받아들일 수 있었다. M은 기분이 좋아졌다. 보통 한 주에 세 번 정도 두통이 있었는데 이번 주에는 한 번의 두통도 없었고 지금은 훨씬 좋아져서 일을 할 수 있었기 때문이다.

2) 사례 2: 꿈 분석 사례

다음은 아들러가 직접 내담자의 꿈을 분석한 간단한 사례로, 내담자의 꿈이 그의 생활양식을 반영하고 있음을 보여 주는 사례다(Adler, 1958).

비서직으로 일하며 홀로 사는 한 24세 여성이 아들러를 찾아와 사장의 안하무인격인 태도 때문에 견딜 수 없다고 호소했다. 그녀는 또 친구를 잘 사귀지 못하며, 친구관계를 유지하지도 못한다고 느끼고 있었다. 우리의 경험에 따르면, 만약 어떤 사람이 친구관계를 유지하지 못한다면, 그것은 그 사람이 타인들을 지배하고 싶어하기 때문이라고 추측할 수 있다. 그런 사람은 사실상 자기에게만 관심이 있으며, 그의 목표는 자신의 우월성을 과시하는 것이다. 아마도 틀림없이 이 여성의 사장도 똑같은 부류의 사람일 것이다. 두 사람 모두 타인을 지배하려는 욕구를 갖고 있다. 이런 부류의 사람들이 서로 만나게 되면, 어려움이 생길 수밖에 없다. 이 여성은 일곱 형제 중 막내이고 집안의 귀염둥이였다. 어린 시절 별명은 '톰(Tom:남자 이름)'이었는데, 이는 그녀가 항상 사내아이가 되고 싶어 했기 때문이다. 이것을 볼 때 우리는 그녀가 타인을 지배하는 것을 자신의 우월성 목표로 삼은 게 아닐까 추측하게 된다. 그리고 그녀가 생각하기에, 남성적이라는 것은 곧 주인이 되는 것이며 타인을 지배하는 것이고 자신은 지배받지 않는 것이다.

그녀는 상당히 미인이었는데, 사람들이 자기를 좋아하는 이유가 오로지 자신의 예쁜 얼굴 때문이라는 생각을 갖고 있는 만큼, 얼굴이 흉하게 되거나 마음의 상처를 입게 되는 것을 두려워했다. 우리 사회에서 매력적인 외모를 지닌 사람들은 타인들에게 강한 인상을 주며 그들을 통제하기가 더 수월하다는 것을 잘 알고 있다. 하지만 그녀는 남자가 되고 싶어 하며, 남성적인 방식으로 군림하고 싶어 한다. 그러다 보니 자신의 미모에 마냥 행복하지만은 않다.

그녀의 최초 기억은 한 남자 때문에 겁을 먹은 사건에 관한 것이다. 그녀는 지금도 도둑이나 정신병자의 공격을 받게 될까 봐 무섭다고 고백했다.

남자가 되고 싶은 여성이 도둑이나 정신병자를 두려워한다는 게 이상해 보일지 모르나, 사실은 그다지 이상한 게 아니다. 자신이 연약하다는 느낌 때문에 남성이 되겠다는 목표를 갖게 된 것이다. 그녀는 자신이 지배하고 통제할 수 있는 상황 속에 있고자 하며, 다른 모든 상황을 차단하고 싶어 한다. 도둑과 정신병자들은 통제될 수 없으므로, 그녀는 이런 사람들을 모두 제거하고 싶어 한다. 그녀는 쉬운 방법으로 남성적이기를 바라며, 실패할 때를 대비해 변명할 수 있는 상황을 유지하려고 하는 것이다. 여성적 역할에 대한 이런 널리 퍼진 불만감-아들러는 이것을 '남성적 저항(masculine protest)'이라고 부른다-에는 항상 수반되는 긴장감이 있다. '나는 여성이라는 약점을 거부하기 위해 싸우는 남성이다.'라고 믿고 싶은 비장한 느낌이다.

그녀의 꿈을 살펴보면, 그녀는 홀로 남겨져 있는 꿈을 자주 꾼다. 응석받이로 자랐던 그녀의 꿈이 의미하는 바는 다음과 같다. '나는 주목의 대상이 되어야 한다. 나를 혼자 있게 두는 것은 안전하지 않다. 다른 사람들이 나를 공격하고 지배할 수 있기 때문이다.' 그녀가 자주 꾸는 또 다른 꿈은 지갑을 잃어버리는 내용이다. 이것은 '조심해야 한다. 뭔가를 잃어버리고 싶지 않으며, 특히 타인을 통제할 수 있는 힘을 상실하고 싶지 않은 것이다. 그녀는 일상생활에서 일어날 수 있는 한 가지 사건, 즉 지갑 분실이라는 사건을 선택해 전체를 상징하고 있다. 이것은 꿈이 감정을 만들어 내어 인생 스타일을 보강한다는 것을 보여 주는 사례다. 그녀는 실제로는 그 지갑을 분실한 적이 없는데, 꿈속에서는 분실한 것으로 표현하면서 그런 느낌을 남기는 것이다.

출처: 김춘경, 이수연, 이윤주, 정종진, 최웅용(2016). 상담의 이론과 실제 2판. 서울: 학지사.

연습
문제

상담의 효율성을 높이기 위한 개인심리학 상담의 연습문제

① 개인심리학 상담의 열등감에 대하여 설명하시오.

② 개인심리학 상담의 사회적 관심과 활동수준에 따른 생활양식인 지배형, 기생형, 회피형, 사회적 유용형을 비교하시오.

③ 개인심리학 상담의 다섯 가지 주요 인생과제에 대하여 설명하시오.

④ 개인심리학 상담의 출생순위 중 자신의 출생순위를 예를 들어 설명하시오.

⑤ 개인심리학 상담의 공헌점과 한계점에 대하여 논하시오.

Chapter 10

행동주의 상담

행동주의적 분석이론

1. Watson 등

행동주의 상담이론은 1950년대와 1960년대 초반에 생겨났으며 1964년 미국심리학회 연차대회에서 Krumboltz가 행동수정 또는 행동치료라는 이름으로 불렀다. 현재의 행동주의 상담이론은 고전적 조건형성, 조작적 조건형성에 뿌리를 두고 발달하였으며, 근래에는 확장되어 학습이론에만 의존하지 않고 사회학습이론과 인지이론에 근거한 인지행동적 성향을 띠고 있다. 행행동주의 상담에서는 인간 행동의 원인을 감정, 사고, 신념 등과 같은 것으로 보지 않는다. 모든 인간의 행동은 경험에 의해 학습된 것으로 보고, 관찰 가능한 행동에만 관심을 가진다.

동주의 상담에서는 인간 행동의 원인을 감정, 사고, 신념 등과 같은 것으로 보지 않는다. 모든 인간의 행동은 경험에 의해 학습된 것으로 보고, 관찰 가능한 행동에만 관심을 가진다.

오늘날의 행동주의 상담과 비슷한 행동주의적 접근을 처음 시작한 사람은 Watson과 Rayner 부부이다. 1950년대 들어서면서 당시 상담의 핵심을 이루었던 정신분석 상담에 대한 도전이 싹트기 시작하였다. 1950년대에 Dollard와 Miller의 업적이 크고 이들은 Hull의 학습이론을 중심으로 하여 강화이론을 제시하여 상담의 새로운 방향을 제시하였다. 후에 Eysenck, Pepinsky, Wolpe, Lazarus 등이 학습이론에 기초한 행동주의 상담의 발전을 모색하였다. 이들 대부분이 공포치료를 하기 위하여 여러 실험 연구 결과를 사용했는데, Hull의 학습이론과 Pavlov의 고전적 조건형성이론을 기초로 하고 있다.

Skinner는 대부분의 인간 행동은 조작적 조건형성의 원리로 설명할 수 있다는 근거를 제공했다. 그의 견해는 행동 후에 만족스러운 결과가 따를 때 정적 강화나 부적 강화가 있을 때 학습이 일어난다는 조작적 조건형성의 원리에 기초하고 있다.

체계적 둔감법의 발달에 대한 Wolpe의 기여는 실험실에서 도출한 학습의 원리가 임상적으로 어떻게 적용될 것인지를 보여 준다. 행동주의 상담의 초석이 된 중요 저서는 1953년 Skinner의 『과학과 인간행동』, 1958년 Wolpe의 『상호제지에 의한 심리치료』를 들 수 있다. Skinner는 대부분의 인간 행동은 조작적 조건형성의 원리로 설명할 수 있다는 근거를 제공했다. 그의 견해는 행동 후에 만족스러운 결과가 따를 때 정적 강화나 부적 강화가 있을 때 학습이 일어난다는 조작적 조건형성의 원리에 기초하고 있다.

1960년대에 들어서면서 Michale과 Meyerson이 학습의 원리를 상담이나 생활지도에 사용할 것을 제의하였다. Krumboltz는 전통적 상담방법과 자신이 주장하는 행동주의 상담방법과의 차이를 밝히려고 하였다. Krumboltz와 Thoresen(1976)은 『Counseling methods』라는 저서에서 구체적 상담사례와 상담방법을 제시하였다. 이때부터 행동주의 상담이 확산되기 시작하였다.

1960년대 중반에는 사회학습이론이 대두되면서 당시 Wolpe와 Skinner의 이론에 크게 의존하던 행동주의 상담은 인지주의 경향이 도입되면서 새로운 전환을 맞게 된다. 고전적 조건형성이론이나 조작적 조건형성이론에서는 사고, 태도, 가치와 같은 자극과 반응 간의 중재 개념을 배제하였으나 사회학습이론에서는 인간 행동의 인지적 측면을 중시하였다.

https://www.abebooks.com/book-search/author/john-d-krumboltz-carl-e-thoresen/

1970년대에는 사회학습이론가인 Bandura(1974)가 인지적 측면, 특히 자기 지도를 강조하여 상담에서 자신의 문제를 스스로 지도할 수 있는 능력을 기르는 쪽에 초점을 두게 된다.

최근의 행동주의 상담에서는 사고의 합리성을 인정하며 인지적 요소가 행동 문제의 이해와 치료에 중추적 역할을 하는 것으로 생각하게 되었다. 이제는 인지적 행동상담이 행동주의 상담의 주류에 합류되었고, 행동수정에서 인지적 요소를 무시하면 상담자의 문제해결 능력이 의심되기에 이르렀다.

오늘날의 행동주의 상담이론의 원류는 크게 고전적 조건형성이론, 도구적 조건형성이론, 조작적 조건형성이론, 사회학습이론, 인지적 행동이론이라고 볼 수 있다. 고전적 조건형성과 도구적 조건형성은 둔감법, 홍수법, 내파법에 초점을 두고, 조작적 조건형성이론은 강화, 처벌, 소거, 자기강화 및 모델링에 초점을 두고, 인지적 행동이론은 행동 변화를 위한 인지적 측면에 초점을 둔다.

어느 상담 접근에서든 궁극적으로는 행동의 변화를 도모하는데 유독 행동주의 상담에서만 이것을 '행동치료(체계적 둔감법, 주장 훈련과 같은 일련의 역조건 형성과 관련된 기법)' 또는 '행동수정(조작적 조건형성과 관련된 기법)'이라고 부르고 있는 이유는 학습의 원리를 응용하여 행동 변화에 초점을 두는 것이기 때문이다.

2. 인간관

행동주의 상담에서는 인간을 단지 결정론적 관점에서 벗어나서 자기 자신의 환경을 산출하는 주체자로 본다. 또한 인간의 모든 행동은 학습된 것으로 본다.

행동주의 상담에서는 인간을 단지 결정론적 관점에서 벗어나서 자기 자신의 환경을 산출하는 주체자로 본다. 또한 인간의 모든 행동은 학습된 것으로 본다. 이처럼 행동주의 상담에서는 내담자에게 자신의 문제를 다루기 위해서 구체적 행동들을 하도록 요구한다. 자신의 처지에 대해 이야기만 하는 것이 아니라 변화를 가져올 수 있는 무언가를 행한다. 상담하는 과정 내에서나 밖에서 자신의 행동을 관리하고, 대처기술을 배우고 실습하며, 새로운 행동을 연습한다. 내담자들이 매일 실행해야 할 상담적 과제 혹은 과제물은 이러한 접근의 기본이다. 행동주의 상담은 행동지향적이며 교육적 접근에 가깝다. 그리고 학습은 행동주의 상담의 핵심 부분으로 간주된다. 따라서 내담자들은 이전의 부적응적인 행동을 새롭고 적응적인 행동들로 교체해 나가는 것을 배우는 것이다. 이처럼 행동주의자들의 인간관은 시대의 변화에 따라 많이 달라졌다. 초기에는 주로 환경에 반응하는 수동적인 것으로 인간을 본 반면, 최근에는 인간의 능동적인 면도 인정하고 있다(강갑원, 2004; 천성문 외, 2009).

1) 초기의 인간관(수동적)

① 인간은 좋지도(good), 나쁘지도(bad) 않은 상태로 이 세상에 태어났다.

② 인간은 환경의 자극에 대해 반응하는 유기체이다.

③ 인간의 행동은 유전과 환경의 상호작용에 의해 형성된다.
④ 인간의 행동은 학습된 부정적 혹은 긍정적 습관으로 구성된다.
⑤ 인간의 행동은 생활환경이 제공하는 강화의 형태와 그 빈도에 의해 결정된다.

2) 최근의 인간관(능동적)

① 인간의 행동은 부분적으로나마 환경을 창조할 수 있고 환경도 인간의 행동에 영향을 미칠 수 있다.
② 인간은 자기를 조절할 수 있는 능력이 있다.
③ 환경에 영향을 줄 수도 있고 받을 수도 있는 인간은 자기를 지도(direction)할 수 있는 능력이 있다.

행동주의 접근의 인간관은 항상 환경에 의해 영향을 받기만 하는 수동적 입장의 기계론적 · 결정론적에서 영향을 줄 수도 있다는 점이 강조되면서, 인간의 자유와 의지적 선택을 중심으로 한 인간의 능동적인 측면이 강조되는 경향이 있다. 특히 최근에는 인간의 자기지도(self-direction), 자기관리(self-management), 자기통제(self-control) 등의 개념이 나오면서 인간의 새로운 측면이 강조되고 있다.

행동주의 접근의 인간관은 항상 환경에 의해 영향을 받기만 하는 수동적 입장의 기계론적·결정론적에서 영향을 줄 수도 있다는 점이 강조되면서, 인간의 자유와 의지적 선택을 중심으로 한 인간의 능동적인 측면이 강조되는 경향이 있다.

3. 주요 개념 및 기법

대부분의 다른 접근에서는 성격이론, 특히 성격의 구조나 발달, 성격의 역동성을 주요 개념으로 다루고 있다. 그러나 행동주의 상담은 겉으로 드러난 구체적인 현재의 행동을 강조하기 때문에 성격의 구조나 발달, 역동

행동주의적 학자들은 성격보다는 행동을 문제 삼으며, 행동의 변화를 성격의 구조에 의해서라기보다도 유전적 기초 위에 자극, 반응, 반응의 결과, 그리고 인지구조의 상호 관계에 의해 설명하고 있다.

성보다는 행동의 변화에 더 관심이 많다. 행동주의적 학자들은 성격보다는 행동을 문제 삼으며, 행동의 변화를 성격의 구조에 의해서라기보다도 유전적 기초 위에 자극, 반응, 반응의 결과, 그리고 인지구조의 상호 관계에 의해 설명하고 있다.

1) Pavlov의 고전적 학습이론

(1) Pavlov의 실험

어두운 방에 개를 매어 놓은 다음 전등을 켠 후 30초가 지난 후에 고기를 개의 입에 넣어 준다. 그러면 개의 입에서 침이 나온다. 이 과정을 몇 차례 반복하면 불빛만 비춰도 침이 나오게 된다. 이렇게 될 때, 이 개는 불빛에 대해 반응하도록 조건형성된 것이라고 보고, 이러한 조건형성을 학습심리학에서는 고전적 조건형성이라고 한다. Pavlov의 용어를 빌리면 고기는 무조건자극(UCS : Unconditioned Stimulus)이고, 고기 때문에 나오는 침은 무조건반응(UCR : Unconditioned Response)이다. 불빛은 조건자극(CS : Conditioned Stimulus)이고, 불빛 때문에 나온 침은 조건반응(CR : Conditioned Response)이다. 따라서 Pavlov의 실험은 조건자극(불빛, 종소리)이 무조건자극(고기)보다 먼저 제시되는데 여기서 무조건자극은 자동적으로 무조건 반응(UCR, 침)을 일으킨다. 그러므로 조건자극과 무조건자극 간의 반복적 연합의 결과로 조건자극(불빛, 종소리)만으로도 무조건자극(침)과 같은 반응을 일으킨다. 이것을 조건반응이라 한다.

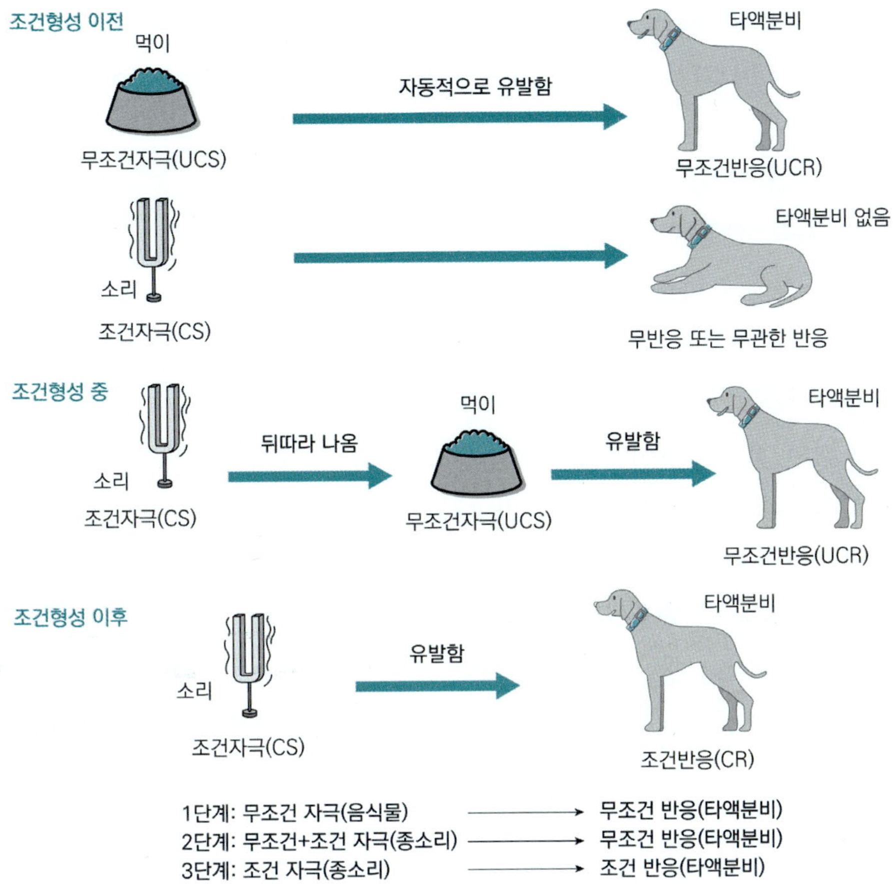

[그림 10-1] Pavlov의 고전적 조건형성 실험

(2) Pavlov의 조건형성에 관한 개념

① 소거(extinction)

조건형성이 되었더라도 무조건자극 없이 조건자극만 계속 주게 되면 조건반응이 일어나지 않는다. 이렇게 조건자극을 주어도 조건반응이 더 이상 일어나지 않는 것이 소거이다.

② **자극 일반화**(stimulus generalization)

조건형성이 되었을 때 조건자극과 비슷한 자극에도 조건반응이 일어나는 것이다.

③ **자극 변별**(stimulus discrimination)

자극에 대한 강화 여부에 따라 구별해서 반응하는 것이다.

④ **자발적 회복**(spontaneous recovery)

소거된 것으로 보이던 조건반응이 조건자극이 제시되지 않아도 일시적으로 되살아나게 되는데 이를 자발적 회복이라 한다.

⑤ **재조건의 형성**(reconditioning)

자발적 회복이 생긴 이후 계속해서 조건자극과 무조건자극을 짝지어 제시하면, 조건반응이 원래의 강도를 되찾게 되는데 이를 재조건 형성이라고 한다.

⑥ **고차적 조건형성**(secondary conditioning)

조건화가 이루어진 후 조건자극을 무조건자극으로 하고, 조건반응을 무조건반응으로 하여 또 다른 조건반응을 형성할 수 있는데 이를 2차적 조건형성(secondary conditioning)이라 한다. 이런 식으로 제3차, 제4차의 조건자극을 만들어 내고, 이를 고차적 조건형성이라 한다.

2) Skinner의 조작적 학습이론

조작적 조건형성을 발표한 Skinner는 고전적 조건형성은 특정 자극에 대해 반응하는 간단한 반사행동의 학습을 설명하기에는 유용하나 유기체

스스로 조작하는 행동을 설명하기에는 부적당한 것으로 보았다. 다시 말하면 고전적인 조건화에서는 자극이 반응을 유도하나 조작적 조건화에서는 반응이 자극을 유도시킨다는 것이다.

(1) Skinner의 실험

Skinner는 쥐의 실험에서 보상이 주어지거나 긍정적 강화를 받는 방향으로 행동하거나 '조작'하도록 학습된다는 것을 밝혔다. 이렇게 강화된 행위는 반복하는 경향이 있으며, 강화되지 않거나 처벌된 행위는 또다시 발생할 확률이 감소한다고 하였다.

Skinner의 쥐 상자 실험에서 상자 속에는 지렛대와 먹이통이 있고 지렛대를 누르면 먹이가 통 속으로 떨어지게 되어 있다. 따라서 학습의 지수는 조작적 조건형성 결과로 쥐가 지렛대를 누르는 것과 먹이가 떨어지는 것과의 연관성을 학습하고 반복적으로 지렛대를 누르는 횟수다.

한 번에 학습하기 어려운 행동들도 단계별로 목표행동에 근접한 행동을 순서대로 연속해서 강화하면 원하는 행동을 학습시킬 수 있다. 말하자면, 즉각적인 강화가 행동 한참 후에 가해지는 강화보다 효과적임을 밝히고 강화계획, 즉 강화의 강도 변화와 제시되는 시간에 따라서 다양한 행동수정이 가능하다는 것을 발견하였다.

한 번에 학습하기 어려운 행동들도 단계별로 목표행동에 근접한 행동을 순서대로 연속해서 강화하면 원하는 행동을 학습시킬 수 있다.

[그림 10-2] Skinner의 쥐 상자 실험

(2) 조작적 학습이론에 관한 개념

Skinner는 강화를 어떤 결과가 특정 반응을 증가시키는 것이라고 하며, 강화는 반응의 증가를 측정할 수 있다고 하였다. 어떤 상황에서 강화의 기능이 있는지 알기 위해서는 특정 반응에 수반해서 그 상황을 제시한 뒤 반응 증가를 관찰해야 한다. 따라서 강화는 행동에 미치는 효과의 측면에서 보면 행동에 수반해서 주어지는 것이다. 먹이는 배가 고픈 쥐에게는 강화물이 된다. 마찬가지로 부모의 인정은 유력한 강화물이긴 하지만 모든 아동에게 적용되는 것은 아니다.

(3) 강화 유형

정적 강화 : 보상이 조작행동을 증가시키는 것을 말한다. 높은 성적, 맛있는 음식, 봉급, 장학금, 승진, 인정 등은 모두 정적 강화물의 예이다.

① 정적 강화(Positive Reinforcement) : 보상이 조작행동을 증가시키는 것을 말한다. 예를 들어, 높은 성적을 받은 학생에게 맛있는 음식을 사 주는 것이다. 그리고 봉급, 장학금, 승진, 인정 등은 모두 정적 강화물의 예이다.

② 부적 강화(Negative Reinforcement) : 혐오적 자극을 제거하거나 철회함으로써 반응확률이 증가하는 것을 말한다. 예를 들어, 수업시간에 발표하는 학생들에게 보충수업, 청소 면제나 과제 줄여 주기 등이 부적 강화물이다. 그러므로 학생들의 발표를 유도할 수 있다.

(4) 처벌 유형

정적 처벌 : 반응 후에 혐오적 자극이 제시되는 것이다. 예를 들어 떠들었을 때 벌을 서게 하거나 숙제를 하지 않았을 때 청소를 시키는 것 등으로 전형적인 처벌 형태이다.

① 정적 처벌(Positive Punishment) : 반응 후에 혐오적 자극이 제시되는 것이다. 예를 들어, 떠들었을 때 벌을 서게 하거나 숙제를 하지 않았을 때 청소를 시키는 것 등으로 전형적인 처벌 형태이다. 또한 장시간 스마트폰 게임을 하느라 숙제를 하지 않은 학생들을 야단칠 수 있다.

② 부적 처벌(Negative Punishment) : 반응 후에 매력적인 자극이 제거되는 것으로 시험을 못 봤을 때 스마트폰 사용시간을 줄이거나 아동에게 TV를 보지 못하게 하는 것도 부적 처벌이다.

처벌은 행동을 통제하는 강력한 수단이 아니다. 왜냐하면 처벌은 반응 강도를 약화시키는 것이 아니라 일시적으로 억제하기 때문이다. 그리고 강화의 원리는 즉시강화의 원리(즉시성 강화가 이루어지는 시간 간격에 따라 효과의 차이), 일관성 원리(특정한 목표 행동을 형성하기 위해서는 내담자에게 일관성 있게 강화해야 함), 점진적 접근의 원리(내담자의 행동을 변화시키기 위해서는 점진적인 접근으로 내담자에게 단계별로 강화해야 함)를 사용한다.

구분	행동증가 ↑	행동감소 ↓
자극제시	정적 강화(먹는 것)	정적 처벌(야단을 침)
자극제거	부적 강화(보충수업 면제함)	부적 처벌(스마트폰 사용금지령)

(5) 소거

조작적 조건형성에서 소거(extinction)란 피험자가 아무리 반응을 해도 더 이상 강화물이 제공되지 않아 반응경향성이 감소되어 사라지는 것을 말한다. 예컨대, Skinner 상자에서 쥐가 지렛대를 누르는데도 먹이를 주지 않으면 소거가 일어난다.

조작적 조건형성에서 소거(extinction)란 피험자가 아무리 반응을 해도 더 이상 강화물이 제공되지 않아 반응경향성이 감소되어 사라지는 것을 말한다.

(6) 조건화된 강화

강화물은 일차 강화물과 이차 강화물, 사회적 강화물로 구분할 수 있다.

① 일차 강화물(Primary Reinforcement) : 아무런 학습과정을 거치지 않고도 생물학적 욕구를 만족시켜 주기 때문에 기본적으로 강화 속성

을 지닌 사상이다. 예컨대, 인간의 경우 음식, 물, 온화함, 성, 애정 등은 일차 강화물의 예이다.

② 이차 강화물(Secondary Reinforcement) : 일차 강화물과 연합된 결과 강화물의 속성을 획득한 상황을 말한다. 이차 강화물은 학습과정에 의존하기 때문에 아주 다양하다. 인간의 경우 돈, 높은 성적, 타인의 인정, 칭찬 등이 이차 강화물에 속한다.

사회적 강화물 : 일차 강화물과 짝지어진 적이 없음에도 불구하고 강화력을 가진 것을 말한다. 예를 들어 명예, 보람 등이 사회적 강화물에 속한다.

③ 사회적 강화물(Social Reinforcement) : 일차 강화물과 짝지어진 적이 없음에도 불구하고 강화력을 가진 것을 말한다. 예를 들어, 명예, 보람 등이 사회적 강화물에 속한다.

(7) 강화계획

강화계획(Reinforcement Schedule)이란 강화자극을 얼마나 많이, 얼마나 자주, 언제 사용하는가를 계획하는 것을 말한다. 강화계획은 세부적으로는 아주 다양하지만 크게 네 가지로 구분할 수 있다.

① 고정비율(fixed ratio : FR) 강화계획 : 반응하는 데 걸린 시간에 관계없이 항상 일정한 수만큼의 반응을 해야 강화하는 것으로, 성과급, 제도 등이 있다.

변동비율(variable ratio : VR) 강화계획 : 강화하는 반응의 수를 변동하는 것으로 카지노의 슬롯머신 등이 있다.

② 변동비율(variable ratio : VR) 강화계획 : 강화하는 반응의 수를 변동하는 것으로 카지노의 슬롯머신 등이 있다.

③ 고정간격(fixed interval : FI) 강화계획 : 일정한 시간 간격으로 강화하는 것으로 시간급, 일당, 주급, 월급 등이 있다.

④ 변동간격(variable interval : VI) 강화계획 : 일정한 시간에 따라 강화하는 것이 아니고 불규칙한 시간 간격으로 강화하는 것으로, 물고기가 낚싯바늘을 무는 것 등이 있다.

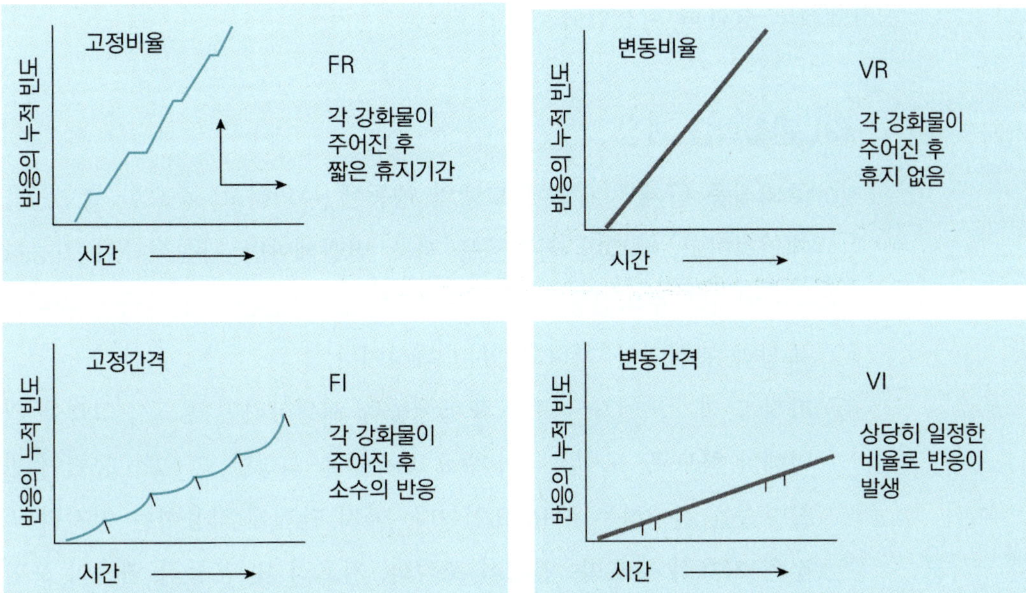

[그림 10-3] 강화계획

3) Bandura의 사회학습이론

Bandura는 사회적 환경 속에서 모방을 통하여 많은 것을 학습함을 강조하였다. 주요 개념은 다음과 같다.

(1) 관찰학습

다른 사람의 행동을 관찰학습(Observational Learning)함으로써 훨씬 더 빨리 학습한다.

(2) 대리적 강화

다른 사람이 하는 것을 보고 대리적 강화(vicarious reinforcement)가 된다. 즉, 한 모델이 어떤 행동에 대해 강화를 받는 것을 보는 것이 그 관찰

▎대리적 강화 : 다른 사람이 하는 것을 보고 대리적 강화가 된다. 즉, 한 모델이 어떤 행동에 대해 강화를 받는 것을 보는 것이 그 관찰자에게도 강화로 작용한다.

자에게도 강화로 작용한다.

(3) 관찰학습 과정

① 주의집중 단계 : 개인이 모델의 행동에 주의하고, 중요한 측면들을 재인식하고, 뚜렷한 특징들을 서로 변별해야만 관찰학습이 가능하다. 이러한 주의집중의 정도를 결정짓는 요인은 모델자극이 지니는 특성과 관찰자가 지니고 있는 특성이다.

② 파지 단계 : 모델자극 또는 모델행동을 재생하려면 반드시 그것을 기억해야 하므로, 모델자극의 주요 요소들을 회상할 수 있는 능력이 관찰학습을 결정하는 주요 요인이다. 파지 단계에 작용하는 인지적 과정은 기호적 부호화, 인지적 조직화, 기호적 및 운동적 연습이 포함된다.

첫째, 기호적 부호화는 모델자극을 관찰한 이후 모델행동을 상징적인 기호로 부호화하는 것이며, 둘째, 인지적 조직화는 언어적 부호화를 통하여 사상들을 기억하는 과정이다. 셋째, 기호적 및 운동적 연습은 심리적으로 그리고 행동적으로 모델자극을 사전에 연습해 두는 것을 말한다.

③ 행동산출 단계 : 행동산출 단계는 기호화된 표상을 외현적 행동으로 전환시키는 단계로서, 새로운 행동을 수행할 수 있는 신체적 능력이 전제조건이 된다.

④ 동기화 단계 : 관찰학습은 외적 강화 없이도 가능하지만, 동기적 단계가 중요하지 않다는 것은 아니다. 모델에 주의집중하는 방식은 동기의 영향을 받으며, 관찰을 할지의 여부를 정함에 있어서도 동기의 영향을 받는다.

행동주의 상담에서 필요한 충분조건은 여덟 가지로 구분된다(김영환, 1997).

첫째, 행동적 상담에서는 어떤 가정적인 원인보다 행동 자체를 강조한다. 즉, 의학적 입장에서는 부적응 행동을 질환에 의한 증상으로 보기 때문에 증상만 치료하고 근본 병리 상태에 변호가 없으면 증상은 다시 악화하거나 다른 증상이 생길 수 있다고 본다. 그러나 행동주의 상담은 이러한 가정을 거부한다고 볼 수 있다.

둘째, 부적응 행동도 정상적 행동과 마찬가지로 학습된 것으로 본다. 일부 행동주의 상담자들은 부적응 행동에 대한 체질적 혹은 생물학적 요인을 강조하는 경향이 없는 것은 아니지만 이들도 부적응 행동이 학습된다는 것을 부정하는 것은 아니다.

셋째, 행동주의 상담에서 학습의 원리와 같은 심리학적 원리가 부적응 행동의 상담에 매우 효과적으로 본다. 어떤 반응이 학습과정에 의하여 수정될 수 있다는 사실 그 자체가 반드시 그 반응이 학습과정을 통해 습득되었다는 것을 입증하는 것은 아니다. 하지만 어떤 부적응 행동이 학습되는 정도는 학습 원리에 의하여 수정될 수 있는 정도와 상관이 높을 것이라는 사실 또한 부정하기 어렵다.

넷째, 행동주의 상담은 구체적이고 분명한 상담목표를 정한다. 행동주의는 부적응 행동을 성격의 결함에서 비롯되는 것이라고 개념화하지 않는다. 그래서 부적응 행동을 보이는 사람의 성격을 재구성하는 것을 목표로 삼지 않으며, 오히려 내담자의 실제적 기능을 방해하는 구체적 문제를 경감시키려 하는 데 의미를 둔다.

다섯째, 행동주의 상담은 전통적 특성이론을 인정하지 않는다. 그리고 행동은 상황에 따라 변화될 수 있다고 보는 상황론자와 인지와 같은 개인적 구성개념을 강조하는 상호작용론자가 있으나 이들 역시 전통적 특성이론을 거부하고 있다는 공통점이 있다.

여섯째, 행동주의에서는 내담자의 문제에 따라 적절한 상담방법을 선택한다. 다양한 형태의 상담기법은 내담자가 어떤 성격의 어려움이나 문제를 가지고 있든지 간에 하나의 방법으로 상담하려는 경향이 있다. 문제행동의 원인을 다양하게 보고 학습의 과정도 다양하게 보기 때문에 모든 문제를 해결하기 위한 하나의 상담방법 또한 정당화될 수 없다. 즉, 내담자의 문제적 원인에 따라 통합적 상담이론을 적용해야 된다는 것이다.

일곱째, 행동주의는 '여기-지금'에 목표를 두고 있다. 역동 심리학처럼 어린 시절의 경험에 대한 통찰이 중요한 상담 과정적 가치가 있다고 받아들이지 않는다. 물론 개인이 성장한 어린 시절의 경험과 환경적 정보가 행동주의 상담에 어느 정도 도움이 된다는 것은 인정하지만 어린 시절의 경험을 자세히 탐색하는 것보다 '여기-지금'의 문제적 상황에 초점을 두고 상담을 진행한다.

여덟째, 행동주의 상담은 다양한 상담방법에 대한 경험적 증거에 큰 비중을 두고 있다. 행동주의는 어떤 다른 치료 기법보다 과학적 연구에서 비롯된 기법임으로 과학적 증거가 없이 어떤 기법이 효과적이라고 말한다고 하더라도 그것을 인정하지 않는다. 즉, 가설을 통해 확인되어야 한다는 것이 행동주의 상담자들의 기본 입장이다.

4) 상담기법

① 주장훈련(assertive training)

주장훈련이란 불안, 그중에서도 대인관계에서의 불안을 주장행동을 통해 상호 제지하므로 불안을 줄이는 데 사용되는 훈련이다. 이는 사회적 기술훈련의 하나이다.

주장행동은 상대방의 권리를 침해하거나 상대방을 불쾌하게 하지 않는 범위에서 자신의 권리, 욕구, 의견, 생각, 느낌 등 자신이 나타내고자 하는 바를 마음속에 있는 그대로 솔직하게 상대방에게 직접 나타내는 것으로 장면에 따라 특별히 학습된 행동이라고 본다. 이는 타인의 요구에 거절을 하지 못하는 사람이나, 불공정한 대접을 받고도 항변하지 못하는 사람, 그리고 자신의 감정을 표현하는 것이 어색한 사람들에게 특히 적합한 방법이다.

주장행동은 상대방의 권리를 침해하거나 상대방을 불쾌하게 하지 않는 범위에서 자신의 권리, 욕구, 의견, 생각, 느낌 등 자신이 나타내고자 하는 바를 마음속에 있는 그대로 솔직하게 상대방에게 직접 나타내는 것으로 장면에 따라 특별히 학습된 행동이라고 본다.

② 이완훈련(relaxation training)

이완훈련은 근육이 이완된 상태에서는 불안이 일어나지 않는다는 원리에 따라 체계적으로 근육을 이완하는 훈련을 하는 것이다. 주로 공포나 불안을 제지하기 위해 사용되는데, 특히 무생물에 대한 불안을 제거하는 데 가장 적합하다. 하지만 공포나 불안만이 아니라 일상생활에서 생기는 스트레스에 대처하는 방법으로도 쓰인다. 내담자는 상담자의 지시문에 따라 호흡하고 행동한다. 머리에서 발끝으로 또는 오른손에서 왼손으로 진행되며 지시하는 신체 부위에 집중하였다가 힘을 빼는 방식으로 진행된다. 불안을 일으키는 장면이나 스트레스가 되는 사건을 떠올리더라도 긴장감이 느껴지지 않을 때까지 지속한다.

이완훈련은 근육이 이완된 상태에서는 불안이 일어나지 않는다는 원리에 따라 체계적으로 근육을 이완하는 훈련을 하는 것이다.

③ 체계적 둔감법(systematic desensitization)

체계적 둔감법은 고전적 조건형성에 기초한 방법으로 행동주의 상담이론 가운데 가장 많이 쓰이는 기법이다. 내담자가 불안을 느끼는 상황을 조사하여 가장 낮은 불안을 유발하는 상황부터 가장 큰 불안을 나타내는 상황까지 위계표를 만들어 불안을 유발하는 상태에 대해 이완된 반응을 하

체계적 둔감법은 고전적 조건형성에 기초한 방법으로 행동주의 상담이론 가운데 가장 많이 쓰이는 기법이다.

도록 조건을 형성시키는 것이다. 이는 긴장과 이완의 역조건형성 과정을 통해 부적절한 반응을 보다 새롭고 적절한 반응으로 대체시키는 기법이다. 다른 말로는 점증적 노출기법이라고도 하며, 불합리한 공포를 제거하는 데 활용된다. 기법 실행 순서는 먼저, 근육의 긴장을 이완하고 다음으로 긴장을 일으키는 상황을 진술하게 한 후 가장 약한 불안을 일으키는 상황에서부터 상상하도록 하여 점차 불안유발 자극을 제시한 후, 근육이완에 의해서 불안을 제거하도록 한다. 이러한 과정을 통해 불안을 일으키는 장면과 관련된 무시무시한 '결과'를 아주 생생하게 상상함으로써 그 불안을 극복하는 방법이다.

어떤 장면과 관련된 결과에 대한 불안을 최대로 경험하게 함으로써 오히려 불안을 낮추려는 기술로 학생들의 시험불안을 줄이는 데 활용도가 높다.

④ 감동적 구상법(emotive imagery)

감동적 구상법은 공포를 제거하는 데 도움이 된다. 이 기술은 근육 이완 훈련을 실시하지 않고 주어진 장면에서의 불안을 차단하기 위해서 근육 이완 대신에 자기주장, 긍지, 애정 그리고 환희와 같은 긍정적인 느낌들이 일어나도록 하는 여러 가지를 구상한다.

⑤ 부적 연습(negative practice)

부적 연습은 내담자가 없애고 싶어 하는 습관적인 행동을 내담자가 적극적으로 의식하면서 연습함으로써 그 행동을 없애는 것이다. 이 원리는 한 가지 반응을 계속 되풀이하면 신체적 피로감 및 심리적 권태 등으로 그 반응이 나타날 수 있는 잠재력을 약화시켜서 결국 그 행동이 없어진다. 예를 들어, 말을 더듬는 사람은 더듬는 부분을 반복해서 더듬도록(반복적 시행이 벌과 같은 효과가 되도록) 함으로써 피로와 권태가 쌓여 더듬는 반응을 하지 않게 된다.

⑥ 홍수법(flooding)

홍수법은 실제 불안 자극에 집중적으로 오래 노출하는 것을 의미한다. 즉, 어떤 불안 감소 행동도 하지 않으면서 오랫동안 불안 자극에 노출된 채 그대로 있도록 하여 불안이 스스로 감소되도록 하는 상담기법이다. 예를 들어, 배를 타는 것을 무서워하는 사람이 있다고 했을 때, 상담자가 내담자를 배에 태우고 하루 종일 다녔더니 배에 대한 공포는 소멸되고 나중에는 오히려 배를 타는 것에 재미를 붙이는 경우가 해당된다. 이후에는 내담자가 배 타는 것에 대한 공포가 완전히 소멸되는데 이것을 홍수법이라고 한다.

홍수법은 실제 불안 자극에 집중적으로 오래 노출하는 것을 의미한다. 즉, 어떤 불안 감소 행동도 하지 않으면서 오랫동안 불안 자극에 노출된 채 그대로 있도록 하여 불안이 스스로 감소되도록 하는 상담기법이다.

⑦ 혐오기술(aversive techniques)

혐오기술은 일시적으로 만족을 주나 장기적으로 보면 바람직하지 못한 행동에 대하여 혐오자극을 제시함으로써 부적응 행동을 하지 않도록 하는 방법이다. 이러한 방법은 주로 알코올 중독, 약물 중독, 동성애, 의상도착증 등과 같이 개인적으로나 사회적으로 용납되기 어려운 이상행동을 치료하는 데 사용된다. 즉, 상담자는 내담자가 바람직하지 못한 행동을 하면 유해자극을 주기도 하고, 이와 같은 행동을 일으키는 단서와 유해자극을 연합시키는 것이다. 이러한 혐오자극으로는 전기 쇼크, 화학적 혐오자극(구토제), 시각 혐오자극(금연을 위하여 폐암에 걸린 폐의 사진), 내재적 과민성 제거(노출증의 남성은 경찰에 잡혀가거나 가족에게 비난받는 모습을 생생하게 상상하도록 함), 타임아웃(어떤 부적절한 행동을 했을 때 긍정적 강화를 받을 수 있는 기회를 '일시

혐오기술은 일시적으로 만족을 주나 장기적으로 보면 바람직하지 못한 행동에 대하여 혐오자극을 제시함으로써 부적응 행동을 하지 않도록 하는 방법이다.

적으로 박탈'해 버리는 것으로, 숙제를 안 했을 때 텔레비전 보는 시간을 줄임), 벌의 추가(부적절한 행동을 했을 때 즉시 그 부적절한 행동을 하기 전과 같은 환경 조건으로 원상회복하게 한 후 부적절한 행동에 대해 추가적인 벌은 받도록 하는 것으로, 휴지를 버리면 휴지를 줍도록 할 뿐만 아니라 오후에 교실 청소까지 시킴) 등이 있다.

⑧ 정적 강화(positive reinforcement)

정적 강화는 어떤 환경적 자극을 제공함으로써 바라는 행동을 증가시키는 것을 말한다. 예를 들어, 시키지도 않았는데 일찍 일어나 운동을 하고 있을 때 칭찬하는 방법 같은 것이다. 정적 강화를 일으키는 요인을 네 가지로 설명할 수 있다. 첫째, 증가시킬 행동의 선택을 구체적으로 설정한다. 둘째, 강화 자극을 선정한다. 셋째, 원하는 행동이 이루어졌을 경우 강화물을 즉시 제공한다. 넷째, 강화 받는 이유를 설명하면, 행동의 변화가 빨리 일어난다.

⑨ 토큰경제(token economy systems)

토큰경제는 강화원리를 이용하여 행동 변화를 위해 널리 사용되는 것으로, 긍정적 강화보다 더욱 강화가 잘될 수 있다고 볼 수 있다. 내담자가 바람직한 행동을 했을 때 토큰을 나누어 주어 나중에 청소면제 쿠폰, 학용품 교환 쿠폰, 별표 스티커, 음료수, 사탕 등 내담자가 원하는 물건을 사거나 권리와 바꿀 수 있도록 한다. 예를 들어, 교사들이 유치원에서 학생들이 바람직한 행동을 하면 칭찬 스티커나 쿠폰을 주는 방법은 토큰경제법을 적용한 것이다.

▎내담자가 바람직한 행동을 했을 때 토큰을 나누어 주어 나중에 청소면제 쿠폰, 학용품 교환 쿠폰, 별표 스티커, 음료수, 사탕 등 내담자가 원하는 물건을 사거나 권리와 바꿀 수 있도록 한다.

⑩ 조형(shaping)

조형은 복잡한 도달점 행동을 습득시키기 위하여 그 행동에 접근하는 근사한 모든 행동을 소단계로 나누어 각 소단계의 행동을 단계적으로 강화해 나가는 방법이다. 예를 들어, 하루 2시간 공부가 목표라면 단계별로, '집에서 시간을 보내게 한다. 공부방에서 시간을 보내게 한다. 책상 의자에 앉아서 시간을 보내게 한다. 책상 의자에 앉아 공부를 하게 한다.' 단계를 정해 달성했을 때 강화자극을 준다.

⑪ 시범(modeling)

시범은 다른 사람이 하는 시범을 봄으로써 자신도 시행착오 없이 그대로 해낼 수 있게 되는 것을 말한다. 따라서 시험의 효과는 첫째, 새로운 반응이나 기술 그리고 그것을 수행하는 방법을 획득한다. 둘째, 두려운 반응이 제거된다. 셋째, 반응을 촉진한다.

⑫ 역할연기(role playing)

역할연기는 일상생활 속에서 수행하지 못하거나 수행하기 곤란한 역할행동 때문에 이상행동을 하고 있는 내담자에게 현실적 장면이나 극적 장면을 통하여 역할행동을 시키고 그것을 연습시킴으로써 이상행동을 적응행동으로 바꾸는 기술이다. 연습의 차원도 있지만 상담자의 말이나 행동이 내담자에게 강화자극이 되어 변화가 가능하다. 이러한 역할연기의 과정은 다음과 같다.

역할연기는 일상생활 속에서 수행하지 못하거나 수행하기 곤란한 역할행동 때문에 이상행동을 하고 있는 내담자에게 현실적 장면이나 극적 장면을 통하여 역할행동을 시키고 그것을 연습시킴으로써 이상행동을 적응행동으로 바꾸는 기술이다.

첫째, 분위기를 조성한다.

둘째, 행동한다.

셋째, 피드백(feedback)을 받는다.

넷째, 일반화하는 과정이다.

⑬ 행동연습(behavior rehearsal)

행동연습은 내담자의 실제 생활에서 구체적인 행동이 어려운 장면에 대해 역할연기 등을 통해 반복해서 연습을 하는 것이다. 상담자가 바라는 행동수준에 이를 때까지 상담자는 시범이나 교육, 피드백을 통해 계속 반복하는 것이다. 행동과제를 내어 행동을 연습해 오도록 할 수도 있다.

⑭ 자기지시(self-instruction)

자기지시는 불안이나 기타 부적응 행동에 대해 불안을 줄이거나 적응행동을 할 수 있도록 자기 자신에게 지시하거나 본인 스스로 말하는 것이다. 즉, 정서적 안정을 위한 근육이완을 하도록 하는 지시, 비합리적 생각을 합리적 생각으로 바꾸도록 하는 지시, 구체적인 행동을 하도록 하는 지시 등이 있다.

⑮ 사고 중지(thought-stopping)

사고 중지는 스스로 통제할 수 없는 지속적 · 강박적 · 비생산적인 생각에 빠져서 그 밖의 다른 일에는 정신을 집중하기 어려운 내담자의 경우에 사용된다. 바람직하지 못한 줄 알면서도 완전히 떨쳐버리지 못하고 그 생각에 사로잡혀 고통을 받는 내담자에게 도움이 될 수 있다.

⑯ 행동계약(behavior contracts)

행동계약은 두 사람이나 또는 그 이상의 사람들이 정해진 기간 내에 각자가 할 행동을 분명하게 정해 놓은 후에 그 내용을 서로가 지키기로 계약하는 것이다. 효과적으로 계약을 맺기 위한 방법은 여섯 가지로 설명할 수 있다.

첫째, 계약된 보상은 즉시 주어져야 한다.

둘째, 행동계약 시 보상의 기회를 자주 가질 수 있도록 계약조건을 설정한다.

셋째, 약속되는 보상의 무게가 상호 비슷하도록 한다.

넷째, 계약 내용이 명확해야 한다.

다섯째, 계약은 개별적일 때 더욱 효과적이다.

여섯째, 내담자가 한 계약은 정해진 시간에 충분히 할 수 있는 것이어야 한다.

⑰ 자기지도(self-directed change)

자기지도는 행동주의적 접근에 인지적 측면이 강조된 또 다른 중요한 것으로는 자신의 행동을 스스로 지도해 가는 방법이다. 즉, 내담자가 스스로 자신의 행동수정 프로그램을 이끌어 가는 것을 의미한다. Watson과 Tharp(1997)는 자기지도의 4단계 모형을 제시하였다.

자기지도는 행동주의적 접근에 인지적 측면이 강조된 또 다른 중요한 것으로는 자신의 행동을 스스로 지도해 가는 방법이다. 즉, 내담자가 스스로 자신의 행동수정 프로그램을 이끌어 가는 것을 의미한다.

제1단계 : 목표의 선택으로 표적 행동을 정하는 것이다. 표적 행동은 측정이 가능하고 달성 가능해야 하며, 자신이 꼭 달성하고 싶은 것이어야 한다.

제2단계 : 선택한 목표를 목적 행동으로 만드는 단계로 어떤 행동을 증가시키거나 감소시키고 싶은지 자신에게 되묻는 단계이다.

제3단계 : 자기관찰 단계로 자신의 행동에 대한 일지를 작성하여 기록으로 남기는 것이다.

제4단계 : 변화를 위한 계획의 실천 단계로 실제적 변화를 가져올 행동 계획을 수립한 후 목표 행동이 익숙한 행동이 될 때까지 연습한다.

⑱ BASIC-ID

BASIC-ID는 행동, 감정, 감각, 심상, 인지, 대인관계, 약물 등의 일곱 가지 영역에서 내담자가 가지고 있는 문제를 설명하려고 하는 것으로,

다중양식치료는 일곱 가지 기본적인 특성 중에서 우선적으로 어떤 영역에 문제가 있는지를 파악하여 치료하는 방법을 찾아내게 된다.

Lazarus가 개발한 다중양식치료(Multimodal therapy)의 주요 개념이다. 다중양식치료는 일곱 가지 기본적인 특성 중에서 우선적으로 어떤 영역에 문제가 있는지를 파악하여 치료하는 방법을 찾아내게 된다. BASIC-ID의 일곱 가지 특성은 다음과 같다.

첫째, B(Behavior, 행동)는 얼마나 활동적인지의 정도이다.

둘째, A(Affect, 감정)는 정서적 반응의 깊이다.

셋째, S(Sensation, 감각)는 신체적 감각에 얼마나 집중하는지의 정도이다.

넷째, I(Image, 심상)는 어떠한 심상을 가지고 있는가와 시각 이미지를 사용하는 정도이다.

다섯째, C(Cognition, 인지)는 인지적 추론을 얼마나 하는지와 문제해결을 위해 인지적 전략을 많이 사용하는 정도이다.

여섯째, I(Interpersonal relationship, 대인관계)는 친밀한 관계를 추구하는 정도이다.

일곱째, D(Drug/biology, 약물)는 약물의 과다복용이나 폭음, 과식 등이 있는지와 자신의 신체를 잘 관리하는 정도이다.

⑲ 프리맥의 강화원리(Premack)

프리맥은 개인이 더 좋아하는 활동을 통해 덜 좋아하는 활동을 강화하는 것이다. 즉, 덜 좋아하는 활동을 하면 그다음에 좋아하는 활동을 할 수 있도록 해 준다. 예를 들어, 하교 후 숙제, 학습지, 학원을 갔다 오고 좋아하는 게임, 스마트폰 등을 사용하도록 하는 것이 강화이다.

4. 상담목표와 과정

1) 상담의 목표

학습의 새로운 조건을 창출하는 것이 일반적 목표이다. 잘못 학습되었다고 생각되는 행동을 소거하고 보다 효과적이고 바람직한 행동을 새로이 학습하도록 내담자를 도와주는 것이다. 잘못 학습된 행동에 대치되는 새로운 행동의 학습이 행동수정의 주축이 된다(Cormier, 1979; Stewart, Winborn, Johnson, Burks, Engelkes, 1978).

잘못 학습되었다고 생각되는 행동을 소거하고 보다 효과적이고 바람직한 행동을 새로이 학습하도록 내담자를 도와주는 것이다.

상담목표를 정하는 여섯 가지 방법은 다음과 같다.

① 상담자는 상담목표의 성질과 상담목표를 설정하는 취지를 내담자에게 설명한다.
② 상담자는 내담자가 달성하고 싶어 하고 또 달성이 가능한 목표를 생각해 낼 수 있도록 도와준다.
③ 내담자는 자신이 바라는 구체적인 목표를 결정한다.
④ 내담자가 정한 목표가 달성될 수 있는 목표인지 그리고 그 목표가 나중에 측정될 수 있는 것인지에 대해 함께 고려해 본다.
⑤ 내담자가 정한 목표에 대해서 얻은 여러 정보를 기초로 하여 상담자와 내담자는 상담을 계속할 것인지 그렇지 않으면 상담목표를 다시 정할 것인지에 대해 결정을 내린다.
⑥ 상담을 계속하기로 한 결정을 하였을 경우에는 최종목표를 보다 구체적인 목표로 나누어 적절한 순서를 정한다.

내담자가 정한 목표에 대해서 얻은 여러 정보를 기초로 하여 상담자와 내담자는 상담을 계속할 것인지 그렇지 않으면 상담목표를 다시 정할 것인지에 대해 결정을 내린다.

행동주의적 접근에서는 상담목표의 설정이 대단히 중요하다. 왜냐하면 상담목표에 따라 상담의 과정과 구체적 기술이 아주 다를 수 있기 때문이다.

따라서 구체적인 행동목표를 강조하고 행동동사로 진술하여야 한다. 이는 상담목표의 달성 여부를 객관적으로 확인하기 위함이다. 뿐만 아니라 상담목표가 각각의 내담자에 따라 각기 다르게 진술되어야 한다.

2) 상담자의 역할

행동주의 상담에서 상담자의 역할은 크게 두 가지로 나눌 수 있다.

구체적인 것에 초점을 맞추어 체계적인 지침에 따라 노력하여 목표달성을 평가하는 것이다.

첫째, 문제 증상에 대한 정보를 얻는 것이다. 문제의 원인을 파악하는 것이 아니라 구체적인 것에 초점을 맞추어 체계적인 지침에 따라 노력하여 목표달성을 평가하는 것이다. 둘째, 내담자에게 본보기가 되는 것이다. 상담자의 주기능은 모델로서의 역할로 내담자가 상담자의 행동을 모방함으로써 학습하도록 하는 것이다(김청자, 정진선, 2009).

3) 상담의 과정

① 상담관계를 형성한다.

② 문제행동의 규명은 구체적인 행동으로 나타낼 수 있도록 도와주어야 한다.

③ 현재의 상태를 파악한다.

④ 상담목표의 설정은 구체적인 행동, 바라는 행동수준, 행동이 일어날 조건을 진술한다.

⑤ 상담기술은 내담자의 현재 상태와 상담목표 설정에서 얻은 정보를 중심으로 선정한다. 그리고 상담자는 내담자의 행동을 추정하고 싶은 구체적인 환경에서 내담자의 행동 추정에 도움을 줄 수 있는 기술을 사용해야 한다.

⑥ 상담결과 평가는 행동주의 상담이 얼마나 효율성이 있는지, 상담기

술이 얼마나 효과가 있는지 평가한다. 즉, 평가 결과에 따라서 상담 과정에 적용되는 기술을 바꿀 수 있다.

⑦ 상담 종결은 최종목표 행동에 대한 최종 평가 후에 결정된다.

상담목표의 준거는 세 가지로 분류된다. 첫째, 내담자가 바라는 목표이어야 한다(상담자는 내담자와 협력하여 목표를 정함). 둘째, 내담자의 상담목표는 상담자가 도와주고 싶은 것이어야 한다. 셋째, 상담목표의 달성 정도가 측정될 수 있는 것이어야 한다.

5. 평가

1) 공헌점

첫째, 주로 실험실을 중심으로 하여 얻어진 학습 원리를 인간의 행동수정에 적용한 행동주의적 접근은 인간의 구체적인 행동에 중점을 둔다. 최근에 들어서는 이 접근에 인지적인 면이 강조되어 자기조종, 자기통제, 자기지도, 자기지시 등의 용어가 많이 사용되면서, 인간 스스로가 자신의 행동을 바꿀 수 있음이 강조되고 있다.

둘째, 행동주의 상담에서는 겉으로 드러나는 구체적인 행동을 소거시키거나 새로운 행동을 획득하도록 상담목표를 정한다. 그래서 상담의 목표가 달성되었는지의 여부를 분명히 알 수 있을 뿐만 아니라, 어떤 행동이 소거되고 획득되었는지도 객관적으로 분명히 알 수 있기 때문에, 객관적인 평가가 가능하다. 객관적인 평가를 가능하게 함으로써 상담은 과학으로 발전할 수 있게 된 것이다.

행동주의 상담에서는 겉으로 드러나는 구체적인 행동을 소거시키거나 새로운 행동을 획득하도록 상담목표를 정한다.

셋째, 상담에 있어 내담자와 상담자의 합의에 따라 개개인에게 맞는 구체적인 상담기술을 다양하게 적용할 수 있게 했다는 점이다. 행동하는 것을 강조하기 때문에, 내담자의 행동을 바꾸는 데 도움을 주는 많은 행동적 기법 또는 전략을 가지고 있다.

넷째, 사회체계에 대한 이해를 할 수 있다.

① 가족과 집단 : 행동주의 상담은 개인의 행동에 영향을 미치는 가족조건을 수정할 수 있는 많은 도구들을 제시하고 있다. 행동수정 또는 행동치료에서는 가족 구성원 간의 강화와 벌의 유형 그리고 이러한 유형을 변화시킬 수 있는 수단을 탐색한다. 집단상황에서 행동주의 이론의 변화원리를 어떻게 활용할 것인지에 대해서도 많은 연구가 이루어졌다. 행동주의 집단에서 구성원들은 부족하거나 강화하고 싶은 구체적 기술들을 확인한다. 표현해 주기 훈련과 사회기술 훈련은 집단형식에 잘 맞는다(Wilson, 2008).

② 지역사회와 조직 : 지역사회나 조직과 같은 복잡한 사회체계에서도 행동주의이론이 활용되고 있다. 프로그램에서 활용하는데 실행자가 앞으로 부딪치게 될 강화물이나 처벌을 통제할 수 있는 능력에 따라 프로그램의 효과성이 달라지기 때문이다. 사회학습 프로그램에서는 치료적 환경을 고려한 접근방법을 개발하게 되었는데 내담자들이 바람직한 행동을 했을 때 토큰으로 보상을 받고, 이러한 토큰을 물건, 특권 또는 과외시간 등으로 교환할 수 있는 토큰경제(token economy) 프로그램이 있을 수 있다. 이 프로그램은 정신병원, 학교, 교도소 그리고 보호 작업장 등에서 널리 사용되고 있다.

2) 한계점

행동주의 상담에 있어 중요한 것으로 여겨지는 상담자와 내담자와의 관계를 경시하고 기술을 지나치게 강조한다.

첫째, 행동주의 상담에 있어 중요한 것으로 여겨지는 상담자와 내담자와의 관계를 경시하고 기술을 지나치게 강조한다.

둘째, 내담자가 가진 어떤 문제가 행동주의 상담에 의해 일시적으로 사라진다고 해도, 이 접근은 문제를 근원적으로 해결할 수 없기 때문에, 일시적으로 사라진 행동은 곧 다른 형태로 나타난다. 즉, 문제의 근원보다는 일시적 해결에 초점을 맞춘다.

셋째, 행동주의 상담은 행동의 변화는 있을지 모르나 느낌의 변화는 없다.

넷째, 행동주의 상담은 통찰이 없다.

다섯째, 행동주의 상담에서는 내담자가 가지고 있는 현재 문제의 역사적 원인을 경시한다. 문제행동의 강화자극을 제거할 수 있도록 환경을 변화시키거나 대치될 수 있는 새로운 행동을 학습시키는 것이 필요하다.

여섯째, 행동주의 상담이 구체적인 문제행동을 수정하는 데에 효과적일지 모르나 자아실현적인 측면에서는 아주 부적합하다.

일곱째, 행동주의 상담은 그 기본이 되는 원리를 학습이론에 두고 있는데, 이들 학습이론이 실험실에서 동물을 대상으로 한 연구에서 나왔기 때문에, 실험실 밖의 일상생활에서나 동물이 아닌 인간에게는 적절하지 않을 수 있으며, 특히 인간을 동물과 같이 취급하는 데 대해 비판한다.

6. 요약

- 행동주의 상담에서 인간에 대한 관점은 인간을 단지 사회문화의 산물이라는 결정론적 관점을 벗어나서 자기 자신의 환경을 산출하는 주체자로 본다. 따라서 인간은 본질적으로 그들의 사회문화적 환경에 의해서 형성되고 결정된다고 하고, 인간의 모든 행동은 학습된 것으로 본다.
  내담자들은 이전의 부적응적인 행동을 새롭고 적응적인 행동들로 교체해 나가는 것을 배우는 것이다. 이처럼 행동주의자들의 인간관은 시대의 변화에 따라 많이 달라졌다. 초기에는 주로 환경에 반응하는 수동적인 것으로 인간을 본 반면, 최근에는 인간의 능동적인 면도 인정하고 있다.

- 행동주의적 학자들은 성격보다는 행동을 문제 삼으며, 행동의 변화를 성격의 구조에 의해서라기보다도 유전적 기초 위에 자극, 반응, 반응의 결과, 그리고 인지구조의 상호 관계에 의해 설명하고 있다.
- 정적 강화는 보상이 조작행동을 증가시키는 것을 말하며, 부적 강화는 혐오적 자극을 제거하거나 철회함으로써 반응확률이 증가하는 것을 말한다.
- 정적 처벌은 반응 후에 혐오적 자극이 제시되는 것이며, 부적 처벌은 반응 후에 매력적인 자극이 제거되는 것을 말한다.
- 강화계획이란 강화자극을 얼마나 많이, 자주, 언제 사용하는가의 문제를 계획하는 것을 말한다. 강화계획은 세부적으로는 아주 다양하지만 크게 고정비율(fixed ratio : FR), 변동비율(variable ratio : VR), 고정간격(fixed interval : FI), 변동간격(variable interval : VI) 네 가지로 구분할 수 있다.
- Bandura의 사회학습이론은 사회적 환경 속에서 모방을 통하여 많은 것을 학습함을 강조하였으며, 다른 사람이 하는 것을 보고 강화가 된다고 하였다. 즉, 한 모델이 어떤 행동에 대해 강화를 받는 것을 보는 것이 관찰자에게도 강화로 작용한다.
- 상담의 목표는 학습의 새로운 조건을 창출하는 것으로 잘못 학습되었다고 생각되는 행동을 소거하고 보다 효과적이고 바람직한 행동을 새로이 학습하도록 내담자를 도와주는 것이다.
- 행동주의 상담의 기법으로는 주장훈련, 이완훈련, 체계적 둔감법, 감동적 구상법, 부적 연습, 홍수법, 혐오기술, 정적 강화, 토큰경제, 조

형, 시범, 역할연기, 자기지시, 사고 중지, 행동계약, 자기지도, BASIC-ID 등이 있다.

7. 상담사례

상담자 지난주에 당신은 상담을 마칠 준비를 해야겠다고 말했지요.

내담자 그래요. 더욱더 그렇게 느끼고 있지요. 그리고 선생님이 가르쳐 준 방법들을 문제가 있을 때마다 선생님에게 의지하는 걸 원하지 않습니다.

상담자 나는 당신이 놀랄 만한 변화를 했다는 데 동의하고 여러 치료법들을 잘 활용했다고 생각해요. 문제를 제기하고, 여기서 익혔던 기술들을 철저하게 시험해 보고, 꽤 불편한 것에 대해서도 이야기하고…

내담자 선생님이 그리워질 거예요.

상담자 나도 고맙게 생각하고 있어요. 당신이 잘 해내고 있는지 그리고 의논했으면 하는 것이 있는지 알 수 있게 몇 번의 추후 면담을 가졌으면 해요. 보통의 내담자들은 이러한 추후 과정이 매우 유용하다고 하더군요. 그렇지만 내가 추후 면담을 계획하는 것이 이기적인 이유 때문이라는 것은 인정해야겠군요. 당신에게 무슨 일이 일어나는지 보고 싶거든요.

내담자 좋은 생각이에요. 언제 다시 만날까요?

상담자 지금부터 한 달 후에 첫 번째 추후 면담을 갖도록 하지요. 만약 모든 일이 잘 되어 간다면 다음 3개월 후에 보게 될 거예요. 그리고 그다음은 6개월 이후가 될 것입니다.

내담자 좋아요.

상담자 오늘 남은 시간 동안 당신이 치료에 관해 생각하고 있던 것, 그리고 가장 도움이 되었던 방법, 그리고 긍정적인 변화를 계속 유지하도록 하는 데 가장 중요하게 생각하는 것에 대해서 이야기를 해보면 좋겠군요.

내담자 음, 이것은 내가 기대했던 것과는 매우 다른 방법이었어요. 내가 전에 이야기했던 것처럼 나는 소파에 누워 많은 이야기를 하고 선생님은 별로 얘기하지 않을 것이라고 생각했어요. 처음 선생님을 보고 깜짝 놀랐어요. 여자였기 때문이 아니라 아주 어려 보였거든요. 그러나 나는 선생님의 일하는 방식이 좋았어요. 모든 것은 나에게 많은 느낌을 가졌다가 선생님이 나를 존경하는 것처럼 느껴졌어요. 내가 하고 싶은 말은 당황스러웠다는 거예요. 난 항상 그렇잖아요. 아니… 항상 그랬었죠.

상담자 나는 그것들이 과거의 일이길 바랍니다.

내담자 음, 완전하지는 않지만, 많이 나아졌어요.

상담자 우리가 했던 접근방법을 당신이 좋아한다는 이야기처럼 들리네요. 그 중에서 어느 것이 당신에게 가장 중요합니까?

내담자 나는 역할연기를 매우 좋아했어요. 내가 불안해질 때마다 이젠 내 마음속에 선생님을 그려 볼 수 있게 됐어요. 이 문제를 어떻게 다루어야 할까? 저 자신에게 물어봐요. 그리고 내가 역할연기를 하고 있는 것을 상상하게 되죠. 그것은 도움이 돼요. 이젠 이완기법을 그렇게 많이 사용하지는 않아요. 그러나 이완하는 방법을 아는 것은 매우 좋다고 생각해요. 난 걷는 것을 좋아해요. 걷는 것은 나에게 많은 에너지를 주고 더 좋은 하루를 시작하게 하죠. 또한 인지적 왜곡 목록이 도움이 된다고 생각해요. 비록 그것을 사용해서 내가 자신에게 무엇을 하고 있는지 볼 때 조금은 바보스럽게 느껴집니다.

상담자 인지적 재구성이나 역할연기 같은 특별한 기법들이 도움이 되었고, 여전히 그것을 사용하고 있다는 말씀이군요. 적어도 상상 속에서 말이에요. 하지만 다른 방법들은 지금 그다지 중요하게 생각되지 않는다는 말이죠…

내담자 맞아요.

상담자 자기 기록법이 도움이 되었나요?

내담자 현재로서는 그렇게 큰 도움은 안 되지만 시작할 때 잘못된 것을 알아내는 데 도움이 되었다고 확신해요.

상담자 정말 그건 우리가 문제를 찾아내는 데 도움이 된 것 같네요. 다른 건 없나요?

내담자 별로 없어요. 하지만 선생님은 정말 내게 큰 도움을 줬어요. 나는 지금 나 자신에 대해 전반적으로 훨씬 좋게 느끼거든요. 사물에 대해 더 확신이 생겼구요. 어떤 불행한 일에 대해서도 더 이상 생각하지 않습니다.

상담자 그것은 당신이 나아졌다는 다른 증거로 보이는군요. 자, 이제 질문지에 대한 당신의 최종 답변을 보고, 당신이 말하는 게 무언지 알아보도록 하죠.

내담자는 네 가지 질문지를 내게 넘겨주었고, 나는 점수를 매겼다. 침체 목록에서 그의 점수는 2점까지 내려갔다. 부정적 평가에 대한 공포에서 그는 평균 점수에 해당하는 15점을 받았다. 사회적 도피와 불안척도(SAD)에서 그의 점수는 14점이었다. 여전히 평균보다는 많이 향상되었다. 갬브릴-리치 주장 검사(Gambrill and Richey Assertiveness Inventory)에서 그는 대부분의 상황에서 불안정 점수가 낮았으나, 몇 개의 환경에서는 여전히 주장적이 아닐 것 같다고 묘사하였다. 종합적으로는 그의 사회적 상황에서 몇 가지 불안정과 어려움을 느끼지만 많이 나아졌다는 것을 질문지를 통해 알 수 있다.

상담자　당신 자신에 대해 불안하고 불확실한 점이 여전히 있긴 하지만, 이 질문지로 봐서는 아주 나아진 것처럼 보이는군요.

내담자　질문지를 끝냈을 때 나도 그렇게 생각했습니다.

상담자　오늘 하고 싶은 것이 한 가지 더 있어요. 자, 만약 당신의 옛 문제들이 재발한다면, 그에 대한 경고 표시 목록을 만들 수 있는지 생각해 봅시다. 좋지 않은 징조로 어떤 구체적인 사건을 생각할 수 있겠습니까?

내담자　다시 직장에 지각한다면 그것은 좋지 않은 징조가 되겠지요. 그리고 보이스 클럽 봉사를 그만둔다면 그것 또한 그렇구요.

상담자　(기록하면서) 다른 것은 없나요?

내담자　잘 모르겠어요.

상담자　만약 부정적 생각을 다시 많이 하게 되면 어떨까요?

내담자　그것도 확실히 나쁜 징조일 거예요.

상담자　좋아요. 그러면 내가 목록을 만들겠어요. 직장에서의 행동 '혼자 식사하거나 일을 할당하지 않고 해 버리는'은 어떨까요?

내담자　내 생각에 그것들도 좋은 징조는 아닐 것 같네요. 그것들도 적으세요.

상담자　좋아요. 산책하는 것은 어떨까요? 적어 넣을 만큼 중요한 것일까요?

내담자 그래요. 많이 생각하는 것은 아니지만, 산책하지 않는 것을 상상할 순 없어요.

상담자 좋아요. 이제 충분한 목록이 완성됐을까요?

내담자 그런 것 같은데요.

상담자 (목록을 주면서) 이것을 경고 표시로 생각하세요. 만약 이런 일들이 다시 시작된다면 곧장 행동을 취해야 해요.

내담자 무슨 뜻이죠?

상담자 그것에 대해 얘기해 봅시다. 당신이 취해야 할 즉각적 행동은 먼저 이런 일이 일어나고 있다는 것을 알아채는 것입니다. 그러고 나서 스스로에게 그 이유를 물어봐야 합니다. 상담 때 배웠던 방법들을 기억하고 어떤 것이 도움이 될지 찾아야겠죠. 자, 연습을 한번 해볼까요? 지금 당신은 보이스 클럽 봉사 시간을 줄이고 있다고 해 봅시다.

내담자 오, 나는 그것을 상상할 수조차 없어요.

상담자 정말 그 일을 좋아하는군요. 하지만 몇 분 동안만 가정해 보는 겁니다.

내담자 좋아요.

상담자 자, 봉사 시간을 줄이는 이유는 뭘까요?

내담자 아마도 나는 그곳의 다른 사람들이 나를 싫어한다고 생각할 겁니다. 아시다시피 전에 늘 상상하던 대참사 같은 것 말이에요.

상담자 좋아요. 어떻게 그런 종류의 생각을 다룰 수 있겠습니까?

내담자 나는 그것이 사실인지 아닌지 혹은 내가 왜곡된 사고를 다시 하고 있는 것은 아닌지 설명해 볼 겁니다.

상담자 좋은 전략처럼 들리는군요. 하지만, 그것이 효과가 없다면 어떻게 할까요?

내담자 선생님을 찾아와도 될까요?

상담자 물론이죠. 그건 상상 가능합니다. 그것 외에 다른 것은 없을까요.

내담자 잘 모르겠네요.

상담자 당신이 마음 읽기를 하고 있는지 다른 사람에게 물어보는 것은 어떨까요?

내담자 그건 나로서 하기 어려운 일일 겁니다. 희망일 뿐이죠.

상담자 가장 중요한 것은 문제가 진행되도록 그냥 놔두지 않고 그에 맞는 방법을 쓰는 것입니다. 당신은 그것들을 해결하기 위해 여러 가지 방법을 시도할 수 있습니다.

내담자 상담(치료)과 같은 것 말이죠.

내담자 (다시 불안해하면서) 저, 날 도와주셔서 정말 감사합니다. 저… 조그만 선물을 하나 준비했는데… 절대 큰 건 아닙니다. 그냥 감사를 표시하고 싶어서요.

내담자는 작은 장미 모양의 귀걸이 한 쌍을 건네주었다. 그것은 나의 취향이나 스타일에 꼭 맞는 아주 매력적인 것이었다. 그 선물은 아주 사려 깊은 것이었고 나를 정말로 감동시켰다. 그가 나에게 직접적으로 감사를 표시할 수 있다는 것은 상담 효과를 나타내는 또 하나의 지표이다.

상담자 정말 아름다운 귀걸이예요. 너무 고마워요. 나도 당신과의 시간이 정말로 즐거웠어요.

우리는 한 달 내에 첫 번째 추후 면담을 약속하고 작별 인사를 나누었다.

출처: 이혜성 역(2002). 다섯 명의 치료자와 한 명의 내담자. 서울: 이화여자대학교출판부.

연습문제

상담의 효율성을 높이기 위한 행동주의 상담의 연습문제

① 행동주의 초기 인간관과 최근 인간관을 비교하여 설명하시오.

② 행동주의 상담에서 Pavlov의 고전적 학습이론과 Skinner의 조작적 학습이론을 비교하여 설명하시오.

③ 행동주의 상담에서 Bandura의 사회학습이론에 대하여 설명하시오.

11 Chapter

인간중심 상담

인본주의적 분석이론

1. Rogers

인간중심 상담이론은 Carl Rogers(1902~1987)에 의해 체계화되었다. 그는 미국 일리노이주의 오크 파크에서 5남 1녀 중 넷째로 태어났으며, 그의 부모는 청교도 신자로 종교적 · 윤리적으로 엄격했다.

1927년 Rogers가 연구를 시작할 당시, 체계화되어 발표된 이론은 정신분석만이 있었고, Rogers는 Freud의 이론에 대한 주요 대안이론을 처음으로 제시하였다. 이 이론에서는 Freud와 달리 한 인간을 결정론적인 입장에서가 아니라 자유로운 존재로 본다. 즉, 인간은 사회적이고 미래지향적인 존재이며, 자아실현의 의지와 더불어 선한 마음을 갖고 태어난다고 본다.

https://www.iworldtoday.com/news/articleView.html?idxno=403448

그는 1939년 『문제아동의 치료(The Clinical Treatment Of The Problem Child)』 저서를 발간하고 1940년 오하이오 주립대학교 임상교수로 있을 때 비지시적 상담이론을 발전시켰다. 그래서 1940년 비지시적 단계가 처음 적용된 해로 1950년까지 감정의 반영과 비지시적 기법을 사용하였다. 다시 1945년 시카고 대학으로 이직한 후, 내담자의 중심치료(Client Centered Therapy)를 통해 비지시적 상담을 내담자 중심으로 수정하였다. 그래서 1945년~57년까지 내담자 중심 치료단계로 불렀고, 이 시기에 도움을 청하는 사람은 의존적 환자가 아니라 책임있는 내담자로 취급해야 한다고 주장했다. 또한 1957년부터 1975년까지는 경험적 단계로 불렀고 상담자의 유기체적 경험을 내담자의 경우와 마찬가지로 자신의 행동을 이끄는 중요한 준거가 되었다. 마지막으로 1975년부터 인간중심 단계로 전환된 시기가 정확하지는 않지만 Rogers 개인이 가지고 있던 교육, 산업, 사회와 같이 보다 넓은 측면으로 초점이 바뀌었다.

인간은 본래 부적응 상태를 극복하고 건강한 정신 상태를 되찾을 수 있는 능력을 가지고 있다고 믿기 때문에 상담 진행의 책임을 내담자에게 맡긴다. 그래서 상담자는 상담과정에서 최선의 해결책을 모두 다 알고 있는 권위적 존재로 상담에 임하지는 않는다.

인간은 본래 부적응 상태를 극복하고 건강한 정신 상태를 되찾을 수 있는 능력을 가지고 있다고 믿기 때문에 상담 진행의 책임을 내담자에게 맡긴다. 그래서 상담자는 상담과정에서 최선의 해결책을 모두 다 알고 있는 권위적 존재로 상담에 임하지는 않는다(이현림, 2008). 따라서 Rogers는 내담자의 성장을 촉진하는 존경과 신뢰로운 분위기만 갖추어지면, 내담자는 건설적인 방향으로 발전할 수 있는 능력이 있다고 믿는다. 또한 그는 상담심리사로의 경험을 통해 인간의 마음속 깊이 들어갈 수만 있다면 신뢰할 수 있고 긍정적인 본성을 찾을 수 있는 존재로 본다(Rogers, 1987). 이 상담기법은 이전에 소개되었던 비지시적 상담(non-directive therapy)으로 불리었다가, 내담자 중심 상담기법(client centered therapy)이라는 표현을 사용하게 되었다.

Rogers의 상담이론은 상담 장면뿐만 아니라, 생활지도, 종교, 학교교육, 조직개발, 산업경영 등 광범위한 범위로 확대 · 적용되면서 1970년대에 인간중심 상담이론으로 불렸다. 인간중심 상담이론에서는 공감적 이해, 무조건적 긍정적 배려(관심), 진솔성을 효과적인 상담방법으로 보았다.

2. 인간관

Rogers는 인간에 대해 성선설을 주장하였고 미래지향적인 특성이 있고 자기실현의 경향성을 지니고 있다고 보았다. 자기실현화 경향성이란 환경에 의해 야기된 어려움은 무엇이든지 간에 그 유전적 청사진을 충족시키고자 하는 생물학적 압력이며 유기체를 유지하거나 고양시키는 방식으로 발달해 가려는 유기체의 생물학적 경향성을 뜻한다(박경애, 2007). 이처럼 인간은 선천적으로 타고난 성장 가능성이 있으며, 이를 실현해 나가는 과정에서 자신의 욕구 감소, 긴장 완화, 추동 감소 및 긴장 추구, 창의적으로 되려는 욕구, 학습하려는 경향 등 포괄적인 경향성을 지니고 있다.

자기실현화 경향성이란 환경에 의해 야기된 어려움은 무엇이든지 간에 그 유전적 청사진을 충족시키고자 하는 생물학적 압력이며 유기체를 유지하거나 고양시키는 방식으로 발달해 가려는 유기체의 생물학적 경향성을 뜻한다.

Rogers는 인간의 기본적 동기로서 실현화 경향성을 가정하였으며, 성격을 변화시키고 향상시킬 잠재적 능력이 개인 안에 있다고 제안하였다. 그는 유기체의 지혜를 강조하였으며, 모든 인간에게는 인간적 성숙과 자아실현의 욕구가 선천적으로 내재되어 있다고 보았다. Rogers는 인간이 사회적이고 미래지향적인 존재이며, 자기실현의 의지와 아울러 선한 마음을 갖고 태어난다고 보았다. 인간은 본래 부적응 상태를 극복하고 정신적 건강 상태를 되찾을 수 있는 능력을 갖고 있다고 믿기 때문에, 인간 중심 치료의 상담자는 치료의 진행에 대한 책임을 내담자에게 맡긴다. 상담자는 상담과정에서 최선의 해결책을 다 알고 있는 권위적 존재가 아니며, 내담자 역시 상담자의 지시에 따르는 수동적 존재가 아닌 것으로 보았다(이장호, 1989). 즉, 인간은 타고난 자기실현화 경향성을 발휘하기 위하여 항상 노력하고 도전하여 어려움을 극복하면서 진정한 한 사람으로 성숙해 나아가는 것이다.

인간은 타고난 자기실현화 경향성을 발휘하기 위하여 항상 노력하고 도전하여 어려움을 극복하면서 진정한 한 사람으로 성숙해 나아가는 것이다.

3. 주요 개념 및 기법

1) 주요 개념

Rogers의 성격이론은 개인의 독특한, 주관적인 경험을 강조하였다.

Rogers의 성격이론은 개인의 독특한, 주관적인 경험을 강조하였다. 그는 삶 속에서 사건들을 보고 해석하는 방식이 행동에 결정적인 영향을 준다고 하였다. Rogers에 따르면, 각 개인은 주관적 세계에서 생활하며, 이른바 과학자가 말하는 객관적 세계조차도 주관적인 지각, 목적 및 선택 등의 산물이다. 어느 누구도 다른 사람들의 내적 참조틀을 완전히 가정할 수 없기 때문에, 개인 자신이 그의 실체가 무엇인지에 대한 가장 큰 자각의 잠재력을 지닌다. 다시 말해서 개인은 자신에 대한 세계 최고의 전문가이며 자신에 대한 최상의 정보를 지니고 있다. Rogers에게 있어 "행동은 지각되는 장에서 경험하는 유기체의 욕구를 만족시키려는 유기체의 전형적이고 목표 지향적인 시도"이다(Rogers, 1951; 노안영, 강영신, 2004).

아이는 태어날 때 온전한 유기체였으나, 성장과정에서 중요한 대상으로부터 기대되는 가치관을 갖게 된다. 본래 온전한 유기체의 가치관과 기대되는 가치관 사이에서 아이는 조건화된 가치관을 가지고 성장한다. 이때 유기체의 가치관과 조건화된 가치관 사이의 갈등이 심리적인 문제를 일으킨다.

인간은 자기실현화 경향성을 가지고 있기 때문에 더 나아지기 위하여 노력한다(George, Christiani, 1995).

(1) 유기체

개체는 각 요소가 조합된 하나의 유기체(organism)이다. 인간 각 개인의 사상, 행동 및 신체적 존재 모두를 포함하는 전체로서 유기체를 인간으로 보고 있다. Rogers는 개인은 태어나면서부터 자신만의 독특한 개성과 무한한 잠재적 능력 그리고 지혜를 가지고 있다고 하였다. 이러한 것을 유기체의 내재적 지혜라고 하는데 이는 유기체의 가치화 과정이라고도 칭해지며 내재적 지혜 속에는 개인의 개성이나 잠재력이 포함된다. 그러므로 사물을 판단함에 있어서 의식적인 판단보다는 감정이나 경험적인 판단을 더 중요시한다(한재희, 2008).

Rogers는 개인은 태어나면서부터 자신만의 독특한 개성과 무한한 잠재적 능력 그리고 지혜를 가지고 있다고 하였다.

유기체가 경험하는 모든 것을 현상학적 장이라고 하며, 이는 주관적인 경험의 세계이다.

(2) 자기

Rogers는 자기(self)를 두 가지 기본 측면에서 구분하였다. 첫째, 실제적 자기(actual self : 때때로 현실적 자기라고도 부름)는 사람들이 자기 자신을 실제로 바라보는 방식을 일컫는다. 둘째, 이상적 자기(ideal self)는 사람들이 자기 자신을 어떻게 보고 싶어 하는가를 일컫는다(조현춘, 조현재, 2003). 자기는 개인의 전체적인 현상학적 장으로부터 분화된 부분이라고 할 수 있다.

(3) 자기실현화 경향성

Rogers의 자기실현화 경향성(actualizing tendency)은 유기체를 유지하고 증진시키려는 방향으로 모든 능력을 발달시키는 유기체의 선천적 경향성에 따라 형성된다(Rogers, 1959; 조현춘, 조현재, 2003).

(4) 가치의 조건화

Rogers는 가치는 경험에 의해 형성된다고 하였다. 이는 부모의 태도에 영향을 받는데, 부모로부터 칭찬을 받고 수용되기 위해서는 유기체가 자신의 실현화 가능성과 대립하여 가치의 조건화(conditions of worth)를 형성하게 된다. 다시 말해, 부모 양육태도에 따라서 유기체는 자신의 경험으로부터 분리되기도 한다. 자신의 경험으로부터 분리되어 형성된 가치는 경험을 왜곡하고 부정하게 된다. 그 결과 유기체는 경험에 대해 더욱 폐쇄적이 되고, 자아실현이 어려워지며 정서적 불안이 유발될 수 있다.

자신의 경험으로부터 분리되어 형성된 가치는 경험을 왜곡하고 부정하게 된다.

(5) 성격에 대한 명제

Rogers가 저술한 『내담자중심상담(Client-centered Therapy, 1951)』에서 성격이론에 대한 19가지 명제를 기술하였다(노안영, 강영신, 2004).

- 명제 1 : 모든 개인은 자신이 중심인 계속적으로 변화하는 경험의 세계 내에 존재한다.
- 명제 2 : 유기체는 경험되고 지각되는 장에 반응한다. 경험하는 유기체로서 개인에게 이러한 지각된 장은 '현실'이다.
- 명제 3 : 유기체는 이러한 현상적 장에 조직화된 전체로서 반응한다.
- 명제 4 : 유기체는 하나의 기본적 경향성과 추구를 가지고 있는데, 그것은 경험하는 유기체를 실현하고, 유지하고, 향상시키는 것이다.
- 명제 5 : 행동은 기본적으로 유기체가 경험된 것으로서, 즉 지각된 장

내에서 자신의 욕구를 충족시키려는 목표 지향적 시도이다.

- 명제 6 : 유기체의 유지와 향상을 위해 정서는 목표 지향적 행동, 행동의 추구적 대 완성적 측면에 관련된 정서의 종류, 그리고 행동의 지각된 의미에 관련된 정서의 강도를 수반하고 일반적으로 촉진한다.
- 명제 7 : 행동을 이해하기 위한 가장 훌륭한 관점은 개인 그 자신의 내적 참조들부터이다.
- 명제 8 : 전체적인 지각된 장의 일부는 점차적으로 자아로 변별된다.
- 명제 9 : 환경과의 상호작용의 결과로, 타인과의 평가적 상호작용의 결과로, 자아의 구조가 형성된다. 이러한 자아는 '나'에 대한 개념에 결부된 가치와 함께, '나' 혹은 '나를'에 대한 특성 및 관계의 조직화되고 유연하지만 일관된 지각의 개념적 패턴이다.
- 명제 10 : 경험에 결부된 가치 그리고 자아구조의 일부가 된 가치는, 어떤 경우에는 유기체가 직접 경험한 가치이고, 다른 경우에는 내사된 혹은 타인에게서 취해진 가치로, 마치 그러한 가치가 직접 경험되었던 것처럼, 그러나 왜곡된 방식으로 지각된 가치이다.
- 명제 11 : 한 개인의 삶에 경험이 일어날 때, 첫째, 자아에 대한 어떤 관계로 상징화되고, 지각되고, 조직화되고, 둘째, 자아구조에 대한 지각된 경험이 아닐 경우에는 무시되며, 셋째, 그러한 경험이 자아의 구조와 일관되지 않을 때는 상징화가 부인되거나 왜곡된다.
- 명제 12 : 유기체가 채택하는 대부분의 행동방식은 자아개념과 일관된다.
- 명제 13 : 어떤 경우에 행동은 상징화되지 않았던 유기체적 경험과 욕구에 의해 야기될 수 있다. 그러한 경우에 행동은 자아구조와 일관되지 않을 수 있지만, 그 행동은 그 개인만의 고유한 행동이라고 볼 수 없다.
- 명제 14 : 심리적 부적응은 유기체가 의미 있는 감각과 감정적 경험을

자각하는 것을 부정할 때, 결과적으로 그러한 경험이 자아구조의 형태주의로 상징화되고 조직화되지 않을 때 나타나게 된다. 이러한 상황이 있게 될 때, 기본적 혹은 잠재적인 심리적 긴장이 나타난다.

- 명제 15 : 심리적 적응은 유기체의 모든 감각적 및 감정적 경험이 자아개념과 일관된 관계로 상징적 수준에 있거나 동화될 때 나타난다.
- 명제 16 : 자아의 조직 혹은 구조와 일관되지 않는 어떤 경험은 위협으로 지각될 수 있으며, 이러한 지각이 많을수록 자아구조는 스스로를 유지하는 데 더욱 경직되게 조직화된다.
- 명제 17 : 일차적으로 자아구조에 어떤 위협도 없는 조건하에서, 자아와 일관되지 않는 경험이 지각되고 탐색될 수 있다. 그리고 자아구조는 그러한 경험을 동화해서 포함시키기 위해 수정된다.
- 명제 18 : 개인이 하나의 일관되고 통합된 체계 내로 자신의 감각적 및 감정적 경험을 지각하고 수용할 때, 그는 필연적으로 타인을 보다 잘 이해하고 타인을 분리된 개인으로서 더욱 수용하게 된다.
- 명제 19 : 개인이 자신의 자아구조 내로 자신의 신체적 경험을 많이 지각하고 수용할 때, 그는 계속되는 유기체적 가치화 과정에 따라 대체로 왜곡되게 상징화되었던 내면화의 결과가 자신의 현재 가치체계를 바꾸고 있다는 것을 알게 된다.

2) 상담기법

(1) 공감적 이해(Empathic understanding)

Rogers(1975)는 공감적 이해가 성격 변화를 촉진하는 데 가장 큰 영향을 미친다고 하였다. 그는 공감적 이해가 되려면 진심에서 우러나는 무조건적 긍정적 존중이 먼저 있어야 한다고 보았다. 상담자는 먼저 내담자의 경험을 민감하게 느끼고, 내담자가 경험한 내용을 이해하는 수준에 그치지 말고 자신의 이해와 느낌을 표현해야 한다. 즉, 상담자가 내담자가 느끼는 감정, 공감 등을 정확히 이해하고 그것을 내담자에게 전달하는 것을 의미한다.

(2) 무조건적 긍정적 배려(Unconditional positive regard)

보통 무조건적 긍정적 관심이라고도 한다. 이는 내담자의 지위, 경제상황, 학력 등 어떠한 것과 상관없이 그냥 있는 그대로 그 사람을 인정하는 것을 말한다. 즉, 상담자는 내담자를 수용하는 것에 규정하지 말고 무조건적으로 존중하고 받아들인다. 이는 상담자가 내담자를 있는 그대로 존중한다는 의사를 전달함으로, 내담자는 자신의 생각, 감정, 경험 등을 자유롭게 표현함으로 상담자와 공유할 수 있다. 그리고 내담자들은 상담자에게 이해와 수용 받고 있음을 느낄 때 자신의 감정을 더욱 잘 탐색한다.

내담자의 지위, 경제상황, 학력 등 어떠한 것과 상관없이 그냥 있는 그대로 그 사람을 인정하는 것을 말한다.

(3) 일치성과 솔직성(Congruence and genuineness)

상담실을 찾는 내담자는 불일치(incongruence)의 상태이다. 이들은 작은 일에도 상처받을 수 있거나 불안한 상태이다. 상담자 또한 완전한 인간이라고 볼 수는 없다. 충격적인 내담자의 사건에 대하여 놀라고 당황하기도 한다. 이때 자신의 감정을 속이고 있으면, 내담자는 상담자의 기대에 맞추기 위해 자기를 조건화하게 된다. 그러므로 상담자가 표현하지는 않더라도 부정하지 않는 상태에 있어야 일치의 상태를 이루고 있다고 볼 수 있다.

(4) 명료화(Clarification)

명료화는 내담자가 사용하는 말 속에 포함되어 있으나 내담자가 미처

명료화는 내담자가 사용하는 말 속에 포함되어 있으나 내담자가 미처 깨닫지 못하고 있는 말의 의미를 분명하게 해 주는 것이다.

깨닫지 못하고 있는 말의 의미를 분명하게 해 주는 것이다. 즉, 내담자가 잘 이해하지 못하는 내용이나 애매하게 표현하는 것을 상담자가 말로 표현해 주기 때문에 내담자 자신이 이해를 받고 있으며, 상담이 잘 진행되고 있다는 생각을 하게 된다. 내담자는 미처 생각하지 못한 부분을 상담자의 명료화로 인하여 생각하게 되고 파악하게 된다(박경애, 2007).

4. 상담목표와 과정

1) 상담의 목표

이장호(1989)는 인간중심 상담의 목표를 상담자가 상호 신뢰로운 분위기를 조성하여 내담자가 거리낌 없이 자기를 공개하도록 함으로써 자신의 내면세계(감정 · 욕망 및 가치 판단 등)를 이해하고, 자신의 문제를 파악할 수 있도록 돕도록 한다. 내담자는 자신의 환경에 대한 왜곡된 지각을 수정하고, 현실적 경험과 자아개념 간의 조화를 이루며, 그다음으로 능력과 개성을 최대한 발휘하는 자기실현을 촉진하게 된다.

▎내담자는 자신의 환경에 대한 왜곡된 지각을 수정하고, 현실적 경험과 자아개념 간의 조화를 이루며, 그다음으로 능력과 개성을 최대한 발휘하는 자기실현을 촉진하게 된다.

Rogers(1961)는 상담과정을 통해 가면을 벗어 던지면 가면 뒤에는 다음과 같은 4종류의 사람이 나타난다고 믿는다.

① 경험에 대해서 개방적인 사람이다.
이는 선입관을 가진 자아구조에 맞추어 현실을 왜곡하지 않고 있는 그대로 보는 것이다.

② 자신을 신뢰하는 사람이다.
상담목표 중 하나는 내담자가 자신에 대한 신뢰감을 높이도록 돕는 것이다. 상담의 초기 단계에서 종종 내담자는 자신과 자신의 결정에 대해 불신하는 경향이 있다. 내담자가 진실로 자신의 경험에 개방적

으로 되어 갈 때 자신을 신뢰하게 된다.

③ 내적 기준에서 평가할 수 있는 사람이다.
자신의 인격을 파악하기 위해서 그 기준을 외부에서 찾는 것이 아니라 자신의 중심으로 눈을 돌리게 된다.

④ 자기실현의 욕구를 이루고 싶은 사람이다.
내담자는 성장의 산물이 아니라 성장의 과정이라는 것을 인식하면서 끊임없이 진정한 자기실현을 위해서 노력한다.

2) 상담자의 역할

상담자의 역할은 내담자로 하여금 '어떤 것을 하도록 만들기 위해' 고안된 기법을 사용하는 것보다는 상담자 자신의 존재방식과 태도에 뿌리를 둔다. 인간중심 상담에서는 상담자의 지식, 이론, 기법보다는 상담자의 태도가 내담자의 성격 변화를 촉진시킨다(Rogers, 1961). 인간중심 상담에서 상담자는 내담자의 현재 경험에 관심을 갖고 내담자와의 관계에서 진솔하게 표현하고, 수용해 주며, 공감함으로써 변화를 촉진하는 역할을 한다.

상담자의 역할은 내담자로 하여금 '어떤 것을 하도록 만들기 위해' 고안된 기법을 사용하는 것보다는 상담자 자신의 존재방식과 태도에 뿌리를 둔다.

인간중심 상담에서 필요한 충분조건은 여섯 가지로 구분된다(George, Christiani, 1995).

첫째, 상담자와 내담자가 심리적으로 서로 접촉을 해야 한다. 이것은 타인과 경험이 서로 다르다는 것을 인식하며, 상담자가 내담자에게 일방적으로 반응하는 것이 아니라 상호작용하여야 한다는 것이다.

둘째, 불안을 최소한으로 줄여야 한다. 내담자는 자아개념과 경험이 불일치하고 마음에 상처를 입었기 때문에 심리적으로 불안감을 느낀다. 즉, 내담자가 불안함을 호소하거나 심리적으로 불안정하면 상담의 효과는 떨어진다. 따라서 상담이 제대로 수행되기 위해서는 내담자가 변화하고자 하는 만큼의 심리적 안정감을 찾도록 해 주어야 한다.

셋째, 상담자는 내담자와의 관계에서 진실하고 공감이 되는 말과 행동을 해야 한다. 즉, 상담자와 내담자 간에 라포가 형성되어야 내담자가 털어놓는 감정을 인식할 수 있다.

넷째, 무조건적으로 내담자를 존중해야 한다. 내담자가 경험하는 모든 것을 상담자는 수용하여야 한다. 여기서 무조건 존중한다는 것은 상담자의 가치와 내담자 간의 가치가 다르더라고 내담자를 존중한다는 것을 의미한다. 이에 상담자는 중립적인 가치관을 갖고 내담자의 행동을 긍정적 또는 부정적으로 판단하지 않고 내담자를 한 인간으로 수용하여야 한다.

다섯째, 상담자는 내담자 간의 상담과정에서 공감해야 한다. 타인이 내적으로 경험하는 것을 완전히 이해하지는 못하지만 내담자의 내적 상태를 비교적 정확하게 이해하여야 한다. 즉, 상담자는 내담자가 될 수는 없지만, 자신이 내담자인 것을 가정하여 이해하려고 노력해야 한다.

여섯째, 최소한 상담자가 자신을 무조건 존중해 주고 내담자가 지각하도록 도움을 줘야 한다. 내담자를 수용하고 내담자의 처지를 이해하고 공감하는 것만으로는 충분하지 한다. 즉, 내담자가 자신이 수용되고 이해받고 있다는 것을 지각할 수 있을 만큼 의사소통이 잘 될 때 수용과 이해는 가치가 있다.

3) 상담의 과정

Rogers(1980)의 『무엇이 어떻게 진행되는가?』의 특징적 과정을 중심으로 상담기술과 절차를 살펴보면 다음의 12단계가 된다(이현림, 2008).

상담기술과 절차를 살펴보면, ①에서 ⑦단계는 초기 단계, ⑧에서 ⑪단계는 중기 단계, ⑫는 종결 단계에 해당된다.

| 초기 단계 |

① 내담자가 도움을 받기 위해 온다.

② 상담이라는 상황을 정의한다. 양자 간의 상담관계, 즉 도와주는 장면과 절차 등이 정의된다.

③ 상담자가 내담자의 정서반응을 반영하고, 명료화하여, 내담자가 자신의 문제에 관한 감정을 자유롭게 표현하도록 북돋아 준다.

상담자가 내담자의 정서반응을 반영하고, 명료화하여, 내담자가 자신의 문제에 관한 감정을 자유롭게 표현하도록 북돋아 준다.

④ 상담자는 내담자가 표출하는 부정적 감정(적개심, 증오, 질투 등)을 수용하고, 알아주고, 정리해 준다.

⑤ 정적인 감정을 완전히 표현할 수 있게 된 후에는 미약하고 잠정적이기는 하지만 성격 성장에 보탬이 되는 긍정적 감정과 충동이 나타나게 된다.

⑥ 상담자는 내담자의 부정적 감정을 받아들임과 동시에 긍정적인 감정을 인정하고 받아들인다. 내담자 쪽에서는 자기 평가와 정서반응 간의 일 및 조화를 탐색하고 정리한다.

⑦ 부정적 감정과 긍정적 감정을 모두 경험하면 자기이해, 자기수용, 자기 통찰이 나타난다.

| 중기 단계 |

⑧ 내담자는 긍정적 사고를 시작한다.

⑨ 내담자는 긍정적 행동을 취하게 되며, 생활 장면에 대해 더욱 정확하고 완전한 분별을 하게 된다.

⑩ 더욱 성장을 한다. 긍정적인 행동을 취하게 되면 점차로 통찰이 확대·심화되어 정확한 자기 이해를 할 수 있다.

⑪ 내담자의 문제증상이 감소되고 덜 불편해진다.

| 종결 단계 |

⑫ 내담자는 이제 도움을 받을 필요를 덜 느끼게 되고 상담을 종결해야겠다는 생각하기에 이른다. 즉, 지각된 자아와 이상적 자아 사이의 조화를 얻는다.

5. 평가

1) 공헌점

첫째, Rogers의 인간관은 사회적으로 '대면 집단'을 통하여 집단상담 운동에 공헌하였다.

둘째, 인간을 긍정적으로 보는 관점이다. 인간 성격의 결정론을 믿고 있던 시기에 인간의 기본적 동기로서 자기실현화 경향성을 가정하고, 성격을 변화시키고 향상시킬 잠재적 능력이 개인 안에 있다고 보았다.

셋째, 상담관계가 그것만으로도 수단이 된다.

넷째, 상담자의 태도의 중요성이 강조되었다.

다섯째, 내담자의 통합성과 개성존중의 증대, 내담자의 과거보다 '지금-여기'의 강조 등과 같은 경향으로 인간발달에 큰 영향을 준다.

2) 한계점

첫째, 상담자가 상담의 기본 철학을 철저히 이해하고 생활화할 수 있어야 한다.

둘째, 상담자의 역할이 중대하면서도 그 기법을 구체적으로 할 수 있도록 체계화된 기법이 없다.

셋째, 인지적 요인의 어려움이 있는 내담자에 대해서 간과하였다.

넷째, 상담과정에서 상담자는 가치중립적이어야 한다고 주장하지만, 대인관계에서 전적으로 가치를 배제한다는 것이 과연 가능한가의 의문이 제기되는 문제점이 있다.

다섯째, Rogers 이론은 실천단계에서 수동성의 경향성이 있다. 즉, 자기주장을 표현하지 못하는 내담자가 인간중심 상담이론을 접하면 수용성, 비심판성, 허용적 분위기라는 데서 자기 약점이 정당화되는 것만 강조하고, 자아개념이 강하고 교만한 내담자가 인간중심 상담이론에 접하면 반동형성으로 저자세 혹은 수동적으로 된다.

6. 요약

- 인간중심 상담이론에서는 공감적 이해, 무조건적 긍정적 배려(관심), 진솔성이 효과적인 상담방법으로 보았다.
- Rogers는 인간의 기본적 동기로서 자기실현화 경향성을 가정하였으며, 성격을 변화시키고 향상시킬 잠재적 능력이 개인 안에 있다고 제안하였다. 그는 유기체의 지혜를 강조하였으며, 모든 인간에게는 인간적 성숙과 자아실현의 욕구가 선천적으로 내재되어 있다고 보았다. Rogers는 인간이 사회적이고 미래지향적인 존재이며, 자기실현의 의지와 아울러 선한 마음을 갖고 태어난다고 보았다.
- Rogers는 개인은 태어나면서부터 자신만의 독특한 개성과 무한한 잠재적 능력 그리고 지혜를 가지고 있다고 하였다. 이러한 것을 유기체의 내재적 지혜라고 하는데 이는 유기체의 가치화 과정이라고도 칭해지며 내재적 지혜 속에는 개인의 개성이나 잠재력이 포함된다.
- Rogers의 자기실현화 경향성(actualizing tendency)은 유기체를 유지하

고 증진시키려는 방향으로 모든 능력을 발달시키는 유기체의 선천적 경향성에 따라 형성된다.

- 명료화는 내담자가 사용하는 말 속에 포함되어 있으나 내담자가 미처 깨닫지 못하고 있는 말의 의미를 분명하게 해 주는 것이다.
- 인간중심 상담의 목표는 상담자가 상호 신뢰로운 분위기를 조성하여 내담자가 거리낌 없이 자기를 공개하도록 함으로써 자신의 내면세계(감정 · 욕망 및 가치 판단 등)를 이해하고, 문제를 파악할 수 있도록 돕는 것이다.
- 내담자는 성장의 산물이 아니라 성장의 과정이라는 것을 인식하면서 끊임없이 자신의 진정한 실현을 위해서 노력하게 된다.
- 인간중심 상담에서 상담자는 내담자의 정서반응을 반영하고, 명료화하여, 내담자가 자신의 문제에 관한 감정을 자유롭게 표현하도록 북돋아 준다.
- 상담자는 내담자의 부정적 감정을 받아들임과 동시에 긍정적인 감정을 인정하고 받아들인다. 내담자 쪽에서는 자기평가와 정서반응 간의 일치 및 조화를 탐색하고 정리한다.

7. 상담사례

내담자 저, 선생님, 저 자신에 대해서 알고 싶습니다. 어디서부터 이야기를 시작해야 할까요? 무엇에 대해 이야기를 해야 하나요?

상담자 당신에 관한 것은 무엇이든 말해 봐요. 지금 이 순간 당신의 마음속에 떠오르는 것 무엇이든 말이에요. (이런 식으로 질문에 대한 답변을 직접적으로 하는 것은 내담자 중심상담에서 치료법을 설명하기 위한 의도가 숨어 있다. 이러한 방법을 구조화라고 부르며, 이것은 내담자가 이러한 특수 상황에서 어떻게 해야 하는지의 알 수 있도록 도움을 주기 위한 것이다)

내담자 나의 어린 시절에 관해 이야기할까요?

상담자 내가 보기에 당신은 어떻게 시작할지 모르고 있는 것 같군요. 지금 바로 당신의 마음속에서 가장 좋다고 생각하는 것이 무엇이든 그것에 대해 이야기하는 것이 당신에게 가장 유용할 겁니다. (내담자 중심 접근법의 기본적 원리는 이야기할 적당한 소재가 따로 없다는 것이다. 즉, 논의하기에 어떤 것이 다른 것보다 더 유용하다든지 더 치료적이라 할 수 없다. 나는 이번도 그럴 것이라고 진심으로 믿기 때문에 내담자는 나의 답변을 받아들일 것이다. 내담자가 지금 경험하고 있는 불확실성을 이해하고 받아들이는 것이 나에게는 매우 중요하다. 이때 나는 도널드가 한 말 '규칙은 무엇이지요?'를 생각해 보았다. 만약 그가 질문하는 것에 집착한다면, 그가 분명히 불확실한 상태에 있음을 알게 되고, 나의 반응 또한 당신은 무엇에 대해 이야기해야 하는지 확실히 모르고 있군요라고 말했을 것이다)

내담자 나에게 가장 중요한 문제는 아침에 일어나는 것입니다. 나는 아침에 일어나는 데 많은 어려움을 겪고 있어요. 나는 우수한 직장인입니다. 책임감 있는 사람이죠. 나는 아침에 제시간에 일어나려고 많은 노력을 했어요. 집안 여기저기에 알람시계를 맞추어 놓고, 신문 배달하는 아이에겐 문을 두드리라고 했죠. 그런데 소용없었어요. 난 여전히 지각하고 있거든요.

상담자 당신이 무슨 수를 써서라도 막아보려 하지만 소용없다는 말씀이군요.

내담자 아, 네, 바로 그것이 여전히 문제입니다. 나는 근무 시간 이후에 늦게까지 남아 시간을 보충합니다. 그래도 여전히 안 좋게 보여요.
내가 항상 지각하고 있는 것에 대해 다른 동료들이 어떻게 생각하고 있는지 알 수 없어요. 같은 회식에서 17년 근무했는데 왜 이제 이러한 일이 일어나게 됐는지 잘 모르겠군요. 이 일에 대해 내가 어떻게 해야 할지 모르겠어요.

상담자 네, 여기서 저는 두 가지 사실을 알 수 있군요. 하나는 당신이 모든 것에 대해 무기력감을 느끼고 있다는 것이에요. 난감함과 무기력감 말이에요. (이것은 전형적인 내담자 중심 반응이다. 1957년 로저스는 심리치료에서 발생하는 변화에 대한 필요충분조건 6개를 들고 있는데 중요한 조건 중의 하나는 내담자의 내적 참조 체계를 공감적으로 이해하는 상담자의 경험이다. 여기서 나는 도널드의 내적 참조 체계, 즉 이 기간 그가 세계를 어떻게 바라보고 있는지를 내가 잘 이해하고 있나 체크하고 있다. 도널드가 자신의 문제를 경험시키기 위해 한 일에 대해서 내가 이해하고 있는 것들은 체크하지 않는다. 그래서 나는 그가 지각하지 않기 위해 그가 했던 일들에 대해서는 반응하지 않는다)

내담자 난 내가 어떻게 해야 할지 모르겠어요. 왜 내가 제시간에 일어나지 못하는 걸까요? (이 질문은 내가 답변을 구하는 질문으로 보기보다는 그의 현재 참조 체제, 즉 그가 현재 당황함과 무기력감을 경험하고 있다는 것으로 보아야 한다)

상담자 당신이 해야 하는데 할 수 없는 일이 있군요. 그리고 당신은 그 이유를 이해하지 못하고 있군요.

내담자 맞아요. 맞아요. 나는 그것을 이해할 수 없어요. 나는 직장에서 17년간 일했고, 내 직업을 좋아해요. 난 열심히 일했습니다. 늦게 일어나는 것이 일하러 가기 싫기 때문이라고 생각하지 않아요. 그래서 난 지각하는 이유를 모르겠어요.

상담자 그렇군요… (나는 내담자를 안심시키기 위해서 문제해결이 가능하다는 듯이 말은 하지 않는다. 오히려 혼란스러움을 그가 느끼도록 내버려 두었다. 어떠한 희망이나 확신도 제공하지 않은 채 내담자가 자신의 무기력감에 주의집중하게 하면 그의 무기력감이 더욱 심해지지 않을까 생각할 수도 있을 것이다. 그러나 오히려 그 반대이다. 우리가 내담자 자신의 부정적인 감정을 인정해 주면 그는 항상 그 감정에서 벗어나고자 한다. 내담자의 말이 이를 말해 주고 있다)

내담자 매일 지각하는 것은 아니에요. 오늘 아침에도 나는 어떻게 해서든지 제시간에 출근하기 위해 노력했지요. 신물 배달 아이가 나를 깨워 준 뒤에 다시 잠자리에 들지 않았어요. 그러나 내가 깨어 있을 수 있었던 이유는 단지 기분이 안 좋았기 때문이에요.

상담자 당신은 제시간에 일어났지만, 그러나 그 이유가 당신이 신뢰할 만한 것이 아니었다는 말이군요. (나는 그날 아침 일어났던 사건에 대한 반응, 즉 그가 일어나는 문제에 여전히 안심하지 못하고 있다는 것에 대해 반응한다. 발생한 사건보다 내담자의 반응에 대해 의견을 나타내는 것은 내담자 중심 이론의 중요한 측면이다)

내담자 네, 아마도 내일은 그런 일이 일어나지 않을 거예요.

상담자 그것을 믿을 수 없군요. (여기에 중요한 요소가 있다. 오늘 아침 그가 어떻게 느꼈을까? 정시에 일어나는 것과 상담을 시작하는 것 간에는 어떤 관련이 있을까? 나는 이러한 질문이나 이와 유사한 질문을 할 수도 있다. 그러나 이 시점에서는 그러한 질문이 적절하지 못한 것 같다. 사실상 나는 그런 질문을 하지 않는다. 내가 관심을 갖고 있는 것은 바로 그 순간 내담자가 의미하는 바를 이해하는 것이다. 만약 내가 이러한 질문을 했다면 그것은 내담자의 것이 아닌 나의 구조적 틀 안에서 이끌어져 나온 것이다. 내가 나 자신의 구조를 조사한다면 나는 그에게 주목하지 않게 될 것이고 가장 요구되는 과정이다. 상담자는 내담자가 말하는 넋에 대해 가설을 세우고 나서 적절하게 반응하면서, 세운 가설들의 정확성을 검토해야 한다. 나의 내적 참조 체제로부터 질문을 만들 때에는 내담자의 내적 참조 체계에 대한 가설을 만들어 낼 수 없다)

내담자 네. (잠시 쉼) 17년 전에 대학을 졸업하자마자 바로 이 직업을 얻게 된 것은 행운이었어요. 저희 아버지도 이 공장에서 일하셨거든요. 내가 지원을 했을 때, 소유주의 한 사람이 내 이름을 알아봤던 것이죠.

상담자 만사가 순조로웠군요.

내담자 그래요. 나는 그 사람이 회사에서 계속 일하길 바랐지요. 그러나 10년 전에 퇴직하셨어요. 회사의 최고 경영진이 매우 빨리 바뀌기 때문에 그들 중 반은 우리가 거리에서 만난다 하더라도 나를 몰라볼 거예요.

상담자 서로 모른 관계가 되었군요.

내담자 그래요. 예전에는 그렇지 않았어요. 사장이 적어도 한 달에 한 번쯤은 전체 공장을 둘러보고 정식 사원들과 이야기하곤 했었어요. 그는 직원들의 이름뿐 아니라 미혼인지, 기혼인지, 아이들이 있는지도 알았어요.

상담자 그때는 관계가 좀 더 사적이었던 것 같군요.

내담자 네, 그랬어요. 내가 메모를 남겼을 때 그것을 누가 읽을 것인지도 알 수 있었죠. 그러나 지금은 그렇지 않아요. 공장에서 우리 부서에 새 비서가 있거든요. 그녀는 전화로 친구와 수다를 떨며 시간을 보냅니다. 그리고 있을 때 타이핑할 것을 주면 그녀는 당신 차례까지 기다려야 할 거예요 하면서 소리를 지릅니다. 그녀는 무례해요. 그래서 나는 '될 수 있는 한 빨리 해 줘요' 하고는 그녀의 책상 위에 놓고 옵니다. 나는 도대체 얼마쯤 걸릴까 염려하며 그녀를 지켜봅니다.

상담자 무슨 말씀을 하시는지 잘 모르겠습니다. 당신은 비서가 당신을 개인적으로 무시하는지 안 하는지를 보려는 것입니까? 아니면 비서가 성실하지 않은 것이 문제라고 생각하는 겁니까? (나는 이해할 수 없을 때 그 점을 도널드에게 말하기를 주저하지 않는다. 내담자에 대한 나의 책임은 그 순간 내가 듣는 이야기를 이해하고자 노력하는 것이다. 이해하지 못했을 때 질문을 한다. 내가 이해하는 데 방해물이 되는 것이 있으면 그것을 제거하는 것이 나의 책임이다. 만약 내가 했어야 했던 것을 갑자기 생각하느라 내담자를 올바로 이해하지 못하고 지나치면, 이러한 방해가 내담자를 이해하는 데 영향을 끼칠 수 있다. 이런 내적 문제 때문에 나는 내담자를 만나기 전 몇 분가량 나의 내적 상태를 살펴보아야 한다는 걸 알게 되었다. 그래야 면담 동안 내 마음속에 있는 것들이 방해하지 않도록 할 수 있다. 내가 내담자에 대해 또는 내담자와 내가 함께 있는 것에 대해 부정적인 감정을 갖게 된 적은 거의 없었다. 그러나 그런 일이 있다면 내담자에게 이야기해 줄 것이다. 로저스의 필요 충분 조건 중 하나는 상담자란 관계 속에서 일치되어야 한다는 것이다. 이것이 뜻하는 바는 내담자나 그 관계에 대해 상담자가 느끼고 있는 감정은 상담자가 표현하는 것과 일치해야 한다는 것이다)

내담자　아, 네 오늘날 많은 사람들은 열심히 일하고 있지 않습니다. 공장에 있는 어떤 사람들은 마치 직장에 있다기보다는 자기 집에 있는 것처럼, 마치 돈을 벌 필요도 없는 거처럼 보입니다.

상담자　사람들이 해야 할 바를 하지 않는다는 말씀이군요. (이것은 적합한 것이긴 했지만 모범적인 반응은 아니다. 많은 사람들이 자기 직장에서 열심히 일하고 있지 않다는 내담자의 말을 내가 이해하고 있다는 것을 보여 주었을 뿐이다. 그러나 나의 반응은 그에 대한 반응이 아니라 다른 사람들에 대한 것이 되고 말았다. 나는 내담자의 외적 세계에 초점을 맞추고 있고 내담자가 하는 방식대로 이야기하였다. 나는 내담자가 세계를 어떻게 바라보고 있는지를 내가 이해한 대로 이야기하였다. 그러나 가장 좋은 반응은 내담자로 하여금 자신의 경험에 주의를 돌리게 하는 것이다. 그러나 만약 내가 '사람들이 열심히 일하지 않는 것이 당신을 괴롭히고 있군요.'라고 말했다면 나는 그의 괴로움에 직접적으로 주의를 돌리게 할 수 있었을지 모르나 그것 또한 잘못을 범하는 것이 된다. 왜냐하면 지금 내담자는 자신의 괴로움을 언급하고 있는 것은 아니기 때문이다)

출처: 이혜성 역(2002). 다섯 명의 치료자와 한 명의 내담자. 서울: 이화여자대학교출판부.

연습
문제

상담의 효율성을 높이기 위한
인간중심 상담의 연습문제

① 인간중심 상담의 인간관에 대하여 설명하시오.

② 인간중심 상담의 성격의 명제에 대하여 설명하시오.

③ 인간중심 상담의 기법(공감적 이해, 무조건적 존중, 진실성, 명료화)에 대하여 기술하시오.

④ 인간중심 상담의 상담과정에 대하여 설명하시오.

⑤ 인간중심 상담의 공헌점과 한계점에 대하여 논하시오.

Chapter 12

실존주의 상담

1. Frankl

실존주의 상담의 대표적인 공헌자는 Viktor Frankl(1905~1997)이다. 그는 1930년 Wien 대학교에서 석사 학위를 취득한 후, 1949년 박사학위를 얻는다. 특히 1928년부터 1938년까지 빈에서 『The youth advisement center』를 운영하고, 1942년~45년까지 독일의 아우슈비츠(Auschwitz)와 다카(Dachau)에 있는 포로수용소에서 부모, 형제, 아내를 잃었다. Frankl은 유대인으로서 나치 수용소에 끌려가 힘들고 끔찍한 경험을 하면서도 그 경험의 의미를 찾을 수 있었던 사람들이 심리적 장애를 겪지 않고 살아남은 것을 목격하고 구체적인 치료기법을 내놓았다. Frankl은 Freud의 결정론적 개념에 반대해 자유, 책임능력, 삶의 의미, 가치추구와 같은 기본개념을 심리치료의 이론으로 정립했으며, “의미를 통한 치료”를 뜻하는 ‘Logotherapy’를 발달시켰다. 또한 Yalom(1980)의 실존적 심리 상담을 획기적인 업적으로 간주한다. Yalom은 Frankl을 자신의 저술과 임상에 영향을 준 가장 뛰어난 실존주의적 사고가로 생각하며, 죽음, 자유, 고립, 그리고 무의미성은 실존적 정신 역동성의 핵심을 이룬다고 했다. 실존주의 상담자들은 인간의 본성보다 앞서는 것은 ‘존재’라고 한다. 이는 Frankl이 한계 상황에서 자신의 존재에 책임을 지지 않으면 안 된다는 것을 실존의 품위에 호소하는 설득으로 동료를 절망과 자살로부터 구하기도 했다.

2. 인간관

실존이란 인간 존재의 특유한 존재방식을 의미한다. 따라서 그것은 어디까지나 인간의 현재에 관계하는 것이며, 인간의 본질이 무엇인가 하는 본질 규정의 문제는 직접적인 관심사가 아니다. 실존은 밖에(ex) 나타나(sistere) 있는 것을 의미하므로, 실존 철학 역시 인간의 숨겨진 본질보다는 드러나 있는 인간의 존재방식을 묻고 그것을 규명하려는 것이다. 즉, 실존은 현실의 존재, 사실의 존재, 진실의 존재에 대한 새로운 표현이라고 할 수 있다(노안영, 2006).

실존은 밖에(ex) 나타나(sistere) 있는 것을 의미하므로, 실존 철학 역시 인간의 숨겨진 본질보다는 드러나 있는 인간의 존재방식을 묻고 그것을 규명하려는 것이다.

실존적 접근에서 기본적인 인간 조건을 결정하는 범주는 자각의 능력, 자유와 책임감, 자신의 정체성을 창조하고 다른 사람과 의미 있는 관계를 확립하는 것, 의미, 목적, 가치와 목표의 탐구, 삶의 조건으로서 불안, 죽음의 자각 등이 해당된다(Corey, 1996). 따라서 실존주의의 인간관은 열세 가지로 설명할 수 있다.

① 인간의 존재(being)는 자기 자신에 대한 자각의 상태에 있으며, 성장(becoming) 개선을 위해 끊임없이 노력하는 행위의 과정에 있다고

본다.

② 인간은 실패에 대한 두려움으로 인해 성취를 향한 노력의 과정에서 불안감은 자신의 잠재력을 부인하거나 제대로 측정하지 못할 때 죄책감을 경험하게 된다.

③ 불안과 죄책감은 현실 적응 시 경험하게 되는 핵심 정서이다.

④ 모든 인간은 자기 행위에 대한 책임이 있고, 자기 본성을 창조하는 존재이다.

⑤ 상담자의 역할은 내담자가 세계를 충분히 이해하고 내담자 자신이 결정을 내리고 책임을 지도록 격려하는 것이다.

⑥ 우리의 실존은 타인의 실존과 완전히 분리되어 있지 않으며 세계의 실존도 그러하다.

⑦ 인간은 가장 직접적인 경험인 자신의 존재에 초점을 맞춘다.

⑧ 인간은 결코 고정되어 있지 않으며, 끊임없이 생성되는 변천 상태에 있다.

⑨ 인간은 세상에서 자신을 계속적으로 재창조한다.

⑩ 인간은 자신의 자유의지에 따라 선택하고 행동하고 책임지면서 자신의 본질을 만들어 가는 존재이다.

⑪ 인간은 주체와 객체의 참 만남 속에서 자각이 가능한 존재이다.

⑫ 인간은 죽을 수밖에 없는 존재임을 알고 있다.

⑬ 인간은 과거를 떨치고 일어나 즉각적 상태에서 자신을 초월할 능력을 갖고 있다.

3. 주요 개념 및 기법

1) 주요 개념

실존주의에서는 인간을 제한된 존재로서 세상에 던져진 존재로 본다. 던져진 존재로서 인간은 존재론적 불안에 직면하면서 성장한다.

실존주의에서는 인간을 제한된 존재로서 세상에 던져진 존재로 본다. 던져진 존재로서 인간은 존재론적 불안에 직면하면서 성장한다. 불안을 극복하고 성장을 이루기 위해 위엄과 자기존중을 유지하며 자기 인생을 살고자 하는 진실성과 용기를 필요로 한다. 진실성이란, 인간애로서 개인의 의무를 충분히 인식하고 인간의 자유와 책임을 포용함으로써 얻어지는 것으로 여섯 가지로 구분된다.

첫째, 특정한 한두 사람에 의해서 창시된 단일의 체계적 이론이라기보다는 신학, 철학, 정신의학, 심리학 등의 여러 학문 분야에서 발달한 이론을 총망라한 것이다(주요 인물 : Kierkegaard, Nietzsche, Heidegger, Binswanger, May, Frankl, Yalom 등).

둘째, 정신분석이나 행동주의에 대한 반발로 생겨난 이론으로 형태주의 상담과 함께 넓은 의미에서 인본주의 이론이다.

셋째, 내담자들이 존재의 의미를 탐색하도록 돕는다.

넷째, 삶의 중요한 문제인 죽음, 자유, 자유의지, 소외, 외로움 등을 용감하게 맞닥뜨리도록 돕는다.

다섯째, 우리의 삶이 과거나 상황에 의해 어쩔 수 없이 결정되는 것이 아니라 우리의 운명을 선택하고 바꿀 힘이 우리에게 있다고 믿도록 돕는다.

여섯째, 인간의 존재 및 '지금-여기(here and now)'에 초점을 둔다.

실존주의자들은 세계 내에서 실존의 방식을 확인한다. 즉, 인간은 동시에 주변세계, 공존세계, 고유세계, 영적세계에 존재한다.

(1) 실존의 방식

실존주의자들은 세계 내에서 실존의 방식을 확인한다. 즉, 인간은 동시에 주변세계, 공존세계, 고유세계, 영적세계에 존재한다. 인간세계는 한 사람이 그 안에 존재하며, 일반적으로 알지 못하는 사이에 인간세계 설계에 참여하는 의미 있는 관계구조다. 즉, 동일한 과거나 현재의 주변 상황이 사람에 따라서는 매우 다르게 인식되는 것을 의미한다(노안영, 2006).

이러한 실존주의자들은 세계 내에 네 가지 실존 방식이 있다.

표 12-1 실존주의자들의 실존 방식 네 가지

구분	내용
주변세계	인간이 접하면서 살아가는 환경 혹은 생물학적 세계를 말하며, 생물학적 욕구, 충동, 본능 등이 포함된다. 개인이 던져진 세계이다.
공존세계	인간은 사회적 존재로서 타인과의 관계로 이루어지는 공동체의 세계에 존재한다. 즉, 인간관계 영역을 의미한다. 인간만이 갖는 대인관계이다.
고유세계	인간에게만 나타나는 세계로서 개인이 자신에게 가지는 관계를 의미하며, 자신의 세계를 말한다.
영적세계	인간이 갖는 믿음이나 신념 세계로 이상적 세계를 의미하며, 개인의 영적 또는 종교적 가치와의 관계로서 영적이자 종교적 세계를 말한다. 세계에 대한 믿음이다.

(2) 자유와 책임

인간은 여러 가지 상황에서 선택할 수 있는 자유를 가진 자기결정적인 존재이다. 인간은 근본적으로 자유롭기 때문에 삶의 방향을 지시하고 운명을 이루어 나가는 데 책임을 져야만 한다.

(3) 불안과 죄책감

실존주의자들은 우리에게 주어진 자유 때문에 그리고 선택하도록 운명지어져 있기 때문에 우리는 어쩔 수 없이 불안하다고 주장한다. 실존적 불

실존적 불안은 실존의 양상으로 간주되며 궁극적으로 우리의 삶은 우리의 책임이고 이것은 우리를 불안하게 한다.

안은 실존의 양상으로 간주되며 궁극적으로 우리의 삶은 우리의 책임이고 이것은 우리를 불안하게 한다.

우리가 결코 우리의 잠재력을 완수하지 못하며 어쩔 수 없이 우리가 될 수 있는 것에 미치지 못하기 때문에 우리는 실존적으로 죄책감을 벗어날 수 없다. 우리는 항상 우리 자신에게 빚지고 있고, 그 이상으로 우리는 우리 자신에게 갚아야 할 의무가 있다. 죄책감은 이것에서 비롯된다. 실존적 불안과 같이 실존적 죄책감은 인간 존재의 불가피한 측면으로 간주된다.

(4) 삶의 의미성

삶의 중요성과 목적을 향한 노력은 인간의 독특한 특성이다. 결실 있는 생활을 위한 인간의 진정한 노력에 바탕이 되는 동기는 의미를 가지려고 하는 의지다. 생활에서 의미를 발견하려고 하는 강렬한 내부의 욕망은 행동에 불을 당겨 주는 것이다.

삶에 대한 의미, 사랑에 대한 의미, 일에 대한 의미, 관계에 대한 의미, 행동에 대한 의미(나는 누구인가? 나는 어디서 왜 왔는가? 내가 왜 여기에 있는가? 내 삶의 목적과 의미는 무엇인가?)를 깨닫게 되면 긍정적 의미로서 전환을 가져올 수 있도록 창조적인 작업을 할 수 있게 된다.

삶에 대한 의미, 사랑에 대한 의미, 일에 대한 의미, 관계에 대한 의미, 행동에 대한 의미(나는 누구인가? 나는 어디서 왜 왔는가? 내가 왜 여기에 있는가? 내 삶의 목적과 의미는 무엇인가?)를 깨닫게 되면 긍정적 의미로서 전환을 가져올 수 있도록 창조적인 작업을 할 수 있게 된다. 이러한 욕망이 없거나 생활에 완전히 무관심한 태도를 가지는 것은 내면이 텅 빈 상태의 공허로 Frankl이 말한 대로 '실존적 공허'다. 이는 극단적 권태, 불확실성, 혼돈의 결과를 가져온다.

생존의 의미를 발견할 수 없는 실존적 공허가 고통을 수반하지만 이러한 공허를 극복하려는 동기에 의해 삶의 의미를 찾고 그 의미를 추구하게 되면 활동성과 생산성의 욕구도 발전하여 정신건강에 긍정적일 수 있다.

(5) 죽음과 비존재

실존철학의 가장 중요한 문제는 죽음이다. 인간은 미래의 언젠가는 자신이 죽는다는 것을 스스로 자각한다. 죽음은 나에게 엄습해 오는 기분 나쁜 무엇이다. 죽음은 어느 누가 대신할 수 없는 가장 자기적이고, 자기의 궁극적인 가능성이며, 넘어설 수 없는 가장 확실한 것이고, 모든 것과의 교섭의 단절이지만 언제 일어날지 모르는 불안이다.

실존철학의 가장 중요한 문제는 죽음이다. 인간은 미래의 언젠가는 자신이 죽는다는 것을 스스로 자각한다.

실존주의 상담에서는 죽음을 부정적으로 보지 않는다. 인간의 현저한 특성 중 하나로 미래의 개념과 죽음의 불가피성을 터득할 수 있다는 것이다. 점차적인 비존재의 인식, 그것이 존재에 의미를 준다. 왜냐하면 그것은 모든 인간의 행위를 중요하게 여기기 때문이다. 실존주의자들은 삶이 시간의 제한을 받기 때문에 의미를 가진다고 주장한다. Frankl은 '만약 우리가 불멸한다면 우리는 영원히 행동을 지속할 수 있다. 그러나 우리가 유한하기 때문에 우리가 지금 하는 것들은 특별한 의미를 갖는다.'라고 하였다.

미래의 개념과 죽음의 불가피성인 비존재에 대한 인간의 깨달음은 존재에 대한 의미를 부여하게 하고, 죽음과 삶에 대한 두려움의 극복은 죽음과 삶을 완전히 받아들여 참된 삶을 살도록 한다.

(6) 진실성

자신을 수용하고 실존적 공허를 극복하게 하는 용기는 자신을 긍정하고 내부에서부터 살도록 하는 힘이다. 진실적인 존재로 있다는 것은 우리를 정의하고 긍정하는 데 필수적인 어떤 것이든지 한다는 것을 의미한다.

실존적 죄책감은 불완전감과 완전한 잠재력을 쓰지 못하고 있음을 아는 것에서 발생하며, 비진실성과 관련된 개념이다. 즉, 존재의 자각에 대한 상실이며, 이는 심리적 병이 된다. 진실 되게 산다는 것은 우리의 한계를 알고 받아들이면서도 계속적으로 획득 가능한 능력을 갖추어 가는 개인이 되는 것을 말한다.

2) 상담기법

특별한 기법을 사용하거나 강조하지 않으며, 실존 대 실존으로서 상담자와 내담자의 만남을 바탕으로 실존적 불안을 다룬다.

내담자의 궁극적 관심사와 관련된 실존적 공허감의 문제를 진솔하게 직면할 수 있도록 격려하며, 대표적인 기법으로 역설적 의도와 역반영, 방관-반성 제거가 있다.

▎내담자의 궁극적 관심사와 관련된 실존적 공허감의 문제를 진솔하게 직면할 수 있도록 격려하며, 대표적인 기법으로 역설적 의도와 역반영, 방관-반성 제거가 있다.

(1) 역설적 의도(paradoxical intention)

역설적 의도는 내담자가 갖는 예기적 불안을 제거함으로써 강박증이나 공포증과 같은 신경증적 행동을 치료하는 방법이다. 내담자가 가지고 있는 예기불안(anticipatory anxiety)을 제거함으로써 강박증이나 공포증과 같은 신경증적 행동들을 치료하는 기술이다.

예를 들어, 불면증으로 고생하는 내담자에게 잠을 자려고 노력하는 대신에 오히려 잠을 자지 않을 것을 요구하는 것, 이러한 역설적인 행동으로 인해 내담자로 하여금 증상으로부터 거리를 두고 문제를 바라볼 수 있게 함으로써 증상에 대한 태도 변화를 가져올 수 있다. 이러한 방법은 강박증 환자나 공포증 환자의 단기치료에 적합하다. 그러므로 역설적 희망이 공포를 제거하면 예상불안이 들어올 수가 없다.

(2) 역반영, 방관-반성 제거(de-reflection)

역반영은 증상에 대한 과도한 관심, 의도, 자기관찰에 초점을 두고 적용하는 방법이다. 역설적 의도가 예기불안을 없애려는 것이고 반성제거법은 자가관찰을 없애려는 것이다. 그래서 반성제거법은 불면증, 성기능장애, 약물치료에 도움 되며 과열의도(Hyper intention)와 과열반사(Hyper reflection)로 구분된다. 첫째, 과열의도는 자신에게 지나치게 집착을 하는 경우이고 둘째, 과열반사는 지나치게 자신 혹은 자신의 문제에 대해 주의하는 것으로 보았다. 이러한 두 가지는 신경증의 원인이다. 그러므로 과도하게 주의를 기울이거나 관찰하는 것이 오히려 행동장애의 원인이 된다고 보기 때문에 주의를 내담자 밖으로 돌려 문제를 무시하도록 하여 내담자의 의식을 긍정적이고 생산적인 쪽으로 전환하도록 돕는 방법이다. 즉, 내담자의 과도한 주의나 자기관찰이 오히려 행동장애의 원인이 될 수 있다고 보고, 내담자의 과도한 주의를 내담자가 자신의 밖으로 문제를 돌려 무시하도록 함으로써 긍정적이고 생산적인 사고로 전환할 수 있다. 예를 들어, 불면증 환자가 잠을 자려고 애쓰는 대신 음악을 듣거나 다른 재미있는 일을 함으로써 잠을 자는 일에 쏟는 관심을 다른 곳으로 돌리고 집중한다면 오히려 쉽게 잠을 잘 수가 있을 것이다.

(3) 소크라테스 대화법

소크라테스 대화법은 소크라테스가 학생들에게 많은 양의 정보와 지식을 전달하는 것보다는 자신의 내면 깊숙이 알고 있는 것을 의식하도록 가르쳤다. 이는 상담자는 내담자의 감정을 단순한 이해나 수용보다는 내담자가 선택하여 책임과 의무를 받아들이고 작은 것일지라도 새로운 단계로 나아가도록 함으로 문제에서 벗어나도록 한다.

4. 상담목표와 과정

1) 상담의 목표

실존주의 상담은 내담자의 타고난 경향성을 실현하는 데에 목적이 있다. 그러기 위해서는 상담자가 내담자의 자기 각성을 최대한 도와주어야 하고, 내담자의 실재 안에 존재하는 삶의 세계를 보아야 한다.

실존주의 상담은 내담자의 타고난 경향성을 실현하는 데에 목적이 있다. 그러기 위해서는 상담자가 내담자의 자기 각성을 최대한 도와주어야 하고, 내담자의 실재 안에 존재하는 삶의 세계를 보아야 한다. 이렇게 하는 가운데 내담자는 자아 인식의 범위를 확대하고 진정한 자신의 실존을 경험한다(이형득 외, 1985; Corey, 1982). 또한 내담자로 하여금 삶의 세계와의 관계 속에 있는 자신을 보게 하고자 신이 보는 바에 따라 행동하고 선택할 수 있도록 한다(강갑원, 2008; Ivey & Simek-Downing, 1980). 즉, 타고난 가능성 혹은 경향성을 포함하여 자신의 존재를 완전히 각성하고 그것을 실현하도록 한다.

① 실존주의 상담의 목표는 인간이 의식적으로 자신에 대한 책임감을 수용하도록 하는 것이다. 이는 인간의 창조적 가치를 실현시킬 수 있는 잠재능력을 깨닫도록 돕고자 하는 것이다.

② 상담자는 내담자가 자기 존재의 본질에 대해 각성하고 현재 자기가 경험하고 있는 정서적 장애의 원인이 자기상실 내지 논리의 불합리성에 있음을 각성하게 한다.

③ 상담자는 내담자의 주관적 세계를 이해하고, 내담자로 하여금 자각을 통해 자신의 문제를 직시하도록 한다.

④ 상담자는 내담자가 자신의 불안과 직면하게 하여 진솔한 삶을 살도

록 자신과 자신의 세계를 재정의하도록 한다.

⑤ 상담자는 위축된 실존의 존재로 살아가는 내담자와 직면하여 이런 상태를 자신들이 만들어 내고 있음을 인식하도록 한다.

⑥ 충분히 참여하지 않은 삶의 패턴이 자신을 어떻게 제한하고 있는지를 이해하게 한다.

⑦ 상담자는 내담자가 지금까지 선택하는 자유를 피해 왔지만 선택을 시작할 수 있음을 알게 한다.

⑧ 내담자로 하여금 충분히 진실한 삶을 영위하지 않은 삶의 방식을 인정하게 하고 실존적 존재로 되고자 하는 것에 이를 수 있는 선택을 하게 한다.

⑨ 상담자는 내담자로 하여금 개인적 책임성을 수용하도록 한다.

⑩ 자신의 무한한 잠재능력을 깨닫고 자기에게 주어진 선택과 책임을 통해 자유를 향유하게 하여 내담자가 세계를 수용하고 한계상황을 수용하도록 한다.

⑪ 내담자의 경험이 무엇인지 밝히고 정신 현상이 어떻게 의식으로 나타나는가를 규명하여 그 개인의 자아관의 명료성과 진실성을 획득하게 한다.

⑫ 상담자는 내담자의 자각을 최대화함으로써 내담자가 삶의 의미와 목적을 스스로 발견하도록 돕고 자기 인생에 대한 확고한 방향 설정과 결단을 내리도록 한다.

2) 상담자의 역할(내담자 경험/상담자와 내담자 간의 관계)

① 내담자의 주관적인 세계를 이해하기 위해 현재 상황에 중점을 두며 과거를 회상시키는 데 중점을 두지 않는다.

② 다양한 기법을 사용한다.

③ 내담자가 책임을 회피하는 것에 대해 관심을 두고 내담자가 책임을 수용하도록 조언한다. 예를 들어, 내담자가 "나는 할 수 없어요."라고 하면 "나는 하고 싶지 않아요."라고 대치하도록 권한다. 만약 내담자가 궁지에 빠져 타인을 비난하면 상담자는 내담자가 어떻게 지금 상황을 만들었는지를 질문한다.

④ 내담자 스스로 곤란을 만들었다는 것을 인식하지 못하면 변화의 계기는 있을 수 없다(Yalom).

⑤ 소위 "제한된 실존"이라 불리는 사람들을 상대한다. 이들은 자신에 대해 제한된 것으로 인식하며 때로는 문제의 본질도 잘 모른다. 주요 임무는 내담자가 제한된 실존 현장에 직면하여 이 상황을 만든 것이 자신임을 자각하도록 돕는다.

⑥ 상담자는 내담자가 점차 자기직면을 하도록 거울을 들고 있는 셈이다.

(1) 내담자 경험

① 내담자가 자신의 주관적인 경험을 진지하게 생각하도록 격려한다. 자신의 세계에서 "지금"의 선택에 대한 책임을 받아들여야 하며, 어떻게 다르게 살 것인가를 선택하게 한다.

② 상담과정에서 적극적이어야 한다. 두려움, 죄의식, 불안을 어떻게 탐색해야 하는지를 결정해야 하기 때문이다.

③ 내담자는 자기 개방 노력, 두려움, 흥분, 즐거움, 우울이 혼합된 경험을 한다. 내담자가 잠긴 문을 힘겹게 열 때 자신을 심리적으로 묶고 있던 결정론의 사슬 풀기를 시작한 것이다. 점차 자신이 어떤 사람이었는지, 지금은 어떤 사람인지 자각하고, 보다 나은 장래를 결정한다. 상담자는 내담자가 용기, 희망, 의미 추구의 의지를 갖고 삶에

직면하도록 돕는다.

④ 중요한 주제는 불안, 자유와 책임, 고립, 소외, 죽음이나 삶에 대해 가지는 의미, 계속적인 의미를 추구한다.

(2) 상담자와 내담자 간의 관계

① 내담자와의 관계를 매우 중요시한다. 인간 대 인간의 만남의 질이 궁극적인 변화를 위한 자극이 되기 때문이다.

② 내담자에 대한 기본적 태도, 정직, 성실, 용기 등 상담자의 인간적 특성을 내담자에게 제공해야 한다.

내담자에 대한 기본적 태도, 정직, 성실, 용기 등 상담자의 인간적 특성을 내담자에게 제공해야 한다.

③ 내담자의 경험 방식으로 그들 삶의 집착에 직면하도록 돕고 융통성 있게 내담자마다 다른 이론적 접근을 적용한다.

④ 내담자와 상담자가 자기 발견 여행을 한다.

⑤ 상담관계의 핵심은 내담자를 존중하는 것이다. 내담자의 잠재력과 대안적인 존재방식을 발견할 수 있는 내담자의 능력을 믿는다. 상담자는 내담자 쪽으로 향해야 하며 내담자를 솔직, 통합적, 용기 있는 존재로 지각해야 한다.

⑥ 상담자의 자질은 자신의 실제를 잃지 않으면서 내담자의 암흑바다를 모험, 상담자 자신의 삶에서의 충분한 깊이와 개방성에 도달한다. 내담자들이 가장 깊은 문제를 탐색하는 동안 상담자 자신의 존재도 변화의 대상으로 본다. 협동적 모험으로 상담자와 내담자 모두가 자신들의 삶이 변화하는 것을 허용할 때 변화가 시작된다.

3) 상담의 과정

상담자들이 사용하는 개입은 인간 실존의 본질에 대한 철학적인 관점에 기초를 두며, 상담자를 상담에 활용하는 것이 상담의 핵심이다(Baldwin, 1987).

(1) 초기 단계

상담자는 내담자가 세계에 대한 가정을 확인하고 명료화하도록 유도한다. 실존을 자각하고 느끼는 방식을 정의하고 의문을 품도록 권유하고, 내담자의 가치 · 신념 · 가정들을 검토하여 타당성을 결정한다. 내담자 존재에 관하여 되돌아보는 방법과 삶에서의 문제 발생에서 자기의 역할을 검토하는 방법을 가르친다.

(2) 중간 단계

상담자는 내담자 자신의 가치체계의 원천과 근거를 더욱 철저히 검토하도록 격려하고 이러한 자기 탐색과정을 통해 가치와 태도의 통찰을 돕는다.

(3) 마지막 단계

상담자는 내담자가 검토하고 내면화한 가치들을 확실하게 적용하는 방법을 발견할 수 있도록 하는 것과 배운 것을 행동하여 실천하도록 돕는 것을 중시한다. Yalom은 "실존적 상담은 개인의 실존에 뿌리를 둔 역동적 상담이다"라고 정의했고, 상담자는 궁극적 관심사에 대한 내담자의 자각이 어떻게 그의 심리적 문제와 관련되어 있는가를 파악하여 내담자를 조력하도록 한다고 했다. Yalom의 궁극적 관심사 네 가지는 다음 [표 12-2]와 같다.

표 12-2 Yalom의 궁극적 관심사 네 가지

궁극적 관심사	내용
죽음	• 불안의 기본 원천이자 가장 분명하고 쉽게 직관적으로 알게 되는 관심사이다. • 실존적 내적 갈등은 불가피한 죽음에 대한 자각과 삶을 지속시키려는 동시적 소망 간의 갈등이다. • 불안에 기초한 죽음의 자각에 대한 방어는 증상과 부적응적인 성격구조를 조성한다.
자유	• 자유란 인간이 응집력 있는 거대한 설계를 지닌 구조화된 우주에 들어가지 못하고 나오지도 못함을 의미한다. • 자유란 인간이 자신의 세계, 인생 설계, 자신의 선택과 행동에 책임이 있음을 의미한다. • 책임은 의미 있게 세상에 참여하는 책임과 자신의 삶에 대한 전적인 책임이 있음을 의미한다. • 자유를 갖고 태어난 인간은 안정되고 구조화된 세상에 살지 않음으로 인해 갈등한다. • 우리가 우리 자신을 창조하며 우리 자신의 세계를 창조함은 우리가 아무런 근거를 갖고 있지 않음을 의미하며, 심연, 공허, 무만이 있음을 말한다. 즉, 내부 갈등은 자유와 근거 없음에 대한 자각, 근거와 구조에 대한 깊은 욕망과 소망에서 생겨난다. • 자유에는 책임과 책임에서 행동으로 가는 통로인 의지가 수반된다.
고립	• 대인관계적 고립은 자신과 타인 사이에 존재하는 심연으로 타인과의 차단된 정도에 따라 경험되는 고독이다. • 개인 내적 고립은 자신에 대한 자각으로부터 봉쇄되거나 자신의 부분과 해리되는 고립을 말한다. • 실존적 고립은 타인과 세계로부터의 근본적인 고립이며, 개인이 세상에 홀로 와서 살다가 떠난다는 인간 조건에 뿌리가 있는 고립으로 가장 근본적인 형태이다. • 실존적 갈등은 근본적 고립에 대한 자각, 접촉, 보호받고 싶은 욕망, 더 큰 전체에 융화되고 그 부분이 되려는 소망 간의 갈등이다. • 성장에 수반되는 고립감을 피하기 위해 개인은 자아경계를 누그러뜨리고 타인의 일부가 되어 개인적 성장을 피한다.

	• 무서운 고립에 대한 반응은 사랑에 빠지는 것, 강박적 성욕 등이 있다. • 정신적 병리는 실존적 고립에 대한 두려움이 깔려 있으므로 상담자는 개인의 분열된 부분들을 재생하도록 조력한다.
무의미성	• 무의미성은 자기 창조적 삶의 의미가 자신의 인생을 지탱할 수 있을 만큼 충분히 튼튼한가라는 질문에 대한 내적 갈등이다. • 실존적 갈등은 전혀 의미가 없는 세계에서 자신의 의미에 대한 욕구를 어떻게 발견할 것인가에 대한 내적 갈등이다. • 인간은 일관성, 목적, 의미를 필요로 하며 추구한다. • 실존상황에서의 직면은 유형화되지 않은 세상에서 개인이 불안정해지고 존재의 패턴, 존재에 대한 설명, 존재의 의미를 찾는다. • 의미도식을 통해 사는 이유와 방법을 말해 주는 가치 위계를 만든다.

(4) 집단 실존치료의 적용

집단 실존치료의 적용은 사람들이 한평생 자기 탐색의 여행에 전념할 수 있도록 돕는 데 목적이 있다. 이는 집단원들 스스로에게 정직하게 되는 것, 자신과 세상을 바라보는 관점을 확장하는 것, 집단원들의 현재와 미래 삶에 명확한 의미를 부여하는 것이다(ven Deurzen, 2002). 미지영역을 스스로 탐색하고자 하는 삶을 향해 개방된 태도는 필수적이다. 많은 집단 내에서 보편적인 주제들이 반복적으로 드러나고, 집단원들의 선택, 자유와 불안, 죽음의 인식, 삶의 의미, 인생의 충만함과 같은 실존적 개념을 진지하게 탐색하는 것을 의미한다.

집단 실존치료에서는 집단원들의 삶과 관련된 두려움을 공유할 수 있으며, 그들이 타협해 온 방법을 깨닫게 된다. 집단원들은 차츰 그들이 어느 방향에서 잃었는지 발견할 수 있고, 스스로에게 더욱 진실하게 되는 것을 시작할 수 있다. 집단원의 삶의 목적과 중요성에 대한 답을 타인에게서가 아닌 자기 자신에게서 발견하는 법을 깨닫게 된다. 집단 실존치료 상담사들은 집단원들이 진실한 방식으로 살 수 있고, 단순한 해결책만을 사용하지 않도록 돕는다(조현춘, 조현재, 문지혜, 이근배, 홍영근, 2010).

5. 평가

1) 공헌점

첫째, 개별성과 자아의 발달을 강조하기 때문에 물질문명 속에서 방황하고 불안을 경험하는 현대인에게 도움을 주었다.

둘째, 철학적 요소가 강하여 삶의 의미와 방향을 제시해 줌으로써 기계화된 인간상실 시대를 살아가는 많은 현대인들에게 인생의 의미와 삶의 보람을 발견할 수 있다.

셋째, 사람을 관심의 중심으로 되돌리는 역할, 즉 인간 실존의 핵심인 자기인식과 지금-여기에 수반되는 자유를 강조하였다.

넷째, 죽음, 불안, 죄책감, 좌절, 외로움, 소외에 대한 새로운 관점을 제시했고, 특히 죽음의 긍정성을 보여 주었다.

다섯째, 보편적인 관심을 이해하는 참조틀을 제공하였다. 자유의 문제와 씨름하고, 자기소외와 고립, 의미 있는 삶과 개인적인 가치 발견, 불안과 죄책감, 개인적인 표현을 선택하는 것을 의미한다.

여섯째, 상담에서의 인간과 인간의 관계를 강조하였다.

일곱째, 자유와 책임을 강조하였다. 자기인식을 가지고 선택함으로써 자신의 삶을 재설계할 수 있는 인간의 능력을 인정함으로써 소극적이거나 무력한 삶 대신에 보다 능동적인 삶을 살도록 하는 데 도움이 된다.

여덟째, 현대인의 핵심 갈등을 강조하기 때문에 상담양식을 형성할 수 있는 건전한 철학적 기초를 제공한다.

아홉째, 실존상담은 다음 영역에서 특히 유용하게 적용된다.

① 단기 상담 : 개인적 책임능력을 인정하고 결정하기, 현재 상황에 대한 그들의 인식을 확장하기 등에 초점을 맞춘다.
② 발달적 위기 상황에 있는 내담자 : 청소년기 정체감 확립 시, 중년기 침체감 극복 시, 어린이의 가출 바로잡기, 결혼과 직업의 실패 극복, 나이 듦에 따라 생기는 육체적 한계를 다루기 등의 발달적 도전에는 위험과 기회가 모두 포함된다.
③ 병리 치유나 증상 제거보다는 생에 대한 문제를 해결하려는 내담자 : 사회적 소외감을 느끼는 사람들, 삶의 의미를 찾고 있는 사람들, 사별이나 실직 등 개인적 환경의 변화에 당면하고 있는 사람들, 세상에 의문을 갖거나 현실에 도전하려는 개인들, 죽어가는 사람들 등 실존의 가장자리에 있는 사람들에게 적합하다.
④ 의미를 찾고자 투쟁하고 있는 사람들이나 공허감을 호소하는 사람들에게 특히 도움이 된다.

2) 한계점

첫째, 철학적인 측면에 치중하여 체계적이지 못하고 추상적인 면이 강하며, 과학적인 기법이나 방법 면에서 소홀하다.

둘째, 자기실현, 대화적 대면, 진실성, 세상 속에서 존재하기 등 모호하고 포괄적인 용어를 사용하여 상담과정이나 결과 연구가 어렵다.

셋째, 철학적 성향이 없는 초보자나 전문가들은 실존주의 개념들이 너무 고상하고 이해하기 힘들다고 보는 경향이 있다.

넷째, 한두 명의 학자에 의해서 개발된 상담이론과는 다르게 체계적이지 못하며 추상적인 부분이 강함으로 과학적인 체계가 이루어져 있지 않다.

6. 요약

- 실존주의 상담은 자유, 책임능력, 삶의 의미, 가치추구와 같은 기본 개념을 심리치료의 이론으로 정립했으며, "의미를 통한 치료"를 뜻하는 'Logotherapy'를 발달시켰다.
- 실존주의는 세계 내에서 실존의 방식을 확인한다. 이는 주변세계, 공존세계, 고유세계, 영적세계이다.
- 실존주의는 실존 대 실존으로서 상담자와 내담자의 만남을 바탕으로 실존적 불안을 다룬다.
- 실존적 접근에서 기본적인 인간 조건을 결정하는 범주에 속하는 것은 자각의 능력, 자유와 책임감, 자신의 정체성을 창조하고 다른 사람과 의미 있는 관계를 확립하는 것, 의미, 목적, 가치와 목표의 탐구, 삶의 조건으로서 불안, 죽음의 자각 등이 있다.
- 내담자의 궁극적 관심사와 관련된 실존적 공허감의 문제를 진술하게 직면할 수 있도록 격려하며, 대표적인 기법으로 역설적 의도와 역반영, 방관-반성 제거가 있다.
- 실존주의 상담은 내담자의 타고난 경향성을 실현하는 데에 목적이 있다. 그러기 위해서 상담자는 내담자의 자기각성을 최대한 도와주어야 하고, 내담자의 실재 안에 존재하는 그대로의 세계를 보아야 한다.
- 상담자들이 사용하는 개입은 인간 실존의 본질에 대한 철학적인 관점에 기초를 두며, 상담자를 상담에 활용하는 것이 상담의 핵심이다.
- 실존주의 상담은 개인의 실존에 뿌리를 둔 역동적 상담이고, 궁극적 관심사 네 가지는 죽음, 자유, 고립, 무의미성이다.

7. 상담사례

이 사례는 소크라테스의 대화법인 무의식의 정신을 파고드는 시도이다. 사람은 정신 속에서 억압하거나 도외시했던 의미에 대한 의지를 보존하며, 뿐만 아니라 희망, 억눌렸던 꿈, 목표, 자존심, 그리고 오해나 불행 때문에 파묻었던 경험의 긍정적 측면을 모두 정신 속에 보존하고 있다. 이 꿈, 목표, 경험은 소크라테스의 대화법을 통해 조금씩 떠오르기 마련이다. 이런 조각을 수집하여 내담자에게 그것을 재연하도록 하는 것은 상담자의 상담기술이다.

내담자는 자기비하적인 태도, 죄책감, 반감을 이겨내기 위하여 애쓰고 있는 유능한 전문직 종사자이다. 아래의 상담사례는 상담자가 내담자의 무의식에서 나오는 긍정적 말귀를 찾아내서 이것을 재연함으로써 내담자로 하여금 그것을 의식하게 하는 장면이다.

내담자 (실패와 실망으로 충만한 그의 생활을 이야기하고 나서) 때로 나는 삶의 과정에서 한 걸음 더 나가는 것이 도무지 확신이 서지 않고 겁이 나서 주저하게 됩니다.

상담자 그렇다면 과거 이야기를 좀 해봅시다. 만일 당신의 과거가 아까 이야기처럼 거미줄 같다고 하면 그것은 어떤 거미줄인가요? 내가 보기에 당신의 과거는 마치 보석으로 엮어진 성취 경험과 화려한 인간관계로 가득 차 있는 것 같은데요.

내담자 (울음을 터뜨리면서) 네, 그렇기도 합니다.

상담자 아무도 그것을 빼앗지 못하지요. 그렇게도 많은 보석으로 충만한 자신의 과거를 보면서 무엇을 배우게 됩니까?

내담자 낭만의 범벅 속에서도 물론 배우는 것이 있습니다. 나 자신의 일부가 다음 단계의 발전을 위해 준비도 하지요.

이때 내담자는 상담자에게 Frankl의 나치 수용소 체험기를 읽은 적이 있

다는 이야기를 한다.

내담자 나는 그 책을 읽고 나서 일주일 동안 내내 Frankl을 생각해 보았습니다.

상담자 그래서 어떤 생각이 지금 마음속을 스쳐 가고 있어요?

내담자 한 마디로 비관주의라고 하겠습니다. 나는 나 자신을 정서적으로나 정신적으로 수용소의 시련을 이겨내지 못할 사람으로 여기면서도 이를 전적으로 받아들이지는 않습니다. 나는 형제를 팔아 살아남으면서도 99%의 강한 정신력을 갖지 못하고… 그러나 Frankl은 전혀 타협하지 않고도 살아남은 사람이 있었다고 하였으니 결국 사람은 이겨낼 수 있다는 뜻이지요.

상담자 희망을 좀 이야기해 봅시다. 희망이 있다고 아까 말했지요?

내담자 그렇습니다. 나는 낙오자가 될 수 없지요. (내담자는 거절당한 이야기, 함정에 빠진 이야기를 들추어냈다)

상담자 Frankl의 말대로 사람은 저마다의 강제수용소를 안고 있습니다. 당신의 경우는 어떠하며 언제 거기서 나왔으며, 지금의 희망은 무엇인지 이야기합시다. 오늘 여기서 자신의 고통과 선택의 자유를 이야기하며… 희망을 말하고 있다는 이 사실이 당신의 성공적인 생존을 증명하고 있습니다.

내담자 (한숨 쉬며 미소를 짓는다) 네, 그것이 사실입니다. 어떻게 내가 나왔느냐고요? 몇 사람의 도움이 있습니다.

내담자는 고등학교 시절의 은사 한 분이 그의 문제를 자기 일처럼 도와주셨고, 상습적으로 거짓말을 했기 때문에 아버지가 그를 목사님에게 데려갔을 적에 목사님은 그를 받아들이고 친절하게 교정하여 주셨다는 이야기를 하였다.

상담자	그러니 비난과 심판을 받을 것이 아니라 관용의 좋은 경험을 하였네요.
내담자	(울면서) 네, 그렇습니다. 또 이상하게도 나의 동료들이 나를 잘 받아 줍니다. 그래서 내 마음이 포근해집니다.
상담자	어째서 동료들의 호감을 사는 것 같다고 느낍니까?
내담자	내가 점잖으며 잘 웃는 편이며 잘 웃길 줄도 알기 때문이라 할까요? 나는 비교적 단순하고 순박합니다. 나는 지식욕이 왕성한 사람이 아닙니다.
상담자	지식욕이 왕성한 사람이 아니라고 말했는데 그런 부정적인 면이 아니고 자신의 적극적인 면을 이야기해 봅시다.
내담자	나는 남의 일에 헌신적입니다.
상담자	그런 사람들이 일반적으로 친구가 많지요.
내담자	나는 별로 친구가 없습니다. 오히려 나는 다른 사람의 도움과 지지를 받으면서 살고 있는 것 같습니다. 그래서 '너는 바라는 것이 너무 많다'는 말을 들을까 봐 걱정됩니다.
상담자	나에게 자신의 부정적인 이야기를 해 주었지만, 당신에게 친절하고 함께 고통을 나눠 주는 사람들이 많이 있군요.

또 한 차례의 대화과정에서 내담자는 전기톱을 쓰려던 꿈 이야기를 하였다.

내담자	(손을 가슴에 얹으면서) 나는 모터 주머니를 보았습니다. 그 속은 녹이 쓸어 있었는데 감전사를 당할 것 같아서 겁이 덜컥 났습니다.
상담자	당신은 주위에 도와주는 사람도 많고 자기성취도 자랑스럽다고 이야기했지요. 꿈에서 본 오래된 기계가 녹이 슬었다고 하지만 당신의 힘은 이것을 넘어서 다른 사람들과 만났으므로 고통과 과거의 무시도 모두 이겨낸 것입니다.
내담자	(울면서) 그러나 나에게서 나간 은으로 된 쇠줄이 푸른 숲과 연결되면서 내가 파괴자인 것만 같아요. 내가 상어가 될까 봐 겁이 납니다.

상담자 당신이 두렵다고 말하는 그 사실이 힘센 상어가 되어서 정성껏 가른 사람들을 돕는 일의 값어치를 말해 주는 것입니다. 당신은 지금 자신의 생활을 어떻게 해나가고 싶다는 것을 은 쇠줄의 가치로 잘 나타내고 있습니다.

내담자 그렇습니다. 나는 이제까지 이것을 잘 몰랐습니다.

여기가 바로 이 대화의 전환점이다. 내담자는 자신을 보다 더 적극적으로 수용하는 입장이 되었다. 상담자는 이 대화를 이렇게 평하였다. 내담자의 적극적이고 용기 있는 측면은 그때마다 인정하였으며, 오로지 이 대화 과정을 통하여 내담자는 의미의 상실감과 울적한 심정을 회복할 수 있었다.

출처: 이남표(2000). 의미요법. 서울: 학지사.

연습 문제

상담의 효율성을 높이기 위한 실존주의 상담의 연습문제

① 실존주의 상담에서 실존주의자들이 주장하는 실존의 네 가지 방식에 대하여 쓰시오.

② 실존주의 상담에서 강하게 부각되는 삶의 의미성에 대하여 논하시오.

③ 실존주의 상담과정 중 역설적 의도에 대하여 기술하시오.

④ 실존주의 상담에서의 상담의 목표에 대하여 설명하시오.

⑤ 실존주의 상담의 공헌점과 한계점에 대하여 논하시오.

Chapter 13

형태주의 상담

1. Perls

Frederick S. Perls(1893~1970)는 행태주의 상담을 창안하였다. 1920년 프리드리히 빌헬름 대학교에서 박사학위를 받고 베를린에서 신경정신과 수련을 받다가 1954년 클리블랜드 형태심리 연구소를 세웠다. 형태주의 심리학(gestalt)이란 학습자는 학습상황에서 각 부분을 관련이 없는 단편적인 것으로 지각하는 것이 아니라, 각 부분을 연결하여 조직된 전체나 형태로 지각한다고 보는 것을 말한다. 모나리자의 그림을 볼 때 처음에 한쪽 팔, 다른 쪽 팔, 코, 입 등의 순서로 보는 것이 아니라 전체로 파악하여 하나의 인상을 형성한다는 것이다.

형태주의 상담자들은 학습을 지각의 특수 문제로 인식하고 있으며 비연

형태주의 상담자들은 학습을 지각의 특수 문제로 인식하고 있으며 비연속적 인지현상으로 본다. 유기체는 문제해결에 필요한 모든 요소를 하나의 전체적 관계로 조직해서 신중히 생각한 다음 인지적 해결방안을 모색하게 된다.

속적 인지현상으로 본다. 유기체는 문제해결에 필요한 모든 요소를 하나의 전체적 관계로 조직해서 신중히 생각한 다음 인지적 해결방안을 모색하게 된다.

이러한 과정을 통해 문제해결에 대한 통찰이 일어나 갑자기 해답을 얻는 지적 경험을 하게 된다. 상담자가 내담자로 하여금 어떻게 자신들이 현재를 느끼고 경험하는지를 알 수 있도록 도움으로써 지금-여기를 완전히 경험할 수 있도록 돕는 치료방법이다. 형태주의 심리학은 형태나 모양을 의미하는 게슈탈트(Gestalt)라는 명사에서 유래했다. 게슈탈트는 전체 혹은 형태를 의미하는 독일어이며, 펄스(Perls)는 게슈탈트를 부분이 전체를 통합하는 독특한 지각형태로 설명하였다. 그리고 영상 인식의 형태주의 이론은 독일의 심리학자 Wertheimer가 1910년 여름 기차 여행을 하는 동안 영감을 얻어서 주창하게 되었다. 그는 기차의 불투명한 벽과 창문 프레임이 부분적으로 자신의 시야를 가리고 있는데도 바깥 경치를 볼 수 있다는 것을 깨달았다.

그는 이러한 현상을 눈이 단순하게 모든 영상 자극을 받아들이고 뇌는 이러한 감각을 일관된 이미지로 정리한 것으로 결론 내렸다.

형태주의 상담자들은 베르트하이머(Wertheimer)에 의한 최초 연구를 더욱 심화시켜서 영상 인식은 감각적 요소와 형태를 다양한 그룹으로 조직한 결과라고 결론지었다. 개체는 대상을 지각할 때 그것들을 산만한 부분들의 집합이 아니라 하나의 의미 있는 전체 즉, 게슈탈트(Gestalt)로 만들어 지각한다는 것이다.

2. 인간관

인간의 사고, 감정, 지각, 신체적 기능 등은 서로 관련되어 통합적으로 기능하며 균형을 유지한다. 형태주의는 긍정적 인간관을 가지며, 모든 살아 있는 존재는 자기의 잠재력을 실현하는 방향으로 나아간다고 여긴다. 펄스(Perls)는 사람, 동물, 식물 등 모든 살아 있는 유기체는 자신의 본질에 일치하는 방향으로 자아실현 하려는 욕구가 있다. 예를 들면, 안개꽃은 카네이션이 아니라 안개꽃으로 자신을 실현하고, 오리는 고양이가 아니라 오리로 자신을 실현한다. 이와 같이 인간을 인간으로서 자신이 갖고 있는 잠재적 능력이 발휘되도록 자아실현하려는 욕구를 갖고 있다.

① 인간은 서로 관계있는 부분들로 구성된 혼합체이다.
② 인간은 자신의 환경에 한 부분이며 환경으로부터 떨어져서 이해될 수 없다.
③ 외적, 내적 자극에 어떻게 대응할 것인지를 선택한 인간은 그의 세계에 있어서 피실험자가 아닌 행위자이다.
④ 인간은 모든 감각과 사상, 정서와 지각을 충분히 인식할 수 있는 잠재력을 가지고 있다.
⑤ 인간은 이러한 인식 때문에 선택할 능력이 있다.
⑥ 인간은 자신의 삶을 효과적으로 다스릴 능력을 가지고 있다.
⑦ 인간들은 과거와 미래를 경험할 수 없고 그들은 다만 현재에서만 체험할 수 있다.
⑧ 인간들은 근본적으로 선하거나 악하지 않다.
⑨ 개체는 장을 전경과 배경으로 구조화하여 지각한다.
⑩ 개체는 장을 능동적으로 지각하고 조직하여 의미 있는 전체로 지각하는 경향이 있다.

⑪ 개체는 자신의 현재 욕구를 바탕으로 형태를 형성하여 지각한다.

⑫ 개체는 미해결된 상황을 완결 지으려는 경향을 지니고 있다.

⑬ 개체의 행동은 개체가 처한 상황의 전체 맥락을 통해서 이해된다.

3. 주요 개념 및 기법

1) 주요 개념

(1) 전경과 배경

① 어떤 대상을 지각할 때 관심 있는 부분은 지각의 중심이 되는 것은 전경이고, 나머지 부분인 관심 밖에 있는 부분을 배경으로 설정한다.

- 전경(figure) : 어느 한순간에 관심의 초점이 되는 부분으로 개인의 욕구나 감정 상태로 지각된다.
- 배경(ground) : 관심 밖으로 물러나는 부분으로 전경이 아닌 나머지 부분이다.

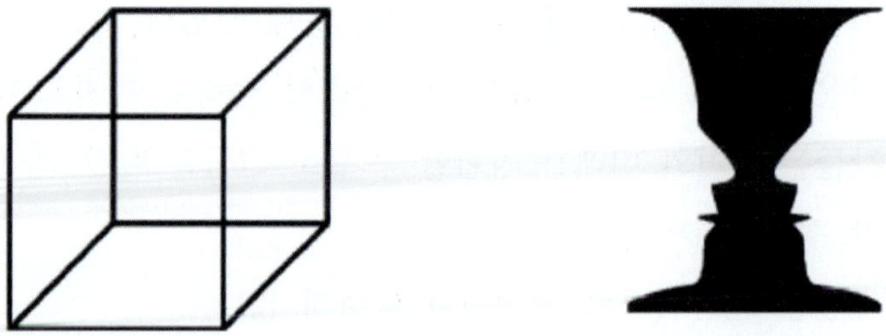

전경과 배경 그림
https://narrare3.tistory.com/134

② 형태를 형성한다는 말은 개체가 어느 한순간에 가장 중요한 욕구나 감정을 지각하여 전경으로 떠올린다는 것을 뜻한다.

형태를 형성한다는 말은 개체가 어느 한순간에 가장 중요한 욕구나 감정을 지각하여 전경으로 떠올린다는 것을 뜻한다.

③ 정상과 비정상

- 건강한 개체 : 자신에게 중요한 형태를 선명하고 강하게 형성하여 전경으로 떠올린다.
- 비건강한 개체 : 전경을 배경으로부터 명확히 구분하지 못한다.

④ 형태 형성과 해소(전경과 배경의 교체)

개체가 전경으로 떠올렸던 게슈탈트를 해소하고 나면 그것은 전경에서 배경으로 물러난다. 그러면 다시 새로운 게슈탈트가 형성되고 전경으로 떠올라 해소되고 나면 또다시 배경으로 물러나는 과정을 되풀이한다.

(2) 게슈탈트의 법칙

① 유사성의 법칙(The law of similarity)

사람은 집중하기 위해서 가장 간단하고 안정적인 형태를 선택한다. 이 법칙이 정사각형, 원, 삼각형 등 기본적인 모양의 중요성을 강조한다. 이것은 가능한 한 단순한 자극 형태를 유지해서 뇌가 즉시 인식할 수 있는 간단한 형태가 의미를 전달하기를 원하기 때문이다.

사람은 집중하기 위해서 가장 간단하고 안정적인 형태를 선택한다. 이 법칙이 정사각형, 원, 삼각형 등 기본적인 모양의 중요성을 강조한다.

② 근접성의 법칙(The law of proximity)

두뇌는 멀리 떨어져 있는 두 물체보다는 서로 근접해 있는 물체들을 밀접하게 연관시킨다는 내용이다. 손을 잡고 가까이 서 있는 두 친구는 20yard 떨어져 서 있는 세 번째 사람보다 밀접하게 연관되어 있는 것으로 보일 것이다.

뇌는 선의 갑작스럽거나 급격한 움직임의 변화를 좋아하지 않는다는 것이다. 다른 말로 하면 뇌는 가능한 한 선의 부드러운 연속을 추구한다는 것이다.

③ **연속성의 법칙**(The law of continuance)

뇌는 선의 갑작스럽거나 급격한 움직임의 변화를 좋아하지 않는다는 것이다. 다른 말로 하면 뇌는 가능한 한 선의 부드러운 연속을 추구한다는 것이다. 이 선은 그림의 일반적인 선이거나 서너 개의 물체가 모여서 선을 형성하는 것일 수 있다. 연속적인 선에 속한 것으로 보이는 물체는 그 선의 일부가 아닌 다른 물체와는 정신적으로 분리된다.

④ **공동 운명의 법칙**(The law of common fate)

보는 사람은 같은 방향의 하늘을 지향하는 다섯 개의 화살이나 모인 다섯 개의 손가락이 모두 동일한 방향을 가리키므로 정신적으로 같이 분류한다.

(3) 알아차림

① 개체가 자신의 욕구나 감정을 지각하고 그것을 게슈탈트로 형성하여 전경으로 떠올리는 행위 또는 그러한 능력이다.

② 개체가 자기조정 작용을 원활히 하기 위해서는 매 순간 자신의 사고나 감정, 욕구와 감각을 명확하게 알아차리는 상태를 유지하는 것이 중요하다.

③ 접촉 경계 혼란이 개입되면 개체는 알아차림(Awareness)을 차단하고 게슈탈트 형성에 실패하게 된다.

(4) 미해결 과제

① 형태가 상황적 여건에 따라 이를 해결하지 못하였거나 아예 형태 형성 자체가 방해를 받았을 때 그것은 배경으로 사라지지 않고 남아 있으면서 계속 전경으로 떠오르려고 하는 것이다.

② 미해결 과제(Unfinished Business)는 계속 일의 해결을 요구하며 전경으로 떠오르려 하기 때문에 다른 형태가 선명하게 형성되는 것을 방해한다.

③ 미해결 과제가 쌓이는 이유는 전경으로 떠오른 욕구 대상이 방해를 받아 충족되지 않아 배경으로 사라지지 못하기 때문이다.

④ 미해결 과제를 해소하는 방법은 형태가 끊임없이 전경에 떠오르려고 노력하며, 항상 지금-여기에 그 모습을 드러내고 직면하는 것이다.

> 미해결 과제(Unfinished Business)는 계속 일의 해결을 요구하며 전경으로 떠오르려 하기 때문에 다른 형태가 선명하게 형성되는 것을 방해한다.

(5) 성격 변화 단계

개인이 심리적 성숙을 이루기 위해서는 다섯 층 피상층(피상적인 만남), 공포층(형태주의나 게슈탈트가 형성이 안 되는 단계), 교착층(형태주의나 게슈탈트는 형성되지만 에너지 동원이 안 되는 단계), 내파층(에너지는 동원되지만 행동으로 옮기는 것이 안 되는 단계), 폭발층(순조롭게 해소하는 단계)의 신경증을 벗겨야 한다.

① 피상층(허위층, Cliche or phony layer) : 사람들이 서로 형식적이고 의례적인 규범에 따라 피상적으로 만나는 관계이다. 이러한 층에서는 세련된 행동 및 적응적 행동을 보이지만 자기 자신을 깊이 있게 노출하지 않는 점에서 변화가 쉽게 일어나지 않는다. 즉, 자신의 좋은 모습만 보이고, 인간관계가 진행될수록 갈등을 피하고 예의바르게 행동을 한다.

② 공포층(연기층, Phobic or role playing layer) : 개체가 공유한 자신의 모습으로 살지 않고 주위 환경의 기대에 맞추어 행동하며 개체는 환경에 적응하기 위해 자신의 욕구를 억압하고 주위에서 바라는 행동을 연기한다. 이는 자신의 모습을 보이는 것에 공포를 느껴서 이를 회피하기 위해 타인의 기대에 따라 움직인다.

> 공포층(연기층, Phobic or role playing layer) : 개체가 공유한 자신의 모습으로 살지 않고 주위 환경의 기대에 맞추어 행동하며 개체는 환경에 적응하기 위해 자신의 욕구를 억압하고 주위에서 바라는 행동을 연기한다.

③ 교착층(곤경층, impasse layer) : 개체는 역할연기를 그만두고 자립하려고 역할연기를 포기하지만 스스로 자립할 수 있는 능력이 생기지 않

아 공포를 체험한다. 즉, 자립을 시도하지만 심한 공포감을 느껴서 어떻게 할지를 몰라 몸을 움직이지 못하는 상태이다.

④ 내파층(Implosive layer) : 지금까지 자신이 억압하고 차단해 왔던 욕구나 감정을 알고 자신에게 비난하고 질책하는 행동으로 나타낸다. 즉, 타인에게 분노를 표현하지 못하고 자기 자신에게 질책하는 행위로 나타난다.

⑤ 폭발층(외파층, Explosive layer) : 개체는 자신의 감정이나 욕구를 더 이상 억압하거나 차단하지 않고 밖으로 표출하며 강한 형태를 형성하고 마침내 환경과의 접촉을 통해 완결 짓는다. 이러한 단계에 도달하면 우리 자신은 방어를 노출시키고 진정한 자기 자신을 만난다.

(6) 부적응 행동 원인

① 각성의 결여(Lack of awareness) : 환경에 적응하고 대처할 수 있는 창조적인 능력을 상실하고 되는 대로 살아가는 인간이 된다.

② 책임의 결여(Lack of responsibility) : 책임감이 결여된 사람은 자신의 문제를 스스로 해결하기보다는 타인에 의존하는 경향이 강하다.

③ 환경과의 접촉 상실(Loss of contact with he environment) : 다른 사람에 대한 경계가 너무 경직되어 외부환경으로의 유입을 허용하지 않으며 자아와 자아상의 경계가 없어져 자신을 잃고 환경으로부터 모든 것을 받아들이려고 한다.

④ 형태의 미완성(미해결의 일, In completed gestalt or unfinished business) : 개인의 충족되지 못한 욕구, 표현되지 못한 감정 등으로 인해 현재 상황을 충분히 각성할 수 없으며 미완성의 상태에 머물러 있게 된다 (원한, 선입견, 강박적 행동, 조심, 자기파괴적 행동 등).

⑤ 욕구의 부인(Disowning of needs) : 사회적으로 용납되지 않은 욕구인

▌책임의 결여(Lack of responsibility) : 책임감이 결여된 사람은 자신의 문제를 스스로 해결하기보다는 타인에 의존하는 경향이 강하다.

분노, 공격성 등을 인정하지 않고 부정해 버릴 때 생긴다.

⑥ 양극화(Extremities the self) : 인간은 갈등을 계속해서 겪게 됨으로써 상전 · 하인으로 비유되는 내면의 부적응 현상을 초래하게 된다.

- 상전(Top dog) : 도덕적, 완벽적, 권위주의적이며 다른 사람의 기대에 따라 행동하게 하는 내면 상태이다.
- 하인(Under dog) : 개인의 욕구를 나타내고 개인의 종속적인 부분과 억압에 의해서 조정되는 내면 상태이다.

(7) 환경과의 접촉 장애

① 접촉-경계 혼란

개체와 환경 간의 경계가 너무 단단하거나 불분명해질 때 혹은 경계가 상실될 때 발생한다.

② 정신병리

접촉-경계의 혼란을 말한다.

- 심리, 생리적 장애 : 미해결 과제로 인해 발생한다.
- 미해결 과제 : 접촉-경계 혼란으로 인해 발생한다.

③ Perls의 입장

- 내사(Introjection) : 내사는 환경이나 의미 있는 타인으로부터 개념, 사실, 윤리, 기준 등을 동화하지 않은 가운데, 받아들여서 자신이 성장하거나 변화하는데 독특한 성격을 형성할 수 없는 것을 의미한다. 개체가 환경으로부터 자신의 공격성을 사용하는 것을 제지당하게 되면, 개체는 행동이나 가치관을 무비판적으로 받아들이게 된다. 자기 것으로 동화되지 않은 채 남아 있으면서 개체의 행동이나 사고방식에 악

영향을 미치는 타인의 행동 방식이나 가치관을 말한다.

- 투사(Projection) : 투사는 자신의 속성(자아의 부분), 즉 생각, 감정, 욕구 등을 타인의 것으로 지각하는 것을 의미한다. 따라서 투사는 개체가 자신의 욕구나 감정을 자신의 것으로 자각하고 접촉하는 것을 두려워하는 나머지, 이를 차단하여 그것들에 대한 책임을 타인에게 돌림으로써 나타난다. 투사의 종류는 첫째, 창조적인 투사는 개체가 새로운 상황에 처하여 그 상황에 능동적으로 대처하는 한 방편으로서 의도적으로 자신의 상상력과 창의력을 사용하는 행위이다. 둘째, 병적인 투사는 개체가 직면하기 힘든 자신의 내적인 욕구나 감정 등을 회피하기 위해서 무의식적으로 습관적으로 반복하는 행위이다.

창조적인 투사는 개체가 새로운 상황에 처하여 그 상황에 능동적으로 대처하는 한 방편으로서 의도적으로 자신의 상상력과 창의력을 사용하는 행위이다.

병적인 투사는 개체가 직면하기 힘든 자신의 내적인 욕구나 감정 등을 회피하기 위해서 무의식적으로 습관적으로 반복하는 행위이다.

- 반전(Retroflexion) : 반전은 개체가 다른 사람이나 환경에 대하여 하고 싶은 행동을 자기 자신에게 하는 것 혹은 타인이 자기에게 해 주기를 바라는 행동을 스스로 자기 자신에게 하는 것이다. 이러한 행동은 타인이나 환경과 상호작용하는 대신에 자기 자신을 행동의 대상으로 삼는다.
- 융합(Confluence) : 융합은 자아와 환경관의 경계가 없다는 것이다. 다시 말해 밀접한 관계에 있는 두 사람이 서로 간에 차이점이 없다고 느끼도록 합의함으로써 발생하는 '접촉-경계 혼란'을 말한다. 그리고 서로 독립적으로 행동하지 못하는 의존관계이다.
- 편향(Deflection) : 편향은 감당하기 힘든 내적 갈등인자가 외부 환경적 자극에 노출될 때, 이러한 경험으로부터 압도당하지 않기 위해 자신의 감각을 둔화시킴으로써 자신 및 환경과의 접촉을 약화시키는 것이다.

예를 들어, 말을 장황하게 하거나 초점을 흐리게 말을 하면서 상대를 보지 않는 경우와 추상적으로 말하거나 대충 말을 설명하면서 자신의 감각을 차단시키는 것이다.

2) 주요 기법

① 자신의 욕구와 감정 자각

욕구와 감정을 자각함으로써 게슈탈트 형성을 원활하게 할 수 있고 환경과의 생생한 접촉이 가능해지기 때문에 형태주의 상담에서는 내담자로 하여금 자신의 욕구와 감정을 지각하도록 도와주는 것을 매우 중요시한다. 예를 들어, '지금 느낌이 어떤가요?', '지금 하신 말을 왜 하는지 자각해 보세요', '당신이 원하는 것은 무엇인가요?', '나는…하고 싶다.' 등이다.

② 신체 자각

상담자는 내담자가 현재 느끼는 신체 감각을 자각하게 하여 자신의 욕구나 감정 혹은 무의식적 생각을 알아차리게 한다. 예를 들어, '지금 몸이 무엇을 표현하고 있다고 느끼나요?', '호흡을 자각해 보세요.', '목소리가 많이 떨리는군요.', '방금 입술이 움찔한 것을 알고 계시나요?' 등이다.

③ 환경 자각

주위 사물과 환경을 자각하도록 해 줌으로써 환경과의 접촉을 증진시킬 수 있다. 내담자들은 흔히 미해결 과제로 인해 자기 자신에게 몰입해 있기 때문에 주위 환경에서 일어나는 사건이나 상황들을 잘 알아차리지 못한다.

내담자로 하여금 환경을 자각하게 함으로써 환경과의 접촉에 새로운 관심과 흥미를 유발할 수 있다. 예를 들어, '방안에 무엇이 보이나요?', '혹시 전에 없던 것이 보이나요?', '눈을 감고 상대방의 얼굴을 떠올려 보세요. 이제 눈을 뜨고 그 사람의 얼굴을 관찰해 보세요. 어떤 차이가 느껴지나요?' 등이다.

④ 언어 자각

내담자가 사용하는 언어에서 행동의 책임소재가 불명확한 경우, 상담자는 내담자로 하여금 자신의 감정과 동기에 대해 책임을 지는 형식의 문장으로 바꾸어 말하도록 시킴으로써 내담자의 책임의식을 높여 줄 수 있다. 예를 들어, '늦지 않으려고 했습니다만~'을 '늦지 않으려고 했습니다. 그리고~'로 바꾸어야 한다.

⑤ 과장하기

어떤 상황에서 자신의 감정을 체험하지만 아직 그 정도와 깊이가 미약하여 그 감정을 명확히 자각하지 못하고 있을 때 상담자는 내담자의 행동이나 언어를 과장하여 표현하게 함으로써 내담자의 감정 자각을 도와줄 수 있다. 예를 들어, 몸을 떨고 있는 내담자라면 몸을 더 심하게 떨게 해 봄으로써 거기에 내포된 느낌이 무엇인지 깨닫게 해 준다.

▌어떤 상황에서 자신의 감정을 체험하지만 아직 그 정도와 깊이가 미약하여 그 감정을 명확히 자각하지 못하고 있을 때 상담자는 내담자의 행동이나 언어를 과장하여 표현하게 함으로써 내담자의 감정 자각을 도와줄 수 있다.

⑥ 반대로 하기

내담자가 보이는 행동은 억압된 충동의 반대적 표현에 불과하다. 따라서 평소 행동과 반대되는 행동을 해 보이도록 요구함으로써 내담자가 억압하고 통제해 온 자신의 다른 측면을 접촉하고 통합할 수 있도록 도와줄 수 있다. 예를 들어, 위축된 행동을 하거나 소심한 행동을 하는 내담자에게 앞뒤 가리지 않고 사람들 앞에서 나서는 행동을 하게 함으로 자신에게 고정된 행동에서 벗어날 수 있다.

⑦ 머물러 있기

자신의 감정을 피하지 말고 계속 직면하여 그 상태에 머물러 있도록 요구함으로써 미해결 과제를 완결시키도록 도와줄 수 있다. 내담자의 미해결 과제의 감정에 머무르고 있는 감정을 통합하고 변화시킬 수 있는 것이다. 예를 들어, 상담자는 내담자에게 '계속하세요.', '그대로 계세요.', '느끼는 대로 말해 보세요.' 등이다.

⑧ 빈 의자 기법

현재 치료 장면에 와 있지 않은 사람과 상호작용할 필요가 있을 때 사용하는 것이다. 예로 내담자는 그 인물이 맞은편 빈 의자에 앉아 있다고 상상하고 그와 대화를 하며 기법을 통해 타인과의 관계뿐만 아니라 자신의 억압된 부분과도 접촉이 가능하다.

빈 의자 기법 : 현재 치료 장면에 와 있지 않은 사람과 상호작용할 필요가 있을 때 사용하는 것이다. 예로 내담자는 그 인물이 맞은편 빈 의자에 앉아 있다고 상상하고 그와 대화한다.

⑨ 자기 부분들과의 대화

인격에서 분열된 부분들을 찾아내어 그것들 간에 서로 대화를 시킴으로써 분열된 자기 부분들을 통합시킬 수 있다. 내담자의 대표적인 내적 분열은 상전과 하인의 대립이다. 상전은 초자아와 비슷한데, 주로 하인에게 명령과 도덕적 요구를 한다. 하인은 수동적이고 반항적이며 상전의 비난에 대해 변명이나 회피를 하면서 상전에 대항한다.

⑩ 꿈 작업

꿈 작업 : 꿈은 내담자의 소외된 자기 부분들이 투사되어 상징적으로 나타난 것으로 투사된 부분들을 동일시함으로써 이제까지 억압하고 회피해 왔던 자신의 욕구, 충동, 감정들을 다시 접촉하고 통합하도록 해 주는 것이다.

꿈은 내담자의 소외된 자기 부분들이 투사되어 상징적으로 나타난 것으로 투사된 부분들을 동일시함으로써 이제까지 억압하고 회피해 왔던 자신의 욕구, 충동, 감정들을 다시 접촉하고 통합하도록 해 주는 것이다. 예를 들어, 밤에 살인자에게 쫓기는 꿈을 꾼 내담자에게 스스로 살인자 연기를 해보라고 한다. 이렇게 행동함으로 자신의 공격성을 자각하고 접촉하도록 한다.

⑪ 실험(과제하기)

상담자가 내담자의 문제를 명료화해 주고, 자각을 증진시켜 주는 동시에 치료적 작업을 원활하게 하기 위해 내담자에게 특정한 장면을 연출하거나 시행해 보도록 제안하는 것이다. 예를 들어, 타인과 눈 맞춤을 하지 못하는 내담자에게 밖에 나가서 타인을 계속 쳐다보도록 하는 것이다.

4. 상담목표와 과정

1) 상담의 목표

형태주의 상담은 개인의 독립과 통합을 목표로 하기 때문에 인간의 문제가 아닌 인간 그 자체에 초점을 맞춘다. 단순히 문제를 해결하는 것이 아니라 내담자들의 성장과정을 도움으로써 그들이 현재 대처하고 있으며 미래에 대처하게 될 문제들에 대해 보다 잘 극복할 수 있도록 돕는 것이다.

형태주의 상담은 개인의 독립과 통합을 목표로 하기 때문에 인간의 문제가 아닌 인간 그 자체에 초점을 맞춘다. 단순히 문제를 해결하는 것이 아니라 내담자들의 성장과정을 도움으로써 그들이 현재 대처하고 있으며 미래에 대처하게 될 문제들에 대해 보다 잘 극복할 수 있도록 돕는 것이다. 그래서 게슈탈트 상담자는 내담자들이 현재와 접촉하는 것에 도움을 주기 위해 '왜'라는 질문보다 '무엇을', '어떻게' 질문하고, '지금'이라는 자각을 높이기 위해 내담자에게 '지금' 무슨 일이 일어나고 있는지, 지금 어떤 감정인지 등의 현재 시제의 질문을 한다.

> **Tip**
>
> '왜'라는 질문을 삼가야 한다. 상담자가 내담자에게 '왜'라는 질문을 하면 내담자는 합리화나 자기기만을 하게 되어 경험의 즉시성이 멀어지게 되고, 현실 경험에 저항하는 과거 경험을 되풀이하게 된다.

① 체험 확장 : 타인에게 상처를 주지 않으면서 자연스럽게 표현하여 자신의 욕구를 충족하는 것을 배운다.

② 통합 : 내담자는 자신의 부분을 타인이나 외부 환경에 투사해 버리거나 자신의 것이 아닌 것을 자신의 일부로 잘못 알고 타인과의 혼동을 가지며 자신의 경계를 잃어버리거나 자신의 에너지를 차단시킨다.

③ 자립 : 내담자는 내가 타인을 필요로 할 때, 그들이 내 곁에 오지 않을까 봐 두렵게 느끼며, 그들을 내 곁에 붙들어 두어야 한다고 생각한다.

④ 책임자각 : 자신의 행동을 선택한 만큼 책임질 수 있게 된다.

⑤ 성장 : 끊임없이 외부 환경과 접촉하면서 새로운 것을 받아들이고 이를 자신에게 맞도록 소화, 동화시키며 스스로 새로운 모습으로 변화하고 성장한다.

⑥ 실존적 삶 : 자신의 에너지를 통합하여 스스로 자립하며 자신의 잠재적 가능성을 실현시키고 그들 본연의 모습으로 보고 사물을 판단할 때, 채색된 개념이 아니라 실존적 상황에 열려 있는 자세를 갖도록 도와주는 것이다.

2) 상담자의 역할

Perls, Hefferline, Goodman(1951)은 형태주의 상담자가 해야 할 일은 내담자가 새로운 행동을 시도하여 무슨 일이 일어났는가를 알아낼 수 있는 실험적 태도를 취하게 함으로써 자기 스스로에 대해 알도록 돕는 적극적인 파트너가 되는 것이라고 했다.

Perls, Hefferline, Goodman(1951)은 형태주의 상담자가 해야 할 일은 내담자가 새로운 행동을 시도하여 무슨 일이 일어났는가를 알아낼 수 있는 실험적 태도를 취하게 함으로써 자기 스스로에 대해 알도록 돕는 적극적인 파트너가 되는 것이라고 했다.

Yontef와 Jacobs(2008)는 형태주의 상담자들이 사전에 정해 놓은 목표를 향하기보다 인식, 자유의지, 자기 내부로 향하는 방향을 증가시키는 것을 제시한다. 형태주의 상담자는 내담자의 전경과 배경을 이루고 있는 것에 대해 관심을 가진다. Yontef(1993)는 상담심리자가 안내자 또는 촉진자로서 기능을 하며 실험을 제안하고 내담자와 함께 관찰하지만, 치료의 기본 작업은 내담자의 몫이라고 하였다. 그는 내담자가 새로운 삶의 방식을 시도해 볼 수 있는 분위기를 조성하는 것이 상담자의 역할이라고 강조한다. 형태주의 상담자는 내담자에게 직면을 통한 변화를 강요하지 않고, 지금-여기의 틀 안에서 나(당신)의 대화로 상담을 이끌어 간다.

3) 상담의 과정

형태주의 상담과정에 공헌한 Polster(1987)는 3단계의 변화과정을 제시하였다.

(1) 발견단계

발견단계에서 내담자는 이전에는 깨닫지 못했던 자신, 문제, 상황에 대한 새로운 관점을 발견한다.

(2) 조절단계

조절단계에서 내담자는 자신의 오래된 정체감에 변화를 줌으로써, 자신이 새로운 선택을 하는 것이 가능하고 새로운 방식으로 시도할 수 있다는 것을 알게 된다. 이런 과정에서 상담자의 적극적 지지가 매우 중요하다.

(3) 동화단계

동화단계에서 내담자는 새로운 행동을 선택하고 시도하는 것에서 자신의 환경을 변화하는 방법을 학습하고 발전하게 된다. 이는 내담자가 타인에게서 자신이 원하는 것을 얻는 데 적절한 자기표현을 하게 됨을 의미한다.

형태주의 상담을 위해 지켜야 할 일반적 규칙 여섯 가지는 다음과 같다(Levitsky & Perls, 1970).

첫째, 지금-여기에 충실하라.
둘째, 말로써 설명하거나 분석하는 대신 직접적인 경험을 하게 하라.
셋째, 내담자에 의한 자기발견을 강조하라.
넷째, 내담자의 각성에 초점을 맞춰라.
다섯째, 욕구좌절을 기술적으로 활용하라.
여섯째, 책임과 선택을 강조하라.

5. 평가

1) 공헌점

첫째, 형태주의 상담은 갈등과 삶에 대한 인간의 투쟁을 상담의 장으로 가져오도록 하는 활동 접근이다. 사람들은 문제를 상담의 장면에서 현 순간 실제로 감각적으로 경험함으로써 그들의 경험에 대해 더 잘 인식할 수 있다.

둘째, 적절한 요소를 현재 속으로 가져옴으로써 과거를 활기찬 방법으로 취급하는 방식이다. 상담자는 현재의 기능을 가로막는 문제들을 내담자가 창조적으로 인식하고 처리하도록 독려함에 따라 내담자들은 이 인식을 통하여 자신의 경험에 대해 더 많은 개인적 책임감을 느낄 수 있게 된다.

상담자는 현재의 기능을 가로막는 문제들을 내담자가 창조적으로 인식하고 처리하도록 독려함에 따라 내담자들은 이 인식을 통하여 자신의 경험에 대해 더 많은 개인적 책임감을 느낄 수 있게 된다.

셋째, 변화할 능력이 없어서 변화하지 못한다는 사실을 수용하지 않으며, 삶을 변화시키겠다는 결정을 하도록 하기 위하여 상담자는 내담자에게 여러 가지 형태 실험들을 제공한다.

넷째, 형태주의 상담의 꿈 작업은 사람들이 삶의 핵심 주제를 더 잘 인식하도록 하는 독특한 방법이다. 꿈의 각 요소들을 자신의 투사로 봄으로써 내담자들은 삶 속으로 꿈을 가져올 수 있고 개인적 의미로 꿈을 해석할 수 있고 책임을 질 수 있게 된다.

다섯째, 형태주의 상담은 단순히 장애를 치료하는 기법이 아니라 성장적 · 발전적 관점이다. 상담자와 내담자의 실존적 관계를 강조하므로 지시하고 창조하고 인식 증진을 위한 실험을 하는 데에 창조정신이 있다.

형태주의 상담은 단순히 장애를 치료하는 기법이 아니라 성장적·발전적 관점이다. 상담자와 내담자의 실존적 관계를 강조하므로 지시하고 창조하고 인식 증진을 위한 실험을 하는 데에 창조정신이 있다.

2) 한계점

첫째, 형태주의 상담은 성격의 인지적 요소들을 경시하였는데 Perls는 경험에 관해 생각하지 말라고 했으며, 많은 형태주의 상담자들은 사고를 탐색하지 말고 감정을 인식하고 표출하는 것을 강조했다.

둘째, 형태주의 상담에서는 인지적 설명에 초점을 두게 되면 현재 경험이나 통합 과정이 방해받는 것으로 보기 때문에 이를 못 하도록 하고 있지만 내담자들은 상담을 통해 그들의 사고를 명료화하고, 신념을 탐색하고, 상담에서의 재경험에 의미를 부여한다.

셋째, 형태주의 상담이 효과적이기 위해서는 상담자의 인간적 발달 수준이 높아야 한다. 상담자는 자신의 욕구를 인식하고, 이 욕구들이 내담자의 과정을 방해하지 않는다는 사실을 아는 것, 현재 순간에 존재하는 것, 비방어적이고 자기 노출적으로 될 의지를 갖는 것 등이 필요하다.

넷째, 적절히 훈련받지 못한, 즉 권력에 굶주린 상담자들은 내담자를 억누르고 조작하는 일에 주로 관심을 가질 위험이 있다.

적절히 훈련받지 못한, 즉 권력에 굶주린 상담자들은 내담자를 억누르고 조작하는 일에 주로 관심을 가질 위험이 있다.

6. 요약

- 형태주의 상담의 인간관은 개체는 대상을 지각할 때 그것들을 산만한 부분들의 집합이 아니라 하나의 의미 있는 전체, 즉 '형태'로 만들어 지각하며, 인간의 사고, 감정, 지각, 신체적 기능 등을 서로 관련되어 통합적으로 기능하며 균형을 유지하고자 한다고 본다. 또한 긍정적 인간관을 추구하며, 모든 살아 있는 존재는 자기의 잠재력을 실현하는 방향으로 나아간다고 보았다.
- 형태주의 상담에서 어떤 대상을 지각할 때 관심 있는 부분이 지각의 중심으로 떠오르는 것을 전경이라 하고, 관심 밖으로 물러나는 부분을 배경이라 한다. 개체가 전경으로 떠올렸던 형태를 해소하고 나면 그것은 전경에서 배경으로 물러난다. 그러면 다시 새로운 형태가 형

성되어 전경으로 떠올라 해소되고 나면 또다시 배경으로 물러나는 과정을 되풀이한다.

- 형태가 상황적 여건에 따라 해결되지 못하였거나 아예 형태 형성 자체가 방해를 받았을 때 그것은 배경으로 사라지지 않고 남아 있으면서 계속 전경으로 떠오르려고 한다.
- 형태주의 상담은 개인의 독립과 통합을 목표로 하기 때문에 인간의 문제가 아닌 인간 그 자체에 초점을 맞춘다. 단순히 문제를 해결하는 것이 아니라 내담자들의 성장과정을 도움으로써 그들이 현재 대처하고 있으며 미래에 대처하게 될 문제들에 대해 보다 잘 극복할 수 있게 돕는 것이다.
- 환경과의 접촉 장애로 개체가 환경으로부터 자신의 공격성을 사용하는 것을 제지당하게 되면, 개체는 행동이나 가치관을 무비판적으로 받아들이게 된다. 내사는 자기 것으로 동화되지 않은 채 남아 있으면서 개체의 행동이나 사고방식에 악영향을 미치는 타인의 행동방식이나 가치관을 말하며 투사는 개체가 자신의 욕구나 감정을 자신의 것으로 자각하고 접촉하는 것을 두려워하는 나머지, 이를 차단하여 그것들에 대한 책임을 타인에게 돌리는 것을 말한다.
- 형태주의 상담의 주요 기법으로는 욕구와 감정 자각, 신체 자각, 환경 자각, 언어 자각, 과장하기, 반대로 하기, 머물러 있기, 빈 의자 기법, 자기 부분들과의 대화, 꿈 작업 실험 등이 있다.

7. 상담사례

일주일에 1시간씩 약 1년간 개인상담을 받았던 20대 후반의 한 남자 내담자의 1회분 치료 장면을 녹음한 것이다. 이 내담자는 오랫동안 정신과에서 약물상담을 받았던 환자로 심한 대인공포 증상과 피해망상 증상이 있다. 사람들이 자꾸 자기를 째려보기 때문에 불안해서 밖에 나갈 수 없다고 한다. 가끔 사람들이 자기를 욕하는 것같이 느껴지고, 가끔 라디오나 tv에서 자기를 욕하고 비웃는 것 같다고 한다.

내담자는 키가 작은 편으로 여성적인 용모를 갖고 있다. 옷은 깔끔히 입고 성격은 소심함과 완벽주의적 경향이 있다. 자신의 문제를 솔직하게 말하는 성격으로 언어구사력이 뛰어난 자신의 상태를 아주 잘 설명했다. 즉, 열등감과 우월감이 동시에 있고 사람들에 대한 막연한 적개심이 있다. 이 내담자의 아버지는 매우 권위적으로 지병을 앓고 있어 집안에서 신경질을 많이 나타내고 있다. 어머니는 내담자를 과잉보호했고 남아선호 경향성이 있다. 특히 이 내담자는 처음 만났을 때 매우 불안한 표정으로 눈길을 한 곳에 두지 못하고 눈치를 살피며 시종일관 안절부절못했다.

상담계획은 외부로 투사한 자신의 적개심을 자각하고 통합하도록 해서 왜곡된 현실지각을 바로 잡아주고, 스스로 자신의 감정과 행동에 대해 책임을 지도록 했다. 또한 지나치게 경쟁적인 태도와 자기 비하적인 태도를 지양하고 자신감을 회복하도록 도와주는 것이 상담목표다. 상담을 진행하면서 내담자는 상담자에 대한 경계심이 사라지고 상담에 대한 의욕이 생겨났다. 상담이 시작된 지 3개월쯤 되어서 환청이 사라졌고 현실지각이 좋아졌다. 하지만 대인공포와 같은 증상은 계속 남아 있었고, 이 사례는 6개월 정도 되었을 때 상담한 내용이다.

상담자 한 주일 동안 어떻게 지내셨죠?

내담자 계속 불안하고 지나가는 사람들 눈치가 보이고, 나를 공격할 것 같고, 집에 있으면 어머니 잔소리 듣기 싫고, 짜증만 나고…, 아버지가 지나가면서 한숨 쉬는 것을 들으면 미칠 것 같아요. 삶에 대한 의욕도 없고, 계속 잠만 자고, 음악 듣고… 뭐 그렇게 지냈죠. (말을 하면서도 계속 좌우를 살핌)

상담자 지금 이 순간은 어떠신가요?

내담자 (상담실 밖에서 여자들이 떠들며 지나가는 소리가 난다) 불안해요. 그리고 좀 화가 나는 것 같아요.

상담자 무슨 화날만한 이유라도 있어요?

내담자 밖에 지나가는 여자들이 나를 비웃는 것 같아요…, 막 화가 나고 소리치고 싶어요. 죽이고 싶어요.

상담자 지나가는 여자들이 어떻게 비웃는 것 같습니까? 그 여자들 입장이 되어서 앞에 빈 의자에 자기 자신이 앉아 있다고 상상하시면서 한번 말을 해 보시겠습니까?

내담자 (빈 의자를 향해 소리 지른다) 야! 이 병신 같은 자식아! 너 같은 놈은 아예 죽어라. 쌀 아깝다. 쌀 아까워! 말도 안 하고 가만히 앉아 있는 자식이… 네가 남자냐?

상담자 그 말을 들은 자기 기분이 어때요?

내담자 막 화가 나요! 그리고 저 자신이 한심해 보여요.

상담자 그러면 이번에는 의자를 바꾸어 앉으셔서, 저쪽에 앉아 있는 그 여자들에게 대답을 해 보시겠어요?

내담자 너희 같은 여자들한테 그런 소리 듣고 싶지 않아! 아휴! 정말… 너희 같은 년들은…! (주먹을 내젓는다)

상담자 지금 기분이 어떠세요.

내담자 아까보단 훨씬 나아요. (잠시 침묵) 세상 사람들이 다 아래로 보이는 기분이에요. 다 내 종으로 보여요!

상담자 그 말을 세상 사람들한테 해 보실 수 있겠어요?

내담자 너희들은 다 벌레 같은 존재야! 나하고는 상대가 안 돼! 너희들은 무가치한 존재야! 너희들이 하는 짓은 다 하찮고 시시한 일들이야. 나는 신에게도 이기고 싶어…! (상기된 표정)

상담자　그러면 이번에는 이쪽으로 앉으셔서 세상 사람들 입장이 되어 대답해 보시겠어요?

내담자　너 같은 인간은 정신병자야! 이 세상에서 살 가치가 없는 존재야! 우리 앞에서 사라져! 다시는 우리 앞에 나타나지 마! 너 같은 인간은 이 세상에서 영원히 없어져야 돼!

상담자　서로 팽팽한 싸움이군요. 다시 자리를 바꾸어 대화를 계속하시죠.

내담자　(갑자기 목소리가 작아진다) 난 죽기 싫어! 너희들하고 같이 있을 테야!

상담자　목소리가 작아졌네요? 다시 저쪽에서 뭐라고 말하지요?

내담자　네가 우리하고 같이 있는 건 좋아. 마음대로 해. 그러나 우리에게 조금이라도 방해하면 넌 나가야 해.

상담자　이쪽에서 뭐라고 대답하나요.

내담자　싫어. 난 너희들하고 같이 있을 테야. 하지만, 너희들이 시키는 대로 하기는 싫어. 난 너희들을 지배하고 싶어. (상담자를 힐끔힐끔 쳐다보며 눈치를 본다)

상담자　나를 계속 쳐다보시네요.

내담자　네… 저를 공격할 것 같고…

상담자　내가 뭐라고 말할 것 같아요.

내담자　병신 같은 자식. 뭘 쳐다봐. 그러실 것 같아요.

상담자　그 말을 들으니 놀랍네요. 난 전혀 그런 생각을 안 했거든요.

내담자　(잠시 침묵) 제가 한심하다는 생각이 들어요. 늘 혼자 그런 생각을 하니까? 다른 사람이 나를 그렇게 볼 것 같고, 그래서 두렵고 불안해요. (잠시 침묵) 죽고 싶어요. 약도 사모아 봤는데, 결국 못 죽었어요…. 죽을 용기도 없는 비겁한 인간이라는 생각이 들어, 더 비참해졌어요.

상담자　무척 괴로운 표정이군요. 안타까운 마음이 드네요.

내담자　이런 소리가 들리는 것 같아요. 병신 같은 자식! 넌 인마 왜 그 모양이야? 네 기대대로 하면 될 거 아냐? (갑자기 멈추며, 생각에 잠긴다) 이상해요. 내 목소리가 마치 아버지 목소리 같이 들려요. (이상한 듯이

고개를 갸웃거린다)

상담자 무언가 느껴지는 게 있으신 모양이지요.

내담자 내 속에서 나를 비난하는 목소리는 아버지 목소리 같아요. 나를 비난하는 내 목소리가 아버지 목소리와 꼭 닮았어요.

…중략…

상담자 그 기분에 잠시 동안 머물러 있어 보세요. (잠시 후) 지금 어떠세요.

내담자 (방 안을 한번 둘러보면서) 정신이 맑아져요. 방안에 놓인 물건들이 또렷이 눈에 들어오고… 모든 게 생기가 있어요. 제가 살아 있다는 느낌이 들어요.

상담자 그 감정에 계속 머물러 보세요. (잠시 후) 어때요. 좋지요.

내담자 네, 좋아요. 살아 있다는 것이 신기해요. (잠시 후) 그런데, 걱정이 돼요. 또 불안해지고 사람들이 무서워지면 어떻게 하나 두려워요. 밖에는 여전히 현실이 있는데…

상담자 그렇지요. 항상 지금 이 순간처럼 좋은 기분이 유지될 수는 없을지도 몰라요. 아마 또다시 불안해지고, 무서워질 수도 있을 거예요.

내담자 그러면 어떻게 하지요.

상담자 오늘 하신 것처럼 하시면 돼요. 오늘 어떻게 해서 기분이 달라지셨는지 아시겠어요?

내담자 글쎄요. (잠시 생각에 잠긴다) 어느 순간 선생님이 친구처럼 느껴지면서 편안해졌어요.

상담자 그래요. 맞아요. 그런데 어떻게 그렇게 됐지요.

내담자 어느 순간 나 자신을 다시 찾은 것 같았어요.

상담자 어떤 자신을 도로 찾았나요.

내담자 (생각에 잠기더니) 그래요. 알 것 같아요. 이제껏 저는 양극단을 달렸던 것 같아요. 한쪽으로는 신에게 마저 도전하는 우월감과 자만심으로 가득 차 세상을 아래로 보는 마음이 있는가 하면, 또 다른 한쪽으로는 저 자신이 쌀조차도 아까운 버러지 같은 존재로 느껴졌어요. 오늘 깨달은 것은 그 어느 쪽도 진정한 내가 아니라는 것이죠.

상담자 그렇다면 진정한 나는 어떤 것인가요.

내담자 저는 원래 순진한 아이였어요. 평범하고 착한… 저는 정말 오랜만에 저의 어릴 적 모습을 다시 발견했어요. 남에게 이기고 싶지도 않고, 비교하고 싶지도 않고… 그냥 제 모습대로 살고 싶어요… (편안한 표정이 된다)

상담자 마침내 오늘 그런 자기 모습을 찾으셨군요.

내담자 네, 남을 너무 의식하고 살 필요가 없다는 생각이 들어요.

상담자 말씀을 들으니 내 마음이 무척 편해지네요. 둘이 정말 가까워진 느낌이 들어요.

내담자 저도 그래요. 선생님이 가깝게 느껴져요.

상담자 반갑습니다. 기분이 참 좋습니다.

내담자 앞으로 잘 될지 걱정이 돼요.

상담자 그러시겠지요. 그러나 이미 오늘 큰 걸음을 내디디셨어요. 힘내세요. 분명히 잘 되어 갈 것입니다.

내담자 고맙습니다.

출처: 김정규(2003). 게슈탈트 심리치료. 서울: 학지사.

연습문제

상담의 효율성을 높이기 위한 형태주의 상담의 연습문제

① 형태주의 상담의 인간관에 대하여 설명하시오.

② 형태주의 상담의 주요 개념 중 전경과 배경, 미해결 과제에 대하여 설명하시오.

③ 형태주의 상담의 목표에 대하여 설명하시오.

④ 형태주의 상담기법 중 빈 의자 기법에 대하여 논하시오.

⑤ 형태주의 상담의 공헌점과 한계점에 대하여 논하시오.

14 Chapter

인지·정서·행동 상담

인지주의적 분석이론

1. Ellis

인지 · 정서 · 행동 상담의 창시자는 Albert Ellis(1913~2007)이다. 그는 유대인 가정의 3남매 중 첫째로 태어났다. 부친은 사업 때문에 외지를 떠돌았고 모친은 자기주장이 강하고 수다스러우며 자녀들에게 정을 주지 않았다. Ellis는 동생들까지 돌보아야 했다. 그는 불우했던 소년기를 돌이켜 보며 "나는 19세 때 절충적 치료와 행동심리 치료법을 나 자신에게 적용하여 대중연설의 두려움이나 젊은 여성에게 다가서는 두려움을 극복했다"고 하였다.

Ellis는 컬럼비아 대학교 대학원 임상심리학과에서 수학하고 정신분석 훈련을 받았으나 그 이론을 가지고 내담자를 다루면서 정신분석적 접근이 비효율적이라고 느꼈다. 그는 정신분석적 접근에서 주로 사용하는 수동적 · 비지시적 방법(감정 돌아보기, 자유연상 등)은 내담자를 변화시키기에는 역부족이고, 따뜻함 · 지지는 내담자로 하여금 '행복하게' 살 수 있게는 하지만 비현실적인 생각을 기반으로 한 행복에 불과하다고 생각했다. 또한 정서중심의 상담에서 주로 사용하는 카타르시스(Catharsis)는 내담자의 기분을 좋게 할 수는 있으나 내담자의 비합리적 요구를 제거하기보다는 강화하는 경향이 있다고 보았다. 결국 정신분석이론을 포함한 정서중심의 상담은 내담자를 상담자에게 정서적으로 의존하게 만들어 문제를 악화시킨다고 생각하고 많은 실망을 했다.

▎정서중심의 상담에서 주로 사용하는 카타르시스(Catharsis)는 내담자의 기분을 좋게 할 수는 있으나 내담자의 비합리적 요구를 제거하기보다는 강화하는 경향이 있다고 보았다.

▎내담자가 가지고 있는 비합리적인 신념체제를 변화시키는 것이 해석을 하거나 꿈을 분석하는 것보다 내담자를 변화시키는 데에는 훨씬 효과적이라고 주장했다.

오히려 그는 내담자가 가지고 있는 비합리적인 신념체제를 변화시키는 것이 해석을 하거나 꿈을 분석하는 것보다 내담자를 변화시키는 데에는 훨씬 효과적이라고 주장했다(Ellis, 1987). 이와 같은 생각을 기초로 그는 1955년 '합리적 치료'라는 이름하에 자신의 영역을 구축했다. 그러나 그는 자신의 접근이 정서적 측면을 무시하는 것으로 오해되는 것을 피하기 위해 1961년 '합리적 정서적 치료(rational emotive therapy : RET)'로 이름을 바꾸었다.

2. 인간관

인지 · 정서 · 행동 상담은 인간의 합리적인 사고와 비합리적인 사고를 할 수 있는 가능성을 모두 가지고 태어난다는 가정에 근거를 두고 있다. 합리적인 사람은 자기보존, 행복, 사고와 언어, 사랑, 사람들과의 대화, 성장과 자기실현 등을 향해 가려는 경향을 가지고 있고, 비합리적인 사람은 자기파괴와 사고 회피, 게으름, 실수의 끝없는 반복, 미신, 인내심 없음,

완벽주의와 자기 비난, 성장 잠재력의 실현 회피 등을 향해가려는 경향성이 있다. 따라서 Ellis는 인간은 끊임없이 자기대화와 자기평가를 하면서 자신의 삶을 유지한다고 하였다. 합리적 신념에 의한 자기대화와 자기평가는 자신이 선택한 건전한 인생목표를 달성하게 해 줄 것이다. 그러나 비합리적 신념에 의한 자기대화와 자기평가는 스스로 부적절한 정서를 느끼고 역기능적 행동을 수행하도록 한다(노안영, 2006).

① 인간은 합리적, 비합리적 사고를 할 잠재 가능성을 갖고 태어났다.
② 감정, 생각, 행동과 같은 여러 측면 중에서 가장 중요한 것은 인지, 즉 사고이다.
③ 인간이 가지는 혼란과 불안은 외부에 의해 생겨나는 것이 아닌 내적 생각에 의한 것이다.
④ 부적응을 겪고 있는 사람을 변화시키기 위해서는 생각을 변화시켜야 한다.
⑤ 인간은 한계를 이해하는 능력을 지닌 이성적인 존재이다.
⑥ 인간은 자기의 인지, 정서, 행동 과정을 변화시킬 수 있는 능력이 있다.

3. 주요 개념 및 기법

1) 주요 개념

인지 · 정서 · 행동 상담이론의 기본개념은 정서장애를 유발하는 것은 생활사건 자체가 아니라 사건에 대한 왜곡된 지각 때문이라는 가정에서 출발한다. 그리고 이 왜곡된 지각 및 잘못된 생각의 뿌리에는 비합리적이고 자기패배적인 관념들이 깔려 있다. 이와 같이 인지 · 정서 · 행동 상담은

인지·정서·행동 상담이론의 기본개념은 정서장애를 유발하는 것은 생활사건 자체가 아니라 사건에 대한 왜곡된 지각 때문이라는 가정에서 출발한다.

내담자의 정신 · 신체적 행동이나 감정을 사고와 신념의 소산으로 본다는 데 특징이 있다. 즉, 정서적 · 심리적 동요 및 불안은 거의 비논리적 · 비합리적 사고에서 발생하는 것으로 본다. 그리하여 상담자가 내담자의 비합리적 정서적인 갈등, 비효율성, 부적응 상태로부터 벗어나게 할 수 있다는 것을 전제로 하고 있다. 이러한 관점에서는 인간은 태어날 때, 논리적이고 합리적인 사고의 가능성을 가지고 태어나지만 어렸을 적에 형성된 '굴곡된 사고(crooked thinking)'에 의해서 비논리적이고 무절제한 사람이 된다고 보고 있다. 따라서 내담자에게 합리적인 생각을 갖도록 도와서 보다 적절한 정서와 행동이 이루어지도록 하는 것이 인지 · 정서 · 행동 상담의 핵심과제이다. 인지 · 정서 · 행동 상담에서는 정서를 적절한 정서와 부적절한 정서로 구분한다.

(1) 적절한 정서

'~하기를 좋아한다.', '~하기를 바란다.', '~하기를 더 좋아한다.'라는 생각들과 관련되는 정서이다.

(2) 부적절한 정서

'반드시 ~을 해야 한다.', '반드시 ~이어야 한다.', '절대로 해서는 안 된다.'라는 식의 절대적인 명령이나 요구와 관련되는 정서이며, 자기가 좋아하거나 원하는 일이 이루어지지 못할 때 느끼는 불안, 모욕감, 우울감, 절망감, 적대감, 무가치감 등과 같은 격렬한 부정적 감정이다.

이 정서는 자기패배적인 생각, 즉 '나는 ~ 때문에 쓸모가 없는 사람이다.', '~은 끔찍하고 두려운 일이다.', '~은 참고 견딜 수가 없다.' 등과 같은 생각과 관련되는 정서이다. 이런 정서에 극단적으로 집착하는 것은 좋지 않다. 이들을 부적절한 정서라고 하는 이유는 정서가 바람직하지 못한 상황을 바꾸는 데 전혀 도움을 주지 못할 뿐만 아니라 오히려 악화시키거나 목적 달성에 방해가 되기 때문이다.

흔히 교육을 '인간의 행동을 바람직한 방향으로 의도적으로 변화시키는 것'으로 정의하고 있다. Ellis에 의하면 상담이 내담자의 행동을 의도적으로 변화시키려는 관점에서 교육, 특히 교육방법이란 개념으로 보고 있다.

부적절한 정서라고 하는 이유는 정서가 바람직하지 못한 상황을 바꾸는 데 전혀 도움을 주지 못할 뿐만 아니라 오히려 악화시키거나 목적 달성에 방해가 되기 때문이다.

2) 합리적 신념과 비합리적 신념

(1) 합리적 신념과 비합리적 신념의 기준

표 14-1 합리적 신념과 비합리적 신념의 기준

기준	내용
융통성	모든, 항상, 반드시, 꼭, ~이어야만 같은 단어가 들어가는 생각은 예외가 인정되지 않고, 융통성이 없어서 비합리적이다.
현실성	인간이 현실 속에서 달성 가능한 목표를 향해 꾸준히 노력할 때 개인의 가치가 인정된다. 그러므로 심리적 좌절과 고통이 따르는 현실적이지 못한 생각은 비합리적이다.
기능적 유용성	개인의 생각이 현실을 행복하게 사는 데 도움이 되는가의 여부이다. 개인의 생각이 삶을 유쾌하게 만드는 데 도움이 된다면 합리적이라 할 수 있다.

(2) 비합리적 신념을 알 수 있는 당위주의

① 자신에 대한 당위

'나는 훌륭한 사람이어야 해.', '나는 실수해서는 안 돼.', '나는 실패해서는 안 돼.'

② 타인에 대한 당위

'부모니까 나를 사랑해야만 해.', '자식이니까 내 말을 들어야만 해.', '애

인이니까 자나 깨나 나에게 관심을 가져야만 해.', '친구들은 나에게 항상 우정을 보여야만 해.'

③ 조건에 대한 당위

'우리 가정은 항상 사랑으로 가득 차 있어야 해', '우리 사무실은 항상 깨끗해야 해.', '우리 도서관은 항상 조용해야 해.'

(3) 비합리적 신념의 예

Ellis(1962)는 성격의 발달, 특히 이상성격과 관련된 비합리적 생각의 문제점과 더불어 서구문화권을 중심으로 11가지의 비합리적 사고방식들을 다음과 같이 예시하고 있다.

① 나는 주위의 모든 사람으로부터 반드시 사랑과 인정을 받아야만 한다.

② 나는 가치 있다고 여겨지기 위해서 완벽하리만큼 유능하고, 적절하며, 성취적이어야만 한다.

③ 어떤 사람은 나쁘고, 사악하며, 악랄하다. 그러므로 그러한 사람은 반드시 비난과 처벌을 받아야 한다.

어떤 사람은 나쁘고, 사악하며, 악랄하다. 그러므로 그러한 사람은 반드시 비난과 처벌을 받아야 한다.

④ 일이 바라는 대로 되지 않는 것은 곧 무시무시한 파멸이다.

⑤ 사람의 불행은 외부환경 때문이며, 사람으로서는 그 불행을 막을 길이 없다.

⑥ 위험하거나 두려운 일이 일어날 가능성은 항상 있는 것으로 끊임없이 걱정의 원천이 된다.

⑦ 어떤 어려움에 직면하거나 자기책임을 지는 것보다는 그들을 피하는 것이 더 쉽다.

⑧ 사람은 다른 사람에게 의존해야만 하고, 자신이 의존할 만한 더 강한

누군가가 있어야만 한다.

⑨ 과거의 경험이나 사태가 현재의 행동을 결정하며, 사람은 과거의 영향에서 벗어날 수 없다.

과거의 경험이나 사태가 현재의 행동을 결정하며, 사람은 과거의 영향에서 벗어날 수 없다.

⑩ 주위의 다른 사람이 어려운 문제나 혼란에 처할 경우, 자신도 당황할 수밖에 없다.

⑪ 이 세상의 모든 문제는 반드시 가장 적절하고 완벽한 해결책이 있으며 이를 찾아내지 못하는 것은 두렵고 끔찍한 일이다.

(4) 합리적 신념의 예

① 자기를 존중하고 실제적 일에 대해 인정받고 사랑받기보다는 사랑하는 것에 신경 쓴다.

② 인간은 한계가 있고 불완전한 존재라는 것을 받아들인다.

③ 사람들은 비윤리적으로 행동하는 경우가 흔하므로 비난하고 처벌하기보다는 그들의 행동을 변화시킬 수 있도록 도와준다.

사람들은 비윤리적으로 행동하는 경우가 흔하므로 비난하고 처벌하기보다는 그들의 행동을 변화시킬 수 있도록 도와준다.

④ 일이 뜻대로 된다면 좋겠지만, 내가 원하는 대로 되지 않는다고 해서 파멸은 아니다.

⑤ 현재 내가 겪고 있는 정서적인 괴로움은 주로 나의 책임이며, 내가 사건들을 보고 평가하는 방식을 변화시킴으로써 감정을 조절할 수 있다.

⑥ 걱정한다고 해서 어떤 일이 사라지는 것은 아니다. 일어날 가능성이 있는 괴로운 일을 처리하기 위해 최선을 다할 것이며, 만약 다루기가 불가능하다면 그 일이 어쩔 수 없다는 것을 받아들인다.

⑦ 정서적 어려움이 즐거운 것은 아니지만 대체로 참을 수 있다.

3) 상담기법

인지 · 정서 · 행동 상담은 인지적 설명기법, 정서적 환기기법, 행동적 적극적 지시기법이라는 세 가지 광범위하고 일반적인 영역으로 구분될 수 있는 방법들이 포함된 종합적인 상담기법이다(이현림, 2008; 김청자, 정진선, 2004; 노안영, 2005).

인지적 ➡ 정서적 ➡ 행동적

(1) 인지적 설명기법(Cognitive explicatory technique)

인지 · 정서 · 행동 상담의 가장 일반적이며 핵심적인 인지적 방법은 상담자가 적극적으로 내담자의 비합리적 신념을 논박하는 것이다. 몇 가지 구체적인 기법들을 제시하면 다음과 같다.

① 암시

내담자는 종종 자신, 타인 혹은 세계에 관하여 많은 자기패배적인 진술을 스스로에게 말하고 있는 심각한 부정적 사고형일 수 있다. 상담자가 내담자에게 부정적인 사고를 긍정적인 사고로 대체시키는 방법을 보여 줌으로써 내담자가 개선될 수 있다는 것을 암시한다.

② 자기방어의 최소화

내담자가 비록 여러 가지 잘못을 저질렀다 하더라도 이것 때문에 내담자가 경멸당하거나 저주받을 이유는 결코 없다는 것을 보여 주어야 한다. 이러한 자기수용은 내담자의 방어욕구를 최소화시켜 준다.

내담자가 비록 여러 가지 잘못을 저질렀다 하더라도 이것 때문에 내담자가 경멸당하거나 저주받을 이유는 결코 없다는 것을 보여 주어야 한다. 이러한 자기수용은 내담자의 방어욕구를 최소화시켜 준다.

③ 대안의 제시

내담자들에게는 자신이 가지고 있다고 생각하는 것보다 많은 선택들이 가능한 경우가 종종 있다. 따라서 합리적 정서 상담자들은 내담자에게 모든 가능한 대안들을 볼 수 있도록 돕는 일이 종종 있다. 이상적으로는 내담자가 이러한 대안들을 스스로 찾아내도록 격려한다.

④ 기분전환 시키기

인지 · 정서 · 행동 상담에서는 이완훈련, 요가 혹은 운동 같은 신체적 기법도, 내담자로 하여금 자기패배적인 생각이나 행동 대신 이러한 활동들에 집중하도록 해 주기 때문에 인지적인 것이 될 수 있다고 주장한다. 합리적 정서상담자는 내담자로 하여금 진정으로 몰두할 관심거리, 특히 장기적이고 건설적인 목적에 관심을 가지도록 격려한다.

합리적 정서상담자는 내담자로 하여금 진정으로 몰두할 관심거리, 특히 장기적이고 건설적인 목적에 관심을 가지도록 격려한다.

⑤ 인지적 과제수행

REBT 내담자들은 자신의 문제 목록표를 만들고, 그에 대한 절대론적 신념을 규명을 밝히고 그 신념을 논박해야 한다. REBT에서 내면화된 자기말의 일부인 절대적인 'must'나 'should' 등의 말을 경감시키기 위해 내담자들에게 과제를 부과한다. 과제는 REBT의 ABCDE 모형을 많은 일상생활 과제에 적용하는 것도 포함된다. 자신에게 도움이 되는 합리적 사고, 정서, 행동 등의 문항들을 채워 보도록 한다. 상담기간 동안에 책을 읽게 하는 등의 다양한 특수과제를 이행하도록 격려하는데, 특히 상담기간 중 하루의 삶 속에서 실행하도록 끊임없이 격려한다. 이러한 방법을 통해 내담자는 점차 불안은 사라지게 되며, 기본적인 비합리적 신념에 도전하게 된다.

⑥ 정확한 언어 사용

부정확한 언어가 왜곡된 사고와 신념체계의 한 원인이라고 주장한다. 상담자는 내담자의 언어유형에 특히 주의를 기울이는데, 이는 언어가 사고를 조형하고 사고가 언어를 조형한다는 근거에 의한다. 내담자들은 "해야만 한다, 당연히 해야 한다. 하지 않으면 안 된다"라는 절대적인 말들을 "그렇게 되면 더 낫다"라는 상대적 말로 대치할 수 있다는 것을 배운다. 무기력하고 자기징벌적인 언어양상을 버리고 내담자들은 새로운 자기진술의 언어패턴을 학습할 수 있도록 한다. 내담자는 절대적인 '해야 한다'를 절대적인 것이 아닌 "하고 싶다"로 대치함으로써 개인적인 힘을 얻을 수 있다.

⑦ 유추의 기법

항상 미루는 습관이 있다거나 지각하는 습관이 있는 사람은 그러한 행동이 자신의 어떤 행동특성 때문에 나타나는지 유추해 보도록 내담자에게 촉구한다.

가령, 항상 미루는 습관이 있다거나 지각하는 습관이 있는 사람은 그러한 행동이 자신의 어떤 행동특성 때문에 나타나는지 유추해 보도록 내담자에게 촉구한다. 이 기법을 사용하는 목적은 내담자로 하여금 자신의 특성을 이해하여 유해한 습관의 단점을 확실히 깨닫도록 해 주는 데에 있다.

⑧ 유머의 사용

Ellis는 내담자를 문제 상황으로 이끄는 과장된 사고와 싸우는 수단으로 유머 사용을 강조하고 있다. 인지 · 정서 · 행동 상담은 사람들이 너무 진지하게 생각하거나 사상들에 대해 개인이 과하도록 심각하게 받아들이는 측면을 반격하고 법칙적 생활 철학을 논박하도록 조언하는 데 유머를 사용한다. 워크숍이나 상담시간에, Ellis는 대개 합리적이고 유머러스한 노래를 이용하고(우울하거나 불안할 때), 사람들로 하여금 혼자서 혹은 집단에서 노래를 부르도록 격려한다.

(2) 정서적 환기기법(Evocative emotive technique)

① 합리적 정서 상상(rational-emotive imagery)

합리적 정서 상담자들은 두 가지 방법으로 합리적 정서 상상을 사용한다.

하나는 Ellis가 선호했던 부정적 상상이며, 또 다른 하나는 Maultsby가 선호했던 긍정적 상상이다. 부정적 상상을 사용하는 경우, 내담자에게 특정 상황에 대하여 전형적인 부적절한 정서를 느끼고 있는 자기 자신을 열심히 상상하도록 한 다음 후회나 행동을 변화시키려는 결단 같은 적절한 정서로 부적절한 정서를 대체시키고 있는 자신을 생생하게 떠올리도록 한다. 반대로 긍정적 상상에서 내담자는 불쾌한 장면을 상상하고 자기감정의 기초가 된 신념들에 집중한다. 그런 다음 내담자는 이러한 비합리적 신념을 포기하고, 합리적 신념으로 대체했을 때, 자신에게 어떤 느낌이 드는지에 초점을 맞춘다.

② 부끄러움 제거 연습(Shame-attacking exercises)

이 기법에는 정서적이며 행동적인 요소 두 가지가 모두 포함된다. Ellis는 정서장애의 중요한 핵심 중 하나는 부끄러움 혹은 자아비난이라고 주장한다. 따라서 합리적 정서적 상담자는 때때로 내담자에게 그들이 창피하거나 부끄럽게 느끼는 방식으로 행동해 보도록 과제를 부과한다. 이러한 과제를 행해 봄으로써, 내담자는 다른 비난에 대해 과도하게 영향받을 필요가 없다는 것을 종종 발견하게 된다. 물론 내담자들이 기존 법질서에 대해 말썽을 일으킬 수 있는 행동을 하도록 격려하지는 않는다.

> 합리적 정서적 상담자는 때때로 내담자에게 그들이 창피하거나 부끄럽게 느끼는 방식으로 행동해 보도록 과제를 부과한다. 이러한 과제를 행해 봄으로써, 내담자는 다른 비난에 대해 과도하게 영향받을 필요가 없다는 것을 종종 발견하게 된다.

③ 역할연기(role playing)

행동적 요소와 함께 극적인 정서적(dramatic-emotive) 요소도 가지고 있는 기법이 역할연기이다. 합리적 정서 상담자들은 내담자가 자신의 정서를 이끌어 내기 위해 타인과의 상호작용을 행동화(행동적 재연)할 때 역할연기 기법을 사용한다. 그런 다음 상담자는 나타난 감정을 이용하여 내담자로 하여금 기초가 되고 있는 비합리적 신념을 극복하도록 돕는다.

④ 감정적 언어(Emotionally charged language) 사용

합리적 정서 상담자는 종종 감정적인 색채를 띤 단어, 구절 및 문장을 구사하여, 다음에 내담자들이 이것을 자기 자신에게 사용할 수 있도록 한다. Ellis는 내담자로 하여금 자신의 비합리적 신념을 변화시키도록 유도하는 데 있어 강한 언어가 훨씬 많은 영향력을 가지게 되는 경우가 종종 있다고 주장한다.

▌합리적 정서 상담자는 종종 감정적인 색채를 띤 단어, 구절 및 문장을 구사하여, 다음에 내담자들이 이것을 자기 자신에게 사용할 수 있도록 한다.

(3) 행동적 적극적 지시기법(Behavioristic active directive technique)

① 보상기법

바람직한 행동의 빈도를 증가시키는 자극(보상)은 바람직한 행동을 수반하게 될 것이다. 이 보상원리는 텔레비전 보기, 수영하기 등과 같이 일어날 확률이 높은 행동은 공부하기, 논문 쓰기 등과 같이 일어날 확률이 낮은 행동의 발생 가능성을 증가시키기 위한 보상 또는 강화로서 사용될 수 있다는 것이다.

② 과제 부과

인지 · 정서 · 행동 상담의 중심기법 중 하나는 행동지향적인 과제를 부과하는 것이다. 보통 내담자가 하기 어려워하거나 두려워하는 일을 시킨다. 이러한 과제에는 일반적으로 난도가 서서히 높아지는 일련의 점진적인 과제들이 포함되어 있다.

③ 자극 통제

합리적 정서 상담자들은 때때로 내담자에게 특정 종류의 자극을 어떻게 통제하는가를 보여 줌으로써 내담자가 역기능적으로 행동할 가능성을 줄이도록 할 수 있다. 그러므로 자극 통제의 목적은 환경을 재구성하여 내담자로 하여금 역기능적 행동을 하도록 유인하는 자극들에 노출되지 않도록 하는 것이다. 예를 들어, 비만증 내담자에게 직장에서 휴식시간에 과자 자동판매기를 피하도록 학습시키는 것이다.

합리적 정서 상담자들은 때때로 내담자에게 특정 종류의 자극을 어떻게 통제하는가를 보여 줌으로써 내담자가 역기능적으로 행동할 가능성을 줄이도록 할 수 있다.

4. 상담목표와 과정

1) 상담의 목표

인지 · 정서 · 행동 상담의 목표는 내담자가 보이는 문제행동의 제거에 두기보다는 문제행동의 배후에 있는 핵심적인 자기패배적 신념과 비합리적 사고를 극소화시키고 삶에 대하여 보다 현실적이고 합리적인 가치관을 갖게 하는 데에 있다.

① 자기에 대한 관심(self-interest) : 자기 자신에게 완전히 빠져 버리지 않으면서도 정서적으로 건강한 사람은 자신에게 관심을 가질 수 있다.

② 사회에 대한 관심(social interest) : 건강한 사람은 소외된 실존을 택하지 않고 사회집단에서 다른 사람과 효과적으로 사는 데 관심을 가진다.

③ 자기지도력(self-direction) : 정서적으로 건강한 사람은 다른 사람과의 행동이나 지지를 좋아할지도 모르지만 그런 지지를 요구하는 것은 아니다. 그들은 자신의 삶에 책임을 느낄 수 있으며 혼자서 자신의

문제를 독립적으로 해결할 수 있다.

관용성(tolerance) : 성숙한 개인은 다른 사람이 실수하거나 잘못하는 것을 수용하며 그런 행동을 경멸하지 않는다.

자기수용(self-acceptance) : 건강한 개인은 그가 살아 있다는 것만으로도 자신을 수용하며 자신의 가치를 외적 성취나 남과의 비교로 평가하지 않는다.

④ 관용성(tolerance) : 성숙한 개인은 다른 사람이 실수하거나 잘못하는 것을 수용하며 그런 행동을 경멸하지 않는다.

⑤ 융통성(flexibility) : 건강한 사람은 사고가 유연하며, 변화에 개방적이고 다른 사람들에 대해 고집스럽지 않은 관점을 갖고 있다.

⑥ 불확실성의 수용(acceptance of uncertainty) : 성숙한 개인은 자신이 불확실한 세상에 살고 있음을 인식한다. 비록 질서정연함을 좋아하지만 이런 질서나 확실성에 대한 감각을 투덜대며 요구하는 것은 아니다.

⑦ 몰입(이행, commitment) : 건강한 개인은 자기 외부의 어떤 일에 적극적인 관심을 가진다.

⑧ 과학적 사고(scientific thinking) : 성숙한 개인은 깊이 느끼고 확실하게 행동한다. 그러나 또한 자신과 결과에 대해 반성함으로써 그런 감정과 행동들을 조절해 간다.

⑨ 자기수용(self-acceptance) : 건강한 개인은 그가 살아 있다는 것만으로도 자신을 수용하며 자신의 가치를 외적 성취나 남과의 비교로 평가하지 않는다.

⑩ 다소의 위험감수(모험실행, risk taking) : 정서적으로 건강한 개인은 어리석게 빠져들지는 않지만 모험적인 경향을 지닌다.

⑪ 반유토피아주의(nonutopianism) : 성숙하고 정서적으로 건강한 사람은 자신이 유토피아적인 실존을 할 수 없다는 사실을 받아들인다. 그는 자신이 얻고자 하는 모든 것들을 다 얻을 수는 없으며 원하지 않는 모든 것들을 다 회피할 수 없다는 것을 인식한다.

이러한 인지 · 정서 · 행동 상담의 목표를 다섯 가지로 요약하면 다음과 같다.

첫째, 자유를 누리면서 자신과 타인에게 관심을 갖고, 타인과 잘 어울려 사는 건강한 사람을 추구한다.

둘째, 자기의 삶에 책임을 지며 자신의 문제를 스스로 해결할 수 있도록 한다.

셋째, 타인의 실수나 잘못을 수용할 줄 알고, 개방적이고 유연한 사고를 갖도록 한다.

넷째, 장기적이고 미래지향적인 사고를 하도록 한다.

다섯째, 합리적 생각을 통해 자신을 수용하고 창조적인 일에 도전할 수 있도록 한다.

2) 상담자의 역할

인지 · 정서 · 행동 상담의 상담자 역할은 첫째, 내담자 자신의 비합리적 신념을 스스로에게 어떻게 적용하는지 보여 주는 것이다. 둘째, 상담자는 내담자가 비합리적이고, 비현실적으로 생각함으로써 자신의 정서장애를 유지시키고 있다는 것을 보여 준다. 셋째, 내담자가 의문을 제기하지 않고 수용했던 신념에 대항하도록 만들고 내담자가 검증받지 않은 가정들을 스스로에게 어떻게 주입했는지 보여 주어 비합리적 사고의 빈도를 감소시키도록 한다. 넷째, 비합리적 사고의 핵심을 논박하고 내담자에게 비합리적 사고를 합리적 신념과 태도로 대체하는 방법을 가르쳐 내담자 자신을 계속 파괴하고 있는 방식과 변화를 위해 할 수 있는 일이 무엇인지 알 수 있도록 돕는다(조현춘 외, 2010).

3) 상담의 과정

인지 · 정서 · 행동 상담의 과정은 내담자가 가지고 있는 비합리적 생각과 그 생각에 근거한 자기 언어를 찾아서 비합리성을 확인하고 논박하며 합리적 생각과 자기 언어로 바꾸고 그것을 토대로 적절한 정서와 행동을 할 수 있도록 하는 것이다. 그 과정을 구체적으로 살펴보면 다음과 같다.

(1) 기본 절차 : Ellis의 ABCDE(F) 모형

내담자를 정서적, 행동적으로 힘들게 하는 것(C)은 선행사건(A)이 아니고 내담자의 비합리적 신념(irB) 때문이다. 그러므로 상담자의 적극적인 논박(D)을 통해 내담자의 신념이 합리적으로 바뀌면(rB) 정서적, 행동적 문제가 해결되어 적응적인 행동과 정서적 결과(E, F)를 가져올 수 있다.

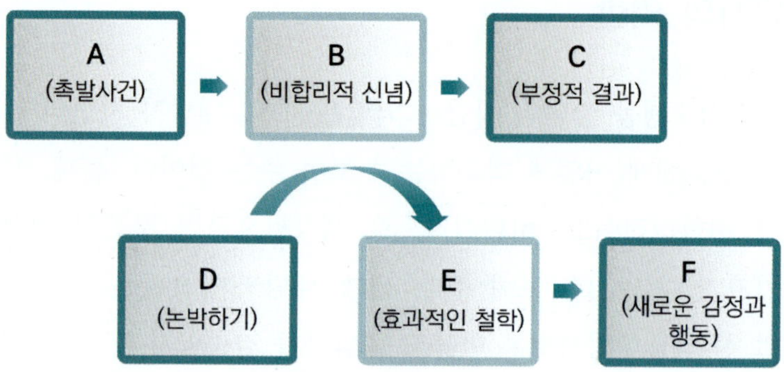

표 14-2 Ellis의 ABCDE(F) 모형

구분		내용
A	선행사건 (antecedents)	내담자가 노출되었던 문제 장면이나 선행사건 (가족 사이의 문제, 시험의 실패, 친구 사이의 비난)
B	신념체계 (belief system)	내담자가 갖는 신념으로서 합리적 신념(rB)과 비합리적 신념(irB). 상담과정에서 B는 문제 장면에 대한 내담자의 신념(신경증이나 생활부적응을 보이는 내담자들은 합리적 신념체제나 사고방식 대신에 비합리적 신념을 갖고 있음)
C	결과 (consequence)	선행사건으로 인해 생겨난 내담자의 정서적, 행동적 결과(비합리적 신념체제를 갖고 있는 결과로 우울, 불안, 분노, 질투, 죄책감 등이 있음)
D	논박 (dispute)	비합리적 신념에 대해 상담자가 적극적으로 논박하여 합리적 신념을 바꾸도록 지속적으로 논의함. 논박의 대상이 내담자 개인이 아닌 내담자의 비합리적 신념임을 잊어서는 안 됨(개인에게 상처가 될 수 있음) 그리고 상담자는 내담자의 비합리적인 메시지에 의문을 갖도록 도움을 줄 것
E	효과 (effect)	비합리적 신념에 대한 논박이나 비합리적 신념을 직면하여 얻게 된 정서적, 행동적 변화의 효과(비합리적 신념을 논박하거나 직면한 결과를 말함)
F	느낌 (feelings)	효과 중 느낌에 대한 변화 (F는 E에 포함된다고 보아 일반적 절차에서 생략되기도 함, 심한 우울, 불안을 느끼지 않고 상황에 적절한 느낌을 받음)

- 인지적 과제부과: 문제 목록을 작성한 후 두려워하거나 회피하는 일에 도전하도록 한다.
- 합리적 상상하기: 내담자에게 최악의 상상을 하도록 하여 이 상상의 상황에서 생기는 부적절한 감정을 적절한 감정으로 표현하도록 한다.

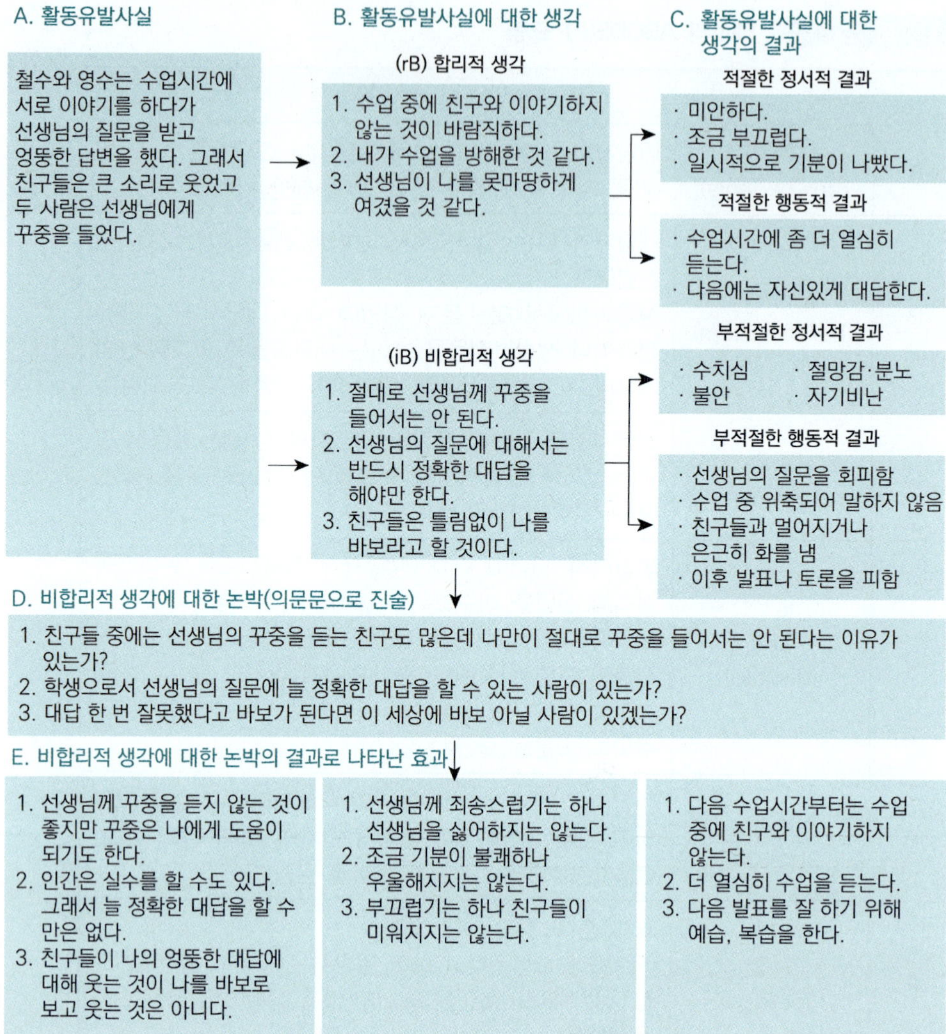

[그림 14-1] REBT의 상담 과정의 예

▎인지·정서·행동 상담을 하는 상담자는 적극적인 자세로 임함으로써 내담자의 문제를 곧바로 해결하는 상담방식을 사용한다.

(2) 구체적인 과정

1단계 : 상담자는 내담자에게 문제점을 질문한다.

인지 · 정서 · 행동 상담을 하는 상담자는 적극적인 자세로 임함으로써 내담자의 문제를 곧바로 해결하는 상담방식을 사용한다. 그리하여 "무슨 문제로 오셨는지요?"와 같이 질문한다. 내담자의 문제점이 정확하지 않을 경우에는 상담을 통하여 얻고자 하는 것이 무엇인가를 알아본다.

이 단계에서 상담자는 내담자가 자유롭게 이야기할 수 있는 분위기를 마련해 주어야 한다. 내담자의 문제를 정확히 알아야 상담목표를 설정할 수 있는데, 그러기 위해서는 내담자가 자신의 문제를 부담 없이 이야기할 수 있게 해야 한다. 물론 인지 · 정서 · 행동 상담에서는 상담자와 내담자 사이의 온정적 관계를 필요조건이나 충분조건 또는 필요충분조건으로 보지는 않는다. 그렇다고 내담자가 자신의 문제와 관련하여 부담 없이 말할 수 있는 분위기를 조성하는 것 자체가 무의미하다는 것은 아니다.

2단계 : 문제점을 규명한다.

내담자가 자신의 문제와 관련하여 자유롭게 이야기하는 가운데 상담자와 내담자는 함께 내담자의 문제를 분명히 밝힌다. 특히, 그 문제와 관련하여 내담자가 현재 경험하는 정서와 구체적인 행동을 밝힌다. 예를 들어, 사람 앞에서 이야기하게 될 경우 불안하여(정서), 말을 이어가지 못한다(행동).

내담자가 자신의 문제와 관련하여 자유롭게 이야기하는 가운데 상담자와 내담자는 함께 내담자의 문제를 분명히 밝힌다.

3단계 : 부적절한 부정적 감정을 알아본다.

이 단계에서는 A로 인하여 야기된 부적절한 부정적 감정(C)이 무엇인지 알아본다. 그리고 그것을 견딜 수 있는가, 또 그러한 감정을 갖게 됨으로써 어떤 소득이 있는가를 평가해 보도록 한다.

4단계 : 선행사건(A)을 찾아내고 평가한다.

구체적으로 내담자에게 어떤 사건이 있었는가를 간단하게 집약적으로 알아보도록 한다. 그리고 한 번에 한 가지 사건씩만 다루도록 한다.

5단계 : 이차적 정서 문제를 규명한다.

때로는 내담자가 안고 있는 일차적 정서 문제에 대하여 이차적 정서 문제를 가질 수 있다. 앞에서 인용한 사례를 예로 들자면, 대중 앞에서 실수한 이후로 매우 불안한 감정을 경험하였다고 하자. 이것이 일차적인 정서의 문제다. 그런데 내담자는 발표를 하려고만 하면, 또다시 불안해질까 봐 걱정하여 만성적인 불안감에 시달리고 있다. 이때의 불안감은 이차적인 정서 문제가 된다. 이와 같은 경우에는 이차적인 정서 문제부터 다루어 준다.

6단계 : A-B-C의 사상을 적극적으로 내담자에게 가르쳐 준다.

7단계 : 비합리적 신념(B)을 평가 확인한다.

기본적인 비합리적 신념 중에 구체적으로 어떤 것을 내담자가 가지고 있는지 알아본다.

기본적인 비합리적 신념 중에 구체적으로 어떤 것을 내담자가 가지고 있는지 알아본다. 예를 들어, "당신이 여러 사람 앞에서 이야기하게 될 경우 불안하여, 말을 이어가지 못할 때는 어떤 생각을 하느냐?" 등의 질문을 내담자에게 던진다.

8단계 : 비합리적인 신념체제(B)와 결과(C)를 연관시켜 비합리적 신념을 확인시킨다. 상담자는 B-C(비합리적 신념으로 인한 부적절한 정서와 행동)의 연관성을 내담자가 이해하도록 설명한다.

9단계 : 비합리적인 신념을 논박(D)한다.

부적절한 정서와 관련된 생각이 아무런 합리적 근거가 없음을 밝히는 것을 말한다. 이 경우 비합리적 생각에 대해 의문문으로 진술한 후 그 근거를 찾아보려고 노력한다.

부적절한 정서와 관련된 생각이 아무런 합리적 근거가 없음을 밝히는 것을 말한다. 이 경우 비합리적 생각에 대해 의문문으로 진술한 후 그 근거를 찾아보려고 노력한다. 비합리적인 신념을 논박하는 구체적인 방법에는 다음과 같다. 예를 들어, "나는 기어코 성공해야만 한다."고 생각하고 괴로워하는 내담자가 있다고 하자.

첫째, "당신이 반드시 성공해야 한다는 논리적 근거는 무엇인가?"

둘째, "당신이 보기에 세상의 모든 사람이 성공하고 있는 증거가 어디 있는가?"

셋째, "당신이 기어코 성공해야 한다는 생각을 고수함으로써 야기되는 이득이나 손해는 무엇인가?"

10단계 : 합리적 신념체제를 내담자가 학습하고 심화하도록 한다.

미약한 신념은 변화를 촉진시켜 주지 못하므로 합리적인 신념을 더욱 강화시켜 주도록 한다.

11단계 : 새로 학습된 신념체제를 실천에 옮기도록 내담자를 격려하고 연습시킨다. 합리적 생각에 근거한 합리적 자기언어를 짧은 문장으로 구성하여 진술해 보도록 한다. 이때 합리적 생각과 자기언어의 합리성을 내담자 자신의 논리로 상담자에게 설명해 보도록 한다. 즉, 내담자의 자기언어가 그 나름의 논리성을 갖추어야 하며 그렇게 할 수 있도록 상담자가 내담자를 도와주어야 한다. 상담자가 일방적으로 내담자에게 강요한 합리적 생각이나 자기언어는 내담자가 수용하기 어렵기 때문에 그 효과가 작을 가능성이 크다.

비합리적 생각과 대치된 합리적 생각과 그러한 합리적 생각에 근거한 합리적인 자기언어를 자기논리로 진술할 수 있게 되면 부적절한 정서나 행동을 유발하는 상황에서 이러한 자기언어를 적용할 수 있도록 한다. 즉, 하고자 하는 행동을 하기 전이나 도중에 합리적 생각이나 자기언어를 진술하면서 행동한다. 처음에는 큰 소리로 하고 차차 마음속으로만 한다.

비합리적 생각과 대치된 합리적 생각과 그러한 합리적 생각에 근거한 합리적인 자기언어를 자기논리로 진술할 수 있게 되면 부적절한 정서나 행동을 유발하는 상황에서 이러한 자기언어를 적용할 수 있도록 한다.

12단계 : 합리적 인생관을 확립하게 한다.

상담자는 내담자가 제기한 정서나 문제행동과 관련된 비합리적 생각이나 자기언어를 합리적 생각과 자기언어로 바꾸는 데 그치지 말고, 이를 보다 일반화하여 실천할 수 있도록 도와야 한다. 그래서 결국은 내담자가 합리적인 생각과 자기언어에 근거해서 자신의 삶을 살아갈 수 있게 된다.

5. 평가

1) 공헌점

첫째, Ellis의 합리적 정서 상담은 인간 행동의 인지적 측면을 강조함으로써 사고와 신념이 행동에 미치는 효과를 규명하였고 상담에 있어서 합리적 사고에 대한 중요성을 재인식하게 하였다.

둘째, 가장 가치 있는 공헌 중 하나는 인간의 사고와 정서 간의 관계를 명료화시키고 강조했다는 것이다. 내담자의 정서를 변화시키는 효과적인 방법은 사고내용을 변화시키는 것이라는 점은 매우 분명하다.

정서적 장애와 문제행동의 원인 및 이의 해결방법을 아주 명확하게 제시하고 있다는 점이다. Ellis가 제시한 ABCDE(F) 이론은 어떤 상담이론보다도 이러한 점을 분명히 밝히고 있다.

셋째, 정서적 장애와 문제행동의 원인 및 이의 해결방법을 아주 명확하게 제시하고 있다는 점이다. Ellis가 제시한 ABCDE(F) 이론은 어떤 상담이론보다도 이러한 점을 분명히 밝히고 있다.

넷째, 인간에게 장애를 유발하는 것은 과거 사건이나 심리적 외상 그 자체가 아니라 이것에 관한 인간의 해석이라는 것을 강조하는 점에 있다. 또한 Ellis는 정서적 장애를 가진 사람이 어떻게 이러한 정서장애를 현재까지 지속시키고 있는가를 설득력 있게 기술하고, 자신의 정서적 곤란이 발생하고 지속되는 데 대한 책임이 내담자에게 있음을 강조하였다.

다섯째, 합리적 상담치료는 과제 부과(home work)에 의해서 상담절차가 상담실 밖에서도 계속되게 하였고 상담과정에 상담자가 보다 적극적으로 개입하는 방법들을 발전시켰다.

2) 한계점

첫째, 경직된 사고를 하거나 철학적 편견을 가진 내담자에게는 효율성이 떨어질 수 있고, 다소 지시적이어서 상담자의 가치나 관점이 내담자에게 강요될 수도 있다는 제한점이 있다.

내담자의 비합리적 생각이나 신념을 바꾸어 줌으로써 모든 정서 문제를 해결할 수 있는 것은 아니다.

둘째, 내담자의 비합리적 생각이나 신념을 바꾸어 줌으로써 모든 정서 문제를 해결할 수 있는 것은 아니다.

셋째, 비합리적 생각이나 신념으로 경직되어 있는 내담자는 자신의 생각을 바꾸기가 힘들어서 중도에 상담을 포기하는 경우도 있다.

넷째, 내담자가 자신의 생각이나 신념을 인식할 수 있으나, 그것이 비합리적이라는 점을 수용하지 못할 때가 있다.

6. 요약

- 인지 · 정서 · 행동 상담은 인간이 합리적인 사고와 비합리적인 사고를 할 수 있는 가능성을 모두 가지고 태어난다는 가정에 근거를 두고 실시하는 상담이다.
- 합리적인 사람은 자기보존, 행복, 사랑, 성장과 자기실현을 향해 가려는 경향을 가지고 있고, 비합리적인 사람은 자기비난, 성장 잠재력의 실현회피 등을 향해 가려는 경향성이 있다.
- 인지 · 정서 · 행동 상담의 상담자는 내담자의 정서장애를 유발하는 것은 생활사건 자체가 아니라 사건에 대한 왜곡된 지각 때문이라고 보고 있는 데 특징이 있다.
- 합리적인 신념과 비합리적인 신념의 기준에는 융통성, 현실성, 기능적 유용성이 있다.
- 비합리적 신념을 알 수 있는 당위주의에는 자신에 대한 당위, 타인에 대한 당위, 조건에 대한 당위가 있다.
- 인지 · 정서 · 행동 상담의 기법 중 정서적 환기기법은 합리적 정서 상상, 부끄러움 제거 연습, 역할연기, 감정적 언어 등이 있다.
- 인지 · 정서 · 행동 상담과정은 Ellis의 A(선행사건) - B(신념체계) - C(결과) - D(논박) - E(효과) - F(느낌) 모형에 따라 상담을 하는 것이며, 이 중에 가장 중요한 것은 논박을 효과적으로 하는 것이다.
- 인지 · 정서 · 행동 상담의 가장 가치 있는 공헌은 인간의 사고와 정서 간의 관계를 명료화시키고, 인간에게 문제가 유발되는 것은 과거 시

간이나 심리적 외상 그 자체가 아니라 이것에 관한 내담자의 해석이라는 것을 강조했다는 것이다. 즉, 내담자의 정서를 변화시키는 효과적인 방법은 사고내용을 변화시키는 것이라는 점이다.

- 한계점으로는 상담자와 내담자가 라포가 충분히 형성되어 있지 않을 때에는 논박을 조심스럽게 해야 한다. 내담자가 자신의 생각이나 신념을 인식할 수는 있으나, 그것이 비합리적이라는 점을 수용하지 못할 때가 있다는 것이다.

7. 상담사례

본 축어록은 박경애(1999)의 저서에서 2~7회기의 내용을 녹음하여 축어록으로 푼 일부분의 내용을 발췌한 것이다.

상담자 혜수야, 안녕. 전에 그 읽기 숙제는 읽어 봤어요?

내담자 네, 상담의 방향을 알았어요. 그다음 뒷부분은 안 읽었는데…

상담자 괜찮아. 그 뒤는 상담자 교실 때 교육하기 위해서 주로 쓰는 내용이니까요.

내담자 그래요. 대단하군요. 나중에 선생님이 또다시 알려주겠어요. 선생님이 여기서 혜수 양한테 이것을 통해 알았으면 좋겠다 하는 것…
여기(책을 보면서) 대학교 시험에서 떨어진 애가 있잖아. 어떤 애는 이제 내 인생은 끝장이다. 생각하는 애가 있잖아. 선생님이 혜수가 이 책을 읽으면서 배웠으면 좋겠다 싶었던 것은 사람들이 수많은 사건이나 상황들을 접하게 되는데, 그때마다 그 사건이나 상황이 예를 들면, 혜수의 장을 막 꾸룩꾸룩 소리 나게 만드는 것이 아니고 그 사건과 상황을 어떠한 생각의 눈으로 지각하느냐의 문제인 거지요. 그러니까 열심히 공부하는 애들이 떨어질 수도 있는 거고 나만 떨어지는 게 아니고, 다른 사람도 떨어지고, 사람은 실패한 만큼 성공하니까 열심히 해봐야지라고 생각했을 때는 그 아이가 더 열심히 공부해서 좋은 대학에 가지만, 이 아이처럼 나는 형편없는 사람이고 내 인생은 끝장이구나라고 생각했을 때는 공부하지도 않고 정말 인생이 거기서 끝장이 나는 거지요. 선생님은 이것을 통해서 우리가 느끼는 정서뿐 아니라 행동이라는 것은 우리가 어떻게 생각하느냐의 결과라는 걸 알려주고 싶은 거예요. 다시 한번 강조를 하면, 이건 참 중요한 건데, 사람은 누구나 생각을 하지, 그리고 누구나 느낌이 있지, 또, 누구나 다 행동을 하지, 사고가 있고, 느낌이 이라는 걸 심리학에선 정서라고 하거든 또 다른 말로 감정이라고 하기도 하고(엄밀하게는 정서와 감정의 뜻이 다르지만) 또 행동이 있지. 대체로 인간은 이 세 가지의 상호작용에 의해서 움직이는 거예요. 사고와 행동, 그리고 정서가 서로에게 영향을 준다. 혜수 양이 선생님을 아 그분은 참 훌륭하고 좋은 분이야, 그분이 나를 이렇게 상담을 해 주는구나 하고 생각을 하면, 선생님을 보면 네가 아마 기분이 좋을 거야 그치? 그런데, 그 사람 이상한 사람이야. 그렇게 생각한다면, 네가 선생님 보면 기분이 나쁘지, 그리고 그분 훌륭한 분이라 생각한다면 선생님을 보면 공순히 인사하겠지. 인사한다는 건 행동이지, 그 사람이 훌륭한 사람이 아니라고 생각한다면 선생님 보고 인사를 안 할 수도 있지, 이렇게 인간은 느낌과 행동과 사고가 있는데, 사고에 의해서 느낌과 행동이 영향을 받는다는 거지요.

상담자 혜수 양이 긴장된다고 했지요. 사람을 대하는 데 불안하다, 긴장된다, 위압감을 느낀다고 하는 것은 대표적인 정서예요. 네가 위압감을 느끼고 때때로 장이 꾸룩꾸룩거리는 것은 행동이라고 볼 수 있지. 그런데, 이런 정서와 이런 행동을 할 때는 반드시 혜수 양을 움직이는 어떤 생각과 사고 때문에 그렇다는 거야. 선생님이 주로 활용하는 상담기법이나 이론은 불안하고, 긴장되고, 위압감을 느끼고, 얼굴이 빨개지고, 손에 땀이 나고, 그러는 애들이 어떤 생각을 하고 있나 그 생각을 찾아서 고쳐주는 일을 하는 거야. 상담과정 중에 그런 생각을 하고 있나 그 생각을 찾아서 고쳐주는 일을 하는 거야. 상담과정 중에 그런 생각을 많이 고치는데, 대체로 우리가 이론에선 무엇이 그러냐 하면, 완벽주의적 사고라고 이름을 붙였지요. 잘 해야 되고, 항상 1등을 해야 되고, 그러니까, 네가 지난번에 말했지만, 항상 1등만 할 줄 알았는데, 어떤 애가 어느 순간 너보다 뭐든 우수한 애가 나타나니까? 혜수 양이 기가 죽고 그랬었잖아. 그 정도로 항상 혜수 양이 완벽주의적 경향이 있고, 욕심이 많다고 그랬었잖아. 네가 항상 뭔가 남한테 잘 보여야 하고, 공부도 잘한다는 말을 들어야 하고, 그런데 사람이 그럴 수가 있니? 항상, 넌 공부 잘하는 애였는데, ○○대에 갔겠지. 그보다 조금 더 잘한 애들은 ○○대에 갔겠지. 인간을 자꾸

학교라던가 그런 것으로 평가하려는 사람들은 이런 증세가 생긴단 말야. 그런데, 인간이라는 것은 어차피 차등이 있는 존재야. 특히 지금 같은 경쟁사회에서는⋯ 어떤 사람은 그 기준에 의해 수능시험을 잘 봐서 ○○대 가고, 어떤 사람은 그 기준에 의해서 조금 수능시험을 못 봐서 어떤 대학에 가고, 그렇다고 해서 인간의 고유한 가치의 차이는 아니란 말야. 그런 것을 받아들이면 여러 가지 불편한 것들을 해소할 수 있는 거야. 지금 네가 그것을 받아들이지 않으면, ○○대 가서도 난 반드시 1등을 해야 하고, 과대표 해야 한다는 생각이 꽉 차 있으면, 1등하고 과대표하면 좋지. 그런데 1등이 안 될 수도 있고, 과대표가 안 될 수도 있지. 그것을 기쁘게 받아들일 수 있어야 정신적으로 건강한 사람이라는 거야. 무슨 말인지 알겠지요. 전에 혜수 양이 말하는 것을 듣고 선생님이 생각할 때, 네가 아주 완벽주의적 사고를 많이 한다는 것을 느꼈어요. 한약을 먹어도 안 된다고 그랬는데, 혜수 양이 증상은 바로 이런 생각이 문제인데 생각을 고치지 않는데 한약 먹는다고 되니? 그 현상들이 신경성이라는 것을 알지. 신체적으로는 이상이 없는데, 혜수 양의 심리가 그 중에서도 사고가 그렇게 만든단 말이지, 어떤 남자한테 잘 보이는 참 좋지만, 잘못 보여도 상관이 없다구. 이 완벽주의적 사고가 왜 문제가 되느냐 하면, 인간이 완벽하면 좋겠지. 그러나 그럴 수가 없는 걸 자꾸 추구하면 문제가 되는 거야. 인간이 어떻게 완벽할 수 있겠니? 하나님만 완전하잖아. 교회 다녀요?

내담자 아니요.

상담자 신만이 완전한 존재라고 교회나 성당에선 그러거든. 교회 및 성당을 다니지 않는 사람도 마찬가지라고 생각할 거야. 신만이 완전한데, 자기의 실수나 허점을 인정하려 하지 않고, 자꾸 완전해지려고 하니까 문제가 생기는 거지. 다른 사람에게 나의 허점을 드러내 보일 수 있는 사람이 정신적으로 건강한 사람이야. 그런데, 너 같은 경우의 애들이 완벽하려 한다고, 공부를 잘해야만 한다. 1등 해야 한다. 그런 생각 때문에 공부를 잘할 수도 있겠지. 그런데, 사람이 그렇지 않잖아. 나보다 잘하는 애들이 어딘가 있단 말야. 또 그 애들보다 잘하는 애들이 어딘가에 또 있구. 우리나라가 경쟁사회이기 때문에 인위적으로 사람을 차등을 두는 건데, 경쟁사회가 아니라면 무슨 평가기준을 가지고 사람을 평가하고, 낙인찍고, 이렇게 안 하겠지요. 인간이 인위적으로 서열화된다고 해서 인간으로서의 고유한 본질 자체가 차등이 매겨지는 것이 아니란 말이지요. 인간과 그 인간의 행동은 항상 분리해야 돼요. 인간으로서 공부를 잘하는 것, 얼굴이 예쁜 것이 있다면, 이 둘을 분리해서 생각해야 된다구. 인간은 누구나 다 고유하고 독특하고, 존엄한 존재야. 다만 그 행동이 공부를 잘할 수도 못 할 수도 있을 뿐이지. 공부를 잘했다고 이 사람이 우수한 인간이냐? 그런 건 아니지. 고귀한 존재인데, 다만 공부를 못하는 것뿐이지. 그런데 넌 너무 애써 완벽하려 하고, 남에게 잘 보이려 하는 거지. 그럴 필요는 없어. 그냥 내 모습 이대로를 수용하고 받아들이고 다른 사람이 그대로 잘 봐주면 참 좋은 거고, 반대로 잘 못 봐주면 그것은 내 문제가 아니라 그 사람의 문제고, 내가 이상해서 못 봐준 것이 아니라 그 사람의 그 생각의 틀이 나하고 안 맞는 거지. 그런데 넌 다른 사람의 틀까지 조정을 해서 내가 잘 보여야 되고, 그 사람이 날 좋아해야 하고 이런 생각을 하잖아. 아니니, 혜수야?

내담자 …

상담자 선생님이 너무 몰아붙인 거니?

내담자 (웃음)

상담자 일단 선생님은 혜수 양 문제를 그렇게 파악을 했어. 혜수가 이제부터는 자기 약점, 부족한 점을 인정하고 그래야지. 인간은 누구나 약점이 있는 건데. 그것을 인정하지 않으려 할 때 많은 어려움이 생기는 거야. 그래서 이것을(ABC 기록지) 해서 오라 한 거야. 구체적으로 어떤 생각이 혜수를 이렇게 힘들게 하나? 해 왔어요?

내담자 네, 어제만 그랬어요. 그전까지 요즘에는 술자리 뒤풀이라고 해서 별 상황은 없었구.

상담자 어디 써서 갖고 왔어요?

내담자 네.

상담자 학교를 가는 도중 답답하고 근심 걱정이 쌓여 장의 활발한 운동이 장 끝이 꼬이는… 아프겠다. 굉장히?

내담자 아니요. 아프진 않구요. 그런 느낌이…

상담자 그것은 느낌이지. 실제로는 장이 꼬였다 풀리면 굉장히 아파요…

내담자 한 번도 안 꼬여봐서 모르겠어요.

상담자 그러니까 혜수 양의 느낌이지 실제로 꼬이는 것은 아냐. 그렇다면 그러한 상황 속에서 이것은 혜수 양의 행동이지 장의 행동……

내담자 네.

상담자 그런 행동 밑에는 어떤 생각이 숨어 있음을 혜수 양이 즉각 알아야 돼. 봐, 내가 잘 적응할 수 있을까? 하여 이런 의심이 드니까. 그리고 이 안에는 무엇이 있냐 하면, 적응하지 못하면 큰일이다 이런 생각이 든 거야.

내담자 네. 인생의 낙오자처럼…

상담자 그래. 바로 그런 생각이 드니까 장이 꼬이는 것 같지. 인생의 낙오자와 같다. 네가 이 생각을 하니까 장이 꼬이는 건데. 또 적응할 수 있을까 하는 의문이 들지만, 나만 이런 걱정을 하는 것이 아니라, 우리과 애들이 다 그럴 거야. 그리고, 내가 왜 적응하지 못하란 법은 없어. 혹시 내가 만약 적응하지 못한다라고 하자. 그렇다고 내가 인생의 낙오자는 아냐. 이렇게 생각하면, 장이 안 꼬인단 말야. 숙제 잘해 왔어요.

내담자 (웃음)

상담자 (계속해서 ABC 기록지를 보면서) 수업 첫 시간… 그래, 그때 불안했지?

내담자 네.

상담자 정서는 불안감이 엄습했고, 행동은 네 장이 이렇게 뒤틀리는 것 같은 행동을 했지, 그래 바로 이거야. 그리고 이 장 소리가 들리면 다른 애들한테 웃음거리가 될 거다. 그렇지? 그렇게 되면 큰일이야. 난 놀림감이 될 거고 그런데 대부분의 경우에 장 소리는 옆 사람이 못 듣게 되는 경우가 많아. 그리고 혹시 이게 무슨 장 소리야 그러면 응 내가 조금 속이 안 좋아 그렇게 싹 넘어가면 되는데, 무슨 말인지 알겠지. 혹시 누가 물어본다면, 물어보지 않고 넘어가지 누가 이런 경우에, 혹시 누가 트림을 했다고 가정해 보자. 그렇다고 누구야? 이러니? 그렇지 않잖아. 남이 수줍어할까 봐 그냥 지나가잖아. 그치? 누가 만약 이 꼬르륵 소리를 옆에서 들었다고 해도 그냥 지나가지.

내담자 네, 저도 대담하게 생각하려고 해요. 보통 혼자 있을 때는 내가 왜 그런 것에 얽매이나 그냥 대담하게 살지 그래도요. 사람들 만나고 수업에 들어가고 그러면 생각이 좋아져요.

상담자 그래. 그건 왜 그러냐면 그것은 충분한 연습이 안 돼서 그래. 그 바꾼 생각을… 아, 내가 대범하게 살아야지, 그것을 어느 순간 한 번 결심해서 되는 사람도 있지. 그런데 혜수 양의 경우에는 이런 생각들이, 이런 불안이 너무도 오랜 세월 혜수 양을 지배해 왔어. 그치? 혜수 양이 기존에 갖고 있는 생각이 있잖아. 또 이 생각에 대안이 되는 새로운 생각이 또 나타났지. 그러면 새로운 생각이 이런 생각 자체를 밀어내야 하잖아. 그리고 이 새로운 생각이 여기 들어앉아서 되잖아. 그치? 그런데 새로운 생각이 여기 들어앉으려면 (그림을 그리면서 설명하는 것임) 들어앉아서 혜수 양 행동으로 나타나려면 이 생각을 자꾸 반복적으로 연습을 해야지, 옛날 생각을 물리치고 이 안에 들어가 있지. 이 오래된 생각 자체가 너무나 굳건하게 자리를 잡고 있기 때문에 혜수 양이 새로운, 새로 알아낸 생각을 자꾸 반복해서 연습하지 않으면, 이 생각이 얘한테 갔다가 튕겨서 나오지 이 자리를 차지할 수가 없어요. 무슨 말인지 알겠지? 그러니까 이 생각을 혜수가 자꾸 반복적으로 암송하고 되뇌고 자기 자신에게 명상해 보고 그래서 이 생각이 자기 안에 이렇게 자리 잡을 수 있게 하는 것이 굉장히 중요한 거지. 선생님 말씀이 이해가 됐지요.

내담자 네.

상담자 그래서 지금부터 선생님이 해 주나 하면, 그래 노트를 보라… 다시 한번 볼까? 비합리적 신념, 이건 나중에 하자. 선생님이 여기다(혜수의 숙제 노트) 맞추면, 네가 이제 분명히 확연하지? 학교를 가는 도중에 근심 걱정에 휩싸였다. 이런 사건이지. 그때의 정서는 굉장히 불안했었지, 또 근심 걱정했고, 그때의 행동은 장이 꼬였었지, 활발히 장이 운동하고 꼬이고…

내담자 또 더 심하게 생각하면요. 손이 차가워지고, 진땀이 나고…

상담자 그래, 손이 차가워지고 진땀 나는 것이 뭐냐 하면 하나의 겉으로 드러나는 행동이고 우리가 이것을 심리학 용어로는 증상이라고 말한다. 증상이란 것이 뭐냐 하면 바로 이것 내가 잘 적응하지 못하면 큰일이다 내가 잘 적응할 수 있을까? 더 나아가서 내가 만일 여기서 적응하지 못하면 내 인생은 끝장이야 하는 극단적인 생각 때문에 파생한 것이지.

내담자 막다른 골목

상담자 막다른 골목이야 혜수 양이 이렇게 생각하기 때문에 그렇게 한 거지. 무슨 말인지 알겠지? 그 생각을 이렇게 바꾸란 말야. 또 새 교수님이 와서 네가 그런 생각이 들 때가 있잖아. 손이 차가워지고 불안이 엄습해 올 때. 그런 것을 합리적인 생각이라 한다고 우리 앞에서 배웠지? 합리적인 생각이란 것이 뭐냐 하면, 나만 이런 생각-적응할 수 있을까? 하는 것 아니야? 그치? 실제로 그럴 거 아냐. 혜수 양의 반 애들 모두가 그렇지. 이건 아니다. 학부제라 그랬지요. 학부가 몇 명

이야?

내담자 230명이요.

상담자 그러니까 230명이 다 같이 듣는 거야?

내담자 아뇨. 네 반으로 나눠서…

상담자 우리 과의 우리 반, 그럼 약 50명?

내담자 네.

상담자 50명 모두가 이런 생각을 하는 거야. 이렇게 자기 생각을 가다듬고 그다음에 두 번째 내가 적응할 수 없으면 큰일이고 내 인생 끝장이다. 이렇게 생각하는 거잖아?

내담자 그런데 혼자 생각할 때는요. 인생은 길고 할 일도 많은데 이렇게 편하게 초월적으로 생각을 하는데, 그런데 막상 임할 때는 안 그래요.

상담자 그때 그 순간 네가 손에 진땀이 나고 차가워 오잖아? 그럼 그 순간에 예를 들면, 인생은 길고 할 일이 많다. 이런 합리적인 생각을 하고, 얘(합리적 생각)가 들어갈 틈이 없이 얘(비합리적 생각)가 꼭 자리를 잡고 있는 거야. 그렇기 때문에 혜수 양이 머릿속에서 아, 네가 지금 진땀이 나고, 손이 차가워지는구나. 선생님이 그랬지. 나의 생각 때문이라구, 내 생각이 내가 적응할 수 없으면 큰일이고, 끝장이다는 거지. 그러니까 내가 생각을 바꾸자. 지금 당장에 내 인생의 끝장은 아니다. 네 마음을 너한테 이렇게 말을 하란 말야.
자기 말(self-talk)을 이런 것이 자기 말이라는 거잖아. 우리가 생각이라는 것을 말로 하잖아. 머릿속에서 영어가 잘 안 되는 이유가 뭐야. 영어로 생각을 안 하니까 말이 잘 안 되는 것이거든. 영어로 생각을 안 하니까 영어로 말이 냉큼 안 튀어나오지, 미국 사람을 봤을 때 평소에 우리가 영어로 생각하니? 아! 나 지금 미치겠다.
아! 나 지금 머리 아파, 이럴 때 한국말로 머릿속으로 아 미치겠다. 아 머리 아프다, 이렇게 생각하지 영어로 I go CRAZY, I got a headache 이렇게 생각하니?

내담자 네, 제가 혼자 있을 때 생각하는 것 같아요.

상담자 그렇지?

…중략…

상담자 그렇지 그리고 남들은 나를 신경 쓰지도 않는다. 나는 다른 사람들에게 잘 보여야 할 이유는 없다. 잘 보이면 좋지, 나쁜 건 아니지, 좋지만 잘못 보인다 하더라도 어쩔 수 없는 일이고, 괜찮은 일이다. 그치? 그리고 다른 사람들은 나를 신경 쓰지 않는다. 내가 생각하는 것처럼 됐지? 이것을 혜수야, 너는 낭송하는 것을 좋아하니 아니면 쓰는 것을 좋아하니 머릿속에 곰곰이 되뇌어 보는 것을 좋아하니?

내담자 머릿속에 되뇌어 보는 거요.

상담자 그래, 그러면 머릿속에 되뇌어 본다. 하루에 몇 번씩?

내담자 그냥…

상담자 이거 중요한 숙제야. 행동연습이야.

내담자 때와 장소… 열 번씩을 꼭 할게요.

상담자 하루 열 번씩? 때와 장소를 봐서 그다음에 혜수, 네가 그래프를 그려와 여기다가 어떤 날은 열 번을 할 수도 있고, 어떤 날은 여덟 번만 할 수도 있고 정확하게 이것을 해야 돼, 바를 정(定)자 오를 그리면서 알았지? 선생님은 열 번 이상하기를 원해. 그리고 이것을 하면서 드는 나의 느낌은 무엇인가? 아마 편안하다, 이런 느낌일 것 같거든. 느낌이 무엇인가? 이것을 또 찾아오고 이것도 행동연습 숙제 1이고, 또 숙제 2는 뭐냐 하면, 그 사건 생각 정서 있지. 네가 또 꼬르륵거릴 일이 앞으로도 계속 있잖아. 그때면, 그 증상을 쓰고, 내 머릿속에 어떤 생각이 떠올랐나. ABC 기록지 말이야. 계속 이 숙제는 상담이 끝날 때까지 하는 거야 알았지? 그렇게 계속해서 열심히 하면 선생님이 볼 때 혜수가 멀지 않은 시간 내에 좋아질 수 있을 거라는 확신이 들어요. 알았지요? 그리고 이번 회기를 녹음한 테이프도 다시 들어 보는 거예요.

내담자 네.

출처: 박경애(1999). 인지행동치료의 실제. 서울: 학지사.

연습
문제

상담의 효율성을 높이기 위한 인지·정서·행동 상담의 연습문제

① 인지·정서·행동 상담의 인간관에 대하여 논하시오.

② 인지·정서·행동 상담의 상담목표에 대하여 설명하시오.

③ 인지·정서·행동 상담에서 자신이 가지고 있는 비합리적 신념의 예를 드시오.

④ 인지·정서·행동 상담의 과정인 Ellis의 ABCDE(F) 모형에 대하여 설명하시오.

⑤ 인지·정서·행동 상담의 공헌점과 한계점에 대하여 논하시오.

Chapter 15

교류분석 상담

1. Berne

교류분석(transactional analysis: T. A)은 미국의 정신의학자 Eric Berne(1910~1970)에 의해 개발된 임상심리학에 기초를 둔 인간 행동에 관한 분석체계 또는 이론체계로서 인간관계가 존재하는 모든 장면에 적용할 수 있는 이론이다. Berne이 편집인으로 활동한 Transactional Analysis Bulletin은 1962년부터 출판이 되었으며 1964년에는 '국제의사교류분석협회(International Transactional Analysis Association : ITAA)'가 창립되었다. 이 단체는 교류분석 훈련과 자격 인정을 위한 주된 기관으로 군림해 왔는데 오늘날에 '유럽교류분석협회(European Association for Transactional Analysis)'도 같은 기능을 하고 있다. 교류(transaction)라는 말은 거래(去來)를

교류(transaction)라는 말은 거래(去來)를 의미하는 상업용어이지만 여기서는 대화, 의사소통, 교류 등의 의미로 사용한다. 더 나아가 단순히 표면상의 말의 교환뿐만 아니라 함께 전해지는 의도, 감정, 느낌 등을 포함한 깊은 수준의 관계를 의미한다.

의미하는 상업용어이지만 여기서는 대화, 의사소통, 교류 등의 의미로 사용한다. 더 나아가 단순히 표면상의 말의 교환뿐만 아니라 함께 전해지는 의도, 감정, 느낌 등을 포함한 깊은 수준의 관계를 의미한다(노안영, 2005).

교류분석에는 우리 각자가 세 가지의 분리된 자아상태, 어버이(Parent) · 성인(Adult) · 아이(Child) 자아상태를 가지고 있다고 가정한다. 이러한 자아상태는 Freud가 정신분석학에서 제안한 초자아, 자아, 원초아와 유사한 개념을 가지고 있다. 하지만 Berne은 자신이 제안한 자아상태는 경험적 · 사회적인 반면, Freud가 제안한 자아는 추상적 개념이라고 주장한다. 이러한 두 접근에는 명확한 차이가 있는데, 정신분석학은 무의식에 초점을 두는 반면, 교류분석은 의식적 행동에 초점을 둔다. 따라서 교류분석은 효과적인 대인관계 형성과 매우 밀접한 관계를 가지고 있다고 볼 수 있다. 교류분석은 자신의 이해로부터 출발하여 타인을 이해하고, 자기와 타인의 관계를 이해함으로써 대인관계를 개선하는 데 목적이 있다. 이러한 교류분석의 대인관계 개선과정을 도식으로 나타내면 [그림 15-1]과 같다.

[그림 15-1] 대인관계 개선과정

교류분석의 인간관은 반결정론적 철학에 뿌리를 두고 있으며, 인간은 자신의 행동 유형에서 벗어나서 새로운 목표와 행동을 선택할 능력을 갖추고 있다는 믿음에서 출발한다.

2. 인간관

교류분석의 인간관은 반결정론적 철학에 뿌리를 두고 있으며, 인간은 자신의 행동 유형에서 벗어나서 새로운 목표와 행동을 선택할 능력을 갖추고 있다는 믿음에서 출발한다. 또한 Berne은 인간 존재를 선택할 수 있는 능력을 갖추고 있다고 했지만, 자율적인 존재가 되기에 필요한 자각을 얻은 사람은 별로 많지 않다고 보았다. 선행 연구자들에 의한 종합적인 인간관은 다음과 같다(강갑원, 2004/2008).

첫째, 인간은 자율적 존재이다. 즉, 현실세계를 인식하고, 정서를 스스로 표현할 수 있으며, 타인과 사랑을 나누고 친교를 할 수 있는 자율성을 가진 존재라는 것이다. 따라서 자율성 성취 개념은 각성(인간 현실에 대한 각성), 자발성(게임이 통하지 않은 정서표현), 친밀성(다른 사람과 사랑을 나누고 친교 가능함)으로 나눈다.

둘째, 인간은 자유로운 존재이다. 인간은 무엇에 의해 결정되지 않는 존재이다. 완전한 자유는 아니더라도 많은 자유를 가지고 있다. 그렇다고 사회적 영향을 전혀 받지 않는 것은 아니지만 사회나 어릴 때의 경험에 의해 완전히 결정된 것도 아니다.

셋째, 인간은 스스로 운명을 선택하고 결정할 수 있는 존재이다. 인간이 자율적이고 자유롭다는 것은 선택하고 결정할 수 있는 존재라는 것을 의미한다.

넷째, 인간은 어린 시절 부모와 같이 의미 있는 사람의 기대나 욕구의 영향을 받는다. 그러나 어린 시절에 선택한 대로 살아가는 것이 아니라 그것이 적절하지 않으면 다시 대안적 선택을 하며 살아갈 수 있는 존재이다.

다섯째, 인간은 책임질 수 있는 존재이다. 스스로 선택하고 자율적일 수 있다는 것은 자신에 대하여 책임을 질 수 있다는 것을 의미한다. 어릴 때 부모의 영향을 받더라도 궁극적으로 자신의 삶에 책임을 질 수 있다.

3. 주요 개념 및 기법

1) 주요 개념

(1) 자아상태

Berne(1964)은 대인관계의 주체인 개인 속에는 어버이 자아(P), 성인 자아(A), 아이 자아(C)의 세 가지 자아상태가 존재한다고 하였다.

Berne(1964)은 대인관계의 주체인 개인 속에는 어버이 자아(P), 성인 자아(A), 아이 자아(C)의 세 가지 자아상태가 존재한다고 하였다.

Berne(1964)은 대인관계의 주체인 개인 속에는 어버이 자아(P), 성인 자아(A), 아이 자아(C)의 세 가지 자아상태가 존재한다고 하였다. 교류분석 자아상태 구조분석은 [그림 15-2]와 같다.

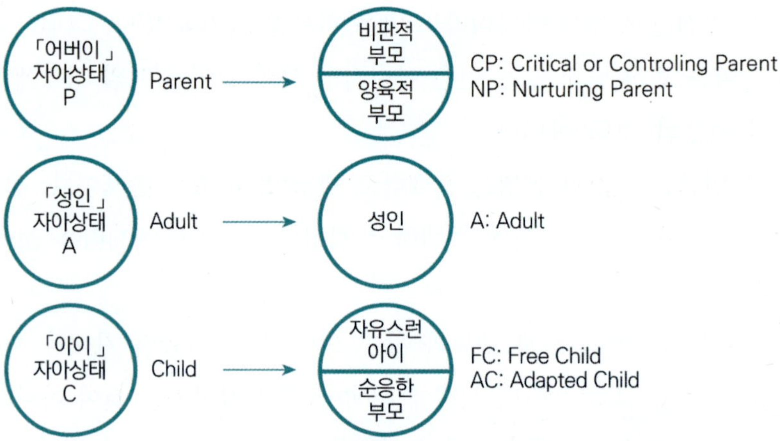

[그림 15-2] 교류분석의 자아상태

① 어버이 자아(P)

어버이 자아상태(Parent ego state: P)는 인간의 행동 속에 나타나는 태도가 외부 세계와 교류를 할 때 어버이가 행동하는 것처럼 행동하는 것을 말한다.

아이는 어렸을 때 부모가 하는 행동을 그대로 모방하며 배우게 된다. 어버이 자아상태는 출생 후 5년 동안의 시기에 한 개인에게 의무적으로 부과된 것과 같은 외적 사태가 뇌에 기록된 거대한 경험의 집합체이다. 대개 부모를 대신하는 사람들의 행동 표본이나 언어 행동을 통해 모방 또는 학습하게 되는 태도와 기타 지각 내용, 행동들로 구성된다.

어버이 자아상태는 기능상 부모가 자녀들을 대할 때처럼 보호적이고 양육적인 모습을 나타내는 양육적 어버이(Nurturing Parent : NP) 자아상태와 훈육적, 비판적, 금지, 명령적인 행동을 나타나게 하는 비판적 어버이(Critical Parent : CP) 자아상태 등의 두 가지로 분류된다.

첫째, 양육적 어버이 자아상태는 성장을 도와주는 어머니와 같은 부분이며, 양육적, 친절, 위로, 격려, 동정, 관용적인 태도를 나타내는 부분으로, 타인을 격려하고 용서하고 칭찬하며, 보호하고 돌보는 작용을 한다(김현수, 1988). 그러나 정도가 지나치면 상대방의 독립심이나 자신감을 빼앗는 결과를 초래하기도 한다. 양육적 어버이 자아상태는 가정이나 직장에서의 원만한 인간관계를 맺기 위해 필요한 것이며 타인의 감정에 공감할 수 있는 능력이다. 그러나 이 양육적 어버이 자아가 지나치게 강하면 과보호적인 행동으로 나타날 수도 있다.

양육적 어버이 자아상태는 성장을 도와주는 어머니와 같은 부분이며, 양육적, 친절, 위로, 격려, 동정, 관용적인 태도를 나타내는 부분으로, 타인을 격려하고 용서하고 칭찬하며, 보호하고 돌보는 작용을 한다.

둘째, 비판적 어버이 자아상태는 자신의 가치관이나 생각은 항상 옳다고 여기고 양보하려 하지 않는 부분이다. 창조성을 억제하고 징벌적이고 엄한 면이 많지만 사회질서의 유지 능력이나 이상 추구 등 긍정적인 면을 갖고 있다. 또한 이 자아가 지나치게 강하면 지배적인 태도, 명령적인 태도, 칭찬보다는 나무라는 경향, 행동이 매우 교만하고 잘난 체하기도 하나 한편으로는 보수적이기 때문에 결정된 것은 확실히 지키며 일도 매우 진실하게 한다.

비판적 어버이 자아상태는 자신의 가치관이나 생각은 항상 옳다고 여기고 양보하려 하지 않는 부분이다. 창조성을 억제하고 징벌적이고 엄한 면이 많지만 사회질서의 유지 능력이나 이상 추구 등 긍정적인 면을 갖고 있다.

② 성인 자아(A)

부모 자아나 아이 자아의 자료들을 현실에 맞게 타당화시키는 기능적 작용을 한다. 성인 자아는 부모 자아와 아이 자아의 자료들을 검토하여 부모 자아에 의한 편견과 독선 그리고 아이 자아에 근거하는 현실적으로 부적절하고, 유아적인 부적응적 행동을 방지할 수 있게 하는 기능을 한다.

성인 자아(Adult : A)는 과거의 묵은 경험이 자료들로 구성되어 있는 부모 자아나 아이 자아의 자료들을 현실에 맞게 타당화시키는 기능적 작용을 한다. 성인 자아는 부모 자아와 아이 자아의 자료들을 검토하여 부모 자아에 의한 편견과 독선 그리고 아이 자아에 근거하는 현실적으로 부적절하고, 유아적인 부적응적 행동을 방지할 수 있게 하는 기능을 한다. 성인 자아는 가장 원숙하고 바람직한 자아상태 기능으로 객관적이고 합리적이며 사고하는 행동을 나타나게 한다. 성인 자아상태는 사실에 입각해서 사물을 판단하는 부분이다. 자료처리 때 컴퓨터와 같은 작용을 한다. 현실을 객관시하고, 여러 각도에서 정보를 수집한다. 그리고 그들을 기초로 냉정하게 계산하고 추정하여 의사결정을 행하고 판단을 내린다. 성인 자아상태가 주도권을 장악하고 있을 때는 어버이 자아상태의 편견, 아이 자아상태의 감정이 통제되며, 통합적으로 적응적이고 창조력도 높다. 그리고 자율성이 풍부한 인간으로 활동할 수 있다. 무슨 일에나 논리적으로 명확하게 결론을 내리는 합리주의는 성인의 자아상태가 높은 경우이다. 성인 자아상태는 일상생활에서 매우 필요한 것이지만, 과도하게 되면 정서 결여, 무미건조한 인간으로 전락하게 된다. 또한 성인 자아상태가 감정에 지배되지 않는 냉정한 부분이기는 하지만, 정신적으로 성숙한 인간이라는 의미는 아니다.

③ 아이 자아(C)

아이 자아(Child : C)는 천진하고 자연스럽고, 자유로운 행동특성 및 충동적 직관적인 행동특성이며, 다른 한편으로는 쾌·불쾌 및 공포의 두려움 같은 감정적인 행동특성을 보이게 작용한다. 구체적으로 아이 자아상태는 생득적으로 일어나는 모든 충동과 감정 그리고 5세 이전에 경험한 외적 상황에 대한 반응양식이 내면화된 것이며, 자유로운 아이(Free Child

: FC)와 순응적 아이(Adapted Child : AC) 등의 두 가지로 나눈다.

첫째, 자유로운 아이 자아상태는 제어나 훈련을 받지 않은 자아상태로 자아상태 중심적이거나 쾌락을 추구하는 아이와 같은 행동으로 표현되는데, 본능적, 적극적, 창조적인 기능과 도덕이나 규범보다는 자신의 감정을 중시하는 성향을 나타낸다(우재현, 1998). 자유로운 아이 자아상태는 부모의 영향을 전혀 받지 않는 것으로, 본능적이고 충동적 반응에서 볼 수 있듯이 태어난 그대로의 부분이다.

둘째, 순응적 아이 자아상태는 자유로운 아이의 조정된 기능인데 경험이나 훈련, 중요한 사람들의 요청에 부응하려는 자연적인 충동의 작용으로 이루어지며, 자신의 참된 감정이나 욕구를 누르고 부모나 권위자의 기대에 따르려고 노력하는 부분으로서, 구체적으로 자신의 감정을 표현하지 못하고 타협해 버리거나 자발성 없이 의존하기 쉬운 모습이다. 순응적 아이 자아상태는 부모들의 기대에 맞도록 항상 주위에 마음을 쓰며 자유로운 감정을 억제하는 착한 아이이다. 따라서 순응적 아이는 주체성이 결여된 채 본래의 자신을 완전히 살릴 수 없다. 그 때문에 항상 욕구불만이 생겨 열등감을 품거나 현실을 회피하기도 한다.

| 자유로운 아이 자아상태는 제어나 훈련을 받지 않은 자아상태로 자아상태 중심적이거나 쾌락을 추구하는 아이와 같은 행동으로 표현되는데, 본능적, 적극적, 창조적인 기능과 도덕이나 규범보다는 자신의 감정을 중시하는 성향을 나타낸다.

| 순응적 아이 자아상태는 자유로운 아이의 조정된 기능인데 경험이나 훈련, 중요한 사람들의 요청에 부응하려는 자연적인 충동의 작용으로 이루어지며, 자신의 참된 감정이나 욕구를 누르고 부모나 권위자의 기대에 따르려고 노력하는 부분으로서, 구체적으로 자신의 감정을 표현하지 못하고 타협해 버리거나 자발성 없이 의존하기 쉬운 모습이다.

이와 같이 사람은 세 가지 자아를 모두 소유하고 있으며, 대인관계에 있어서 상황에 따라 아이 자아로 됐다가 어버이 자아로 혹은 성인 자아로 움직이는데 이 변화 역시 우리가 누구와 만나서 관계하느냐에 따라 달라진다. 따라서 교류분석(TA)은 대인관계의 핵심인 상대방의 의사교류 내용을 그 시점에서 드러내는 자아상태로 분석하여 그 자아상태에 가장 적절하게 반응하고, 자신을 객관시하면서 자기의 성격을 비롯한 인간관계의 불균형을 발견하도록 하여 긍정적인 자기 발전의 가능성을 높이기 위한 자기 인식의 기회를 부여하는 것이다.

(2) 생활자세

Berne(1964)은 인간 행동의 동기를 음식, 물, 공기에 관련된 기본적인 자극의 욕구, 구조의 욕구, 자세의 욕구로 이는 심리적 욕구를 강조한다.

첫째, 자극의 욕구(Stimulus hunger)는 일종의 인종욕구로 일차적 욕구로 본다. 신체접촉이든 회화의 형식이든 인간이 다른 인간에게 주는 존재 인정의 형태이다. 인정자극 가운데 긍정적인 것과 부정적인 것, 조건적인 것과 무조건적인 것으로 구분한다.

둘째, 구조의 욕구(Structure hunger)는 개인이 필요로 하는 인정자극을 받는 가능성을 최대화하기 위해 그의 생활시간을 조직 또는 구조화하려는 욕구이다.

셋째, 자세의 욕구(Position hunger)는 개인이 생애를 통해 어떤 확고한 삶의 자세를 갖고자 하는 욕구이다. 그리하여 이 욕구는 개인이 생활자세를 형성하게 된다.

2) 상담기법

교류분석 상담기법은 상담 분위기를 조성하거나 상담자의 자질과 태도에 관한 기법과 실제 상담장면에서 사용하는 기법은 다음과 같다(강갑원, 2004; 강봉규, 1999; 이현림, 2008; Dusay, Dusay, 1984; Patterson, 1980).

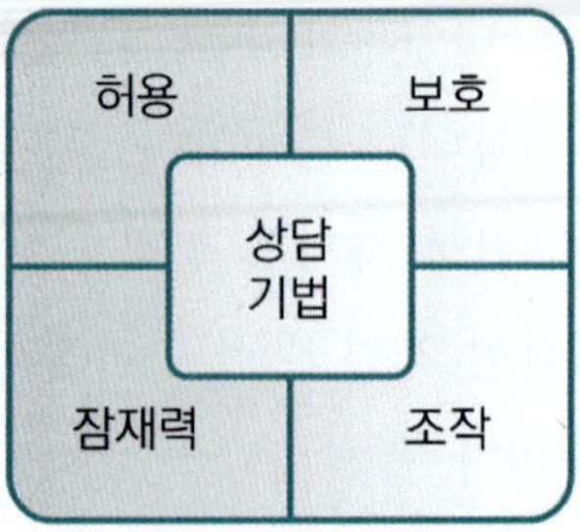

[그림 15-3] 교류분석 상담기법

(1) 허용(permission)

대부분의 내담자들은 부모의 금지령에 근거하여 행동을 한다. 따라서 상담자는 내담자로 하여금 부정적인 금지와 명령에서 벗어나 자유롭고 허용적인 분위기를 허용해야 한다. 허용을 받을수록 내담자는 긍정적인 생활자세와 생활각본을 선택할 수 있다. 이렇게 내담자로 하여금 자신의 자아상태를 잘 기능하도록 분위기를 조성하여야 내담자는 상황에 맞게 교류를 할 수 있다. 이렇게 되면 게임을 하지 않아도 상담자와 대화가 가능한 분위기를 허용할 수 있다.

(2) 보호(protection)

상담자의 성인 자아가 내담자의 아이 자아를 지지해 주는 것을 의미한다. 허용적인 분위기 속에서 부모의 금지 메시지를 버리고 어버이 자아, 성인 자아, 아이 자아를 사용한다 하더라도 처음에는 두려움과 위협을 느끼게 마련이다. 이때 상담자는 내담자의 반응에 대해 안심시켜 주고 지지해 줌으로써 내담자로 하여금 보다 안전하게 새로운 자아를 경험하게 할 수 있다.

(3) 잠재력(potency)

상담자가 상담기술을 적절한 시기에 상담기술을 사용할 수 있는 상담자의 능력을 의미한다. 상담자는 자아상태, 교류, 게임, 각본 등과 같은 것을 분석하여 이를 바람직하게 바꿀 수 있는 상담기술을 갖추고 있어야 한다(상담 과정에서 자세히 살펴보고자 함).

(4) 조작(operation)

Berne(1966)은 조직에 해당되는 질문, 명료화, 직면, 설명, 예증, 확인,

해석, 종결로 구성되어 있는 여덟 가지로 구성되어 있다.

첫째, 질문(interrogation)은 내담자로부터 관련되어 있는 정보를 얻고자 하는 질문이다. 이는 내담자로 하여금 자신의 성인 자아를 사용할 수 있게 된다. 또한 질문기법은 강력한 기술이므로 매우 조심스럽게 사용하여야 한다.

명료화(specification)는 내담자 자신의 특정한 행동의 원인에 대해서 반응을 보였을 때, 그 반응에 동의하는 상담자의 입장을 밝힘으로써 내담자로 하여금 그 반응에 대하여 분명하게 설명해 주기 위해 사용하는 기법이다.

둘째, 명료화(specification)는 내담자 자신의 특정한 행동의 원인에 대해서 반응을 보였을 때, 그 반응에 동의하는 상담자의 입장을 밝힘으로써 내담자로 하여금 그 반응에 대하여 분명하게 설명해 주기 위해 사용하는 기법이다. 즉, 명료화해 줌으로써 내담자는 자신의 세 가지 자아 상태를 완전히 이해하는 데 많은 도움이 된다.

셋째, 직면(confrontation)은 내담자의 행동이나 진술 가운데 불일치나 모순이 발견될 때 지적해 주는 기법이다. 상담자는 내담의 세 가지 자아 상태 등을 자유롭게 해 주게 되고 또 부정적인 생활자세, 생활각본, 게임의 문제점에 대해서 각성하고 자유로워질 수 있게 한다.

설명(explanation)은 상담자가 내담자에게 성인 자아 대 성인 자아의 입장에서 가르치는 기법이다.

넷째, 설명(explanation)은 상담자가 내담자에게 성인 자아 대 성인 자아의 입장에서 가르치는 기법이다. 내담자가 현재 그렇게 해동하고 있는 이유에 대하여 상담자가 내담자가 서로 성인 자아로 교류하는 것으로 이루어진다.

다섯째, 예증(illustration)은 긴장을 없애고 무엇인가 가르쳐 주는 기법이다. 예증에서 유머는 내담자의 어린이를 즐겁게 하는 반면, 메시지는 그의 어른을 통해 얻는 것이다. 즉, 예증은 유머와 생동감이 있어야 하고 내담자의 아이 자아 수준에서도 이해할 수 있는 정도여야 한다.

확인(confirmation)은 내담자가 상담을 통해서 일시적으로 좋아졌다가 다시 원래의 상태로 되돌아가는 경우이다.

여섯째, 확인(confirmation)은 내담자가 상담을 통해서 일시적으로 좋아졌다가 다시 원래의 상태로 되돌아가는 경우이다. 여기서 상담자는 내담자를 포기하지 않고 더욱 열심히 노력해서 새로운 행동을 해야 한다는 점을 내담자에게 설명해 주고 확인시키는 것이다.

일곱째, 해석(interpretation)은 내담자의 행동 뒤에 있는 숨어 있는 의도를 깨달을 수 있도록 돕는 기법으로 전통적 정신분석 기법과 매우 비슷하다.

여덟째, 종결(crystallization)은 상담자가 성인 자아의 입장에서 내담자의 생활자세를 명료화하는 데 사용하는 기법이다. 그리고 상담자는 내담자에게 이제는 게임을 할 필요가 없는 마지막 단계에 와 있다는 것을 내담자에게 말해 주는 것이다.

종결(crystallization)은 상담자가 성인 자아의 입장에서 내담자의 생활자세를 명료화하는 데 사용하는 기법이다.

4. 상담목표와 과정

1) 상담의 목표

Berne(1970)의 교류분석 상담은 내담자로 하여금 유보되고 포기된 자율성을 증대시키며, 현재 행동과 삶의 방향에 대한 새로운 결정을 내리는 것을 돕는 상담자의 조력과정이라고 한다. 즉, 교류분석의 상담목표는 개인이 자신의 삶에 책임지고 스스로를 지도할 수 있는 자율성을 갖도록 하는 것이다. 따라서 이현림(2009)이 주장한 교류분석의 상담목표 네 가지는 다음과 같다.

Berne(1970)의 교류분석 상담은 내담자로 하여금 유보되고 포기된 자율성을 증대시키며, 현재 행동과 삶의 방향에 대한 새로운 결정을 내리는 것을 돕는 상담자의 조력과정이라고 한다.

첫째, 혼합이 없이 성인 자아가 정상적으로 기능할 수 있도록 한다.

둘째, 배타적 감정이 없이 상황에 따라 어버이 자아, 성인 자아, 아이 자아가 적절히 기능하도록 한다.

셋째, 부모의 금지령에 따라 내린 초기 결단을 각성시켜 게임에서 벗어나게 한다.

넷째, 초기 결단 및 이에 근거한 생활각본을 새로운 결단에 근거한 자기긍정-타인긍정의 생활각본으로 바꾸게 한다.

2) 상담자의 역할

교류분석 상담자의 역할은 주로 인지적인 문제에 관심을 가지고 있다. Harris(1967)는 상담자의 역할을 교사, 훈련가, 그리고 깊이 관여하는 정보제공자로 보았다. 교사로서의 상담자는 구조분석, 교류패턴분석, 각본분석, 게임분석 등과 같은 개념을 설명하는 것이다.

Corey(2003)에 의하면 상담자는 내담자가 자신의 초기 결정과 인생계획에 있어 과거의 분리한 조건을 발견하도록 도와주며, 새로운 전략들을 발달시키도록 돕는다. 또한, 천성문 외(2009)는 교류분석 상담에서 상담자와 내담자는 서로 동반자의 위치에서 관계를 형성하며, 상담자는 내담자로 하여금 상담자의 성인 자아에 의지하게 하기보다 내담자 자신의 성인 자아에 의지하도록 격려한다. 즉, 교류분석 상담에서 상담자의 중요한 임무 중 하나는 내담자가 자신의 능력을 발견하도록 돕는 것이다. 이러한 능력은 상담자가 주는 것이 아니라 내담자가 이미 가지고 있는 것이다.

3) 상담의 과정

인간의 끊임없는 욕구와 순환적인 대인관계에서 삶에 영향을 주는 자아상태를 구조, 교류, 게임, 각본분석을 통해 이해하는 방법이 필요하다. 특히 이러한 문제를 가진 사람은 그가 하는 악순환 고리를 끊기 위해 자신이 하는 행동이나 삶에 대한 입장을 분석해야 한다. 교류분석 상담과정은 다음과 같은 구조분석, 교류분석, 게임분석, 각본분석, 스트로크, 생활자세 등을 통하여 내담자를 격려하여야 한다(김규수, 류태보, 2001; 천성문, 박명숙, 박순득, 박원모, 이영순, 전은주, 정봉희, 2006). 따라서 여섯 가지 분석에 대하여 살펴보고자 한다.

교류분석 상담과정은 다음과 같은 구조분석, 교류분석, 게임분석, 각본분석, 스트로크, 생활자세 등을 통하여 내담자를 격려하여야 한다.

(1) 구조분석

Berne(1961)은 자아상태를 사고, 감정과 연관된 일련의 행동양식을 통합한 하나의 시스템이라고 정의하고 있으며, 환자를 치료하는 과정에서 모든 인간은 세 가지 이상의 자아상태, 즉 어버이 자아상태, 성인 자아상태, 아이 자아상태가 존재하고 있음을 알아냈다. 그리고 인격을 구성하는 세 개의 자아상태는 각각 분리되어 특이한 행동의 원천 및 성격이 된다고 주장했다(류태보, 1996). 자아구조분석은 개인의 성격을 자아상태를 통하여 분석하는 방법이며, P-A-C모델이라고도 한다. 이처럼 구조분석의 목적은 이고그램(Egogram)을 통해 자신의 자아구조의 불균형을 객관적으로 발견하여 성인 자아가 중심이 되어 세 가지 자아상태가 조화롭게 기능하도록 자아 에너지를 바꾸어 주는 것이다. 이러한 자아상태를 통한 구조분석은 자기를 객관시하면서 자기의 성격을 비롯한 인간관계의 불균형을 발견하도록 하여 긍정적인 자기 발전의 가능성을 위한 자기인식의 기회를 부여하는 것이다. 따라서 바람직한 대인관계는 세 가지 자아상태를 중심으로 표현이 되며 아내는 남편에게 때로는 어머니처럼, 때로는 친구처럼, 때로는 형제처럼, 때로는 동생처럼 상황에 맞는 교류가 이루어지는 것을 의미한다.

구조분석의 목적은 이고그램(Egogram)을 통해 자신의 자아구조의 불균형을 객관적으로 발견하여 성인 자아가 중심이 되어 세 가지 자아상태가 조화롭게 기능하도록 자아 에너지를 바꾸어 주는 것이다.

(2) 교류분석

교류분석은 구조분석을 기초로 하여 집단원 각 개인이 집단지도자나 다른 집단원과의 관계에서 행하고 있는 상호교류 혹은 의사소통의 일상과 성질을 파악하는 방법이다. 즉, 각 집단원들이 행하고 있는 상호교류의 과정에서 어떤 자아상태가 관여하고 있으며 또한 어떤 유형의 상호교류를 하고 있는가를 확인한다. 상호교류가 의사소통이나 인간관계의 과정에서 어떤 문제점들을 지니고 있는가를 분석 · 확인하여 그 문제점들을 해결할 수 있도록 돕는 과정이다.

교류분석은 구조분석을 기초로 하여 집단원 각 개인이 집단지도자나 다른 집단원과의 관계에서 행하고 있는 상호교류 혹은 의사소통의 일상과 성질을 파악하는 방법이다.

따라서 이 단계는 교류분석의 기본이라고 할 수 있는데 어버이 자아, 성인 자아, 아이 자아의 세 가지 자아상태에 관한 지식을 응용하여 우리가 교환하는 데에는 말뿐만이 아니고 소리의 억양, 표정, 시선 등도 고려하여야 한다. 따라서 대화의 상호교류는 상보교류, 교차교류, 이면교류의 세 가지로 나뉜다.

▌상보교류(complementary transaction)는 어떤 자아상태에서 발신된 메시지나 자극에 대하여 예상했던 자아상태로부터 기대했던 응답이나 반응을 듣는 교류방법이다. 이 교류는 항상 자극과 반응 사이에 평행선적인 관계가 유지된다.

첫째, 상보교류(complementary transaction)는 어떤 자아상태에서 발신된 메시지나 자극에 대하여 예상했던 자아상태로부터 기대했던 응답이나 반응을 듣는 교류방법이다. 이 교류는 항상 자극과 반응 사이에 평행선적인 관계가 유지된다. 이러한 교류가 가능할 때 말이 통하여 대화가 된다. 상보교류는 당신의 어떤 자아상태가 상대방의 어떤 자아상태에 보낸 자극에 따라 원하는 반응을 한다. 즉, 당신의 세 가지 자아상태와 상대방의 세 가지 자아상태가 서로의 욕구를 충족시키는 평행선을 이루는 교류이다. 따라서 보완적 교류는 인정이나 어루만짐이 서로에게 보완적이기 때문에 반응이 계속된다.

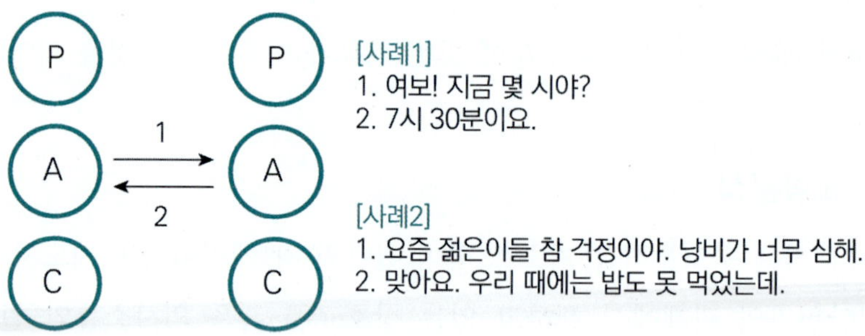

[그림 15-4] 상보교류

▌교차교류(crossed transaction)는 상보교류와 정반대의 개념이다. 교차교류는 상대방이 원하는 욕구가 무시되거나 잘못 이해되어 나타나는 반응의 교류이다. 대화는 상대방의 욕구가 무엇인가를 파악한 후 이루어진다.

둘째, 교차교류(crossed transaction)는 상보교류와 정반대의 개념이다. 교차교류는 상대방이 원하는 욕구가 무시되거나 잘못 이해되어 나타나는 반응의 교류이다. 대화는 상대방의 욕구가 무엇인가를 파악한 후 이루어진다. 상대방의 욕구는 무시하고 엉뚱한 반응을 하면 대화가 중단된다. 상대방이 정보를 제공하면 대화는 지속된다. 당신의 직장상사가 권위적인 태도로 당신의 아이 자아상태에 대화를 걸어오면 그 상황에 맞게 그의 태도를 파악하여 반응하는 것이 필요하다. 발신된 메시지나 자극이 예상했던 응답을 듣는 것이 아니고 전혀 엉뚱한 반응을 듣는 의외의 교류방법이다. 이러한 교류가 진행될 때는 말이 통하지 않아 대화가 되지 않는다.

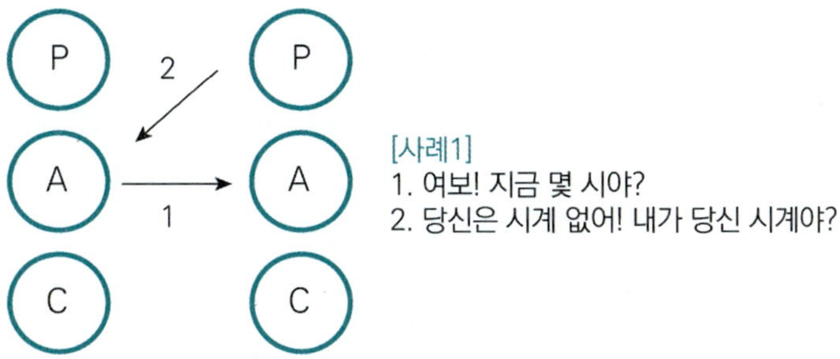

[그림 15-5] 교차교류

셋째, 이면교류는 동시에 이중적인 메시지가 전달되는 교류이다. 예를 들어, 당신의 언어적 메시지인 말의 내용과 비언어적 메시지인 음성이나 얼굴 표정이 다른 경우이다. 사회적으로 수용되는 의사소통의 이면에 심리적인 의도가 깔려 있는 교류로 대화하는 사람이 이중적 메시지를 보내는 경우이다. 즉, 상보교류와 교차교류는 1차원적인 교류방법이지만 이면교류는 2차원적인 교류방법으로 한 가지 자극을 가지고 두 가지 사실을 동시에 의미하는 복잡한 교류방법이다. 이것은 일종의 엉큼한 교류로서 속임수가 내재해 있고, 여러 가지 혼란이나 정신적 질환의 원인이 된다. 이 같은 대화분석은 자신이 타인에 대한 대화방법에 있어서 어떤 문제점이 있는가를 발견하고 나아가 가정, 직장, 사회의 문제점도 발견하여 그에 대한 대처방법을 터득함으로써 원만한 대인관계를 향상시키는 것을 목적으로 한다. 아울러 의사소통이나 대인관계의 과정에서 일으키고 있는 문

이면교류는 동시에 이중적인 메시지가 전달되는 교류이다.

제점을 분석하고 확인하여 대인 간의 관계 개선 및 문제해결을 도모하며, 점차 자신의 비건설적인 교류방법을 지각하여 의식적으로 자기통제를 하도록 배우게 하는 것이다.

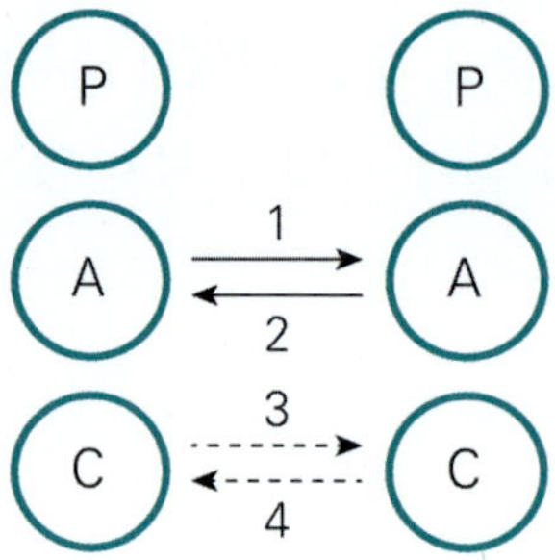

[사례1]
표현된 메시지(어른이 어른에게)
1. 여보! 지금 몇 시죠?
2. 아직 12시 안 됐어.

[사례2]
잠재된 메시지(어린이가 어린이에게)
1. 너무 늦은 거 아니에요?
2. 나름대로 일찍 온 거니까 그만해.

[그림 15-6] 이면교류

▎교류자극과 반응의 연쇄적 상호작용의 과정에서 어떤 성질의 교류자극을 보내고, 어떻게 지각하고 반응하느냐에 따라 대인관계의 문제가 좌우되므로 교류분석(TA)은 대인 간의 관계를 탐구하여 효과적인 대인관계 기술을 개발하는 것이다.

따라서 교류분석(TA)에서 각자의 어버이 자아, 성인 자아, 아이 자아 중 어느 자아 상태가 기능하느냐에 따라 그 형태가 달라진다. 교류자극과 반응의 연쇄적 상호작용의 과정에서 어떤 성질의 교류자극을 보내고, 어떻게 지각하고 반응하느냐에 따라 대인관계의 문제가 좌우되므로 교류분석(TA)은 대인 간의 관계를 탐구하여 효과적인 대인관계 기술을 개발하는 것이다(이형득 외, 1985). 이와 같은 교류분석 패턴을 종합하면 다음과 같은 결론이다.

표 15-1 교류분석 패턴

상보교류	- 두 사람 의사소통 방향성의 일치 - 언어적/비언어적 메시지가 일치
교차교류	- 원하는 소통 및 답이 아닌 예상 밖의 반응이 돌아오는 반응 - 의사소통의 단절
이면교류	- 드러나는 것과 자아상태가 다름 - 한번에 두 종류의 메시지가 전달되는 의사소통 다급

(3) 게임분석

게임은 일종의 특수한 의사거래로서 친밀관계의 겉모양을 보여 주지만, 게임의사거래를 하는 사람들은 서로를 비인격화함으로써 양자 모두에게 좋지 않은 감정의 결과를 초래해서 솔직하고 신뢰로운 대인관계 형성을 방해하게 된다(우재현, 1998). 또한 게임을 하는 당사자는 세 가지 역할, 즉 구조자, 박해자, 희생자의 역할을 수행하면서 악순환적인 게임을 계속하게 된다(노안영, 2006).

게임은 일종의 특수한 의사거래로서 친밀관계의 겉모양을 보여 주지만, 게임의사거래를 하는 사람들은 서로를 비인격화함으로써 양자 모두에게 좋지 않은 감정의 결과를 초래해서 솔직하고 신뢰로운 대인관계 형성을 방해하게 된다.

모든 사람은 심리적 게임을 한다. 많은 사람들은 자신이 하는 게임을 잘 인식하지 못한다. 게임은 우리가 인정이나 어루만짐을 보다 잘 이해하도록 도와준다. 게임은 나중에 대가를 치르게 되는 시련감정을 경험하게 하는 이면교류에서 비롯되는 시간구조화의 한 가지 방법이다. 상담자는 내담자가 하는 게임이 어떤 종류의 게임인지를 파악하려고 시도한다. 게임은 깊은 수준의 현실적 상호작용의 의미를 감추기 위해 피상적 수준에서 협동적으로 상호작용하는 방법이다(노안영, 2006).

또한 Berne은 인간의 행동 중에서 예측 가능하고 정형화되어 있으며 파괴적인 결말로 끝나는 특색을 가진 것을 게임이라고 정의했다. 즉, 반복하여 행해져서 자신도 지긋지긋해 하고 있음에도 불구하고, 다시 반복해서 트러블을 일으키는 심리적 게임이라고 부르는 패턴이다. 이것은 부부생활, 직장생활, 사회생활에서 자주 보여지는 것이다. 이는 예측 가능하고, 정형화되어 있으며, 반복적인 것으로 통상 불유쾌한 행동특성을 갖고 있다. 따라서 상담자는 내담자가 게임을 중단하고 진솔한 친밀감을 형성할 수 있도록 시간을 구조화하는 것이 중요하다.

(4) 각본분석

교류분석에서 의미하는 각본은 연극에서 말하는 각본과 유사하다. 배우는 자신의 각본에 따라 역할을 수행한다. 어쩌면 인간의 삶도 세상을 무대로 본다면 어떤 각본에 따라서 살아가는 것에 비유된다. 내담자가 따르는 인생각본은 어린 시절 초기에 결정하는 삶의 계획, 유아기에 형성되는 무의식 혹은 전의식 상태의 삶이라고 볼 수 있다(이기춘, 1986; 이성태, 1991). 이에 각본분석은 자신의 생활자세와 각본에 의한 인생극을 자세히 관찰하도록 하여 생활에 대한 재결단을 내리도록 기회를 제공한다(장성화, 김순자, 윤향숙, 박지현, 황윤미, 2016). 즉, 삶의 생활계획은 어린 시절에 결정이 되며, 인생초기에 부모로부터 어떠한 영향을 받았느냐에 따라 결정된다는 경향성이 있다. 그러므로 우리는 무의식 수준에서 이 각본에 맞게 삶을 살아가게 된다. 생활각본의 형성은 인정자극을 포함하고 자극의 욕구를 충족시키기 위한 각종 활동과 부모의 허용도, 금지령, 초기 결단, 생활자세와 같은 자세의 욕구에 의하여 결정이 이루어진다.

생활각본의 형성은 인정자극을 포함하고 자극의 욕구를 충족시키기 위한 각종 활동과 부모의 허용도, 금지령, 초기 결단, 생활자세와 같은 자세의 욕구에 의하여 결정이 이루어진다.

(5) 스트로크

스트로크(Stroke)는 피부접촉, 표정, 태도, 사고, 감정, 욕구, 언어, 기타 여러 형태의 행동을 통해 상대방에 대한 반응을 알리는 인간 인식의 기본 단위이다. 인간의 각본 형성에서 최초로 나타나는 각본 중 하나로 기본적인 인생태도이다. 이것은 어린 시절 부모와의 관계를 통해 스트로크를 주고받으면서 배양된 자기상과 타인상을 의미한다. 즉, 인간은 누구나 타인으로부터 인정받으려는 욕구를 갖고 있는데, 교류분석에서는 타인의 존재를 인정하기 위한 행동을 인정자극이라고 한다.

인정자극에는 유아기의 스킨십(skinship)에서부터 성인의 인정에 이르기까지 다양하다. 스트로크는 비언어적 혹은 언어적, 긍정적 혹은 부정적, 조건적 혹은 무조건적 스트로크 등으로 나눈다. 어린 시절부터 스트로크를 어떻게 주고받는가에 따라 성격형성에 많은 영향을 미친다. 따라서 스트로크는 가정교육과 사회성의 기본적인 동기이며, 개인의 건전한 동기부여에 필수적이다. 스트로크의 종류를 살펴보면 다음과 같다(천성문 외, 2006).

첫째, 신체적 스트로크는 신체접촉이다(손잡기, 안아주기, 머리 쓰다듬어 주기).

둘째, 상징적 스트로크는 얼굴표정과 자세, 사용하는 말투이다.

셋째, 긍정적 스트로크는 '너무 멋있다', '넌 최고야' 등의 격려가 표현되는 것이다.

넷째, 부정적 스트로크는 '넌 실력이 이 정도밖에 안 되니?', '너무 실망스럽다' 등의 좌절감을 느끼게 하는 표현이다.

다섯째, 조건적 스트로크는 '네가 무엇을 한다면 나도 ~할 수 있어.'라는 조건성이 있는 인정자극이다.

여섯째, 무조건적 스트로크는 상대방의 존재나 행동에 관계없이 주는 인정 자극이다. 사회성이 향상되기 위해서는 타인과 스트로크를 주고받는 삶을 살아가야 한다. 그러나 부정적 스트로크는 인간의 성장을 후퇴시키고, 인간을 왜소하게 만들 수 있으므로 긍정적이고 무조건적인 스트로크를 사용하여 상대로 하여금 심리적인 안정과 자기효능감, 자기존중감 등을 느끼게 하는 것이 좋다.

(6) 생활자세

인간은 자기 자신에 대해서나 다른 사람에 대해서 또는 어떤 문제를 해결하는 데 있어서 특수한 입장을 갖고 있는데, 교류분석에서는 빈도와 가능성이 높은 생활자세를 네 가지의 기본적 인생태도 유형으로 살펴보면 다음과 같다.

① 자기긍정, 타인긍정(I'm OK, you're OK)

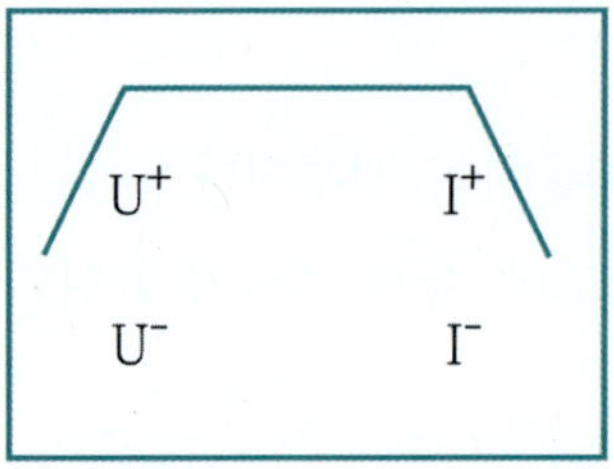

자기긍정, 타인긍정은 "나도 너도 모두 OK"라는 것으로서 아주 건설적이며 긍정적인 인생관을 갖고 있는 사람이다. 전형적인 OK그램은 산 모양이 된다. 남을 위해서 생각하고 행동하며 명랑하고 개방적이며 자신을 적절하게 표현할 수 있는 사람이다. 정서적 · 신체적 욕구가 나를 긍정하고 타인을 긍정하므로 떳떳한 인간관계를 갖게 되고 타인을 긍정하므로 타인과의 사이에 따뜻한 교류가 이루어져서 원만한 인간관계를 맺게 된다. 매사에 자신감을 갖고 타인의 좋은 면을 인정하고 상대로부터 받아들여지기 쉽다.

남을 위해서 생각하고 행동하며 명랑하고 개방적이며 자신을 적절하게 표현할 수 있는 사람이다.

② 자기부정, 타인부정(I'm not-OK, you're not-OK)

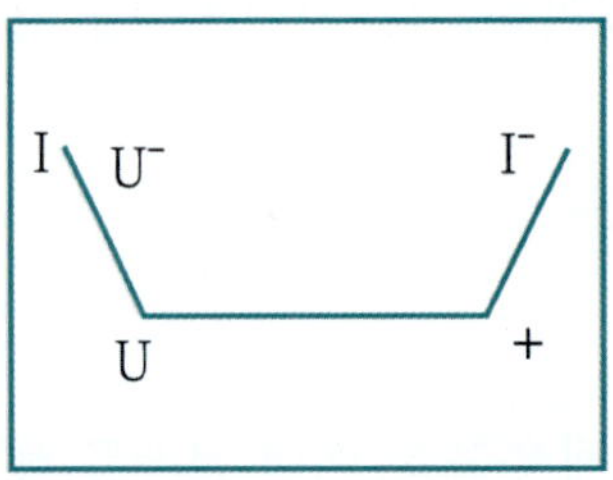

자기부정, 타인부정은 어린 시절에 성장하면서 스트로크가 심각하게 결핍되어 "너도 나도 모두 OK가 아니다"라는 비건설적인 인생관을 가지고 살아가는 사람이다. 전형적인 OK그램은 계곡형이다. 상대에 맞추어 행동하는 경향이 강하다. 자기통제의 힘이 약하고 주위의 움직임에 그저 따라가기 쉬운 타입이다. 자칫하면 자신의 틀에 틀어박힐 수 있다. 특히, 이러한 자세를 가진 사람들은 심한 정신적인 문제를 가지게 될 가능성이 많이 나타난다.

상대에 맞추어 행동하는 경향이 강하다. 자기통제의 힘이 약하고 주위의 움직임에 그저 따라가기 쉬운 타입이다.

③ 자기긍정, 타인부정(I'm OK, you're not-OK)

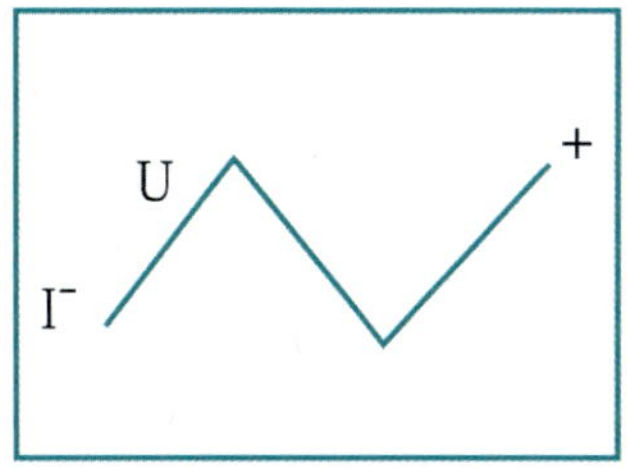

자기긍정, 타인부정은 "나는 OK이지만 타인은 OK가 아니다"라는 것으로 자신감은 있지만 배타적이어서 남에 대한 관대하지 못한 인생관을 갖고 살아가는 사람이다. 전형적인 OK그램은 역N자형이 된다. 타인에게는 비판적이며 자신을 적극적으로 주장하려고 하는 점이 두드러진다. 남의 입장을 이해하려는 감정이 약하고 자기중심의 행동을 취하기 쉽다. 타인의 존재나 능력을 부정하고 의심이 많다. 자신감이 지나쳐 마찰이 우려되며, 동료의 결점을 지적하는 경향이 있다. 이런 자세를 가진 사람은 세상을 비난하고 불신하고 좌절과 분노로 반응이 나타난다.

타인에게는 비판적이며 자신을 적극적으로 주장하려고 하는 점이 두드러진다.

④ 자기부정, 타인긍정(I'm not-OK, you're OK)

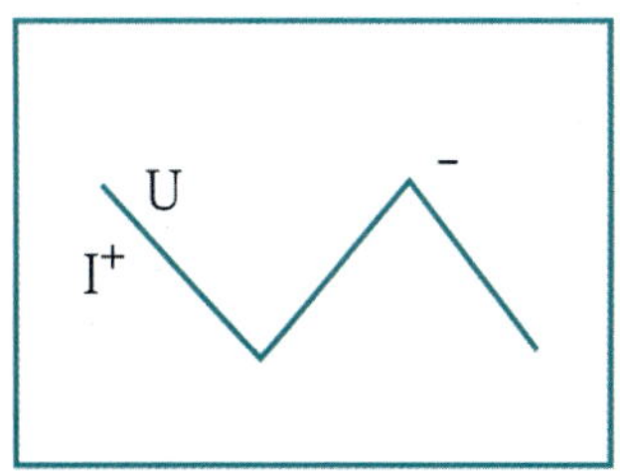

자기부정, 타인긍정은 "나는 OK가 아니지만 타인은 OK이다"라는 것으로 열등감, 무력감을 수반한 인생관을 갖고 살아가는 사람이다. 자유롭게 자신의 감정을 표현하지 못한다. 따라서 쉽게 스트레스를 느끼고 내부에 모순을 축적해 가는 타입이다. 다른 사람과 비교하여 무력감을 느낀다. 자기비하나 열등감에 사로잡혀 쉽게 우울증에 걸리기도 하고 타인과 친밀한 관계를 회피하며 심한 경우 자살을 기도한다.

자기비하나 열등감에 사로잡혀 쉽게 우울증에 걸리기도 하고 타인과 친밀한 관계를 회피하며 심한 경우 자살을 기도한다.

이와 같이 기본적 생활자세는 유아기에 그 기초가 형성되며, 그 뒤에 수정되지 않는 한 일생 동안 이 같은 태도로 살아가게 된다. 따라서 교류분석은 가장 바람직한 태도인 자기긍정과 타인긍정(I'm OK, you're OK) 태도로 관점 수정, 행동수정하기 위한 자각과 노력을 목적으로 하고 있다.

5. 평가

1) 공헌점

첫째, 대인관계에서 의사소통의 질을 개선할 수 있는 구체적인 방안을 제시했다.

둘째, 내담자 스스로 자신을 변화시킬 수 있는 방법을 제시해 주고 있다.

셋째, 상담자와 내담자의 계약을 중시하며, 서로의 자유와 책임을 분명하게 해 준다.

▎교류분석 상담자는 내담자의 의사결정자로서 성인 자아를 발달시키도록 돕는다.

넷째, 교류분석 상담자는 내담자의 의사결정자로서 성인 자아를 발달시키도록 돕는다.

다섯째, 효율적인 부모가 될 수 있는 길을 지시하였다. 인정자극과 자녀의 성인 자아를 상대로 이야기하는 것이 중요하다. 자녀와의 대화에서 금지 메시지의 문제점과 그에 따른 초기 결단이 일생 동안 악영향을 준다는 점과 이면적 교류가 문제가 있다는 점을 제시하였기 때문이다(김성회 외, 1997; 이형득 외, 1984; Corey, 1986).

2) 한계점

첫째, 교류분석 상담의 주요 개념이 인지적인 측면에 너무 치우쳐서 지적인 수준이 낮은 사람들에게는 도움을 제공하는 데 다소 어려움이 있다.

둘째, 주요 개념이 창의적이고 매력이지만 자율성이나 친밀성과 같은 추상적 개념이 많아 실제 적용에 어려움이 있다.

셋째, 주요 개념이 임상적 경험에 의하여 도출된 것이 많고 실증적 연구에 의하여 나온 것도 있지만 과학적 증거에 의해 제시되었다기보다는 가설적 수준으로 보는 것이 옳다는 비판이 있다.

주요 개념이 임상적 경험에 의하여 도출된 것이 많고 실증적 연구에 의하여 나온 것도 있지만 과학적 증거에 의해 제시되었다기보다는 가설적 수준으로 보는 것이 옳다는 비판이 있다.

6. 요약

- 교류(transaction)라는 말은 거래(去來)를 의미하는 상업용어이지만 여기서는 대화, 의사소통, 교류 등의 의미로 사용한다. 더 나아가 단순히 표면상의 말의 교환뿐만 아니라 말과 함께 전해지는 의도, 감정, 느낌 등을 포함한 깊은 수준의 관계를 의미하는 것이다.
- 교류분석에서는 우리 각자가 세 가지의 분리된 자아상태, 즉 어버이, 성인, 아동 자아상태를 가지고 있다고 본다.
- 교류분석은 자신의 이해로부터 출발하여 타인을 이해하고, 자기와 타인의 관계를 이해함으로써 대인관계를 개선하는 데 목적이 있다.
- 인간은 스스로 운명을 선택하고 결정할 수 있는 존재이다. 인간이 자율적이고 자유롭다는 것은 선택하고 결정할 수 있는 존재라는 것을 의미한다.
- 교류분석에서 조작은 내담자에게 실행하는 구체적인 상담자의 행동을 뜻한다. 이것은 치료적 조작을 이르는 것으로, 질의, 특별세부반응, 맞닥뜨림, 설명, 실증, 확립, 해석, 구체적 종결의 여덟 가지 기술을 가지고 있다.
- Berne(1972)은 교류분석 상담은 내담자로 하여금 유보되고 포기된 자율성을 증대시키며, 현재 행동과 삶의 방향에 대한 새로운 결정을 내

리는 것을 돕는 상담자의 조력과정이라고 하였다.

- 교류분석 상담과정은 구조분석, 교류분석, 게임분석, 각본분석, 스트로크, 생활자세 등을 통하여 내담자를 격려하여야 한다.
- 생활자세는 자기긍정-타인긍정, 자기긍정-타인부정, 자기부정-타인긍정, 자기부정-타인부정의 네 가지가 있다.

7. 상담사례

재결정치료를 통한 삶의 변화(changing live through redecision therapy)에서 인용한 상담으로 상담자 존 맥닐(John McNeel)과 엘린 베이더(Ellyn Bader)가 어린 시절 장면을 사용하여 재결정치료를 한 것이다. 1979년에 굴딩부부(Goulding, Goulding)가 어린 시절에 경험한 장면에서 재결정하는 것이 가장 쉽다고 주장하였고, 이러한 장면에서 내담자는 아동일 따름이며, 어린이 자아에서 더 머물기 위해 투쟁하지 않기 때문이다. 교류분석 상담 사례로 상담자의 반응에 주목하면서 읽어보면 좋겠습니다.

내담자　제게 무서운 것은 고통이죠. 저는 심장이 아픈 것이 아니라는 것도 알아요. 가슴이 아파요.

상담자　어린아이가 되어 볼 수 있겠어요.

내담자　(머리를 끄덕이며 수긍한다)

상담자　그럼 어린아이가 되어 보세요.

내담자　(그렇게 한 다음 어렸을 때의 자신에 대해 설명한다)

상담자　부모님이 보입니까? 그분들에 대해 이야기해 보세요. 당신은 두 분 사이의 고통에 대하여 알고 있습니까?

내담자　(심하게 울기 시작한다)

상담자 어린애니까 당신은 붐님의 고통과는 상관없다고 그들에게 말할 수 있겠죠.

내담자 엄마는 저를 내버려 두지 않아요. (흐느끼면서) 제가 구석에서 책을 읽고 있으면 엄마는 저를 그냥 두지 않아요. (아주 작은 소리로 말한다)

상담자 좋아요. 당신이 구석으로 도망갔을 때 얼마나 부모님에게서 벗어나고 싶은지 생각해 보세요.

내담자 그래요. 저는 싸우는 소리, 접시 깨지는 소리를 참을 수 없어요. 너무 두려워요. 정말 도망치고 싶어요. 하지만 갈 곳도 없고, 엄마는 아빠가 술 취했을 때 저보고 씻겨 드리라고 해요. 저는 도망치고 싶어요.

상담자 물론 당신은 도망치고 싶겠지요.

내담자 (계속 흐느낀다)

상담자 그리고 당신에게는 보살펴 줄 사람이 필요해요. 그리고 당신이 독립된 한 인간이라는 것을 부모님이 깨달아야 해요.

내담자 나는 독립한 한 인간이에요. 나는 엄마를 좋아할 수 있어요. 저는 엄마의 좋은 점을 알아요. 그러나 전 엄마가 아니에요. 저는 엄마의 고통까지 책임질 수는 없어요.

연습 문제

상담의 효율성을 높이기 위한 교류분석 상담의 연습문제

① 교류분석 상담의 인간관에 대하여 논하시오.

② 교류분석 상담의 세 가지 자아상태에 대하여 설명하시오.

③ 교류분석 상담과정(구조분석, 교류분석, 게임분석, 각본분석)에 관해 논하시오.

④ 교류분석 상담과정 중 생활자세에 대하여 설명하시오.

⑤ 교류분석 상담의 공헌점과 한계점에 대하여 논하시오.

▶ 교류분석 : 나를 찾아라

다음은 여러분 자신을 보다 더 잘 이해할 수 있도록 제작된 설문지입니다. 이고그램의 문항을 읽고 보기에서 자신에게 해당하는 것을 골라 □란에 점수를 기록하십시오. 단, 현재 여러분의 생각을 기록하되 솔직하게 표시를 해야 그 결과를 근거로 자신을 올바로 이해할 수 있도록 해석해 줄 수 있습니다. 성의껏 답해 주시기 바랍니다.

교류분석(ego-ok)

문항		매우 그렇다	약간 그렇다	보통이다	약간 그렇지 않다	매우 그렇지 않다
1	나는 책임감이 강한 사람이다.	5	4	3	2	1
2	선배가 되었을 때, 후배를 엄격히 가르치겠다.	5	4	3	2	1
3	어디에서나 질서를 잘 지키는 편이다.	5	4	3	2	1
4	다른 사람을 지배하려는 성향이 강하다.	5	4	3	2	1
5	다른 사람의 약점이나 잘못한 것들이 쉽게 눈에 띈다.	5	4	3	2	1
6	잘못된 것을 보면 화가 나거나 지적한다.	5	4	3	2	1
7	자신의 생각을 양보하지 않고 끝까지 주장한다.	5	4	3	2	1
8	상대방의 잘못에 대해서 비난을 할 때가 있다.	5	4	3	2	1
9	규정대로 되지 않으면 고치도록 충고(노력)한다.	5	4	3	2	1
10	무엇보다도 예절이나 도덕을 중요하게 생각한다.	5	4	3	2	1
CP	합계 : (　　　)					

11	타인의 나쁜 점보다는 좋은 점을 보도록 한다.	5	4	3	2	1
12	상대방의 이야기를 경청하고, 공감하기를 잘한다.	5	4	3	2	1
13	동료들을 위해서라면 나서서 도와준다.	5	4	3	2	1
14	개인적인 고민이 있는 동료를 위로하거나 격려한다.	5	4	3	2	1
15	후배나 선배의 입장을 생각하는 편이다.	5	4	3	2	1
16	동료들이나 후배를 지나치게 보호하는 편이다.	5	4	3	2	1
17	타인의 일에 간섭하다 보니 타인의 자율성을 방해하는 편이다.	5	4	3	2	1
18	동료가 힘들어할 때 업무를 대신해서 해 준다.	5	4	3	2	1
19	동료들이나 하급자들을 칭찬하는 일이 흔히 있다.	5	4	3	2	1
20	학교생활에 부적응하는 친구를 보면 안타까운 생각이 든다.	5	4	3	2	1
NP	합계 : (　　)					
21	몸이 이상할 때 조심하거나 무리하지 않도록 한다.	5	4	3	2	1
22	처음 당하는 일이라면 잘 조사해 본 후에 한다.	5	4	3	2	1
23	무슨 일을 할 때 이해득실(利害得失)을 생각해 본다.	5	4	3	2	1
24	모든 일을 객관적 사실에 따라 판단한다.	5	4	3	2	1
25	무슨 결정을 할 때 여러 사람의 의견을 듣고 정한다.	5	4	3	2	1
26	대화나 행동을 할 때 감정을 나타내지 않고 무표정한 편이다.	5	4	3	2	1

27	일이 잘 진행되지 않을 때 원인을 꼼꼼히 분석한다.	5	4	3	2	1
28	맡겨진 일을 명확히 처리해 나가는 편이다.	5	4	3	2	1
29	문제가 생겼을 때 일의 전후사정을 잘 고려하여 판단한다.	5	4	3	2	1
30	다른 사람으로부터 재미가 없고 무미건조하다는 말을 종종 듣는다.	5	4	3	2	1
A	합계 : ( )					
31	이성의 친구에게 자유롭게 말을 걸 수 있다.	5	4	3	2	1
32	다른 사람을 의식하지 않고 기탄없이 말하거나 행동한다.	5	4	3	2	1
33	나는 창조성이 풍부하다.	5	4	3	2	1
34	나는 유머 감각이 있다고 생각한다.	5	4	3	2	1
35	대상을 직접적으로 파악하는 직관(直觀)을 중요시한다.	5	4	3	2	1
36	학교 내에 많은 동료들과 잘 지낸다.	5	4	3	2	1
37	나는 호기심이 강하다.	5	4	3	2	1
38	충동이나 본능에 따라 행동할 때가 많다.	5	4	3	2	1
39	나는 학교 친구들에게 인기가 있다고 생각한다.	5	4	3	2	1
40	학교에서 축제시간에 함께 어울려 노는 것을 좋아한다.	5	4	3	2	1
FC	합계 : ( )					
41	착한 사람이라는 말을 자주 듣는다.	5	4	3	2	1
42	내가 결정한 것에 대해 자주 바꾸는 경향이 있다.	5	4	3	2	1
43	나는 의존성이 강한 편이다.	5	4	3	2	1
44	내가 원하는 대로 되지 않을 때 우울해진다.	5	4	3	2	1

45	생각보다는 다른 사람의 말에 영향을 받기 쉬운 편이다.	5	4	3	2	1
46	다른 사람과 타협을 잘한다.	5	4	3	2	1
47	무슨 일을 할 때에 신중하다.	5	4	3	2	1
48	싫은 것을 싫다고 말하지 못하고 참는 일이 많다.	5	4	3	2	1
49	대인관계에서 타인과의 마찰을 두려워한다.	5	4	3	2	1
50	나는 남의 표정을 보고 행동하는 버릇이 있다.	5	4	3	2	1
AC	합계 : (　　)					

▸ OK그램 점검표

다음 항목의 질문에 대하여 현재 생각하고 있는 그대로를 보기의 □란에 표시하시오.

문항		매우 그렇다	약간 그렇다	보통이다	약간 그렇지 않다	매우 그렇지 않다
1	나는 근본적으로 인간을 신용하지 않는다.	5	4	3	2	1
2	때때로 상대를 매도하거나 꼼짝 못 하게 한다.	5	4	3	2	1
3	상대방이 내가 기대한 대로 해 주지 않으면 매우 화가 난다.	5	4	3	2	1
4	다른 사람의 장점보다 단점을 지적하는 편이다.	5	4	3	2	1
5	다른 사람을 돕는 일은 나쁜 버릇을 키우므로 하지 않는다.	5	4	3	2	1
6	생각이나 행동방식을 자신과 달리 하고 있는 사람은 가능한 한 무리에서 배제해 버리고 싶다.	5	4	3	2	1
7	후배들이 나를 따르는 것은 당연한 것이라고 생각한다.	5	4	3	2	1
8	동료에 비해 나는 타인을 엄격하게 평가하는 편이다.	5	4	3	2	1
9	나는 그다지 다른 사람을 칭찬하지 않는 편이다.	5	4	3	2	1
10	나는 다른 사람을 이용하여 자신의 입장이나 일을 잘하려고 하는 경향이 있다.	5	4	3	2	1
U−	합계 : (　　)					
11	다른 사람이 행동방식이나 사고방식을 나와 달리 하고 있을지라도 특히 싫지 않은 기분이다.	5	4	3	2	1

12	상대를 존중하는 것은 그 기분을 이해하는 것이라고 생각하기 때문에 힘써 실행하고 있다.	5	4	3	2	1
13	나는 기본적으로 다른 사람을 믿는다.	5	4	3	2	1
14	아이들을 포함해서 누구나 자신의 견해를 가질 권리가 있다고 생각한다.	5	4	3	2	1
15	사람들이 자기주장을 하거나 경제적으로 풍요하게 되는 것은 좋은 것이라고 생각한다.	5	4	3	2	1
16	나는 대부분의 사람들과의 관계를 훌륭하게 해 가고 있다.	5	4	3	2	1
17	다른 사람의 일이 순조롭게 되고 있을 때 그다지 긴장되지 않고 자연스럽게 말한다.	5	4	3	2	1
18	싫어하는 사람일지라도 함께 일을 잘 해낼 수 있다.	5	4	3	2	1
19	모든 사람들을 언제까지나 책망하지 않고 격려한다.	5	4	3	2	1
20	동료가 실패해도 언제까지나 책망하지 않고 격려한다.	5	4	3	2	1
U+	합계 : (　　　)					
21	나는 나 자신을 좋아한다.	5	4	3	2	1
22	나는 태어나서부터 소중하게 길러졌다고 생각한다.	5	4	3	2	1
23	나는 지금 생활에서 필요로 하는 유익한 인간이라고 생각한다.	5	4	3	2	1
24	다른 사람으로부터 신뢰받는 사람이라고 생각하고 있다.	5	4	3	2	1
25	나는 적극적으로 행동을 취하는 편이다.	5	4	3	2	1
26	자신의 얼굴이나 모습에 매력이 있다고 생각한다.	5	4	3	2	1
27	자신의 능력 중 어느 면에 자신을 갖고 있다.	5	4	3	2	1

28	다른 사람들 앞에서 이야기할 때 그다지 불안하거나 긴장되지 않고 자연스럽게 말한다.	5	4	3	2	1
29	나는 대개 다른 사람이 하는 만큼은 할 수 있다.	5	4	3	2	1
30	잘못을 하거나 실망을 하는 경우에도 전향적(轉向的)으로 생각할 수 있다.	5	4	3	2	1
I+	합계 : ( )					
31	나는 타인으로부터 호감을 얻지 못하는 인간이다.	5	4	3	2	1
32	나의 탄생은 그다지 환영받지 못했다고 생각한다.	5	4	3	2	1
33	나는 나 자신을 쓸모없는 인간이라고 생각하는 경우가 있다.	5	4	3	2	1
34	나는 소극적인 성격이므로 실패가 두려워서 매사에 손을 대지 않으려고 한다.	5	4	3	2	1
35	나는 자신이 한 언행에 대해 곧잘 후회한다.	5	4	3	2	1
36	자신이 결단하여 행동하는 것이 잘되지 않는다.	5	4	3	2	1
37	자신의 용모에 자신이 없다.	5	4	3	2	1
38	자신이 없어서 대체로 다른 사람들이 하는 대로 따라간다.	5	4	3	2	1
39	친구나 동료와 함께 있는 것을 좋아하지 않으며 고독을 즐긴다.	5	4	3	2	1
40	나 자신을 그다지 존경할 수가 없다.	5	4	3	2	1
I−	합계 : ( )					

▸ 이고-OK그램(마음 그림검사)

- 활용목적 : 이 검사는 사람들의 환경적응 가능성과 관심, 사람으로서의 분류 여부를 파악하고, 더 나아가 소규모 단위의 팀 빌딩을 목적으로 활용할 수 있다.
- 검사내용 : 자아상태의 다섯 가지 기능, 즉 비판적 어버이(Critical Parent: CP), 양육적 어버이(Nurturing Parent : NP), 성인의 자아상태(Adult Ego-State : A), 자유스러운 아이(Free Child : FC), 순응하는 아이(Adapted : AC)와 각 개인의 네 가지 인생태도(자기부정-타인긍정, 자기부정-타인부정, 자기긍정-타인부정, 자기긍정-타인긍정)와의 역동관계를 확인하는 검사이다.
- 활용방법 : 컴퓨터상에서 직접 검사를 실행할 수 있으며, 다수의 사람을 대상으로 실시할 경우 데이터 폴더에 있는 문항지를 프린트해서 사용한다.

▸ 이고-OK그램 도표 작성

- 이고그램 점수 : 다섯 가지 기능(CP, NP, A, FC, AC)별로 점수를 합산
- OK그램 점수 : 네 가지 태도(U-, U+, I-, I+)별로 점수를 합산
- 그래프에 위에 점수(이고그램 다섯 가지, OK그램 네 가지)의 좌표에 표시
- 이고그램 좌표는 실선으로 OK그램 좌표는 점선으로 연결

 이고그램 : ______________ OK그램 : - - - - - - - - - - - - - -

50											51
48											49
46											47
44											45
42											43
40											41
38											39
36											37
34											35
32											33
30											31
28											29
26											27
24											25
22											23
20											21
18											19
16											17
14											15
12											13
10											11
8											9
6											7
4											5
2											3
											1
	CP / U−		NP / U+		A		FC / I+		AC / I−		

※이 검사는 여러분의 성격이나 기본적인 인생관과 어느 정도 일치합니까? 맞는 부분에 ○표를 하시오.

1. 대부분 일치한다(　) 2. 반 이상 일치한다(　) 3. 보통이다(　)
4. 약간 일치한다(　) 5. 전혀 일치하지 않는다(　)

이고그램(Egogram)이란 개인의 성격을 구성하고 있는 자아상태를 ① 어버이(Parent), ② 성인(Adult), ③ 아이(Child)의 세 가지 자아상태로 표현한다. 이것을 간결하게 표현하기 위해 영어의 머리글자를 따서 P, A, C로 기호화하였다. 결국 이와 같은 분석을 통해 자신을 객관화하여 대인관계에 나타나는 자신의 성격의 부조화를 발견해 나가려는 것이 이고그램이다.

OK그램(OK gram)은 인생태도(life position)라는 용어로 대변되는데, 인생태도란 자기와 타인에 대해 어떤 가치를 부여하는지, 즉 인생에 대처하는 기본적인 반응경향과 태도, 기본적 자세를 말한다. 다시 말해, 이것은 자신과 타인, 세계에 대한 태도, 가치관과 관련이 있다. 어떤 사람이든 그 사람의 인생태도는 다음 두 가지의 기본적인 질문과 관계가 있다. '나라는 사람은 도대체 이 세상에서 어떤 존재인가? 다른 사람들은 나에게 있어서 도대체 어떤 존재인가? OK인가, Not-OK인가?' 등의 결단이 인생태도의 기초가 되는 것이다. 근본적으로 OK그램은 이러한 인생태도를 알아보는 검사로서 ① 자기긍정-타인긍정, ② 자기부정-타인긍정, ③ 자기긍정-타인부정, ④ 자기부정-타인부정의 네 가지 유형을 체크하는 검사이다.

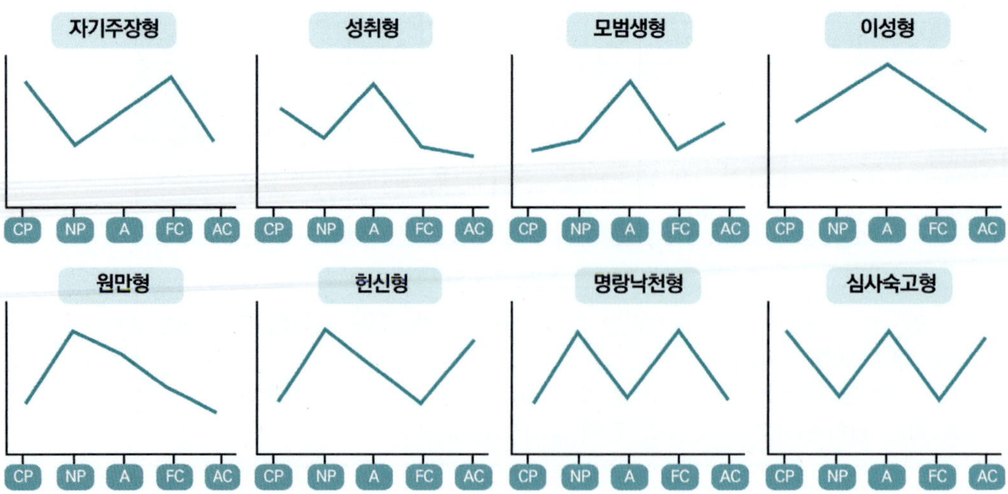

(1) 비판적 어버이(CP : Critical Parent)

← 득점이 높은 경우 | (평균) | 득점이 낮은 경우 →

부정적인 면	긍정적인 면	긍정적인 면	부정적인 면
•건성으로 대답 •중도하차 불용 •비판정신 왕성 •자신의 가치관을 절대적으로 생각	•이상을 추구 •양심에 따름 •규칙을 지킴 •의무감 강함 •책임감 투철	•대범함 •유연성 있음 •융통성 있음 •한가로움 •평온함	•미온적 •구분이 불분명 •판단력 부족 •규율을 지키지 않음

← 타인의 장점을 격려하고 여유를 가져라! | 조언 | 책임감 및 판단력을 키워라! →

비판적 어버이는 주로 비판, 비난, 질책을 한다. 이 자아는 아이들이 살아가기 위한 여러 가지 규칙 등을 가르쳐 주며 엄격한 면을 나타낸다. CP가 너무 강한 사람에게는 명령이나 지시 등 자기의 가치관을 강요하는 것과 같은 지배적인 언행을 볼 수 있다.

(2) 양육적 어버이(NP : Nurturing Parent)

양육적 어버이는 아이의 성장을 도와주는 어머니 같은 부분이며, 동정적 · 보호적 · 양육적이다. 상대방이 원조를 필요로 할 때 보살펴 주고 위로해 주며 따뜻한 말을 해 준다.

득점이 높은 경우 ←	(평균)	→ 득점이 낮은 경우	
부정적인 면	긍정적인 면	긍정적인 면	부정적인 면
•지나치게 보호하며 간섭함 •상대방의 자주성을 박탈함 •상대 응석을 받음	•상대에게 공감 •동정과 돌봄 •상대를 수용함 •봉사정신 풍부 •약한 자 두둔	•산뜻함 •담백함 •주변에서 일어나는 일에 간섭하지 않음	•상대에게 공감이나 동정하지 않음 •다른 사람의 일에 마음을 쓰지 않음 •따뜻함이 없음

← 지나친 간섭과 편들기를 자제하라! | 조언 | 타인을 이해하며 공감하는 따뜻한 마음을 키워라! →

(3) 성인의 자아상태(A : Adult)

사람이 현실 적응을 위해서 컴퓨터와 같이 합리적으로 사물을 판단하고, 처리해 갈 때 "성인"의 자아상태(A)가 작용하고 있는 것이다. "성인" 자아상태(A)는 감정에 지배되지 않으며, 지성 · 이성과 깊이 관련되어 있고, 합리성 · 생산성 · 적응성을 가지며, 합리적 작용을 하고 있다.

득점이 높은 경우 ←	(평균)	→ 득점이 낮은 경우	
부정적인 면	긍정적인 면	긍정적인 면	부정적인 면
•기계적 •타산적 •감정에 둔감	•이성적 •합리성 존중 •침착함, 냉정 •사실에 따름 •객관적 판단	•인간미가 있음 •좋은 사람 인상 •천진난만, 순박함	•현실을 무시함, 계획성이 없음 •생각이 정돈되어 있지 않음 •논리성 모자람 •판단력 모자람

← 이기적인 생각과 자만심을 버려라! | 조언 | 현실을 바로 보고 어른답게 행동하라! →

(4) 자유스런 아이(FC : Free Child)

이 자아상태는 누구에게나 구속받지 않고 자연스럽게 행동하는 부분으로 양친의 행실(품행)에 영향을 받고 있지 않다. FC는 감정적, 본능적, 자기중심적, 적극적이며, 호기심이나 창조성의 원천이기도 하다.

← 득점이 높은 경우 | (평균) | 득점이 낮은 경우 →

부정적인 면	긍정적인 면	긍정적인 면	부정적인 면
•자기중심적 •동물적 •감정적 •말하고 싶은 대로 함	•천진난만 •호기심이 강함 •직관력이 있음 •활달하고 명랑 •창조성이 풍부	•얌전하고 신중 •감정적으로 되지 않음	•재미없음 •어두운 인상임 •표정이 없음 •희로애락을 나타내지 않음

← 자기감정을 자제하고 항상 행동의 결과를 생각하라! | 조언 | 자기감정을 분명하게 표출하고 대화 및 단체 활동에 적극 참여하라! →

(5) 순응하는 아이(AC : Adapted Child)

순응하는 아이는 자기를 예절 바르게 교육시키려고 애쓰는 부모에게 순종하고 있는 부분이다. AC는 성장과정에서 양육자의 애정을 상실하지 않기 위해 자연적인 자기를 억제하고 상대방에 나 자신을 맞추려는 자아의 모습이다.

← 득점이 높은 경우 | (평균) | 득점이 낮은 경우 →

부정적인 면	긍정적인 면	긍정적인 면	부정적인 면
•너무 조심스러움 •의존심이 강함 •억압하거나 참음 •주저하고 망설임 •속으로 원망함	•매우 협조적임 •타협심이 강함 •착한 아이 •순종형 모범생 •매사에 신중함	•자신의 페이스를 지킴 •자주성이 풍부함 •매우 적극적	•상대의 말을 듣지 않음 •일방적 및 독단적 •접근하기 어렵다는 인상을 줌

← 자기의 감정을 자신 있게 표현하고 주저함 없이 행동하라! | 조언 | 독단적인 생각을 버리고 타인의 말을 경청하라! →

16 Chapter

현실치료 상담

1. Glasser

William Glasser(1925~2013)는 현실치료의 창시자이다. Glasser는 1925년 미국에서 태어나 정신과 의사가 되었다.

로스앤젤레스에 있는 캘리포니아 대학의 재향군인병원(Veterans Administration Center)에서 치료를 하면서 정신분석치료에 불만족을 느끼고 현실치료를 발전시키게 되었다. 개인상담 이외에도 재활센터와 청소년 감화원 등에서 정신치료를 하였으며 1963년부터 캘리포니아주의 공립학교들을 위한 자문위원으로서 '낙오자 없는 학교 만들기'를 위해 광범위하게 일을 했다. 1967년에 현실치료를 위한 연구소를 로스앤젤레스에 개설하여 선택이론의 개념을 발달시키고 보급하여 보람 있는 삶을 추구하도록 조력하고 있다. 그러므로 현실치료 상담은 기본적으론 내담자가 변화되기를 이끄는 실질적인 행동을 하도록 도움을 주는 것이다. 즉, 현실치료 상담은 태도나 통찰, 감정, 과거, 무의식의 동기가 아니라 행동에 초점을 둔다. 현실치료 상담의 여덟 가지 특징은 다음과 같다(오성춘, 1990; 장선철, 문승태, 2006).

현실주의 상담은 기본적인 8가지 특징을 가지고 있다(오성춘, 1990).

첫째, 현실주의 상담은 정신병 개념을 거부한다. 특정한 형태의 무질서한 행동은 무책임의 결과로 본다. 이러한 접근 방법은 심리학적 진단을 다루지 않지만, 정신병은 무책임한 행동과 동등하게 보며, 정신건강은 책임 있는 행동으로 본다.

둘째, 현실주의 상담은 감정과 태도보다는 현재의 행동에 초점을 둔다. 감정과 태도가 중요하지 않다고 주장하지는 않지만, 현재 행동을 인지하는 것을 강조한다. 그러므로 현실주의 상담자는 태도를 변화시키기 위해 통찰력을 의존하지 않고 태도 변화는 행동 변화에 뒤따르는 것이라고 설명한다.

셋째, 현실주의 상담은 과거가 아니라 현재에 초점을 둔다. 사람의 과거는 고정된 것이고 바뀔 수 없는 것이므로 변화시킬 수 있는 것은 현재와 미래뿐이다. Glasser는 내담자를 문제 있는 환자가 아니라 충분한 가능성을 지닌 사람으로 보았다. 그리고 그는 문제와 실패를 고치기 위해 시간을 보내는 것을 반대하였고, 상담자가 내담자의 장점을 찾고 대화하는 가운데 장점을 강조해야 한다고 주장했다. 즉, 과거사를 이야기하고 조사하는 것에 옹호하지 않는다.

넷째, 현실주의 상담은 가치 판단을 강조한다. 무엇이 내담자의 삶에 실패를 가져오고 있는지 결정하기 위해 자신의 행동적 특성을 판단하는 내담자의 결정에 강조를 두었다.

다섯째, 현실주의 상담은 전이 관계를 강조하지 않는다. 전이 관계에 대한 전통적인 개념을 중요하게 보지 않는다. 현실주의 상담은 전이 관계를 상담자가 자기를 베일 속에 숨기는 한 가지 방법이라고 생각한다. 그럼으로써 상담자는 내담자의 어머니나 아버지의 역할을 하는 것이 아니라 한 사람의 인격자로 나타내야 한다는 것이다.

여섯째, 현실주의 상담은 무의식적인 면이 아니라 의식적인 면을 강조한다. 통찰력과 무의식적 과정을 아는 것이 인격 변화에 필수적이라고 본다는 정신분석 상담이론은 전이 관계 분석, 꿈의 분석, 자유연상, 저항 등의 기술을 통해서 무의식적 갈등을 분석하는 방법들을 강조했다. 하지만 현실주의 상담은 내담자의 잘못된 시각이 무엇인지, 어떻게 현재의 행동이 그가 원하는 것을 얻지 못하게 하는지, 현실적이고, 책임성 있는 행동에 근거한 성공적인 행동을 위한 계획에 참여할 것인지를 강조한다.

일곱째, 현실주의 상담은 형벌의 방법을 배제한다. 행동을 변화시키고자 하는 목적으로 형벌이 비효과적이며 계획을 이행하지 못한데 대한 처벌은 내담자의 실패 정체성을 재강화시키고 상담관계에 해를 끼칠 수 있다고 주장했다. 즉, 비난하는 말을 하는 것은 처벌에 속하므로 상담자가 비난하는 말을 사용하는 것에 대하여 경고하기도 했다.

여덟째, 현실주의 상담은 책임의 개념을 강조했다. 학습의 책임은 일생동안의 과정이다. 우리 모두가 사랑하고 사랑받고자 하는 욕구와 가치관의 욕구를 가지고 있다고 할지라도 이 욕구를 충족시킬 수 있는 능력은 천부적으로 타고나는 것이 아니다. 책임성은 이 욕구를 실제로 어떻게 충족시키는가를 학습하는 것이다.

2. 인간관

Glasser는 인간을 긍정적 관점에서 보았으며 결정론적 입장을 반대한다. 인간이 자신의 행동과 정서에 대해 자기 스스로에게 책임이 있음을 강조하고, 모든 개인이 건강이나 성자의 힘을 가지고 있다고 믿는다. 그리고 현실 상담자들은 기본적으로 인간은 성공정체감을 통해 만족스럽고 즐거워지기를 바라며, 책임질 수 있는 행동을 보여 주고 싶어 하고, 의미 있는 인간관계를 가지고 싶어 하는 것으로 본다(노안영, 2006). Wubbolding(1988)이 제시한 현실치료의 다섯 가지 인간관은 다음과 같다.

현실치료는 인간은 심리적 욕구인 소속감, 힘, 즐거움, 자유의 욕구와 생리적 욕구인 생존의 욕구를 가지고 있으며, 이러한 욕구를 개개인에 따라 특별한 방법으로 성취한다.

첫째, 인간은 욕구와 바람을 달성하도록 동기화한다. 인간의 욕구는 모든 사람에게 보편적이다. 하지만 바람은 개개인에 따라 독특하다. 현실치료는 인간은 심리적 욕구인 소속감, 힘, 즐거움, 자유의 욕구와 생리적 욕구인 생존의 욕구를 가지고 있으며, 이러한 욕구를 개개인에 따라 특별한 방법으로 성취한다. 즉, 인간의 욕구는 보편적이지만, 바람은 개개인에 따라 구체적이며 독특하다.

둘째, 바라는 것과 그가 환경으로부터 얻고 있다고 지각하는 것과의 차이나 불일치가 있기 때문에 사람들은 각자에게 필요한 구체적 행동을 수행하게 된다. 이러한 불일치는 바람에 대한 좌절이다. 따라서 불일치 혹은 좌절은 성취되지 않은 바람을 성취하기 위한 구체적인 행동을 생성하게 된다.

셋째, 행동하기, 생각하기, 느끼기, 신체적 활동으로 구성되어 있는 인간 행동은 목적이 있다. 즉, 인간의 목적 행동은 개인의 바람과 얻고 있다고 지각하는 것의 차이를 줄이도록 계획한다.

넷째, 행동하기, 생각하기, 느끼기는 신체적 활동은 서로 분리될 수 없는 측면이며, 내부로부터 생성된다. 대부분의 이런 행동은 선택되는 것이다.

다섯째, 인간은 지각을 통해서 세상을 본다. 일반적인 지각에는 낮은 수준과 높은 수준의 두 가지 수준이 있다. 먼저, 지각의 낮은 수준은 사건 혹은 상황의 지식을 함축하며, 지각의 높은 수준은 사건이나 상황에 가치를 부여하는 것이다.

3. 주요 개념 및 기법

1) 주요 개념

Glasser는 통제이론에서 인간은 누구나 자신이 자기 삶의 주인이 되어 자신의 삶을 통제할 수 있을 때 행복을 느낀다고 했다. 즉, 자신의 삶에서 중요한 선택을 스스로 할 수 있고, 선택한 것에 대해 책임을 질 수 있는 사람이 행복한 사람이라는 것이다. Glasser는 누구든지 통제이론과 현실치료를 이해함으로써 의식이 있는 한 책임 있는 인간이 될 수 있고 자기 운명의 주인이 되고 자기 삶을 바꿀 수 있는 힘을 가지고 있다고 강조하고 있다.

Glasser는 누구든지 통제이론과 현실치료를 이해함으로써 의식이 있는 한 책임 있는 인간이 될 수 있고 자기 운명의 주인이 되고 자기 삶을 바꿀 수 있는 힘을 가지고 있다고 강조하고 있다.

현실치료 상담은 1964년에 Glasser가 『Realistic Therapy: A Realistic Approach to the Young Offender』라는 논문을 통하여 공식적으로 처음 사용하였다. 또한 1965년에는 이 접근에 대한 개념들을 발전시켜서, 『Reality Therapy : A New Approach to Psychiatry』를 저술하였다. 현실치료 상담은 학교체제에 가장 쉽게 수용될 수 있다. 현실치료 상담을 교실에 적용하고자 한 노력의 결과로 로스앤젤레스에 교사훈련센터가 세워지게 되었다.

(1) 상담의 개념에 대한 견해

Glasser는 1950년대부터 전통적 상담치료체제는 인간을 돕는 데 부적합하다고 결론을 내리고, 내담자의 문제를 의학모델 또는 질병모델로서 규정하는 것은 내담자에게 낙인을 찍어 치료적 성장을 방해한다고 믿었다.

일반적으로 현실치료 상담은 외부의 어떤 힘에 의해 인간이 결정된다는 결정론적 입장을 반대하고 있다. 이 이론에서는 인간의 통제능력에 초점을 두어 인간을 보고 있다. 따라서 Glasser가 말하는 상담이란 인간은 자신의 행동에 대해 책임질 수 있는 존재이기 때문에 자신의 행동(doing), 느낌(feeling), 생각(thinking), 환경적 여건에 대해서 책임지고 스스로 통제하며 효율적으로 살아가는 방법을 배우도록 도와주는 것이다.

자신이나 환경을 통제할 수 있는 존재이며, 또한 자신의 행동에 대해 책임질 수 있는 존재이기 때문에 자신의 행동(doing), 느낌(feeling), 생각(thinking), 환경적 여건에 대해서 책임지고 스스로 통제하며 효율적으로 살아가는 방법을 배우도록 도와주는 것이다.

(2) 부적응 행동에 대한 견해

부적응 행동이란 Glasser가 말하는 실패 정체감(failure identity)과 같은 것이다. 실패 정체감을 발달시킨 사람은 고독하고, 자기비판적이며, 비합리적인 경향이 있다.

그들의 행동은 융통성이 없고 비효율적이다. 그들은 종종 나약함, 무책임성, 자신감의 결여를 나타낸다. 실패 정체감을 가진 사람은 포기하기 쉽고 부적응적 증상을 나타내며 심지어는 약물 중독이 될 수도 있다. 그들은 고통을 감소시키기 위해 포기하거나 실패를 부정하며, 심지어 실패 속에서 쾌감을 발견함으로써 자신의 에너지를 소모한다.

현실치료 상담에서는 부적응을 개인이 사랑이나 자기가치감을 경험하려는 욕구를 충족시키지 못했거나, 그렇게 할 수 없었던 일반적으로 생의 매우 초기에 시작된 것이라고 주장한다. 가치감을 획득하거나 유지하지 못한 것은 가치 있는 어떤 것을 실행한 경험이 없는 데서 기인한다. 사랑과 가치감의 결핍은 유대관계 실패의 원인이 되고 나아가 실패 정체감을 초래한다.

정서적 부적응이란 더 심한 고독, 무책임, 고통, 자신감의 부족 및 현실 부정으로 이끄는 실패 정체감과 같은 말이다. 현실치료 상담자에게 정신병이란 없다. 단지 무책임의 정도 차이만이 있을 뿐이다.

정서적 부적응이란 더 심한 고독, 무책임, 고통, 자신감의 부족 및 현실 부정으로 이끄는 실패 정체감과 같은 말이다. 현실치료 상담자에게 정신병이란 없다. 단지 무책임의 정도 차이만이 있을 뿐이다.

(3) 기본 욕구와 이론

인간의 욕구는 선천적이며, 보편적이고, 중복적이며, 상호 갈등적이다. 따라서 끊임없이 갈등 해소를 위해 시도를 하고 해소시키기 위해 행동하게 된다. Glasser가 주장한 기본 욕구의 종류는 생존, 소속과 사랑, 힘, 자유, 즐거움 욕구이며, 그 내용은 [표 16-1]과 같다.

Glasser가 주장한 기본 욕구의 종류는 생존, 소속과 사랑, 힘, 자유, 즐거움 욕구이다.

표 16-1 Glasser가 주장한 기본 욕구 다섯 가지

기본 욕구	내용
생존의 욕구 (Survival Need)	• 생리적 욕구로 살고자 하며, 생식을 통해 자기 확장을 하고자 하는 속성이다. • 자신의 삶과 건강을 유지하는 것과 관련된 욕구이다. • 구뇌로부터 생성되었지만 신뇌의 도움을 받아 효과적으로 작동한다.
소속과 사랑의 욕구 (Belonging or love Need)	• 사랑, 우정, 돌봄, 관심, 참여를 말한다. • 가정, 학교, 직장과 같은 사회에 소속되어 타인과의 관계를 유지하면서 사랑을 주고받고자 하는 욕구이다. • 인간이 살아가는 데 원동력이 되는 기본 욕구이다.
힘(통제력)의 욕구 (Power Need)	• 성취감, 존중, 인정, 기술, 능력 등의 의미이다. • 경쟁하고 성취하는 중요한 존재이고 싶은 성취의 완수에 대한 욕구이다. • 자신의 인생을 변화시키기 위한 자신감의 욕구이다.
자유의 욕구 (Freedom Need)	• 선택, 독립, 자율성의 의미이다. • 이동과 삶을 영위하는 방법들을 마음대로 선택하고 자신의 의사를 표현하고 싶은 욕구이다. • 선택과 통제의 자유에 의해 충족된다. • 내적으로 자유롭고 싶은 속성이다.
즐거움의 욕구 (Pleasure Need)	• 흥미, 기쁨, 학습, 웃음 등의 의미이다. • 새로운 것을 배우고 놀이를 통해 즐기고자 하는 속성을 말한다. • 인생을 즐기고 웃고 유머를 가지려는 욕구이다. • 즐거움의 욕구가 충족되면 웃는다.

(4) 전행동

인간의 전체 행동(Total behavior)은 행동 및 활동하기(doing or action), 생각하기(thinking), 느끼기(feeling), 생물학적 행동 및 신체반응(biological behavior, Physiology)으로 구성된다.

① 인간의 전체 행동(Total behavior)은 행동 및 활동하기(doing or action), 생각하기(thinking), 느끼기(feeling), 생물학적 행동 및 신체반응(biological behavior, Physiology)으로 구성된다.

② 전체 행동은 목적이 있으며, 개인의 기본 욕구를 충족시키기 위해 행동하게 된다. 그러므로 인간의 욕구는 자동차 엔진에 해당하며, 원함(Want)은 핸들이 되고 전행동(Total behavior)은 자동차 본체가 되어 가고 싶은 방향으로 가는 것이다.

③ 자동차 바퀴에 비유하였으며, 앞바퀴는 행동하기와 생각하기이고 뒷바퀴는 느끼기와 생리적 행동(신체반응)이다.

④ 전체 행동을 선택하는 것은 불가능하지만, 구성요소를 선택하는 일은 가능하다.

⑤ Wubbolding은 전체 행동 중 어떤 것을 느끼거나 사고하는 것보다 행하는 것이 더 쉽다고 하였다.

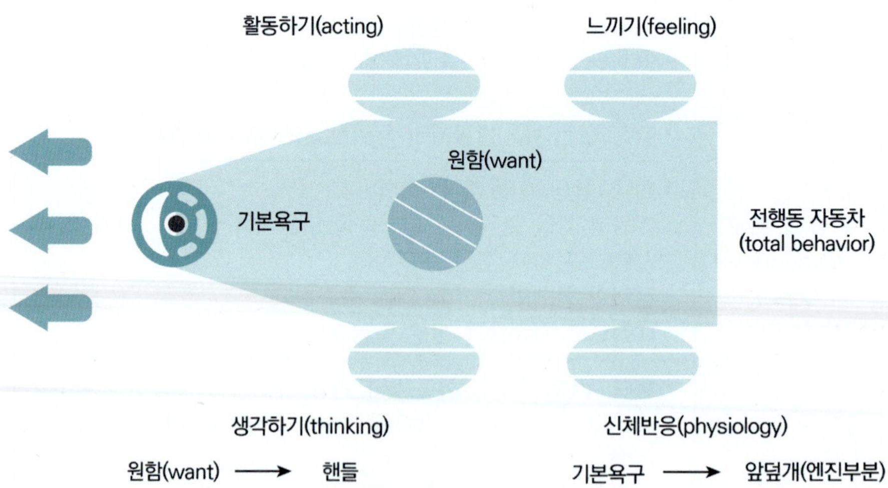

[그림 16-1] 전행동

출처: 한재희(2003). 상담패러다임의 이론과 실제. 서울: 교육아카데미.

(5) 성공적인 정체감

① 효과적인 욕구충족 행동을 학습하는 것이다.

② 현실치료 상담의 목표는 사람들이 성공적인 정체감을 성취하도록 돕는 것이다.

(6) 선택이론(통제이론)

① 자신의 행동을 통제할 수 있는 사람은 자기 자신이며, 인간은 자신이 하는 모든 것을 선택할 수 있다.

② 타인으로부터 얻은 정보를 어떻게 처리할 것인가는 자신의 선택에 의한다.

(7) 행동 변화를 이끄는 WDEP 체제

WDEP는 바람 파악, 현재 행동 파악, 평가하기, 계획하기를 의미하며, 그 내용은 [표 16-2]와 같다.

WDEP는 바람 파악, 현재 행동 파악, 평가하기, 계획하기를 의미한다.

표 16-2 행동 변화를 이끄는 WDEP

구분		내용
W (바람, Want)	What do you want?	– 나는 무엇을 원하는가? – 자신의 바람, 욕구, 지각을 탐색한다.
D (행동, Doing)	What are you doing?	– 자신의 행동 방향을 탐색하게 하며, 현재 행동에 초점을 맞춰 파악하는 단계이다. – 욕구를 충족하기 위해 지금 무엇을 하고 있는가?
E (평가, Evaluation)	Evaluate what are you doing.	– 내담자가 자신의 행동을 평가한다. – 행동이 실제로 요구를 충족하기 위한 적절한 행동인가, 잘 이루어지고 있는가?

구분		내용
P (계획, Plan)	Make a plan.	– 바람과 욕구를 충족시키기 위해 계획을 수립한다. – 행동을 계획하고 실천한다.

(8) Plan(Wubbolding의 계획수립) 시 고려할 사항 : SAMIC3/P

효율적인 계획을 세울 때 고려해야 할 사항인 두문자어 SAMIC3/P의 일곱 가지 내용은 [표 16-3]과 같다.

표 16-3 효율적인 계획 시 고려해야 할 SAMIC3/P의 일곱 가지

구분	내용
S(단순, Simple)	계획은 복잡하면 수행할 수 없으므로 단순해야 한다.
A(현실적, Attainable)	계획은 성취 가능하고 도달할 수 있는 현실적인 것이어야 한다.
M(측정가능, Measurable)	계획은 구체적이고 정확하며, 측정할 수 있어야 한다.
I(즉각적, Immediate)	계획은 가능한 빨리 수행될 수 있고, 즉각적으로 실행할 수 있어야 한다.
C(통제가능, Control)	계획은 타인에 의존하지 않고 통제자에 의해 통제될 수 있어야 한다.
C(일관성, Consistent)	계획은 정규적 근거로 반복되는 일관성이 유지되어야 한다.
C(확고한 의지, Committed)	계획을 확고한 의지로 수행하기 위해 이행하겠다는 실천의 언약을 받아야 한다.

2) 상담기법

현실치료 상담은 내담자와 상담자 사이에 합리적인 대화를 강조하는 학습의 과정이다. 내담자는 상담자의 많은 질문에 대해 대답하는 가운데 자신의 현재 행동을 인식하고, 이에 대해 가치판단을 내리며, 변화를 위한 계획을 세워 이를 꼭 실천하게 하는 것이다. 즉, 현실치료 상담의 기법은 상담자가 내담자를 가르치는 데 도움이 되는 방법이라고 볼 수 있다. 따라서 이 이론에서의 상담기법은 상당히 지시적이라고 볼 수 있다. 이 상담기법은 내담자와 상담자 간에 관계가 잘 형성되었을 때 가능하다. 즉, 두 사람 사이에 상담 관계형성이 되지 않았는데 이러한 기법을 적용하면 역효과가 난다는 점을 알아야 한다. 현실치료 상담은 그 과정에서나 구체적인 기법의 적용에서 항상 내담자와 상담자 사이에 깊은 인간적 관계형성을 전제로 한다는 점을 잊어서는 안 된다.

> 상담기법은 내담자와 상담자 간에 관계가 잘 형성되었을 때 가능하다. 즉, 두 사람 사이에 상담 관계형성이 되지 않았는데 이러한 기법을 적용하면 역효과가 난다는 점을 알아야 한다.

(1) 유머 사용

이 이론에서는 질문(question), 논쟁(dispart), 토의(discuss) 등 비교적 내담자의 욕구충족과 관련된 비현실적인 내담자의 행동, 생각, 느낌, 신체활동을 내담자가 스스로 인식하도록 하는 것이 상담의 중요한 과정이기 때문에 내담자가 긴장되기 쉽다. 그 때문에 상담자는 때에 따라 적절한 유머를 사용하여 내담자의 긴장감을 풀어 주는 것이 중요하다.

> 질문(question), 논쟁(dispart), 토의(discuss) 등 비교적 내담자의 욕구충족과 관련된 비현실적인 내담자의 행동, 생각, 느낌, 신체활동을 내담자가 스스로 인식하도록 하는 것이 상담의 중요한 과정이기 때문에 내담자가 긴장되기 쉽다.

유머(humor)가 효과적이려면 시의적절해야 한다. 상담관계가 잘 형성되기 전에는, 보통 유머의 사용은 현명치 못하다. 상담자와의 관계형성이 잘 되어야 유머가 긍정적 결과를 만들어 낸다. 치료적 유머는 교육적·교정적 내용이며, 내담자로 하여금 상황 파악을 하도록 한다.

(2) 역설적 기법

역설적 기법(Paradoxical technique)이란 하나의 언어충격(verbal shock) 기법을 의미한다. 예컨대, 잠을 잘 수 없다고 불평하는 내담자에게는 계속 깨어 있으라고 한다. 실수하는 것을 죽도록 무서워하는 내담자에게는 일부러 실수하라고 말한다. 상담자의 지시를 따르고 증상을 유지하게 되면, 내담자는 그 증상에 대해 통제하고 있는 것이 되며, 따라서 더 이상 무력한 것은 아니다. 만약 내담자가 지시에 저항하여 증상을 그만두게 되면, 행동은 단순히 통제된 것이 아니라 없어져 버린다.

역설적 기법은 강력한 도구이다. 따라서 이 상담기법에 대해 충분히 훈련을 받은 상담자 혹은 철저한 지도 감독하에서만 실시해야 한다. 역설적 기법이 우울, 불면증, 공포, 불안장애 등을 잘 치료하는 기법이라는 연구결과가 있다. 그들은 내담자들이 구체적, 행동적으로 정의된 문제에 저항하는 경우에도 잘 적용할 수 있다.

▌역설적 기법이 우울, 불면증, 공포, 불안장애 등을 잘 치료하는 기법이라는 연구결과가 있다. 그들은 내담자들이 구체적, 행동적으로 정의된 문제에 저항하는 경우에도 잘 적용할 수 있다.

▌역설적 기법은 현실치료 상담자들이 보다 전통적인 절차를 사용하여, 효과가 잘 나타나지 않을 때에 사용한다.

역설적 기법은 현실치료 상담자들이 보다 전통적인 절차를 사용하여, 효과가 잘 나타나지 않을 때에 사용한다. 빈정거림은 현실치료 상담에서 인정하는 역설적 기법이 아니다. 더욱이, 역설적 기법을 사용하는 데에는 윤리적, 임상적 쟁점들이 있다. 윤리적 문제란 상담자가 역설적 절차를 사용하면 안 되는 경우를 알고 있어야 한다는 것이다. 이 절차는 위기 상황, 자살, 살인, 폭력, 약물남용, 과음 등의 상황에서는 권장할 수가 없다. 이러한 상황에서 역설적 기법은 상담적 효과를 내지 못하고, 무책임한 짓이 될 수도 있다.

유머가 내담자로 하여금 자신의 문제를 새로운 시각으로 보게 하는 것과 같은 효과를 역설적 기법도 낼 수 있다. 내담자들은 자신의 약점에 대해서도 웃을 수 있다는 사실을 배울 수 있으며, 이것은 행동 변화를 훨씬 더 쉽게 한다.

(3) 곧장 맞대결하기(직면)

질문, 논쟁 또는 토의 중 내담자의 모순성, 특히 현실적 책임과 관련된 모순성이 보이면 이에 대해 상담자는 맞닥뜨리기(confrontation)를 할 수 있다.

예를 들어, 대학에서 전공하는 학과가 싫어서 학교를 그만두고 싶은 내담자가 그 책임을 어머니에게 돌리는 경우라면, 상담자는 "다른 모든 일도 어머니가 시키면 그대로 실행했습니까?"라고 묻고 그에 대해 내담자가 "그렇지 않습니다"라고 하면 상담자는 "다른 일은 어머니가 시키는 그대로 하지 않았는데 학과 선택에 있어서는 어떻게 어머니가 시키는 대로 했습니까?"라고 '곧장 맞대결'함으로써 결국 현재 다니는 학과는 내담자 자신이 선택했다는 점, 다시 말해 모든 것이 내담자 자신의 책임임을 인식시킨다.

현실치료 상담에서는 내담자의 책임감을 강조하고 변명을 허용하지 않기 때문에 곧장 맞대결이 필수적이고 효과적인 전략이 되는 것은 당연한 일이다.

처벌적이면서 조력적인 방식으로 내담자에게 곧장 맞대결하려면 인간으로서 내담자의 가치와 잠재 가능성은 공격하지 않으면서, 변명이나 무책임한 행동을 무색하게 만드는 기술과 주의집중 및 배려가 요구된다. 처벌은 내담자로 하여금 아무도 자신을 보살펴 주지 않는다는 신념을 강화시키는 반면, 곧장 맞대결은 상담자가 내담자 자신을 존중하고 진지하게 받아들이고 있다는 신념을 강화시킨다.

내담자의 변명, 설명 혹은 합리화에 대해 곧장 맞대결하는 것은 때때로 어렵지만 적절히 사용하면 책임 있는 행동을 향한 내담자의 변화를 촉구한다.

Glasser는 내담자를 돕는 데 곧장 맞대결의 역할을 강조하고 특정한 상황에서는 언어적 충격을 주는 곧장 맞대결 사용을 옹호하기조차 한다. 곧

Glasser는 내담자를 돕는 데 곧장 맞대결의 역할을 강조하고 특정한 상황에서는 언어적 충격을 주는 곧장 맞대결 사용을 옹호하기조차 한다.

장 맞대결은 의도적인 전략이다. 즉, 이것은 현재 내담자 행동의 진실성에 대한 것이지, 내담자에 의해 유발된 상담자의 개인적인 또는 정서적인 감정에 대한 것은 아니다.

4. 상담목표와 과정

1) 상담의 목표

현실치료 상담의 궁극적 목적은 내담자가 성취하려고 노력하는 바를 성취할 수 있도록 상담자가 내담자를 돕는 것이다. 구체적인 목표는 다음과 같다.

① 개인적 자율성(individual autonomy)을 갖도록 한다. 이 자율성은 내담자 자신의 성숙이나 자신이 추구하는 인간상을 실현하는 능력으로 볼 수 있다. 내담자가 자신이 노력하는 바를 성공적으로 수행하기 위해 모든 문제에 대해 계속 상담자를 찾아가 상담할 수는 없다. 따라서 구체적인 문제해결과 더불어 문제해결의 원리나 방법은 물론 자신이 추구하는 바를 실현할 수 있는 능력을 길러서 자기 스스로 자신의 문제를 해결할 수 있도록 한다.

② 자기결정(self-determining)을 할 수 있도록 한다. 자율성이란 결국 자신의 판단에 따라 결정하고 행동하는 것이기 때문에 자율성을 갖기 위해서는 자기결정이 가능해야 한다. 여기에는 스스로 옳고 그름을 판단할 수 있는 능력도 포함된다.

▎자율성이란 결국 자신의 판단에 따라 결정하고 행동하는 것이기 때문에 자율성을 갖기 위해서는 자기결정이 가능해야 한다.

③ 장·단기간에 걸쳐 내담자가 자신의 인생목표를 설정할 수 있도록 한다. 단기 목표로는 금연, 금주와 같은 것이 되겠고 졸업 후의 진로

와 같은 것은 장기목표가 되겠다.

④ 내담자가 성공적 정체감을 갖도록 한다.

⑤ 내담자가 책임감을 갖도록 한다. 자신의 행동과 욕구충족을 포함하여 자신의 모든 것에 대해 책임질 수 있도록 하는 것이다.

⑥ 내담자가 자신의 주위 환경을 통제할 수 있도록 한다.

⑦ 자신의 각성수준을 높이도록 한다. 내담자가 순간순간 자신이 어떻게 행동하고, 느끼고, 생각하고 신체적 활동을 하고 있는지를 각성토록 하는 것이다. 특히 자신의 욕구(need)나 원함(want)과 관련지어 각성토록 한다.

⑧ 내담자가 긍정적으로 행동하고(doing), 느끼고(feeling), 생각하고(thinking), 신체적 활동을 할 수 있도록 한다. 즉, 내담자가 자신의 욕구 충족에 도움 되게 행동하고, 생각하고, 느끼고, 신체적 활동을 하도록 하는 것이다.

2) 상담자의 역할

현실치료 상담자는 내담자가 구체적인 활동계획을 세우고 행동 선택을 하도록 돕는 조력자의 역할을 한다(Corey, 1994). 이를 구체적으로 살펴보면 현실치료 상담자의 역할은 첫째, 책임감 있는 행동이나 성공적 정체감에 기초한 생활의 모델을 제공하는 것이다. 둘째, 보호와 존경에 기초한 좋은 관계를 형성한다. 셋째, 성공으로 이끌 수 있는 개인의 힘과 잠재력에 초점을 두는 것이다. 넷째, 내담자의 현 행동의 탐색을 격려하고 촉진하는 것과 책임감이 없이 비효율적인 행동을 선택한 것에 대한 변명을 금지시키는 것이다. 다섯째, 실제로 달성할 수 있는 바람을 평가하는 과정을 도입하고 촉진하는 것이다. 여섯째, 내담자가 자신의 행동을 변화시키기 위한 계획을 세우고 수행하도록 가르치는 것이다. 일곱째, 상담시간에 대한 한계나 구조를 세우는 것이다. 여덟째, 내담자가 용기를 잃더라도 쉽게 포기하지 않으며, 자신의 욕구를 만족시킬 수 있는 방법을 찾도록 내담자를 돕는 것이다.

3) 상담의 과정

현실치료 상담은 내담자의 성공 정체감을 발달시킨다는 목표를 달성하는 데 관련되는 여덟 가지 중요한 원리를 강조하는 상담과정을 갖고 있다. 앞의 세 가지 원리는 유대관계와 동기에 초점을 둔 것이고, 나머지 다섯 가지는 내담자로 하여금 책임 있는 방식으로 자신의 욕구를 충족시킬 수 있도록 돕는 것을 강조하는 것이다. 그 원리는 다음과 같다.

① 내담자와 개인적인 유대관계 맺기
② 내담자의 감정보다는 현재 행동에, 과거보다는 현재 시간에 초점 두기
③ 내담자가 자신의 행동에 대해 스스로 평가하고 판단할 수 있도록 돕기
④ 내담자가 책임 있게 행동할 계획을 세울 수 있도록 돕기
⑤ 내담자가 책임 있는 행동단계를 결정하고 서약하도록 돕기
⑥ 내담자가 계획을 이행 혹은 완수하지 못했을 경우 변명하지 않기
⑦ 내담자의 실패에 대해서 처벌을 주지는 않지만 초래될 수 있는 응분의 결과를 받아들이도록 하기
⑧ 절대 포기하지 않기

이상의 원리들은 현실치료 상담에서 기본적인 것이며, 상담의 진행과정에 대한 지침 8단계는 상담자에게 유용하다.

상담자와 내담자가 친구가 되는 것(be or make friend)이라고 답할 수 있을 정도로 상담자와 내담자가 개인적으로 친하게 되는 것이다.

1단계 : 상담관계 형성하기

이 단계에서는 상담자와 내담자가 친구가 되는 것(be or make friend)이라고 답할 수 있을 정도로 상담자와 내담자가 개인적으로 친하게 되는 것

이다. 상담자와 내담자와의 이러한 우정적 관계가 상담의 시작에서 종결까지 계속 이어지지 않는다면 상담의 효과를 기대하기 어렵다.

2단계 : 현재 행동에 초점 두기

현재 행동에 초점 두기는 내담자가 그의 욕구충족을 위해 현재 어떤 행동을 하고 있는지를 알아보기 위한 것이다. 현실치료 상담에서는 이 단계에서 다음과 같은 질문을 하고 이에 대답하도록 하는 것이 중요하다.

현재 행동에 초점 두기는 내담자가 그의 욕구충족을 위해 현재 어떤 행동을 하고 있는지를 알아보기 위한 것이다.

"너(내담자)는 지금 무엇을 하고 있느냐?"의 물음에 답하도록 한다. 여기서 '지금'이라는 것은 현재에 초점을 둔다는 것이다. 과거가 사용될 수도 있는데 그 경우는 현재와 관련된 것이거나 현재 효과적으로 통제가 가능한 행동일 경우다. 그래서 현실 치료 상담에서는 과거를 중요하게 다루지 않는다. 그 이유는 내담자의 과거는 고정되어 있고, 변화가 가능한 것은 현재와 미래뿐이기 때문이다. 그래서 Glasser는 상담 과정에서 과거를 다루는 것을 피해야 한다고 주장한다.

3단계 : 행동을 평가하기

내담자의 행동 평가는 현재의 내담자 행동이 그의 욕구충족에 도움이 되는지(긍정적인지), 방해가 되는지(부정적인지)를 포함하여 내담자가 자신의 행동을 스스로 평가하도록 상담자가 내담자를 도와주는 과정을 말한다.

4단계 : 활동계획 짜기

욕구충족과 관련된 내담자의 현재 행동 중에서 비효과적이고 부정적인 것들을 찾아 이를 효과적이고 긍정적인 것으로 고치기 위해 계획을 짜는 것이다. 이것은 현실적 상담과정 중에서 중요한 것 중 하나이다.

긍정적이라는 것은 자신의 욕구(need)나 원함(want)을 충족시키기 위해, 현실적으로 받아들여질 수 있고 타인에게 피해를 끼치지 않는 전체 행동을 말한다.

여기서 말하는 긍정적이라는 것은 자신의 욕구(need)나 원함(want)을 충족시키기 위해, 현실적으로 받아들여질 수 있고 타인에게 피해를 끼치지 않는 전체 행동을 말한다. 긍정적인 것에는 자신을 위한 것과 타인을 위한 것이 있다. 부정적이라는 것은 자신의 욕구나 원함을 충족시키기 위해 현실적으로 받아들여질 수 없거나 타인에게 피해를 끼치는 전체 행동을 말한다.

전체 행동을 위한 계획을 짤 때에는 행동, 생각, 느낌, 신체활동 각각에 대해 첫째, 자신의 욕구나 원함의 충족과 관련된 긍정적인 것과 부정적인 것을 찾아낸다. 둘째, 부정적인 것에 대한 책임 소재 및 문제점을 확인한다. 그 책임은 내담자 자신에게 있음과 부정적인 것이 욕구나 원함의 충족에 도움이 되지 못함을 확인한다. 셋째, 긍정적인 것을 실시할 수 있는 시간, 장소, 방법 등에 대해 구체적으로 계획을 작성한다.

계획은 너무 거대하거나 비현실적이서는 안 된다. 계획은 각 내담자의 동기와 능력의 한계 등을 고려해서 세워야 한다. 일단 한 가지 계획이 세워졌다고 해서 그것이 완전한 것이 되는 것이 아니고 성공적인 인생 경험을 위한 대안일 뿐이라는 점을 인식하는 것이 중요하다. Glasser에 의하면 활동계획 짜기 단계에는 많은 창의력을 필요로 한다. 이 단계에서 상담자는 내담자 이외에는 아무도 내담자를 위해 어떤 일을 해 주거나 인생을 살아 줄 수 없다는 점을 상기시킨다. 이는 활동계획을 짜는 것에서나 계획한 활동을 실천하는 데 있어 모든 책임이 내담자에게 있음을 촉구하기 위한 것이다.

5단계 : 다짐을 받아내기

내담자에게 그가 계획한 활동을 일상생활에서 그대로 실천하겠다는 다짐을 받아내도록 한다. 계획한 활동을 실천하겠다는 의지를 상담자를 포함한 여러 사람에게 내담자가 다짐하지 않으면 그것을 실천할 가능성이 그만큼 줄어들거나 계획 자체가 무의미해질 가능성이 크다. 이러한 다짐은 내담자 자기 자신, 상담자, 내담자를 돌보아 주는 부모 등 의미 있는

다짐은 내담자 자기 자신, 상담자, 내담자를 돌보아 주는 부모 등 의미있는 타인에 대한 책임감을 각성토록 하는 것이다. 이는 내담자가 혼자가 아님을 각성토록 하는 것이기도 하다.

타인에 대한 책임감을 각성토록 하는 것이다. 이는 내담자가 혼자가 아님을 각성토록 하는 것이기도 하다.

다짐을 받아내려는 것은 계획한 활동을 그대로 실천하는 것을 포함한 내담자 자신의 변화에 대한 책임이 내담자 본인에게 직접 있음을 각성시키려는 것이다. 다짐을 받아내면 상담과정은 끝난다. 이는 계획한 것을 그대로 실천할 경우를 전제로 한다. 만약 계획한 것을 그대로 실천하지 못했다면 다음 단계로 넘어간다. 그런데 다음 단계는 독특한 단계라고 보기보다는 기술, 원리 또는 상담자의 태도라고 볼 수 있다.

6단계 : 변명을 받아들이지 않기

상담자와 내담자가 함께 활동계획을 수립하고 상담자가 내담자로부터 다짐을 받아낸 것에 대해 내담자가 실행을 하지 못했을 경우 상담자는 내담자의 어떠한 변명도 받아들여서는 안 된다.

상담자와 내담자가 함께 활동계획을 수립하고 상담자가 내담자로부터 다짐을 받아낸 것에 대해 내담자가 실행을 하지 못했을 경우 상담자는 내담자의 어떠한 변명도 받아들여서는 안 된다.

상담자가 내담자의 변명을 받아들인다는 것은 내담자가 바라는 변화가 그에게 적절하지 않고 불가능하다는 점을 상담자가 받아들이는 것을 의미한다. 그래서 그 내용이 분명하고 실행이 가능한 계획이었는데 내담자가 실시하지 않았을 경우, 상담자는 이에 대한 내담자의 변명을 받아들이지 않는다. 계획을 실행하지 않은 데 따른 내담자의 잘못을 받아들이도록 함과 아울러 상담과정의 네 번째 단계(계획 짜기)나 다섯 번째 단계(다짐을 받아내기)로 다시 돌아가도록 하여 함께 새로운 활동계획을 수립하거나 이전에 수립한 활동계획을 다시 추진하도록 새로운 다짐을 받아내고 계속 노력하도록 한다.

7단계 : 처벌을 사용하지 않기

현실치료 상담에서는 처벌을 배제하고 있다. 이 상담에서는 행동을 변화시키기 위해 처벌을 사용하게 되면 내담자가 더욱더 패배적 정체감을 신체적인 처벌뿐만 아니라 내담자가 계획을 실천하지 못한 것을 가지고 그를 낙심시키거나 비난하지 않아야 한다.

가지게 되고 상담자와 내담자의 관계가 악화된다고 본다. 신체적인 처벌뿐만 아니라 내담자가 계획을 실천하지 못한 것을 가지고 그를 낙심시키거나 비난하지 않아야 한다.

8단계 : 절대 포기하지 않기

현실치료 상담의 특징이라면 집요하다는 점이다. 상담자가 내담자의 변화 가능성에 대해 희망을 버리거나 그 가능성을 완전히 포기하는 것은 내담자가 자신에 대해 책임을 지도록 하는 데 도움이 되지 않는다는 것이다. 상담자가 진정으로 내담자와 친밀한 관계(involvement)를 맺고 내담자를 절대 포기하지 않을 것이라는 점을 내담자가 일단 믿기만 하면 소속감이 확고해지고 이것이 계획을 실행하고 상담을 하는 데 더욱 촉진적인 역할을 한다는 것이다.

상담자가 진정으로 내담자와 친밀한 관계(involvement)를 맺고 내담자를 절대 포기하지 않을 것이라는 점을 내담자가 일단 믿기만 하면 소속감이 확고해지고 이것이 계획을 실행하고 상담을 하는 데 더욱 촉진적인 역할을 한다는 것이다.

5. 평가

1) 공헌점

첫째, 학교나 소년원 같은 교육기관에 크게 효과가 있다. 이 이론의 상담과정과 기법은 내담자가 현실적 방법으로 욕구를 충족시킬 수 있도록 행동, 생각, 느낌, 신체 활동을 선택하여 환경을 통제할 수 있도록 교육하는 것이다.

그래서 현실감이 적어서 책임을 면제받으려는 소년원의 청소년을 포함한 학생의 교육에 도움을 줄 수 있다. 특히 상담과 심리상담의 '의학적 모델'을 변화시키는 데 중요한 영향을 미쳤다.

둘째, 현실치료 상담은 긍정적이면서 활동적인 상담방법이다. 내담자가 성장을 위해 선택한 영역에서, '긍정적인 몰두'를 할 수 있도록 조력함으로써 내담자의 미래의 삶을 돕는다. 이 상담은 긍정적인 사고와 활동에 대한 능력과 잠재력을 강조함으로써, 상담자들에게 내담자의 자기충족적 예언을 실제 도움이 되는 방향으로 전환시킬 수 있도록 하는 원리를 제공했다.

현실치료 상담은 긍정적이면서 활동적인 상담방법이다. 내담자가 성장을 위해 선택한 영역에서, '긍정적인 몰두'를 할 수 있도록 조력함으로써 내담자의 미래의 삶을 돕는다.

셋째, 책임을 강조함으로써 문제행동의 원인이 내담자 자신에 있음을 깨닫게 했다.

넷째, 내담자의 변화 정도에 대해 스스로 평가토록 한다. 욕구충족을 위한 활동계획이 실행되지 않으면 스스로 이 결과를 평가하고 책임지는 가운데 실행이 가능한 계획을 다시 짜도록 한다. 이 과정에서 내담자는 자신의 계획과 이의 실행 정도를 평가해야 하는데, 이는 막연히 '효과가 있다', '효과가 없다'고 말하는 것보다는 상담의 결과에 대한 내담자의 인식을 바꿀 수 있게 했다.

다섯째, 현실치료 상담은 비교적 단기상담법이고 의식적인 현재 행동의 문제를 다루고 있어 내담자로 하여금 자유와 책임을 감당하도록 하는 용기를 주었다.

여섯째, 자신을 다른 사람의 부적절한 행동의 희생자라고 여기는 내담자에게 도움이 된다.

일곱째, 내담자가 성장을 위해 선택한 영역에서, '긍정적인 몰두'를 할 수 있도록 조력함으로써 내담자의 미래의 삶을 돕는다.

2) 한계점

첫째, 상담절차가 실제로 적용된다는 주장을 정당화하기에는 실험적인 연구가 부족하다.

둘째, 내담자의 책임을 지나치게 강조한다. 정신병까지 내담자의 책임

내담자의 책임을 지나치게 강조한다. 정신병까지 내담자의 책임으로 보는데, 현실적으로 자신에 대하여 책임질 수 없는 사람이 많고 완전히 책임질 수 있는 사람도 없다.

으로 보는데, 현실적으로 자신에 대하여 책임질 수 없는 사람이 많고 완전히 책임질 수 있는 사람도 없다. 현실적으로 책임을 질 수 없는 사람에게 책임을 강조하면 더 어려움에 빠지게 할 가능성이 있다.

셋째, 내담자가 선택한 것은 자신에게 최선의 것이며, 이 때문에 부적응이란 있을 수 없다는 관점은 현실적으로 문제해결에 어려움을 줄 수도 있다.

넷째, 욕구충족 방법이 애매하다. 즉, 자신의 욕구충족을 위하여 다른 사람의 욕구충족을 방해하지 않아야 한다고 하는데 그 구체적 방법이 애매하다.

6. 요약

- 현실치료 상담은 외부의 어떤 힘에 의해 인간이 결정된다는 결정론적 입장을 반대하며, 자신의 행동과 정서에 대해 자기 스스로에게 책임이 있음을 강조한다.
- 현실치료 상담의 개념은 인간은 누구나 자기 삶의 주인이 되어 자신의 삶을 통제할 수 있을 때 행복을 느끼기 때문에 자신의 행동, 느낌, 생각, 환경적 여건에 대해서 책임지고 스스로 통제하며 효율적으로 살아가는 방법을 배우도록 도와주는 것이다.
- 현실치료 상담의 행동 변화를 이끄는 체제는 W-D-E-P이며, 계획 수립 시 고려할 사항은 SAMIC3이다.
- 현실치료 상담의 기법은 약간 지시적이라고 할 수 있다. 따라서 그 과정이나 구체적인 기법의 적용에서 항상 내담자와 상담자 사이에 깊은 인간적 관계형성을 전제로 한다는 점을 잊어서는 안 된다.
- 현실치료 상담의 궁극적인 목적은 내담자가 개인적인 자율성을 갖도

록 하고, 자기결정을 할 수 있으며, 장·단기간에 걸쳐 자신의 인생목표를 설정할 수 있도록 돕는다.

- 현실치료 상담은 비교적 단기상담법이고 의식적인 현재 행동의 문제를 다루고 있어 내담자로 하여금 책임을 감당하도록 용기를 주며, 내담자가 성장을 선택한 영역에서, "긍정적인 몰두"를 할 수 있도록 조력함으로써 내담자의 미래의 삶을 돕는다.
- 현실치료 상담의 가장 큰 공헌점은 내담자가 현실적인 방법으로 욕구를 충족시킬 수 있도록 행동, 생각, 느낌, 신체활동을 선택하게 교육하여, 현실감이 적어서 책임을 면제받으려는 소년원의 청소년을 포함한 학생의 교육에 활용되며, 자신을 다른 사람의 부적절한 행동의 희생자라고 여기는 내담자들에게 도움을 줄 수 있다는 점이다.

7. 상담사례 : Robert E. Wubbolding의 사례(예시)

- 내담자 : 김영미(가명), 27세, 여성, 양로원 봉사자
- 상담 경위 : 내담자가 자발적으로 상담을 요청한 사례

상담자	안녕하세요, 영미 씨. 상담을 신청하셨는데 어떤 이야기를 나누고 싶으신지요.
내담자	사람들하고 인간관계를 잘 못하겠어요. 자신감이 없고… 또 기쁨도 없어요.
상담자	세 가지를 말씀하셨는데요, 행복하지도 않고, 자신감도 없고, 사람을 대하는 데 어려운 때도 있으시군요. 모두가 서로 연관이 있다고 믿어지는데요, 맞나요?
내담자	네.
상담자	그렇다면 이 모든 것을 한 번도 제대로 느껴 보거나 해보지 못하셨다는 말씀이신가요? 사람들과 대해 본 적도 없고, 자신감을 느껴 본 적도 없고, 행복했던 적도 한 번도 없고요.
내담자	한 번도 라고 말할 수는 없지만, 그래도 늘 자신이 없고 사람들하고 못 어울리고 또 기쁨도 못 느껴요.
상담자	그렇다면 영미 씨의 삶이 대체로 우울한 편이라고 할 수 있을까요?
내담자	네.
상담자	삶이 완전히 절망적이라고 느껴 본 적이 있으세요?
내담자	그렇진 않아요.
상담자	아니시군요. 그렇다면 희망이 없는 것은 아니네요. 다시 말해서 영미 씨는 온종일 내내 완전히 불행한 건 아니시네요.
내담자	쭉 그런 건 아니죠.
상담자	영미 씨의 삶이 90% 불행하다거나 50% 불행하다고 표현해 보시

겠어요? 숫자로 이야기할 수 있을까요?

내담자　60%요.

상담자　60% 불행하시군요. 그렇다면 그건 40% 행복하다는 뜻이네요.

내담자　그렇지만 별로 행복하다고 할 수는 없어요.

상담자　아, 행복감을 느끼지는 못하시는군요. 저, 제가 발견한 일이 하나 있는데요. 사람들이 많은 문제를 가지고 있을 때는요, 그 사람들이 하는 거의 모든 일들이 상황을 나아지게 할 것이라는 거지요. 그런데 영미 씨, 자신이 불행하다는 것을 어떻게 알지요?

내담자　즐겁지 않으니까요.

상담자　자신감이 없다는 건 어떻게 아시지요?

내담자　사람들하고 있는 것이 힘들어요.

상담자　네. 그렇다면 만일 사람들과 있을 수 있다면 자신감을 더 느낄 수 있고, 또 아마도 더 행복해지실 것 같군요.

내담자　혼자 있어도 복잡하고… 사람들하고 있는 것보다 혼자 있으면 낫기는 한데 생각이 너무너무 많고 복잡하고 힘들어요.

상담자　영미 씨에게는 두 가지 선택의 가능성이 있다고 생각되는데요, '절망의 길로 갈 것인가? 아니면 행복과 기쁨이 있는 다른 길을 택할 것인가?'이지요. 저는 답을 가지고 있지만 영미 씨가 무엇을 원하시는지 알고 싶군요.

내담자　물론 즐거운 쪽이죠.

상담자　그러실 거예요. 그게 바로 영미 씨가 여기 오신 이유이기도 하지요. 기분이 나빠지고 싶어서 저를 찾아왔다는 사람은 없던데요! 벌써 미소를 지으시네요. 그렇게 미소를 짓거나 크게 웃어 보신 적이 언제였지요?

내담자　없어요.

상담자　1년 전이라도 찾아보세요.

내담자　없어요.

상담자　그러셨군요. 영미 씨는 미소를 지어야 할 이유가 충분히 있으시네요. 조금 전에 미소를 지으셨을 때 어떤 다른 기분이 들었었나요?

내담자 (고개를 끄덕임)

상담자 어떻게 설명하실 수 있을까요?

내담자 조금 편안했던 것 같아요.

상담자 조금 전에 제가 설명했던 길로 접어드는 발자국 하나를 떼신 거네요. 그 길에서 한 발자국 더 떼어 보실 생각이 있으세요?

내담자 네.

상담자 여쭤보고 싶은 것이 있는데요. 오늘밤 조금 더 즐거우시려면 어제와는 무엇을 다르게 하셔야 할까요?

내담자 모르겠는데요.

상담자 조금이라도 추측해 보세요.

내담자 사람들을 보고 웃겠어요.

상담자 마지막으로 그렇게 웃어 보신 건 언제였나요?

내담자 모르겠어요.

상담자 알고 계시는 분 중에 누군가 즐겁게 생활하시는 분이 계세요? 아니면 그렇게 보이는 분이라도요.

내담자 양로원에서 일하는 사람이 있어요.

상담자 여자인가요? 남자인가요?

내담자 여자예요.

상담자 그분은 어떻게 행동하시나요? 영미 씨와는 어떤 점이 다른가요?

내담자 이야기도 잘하고 같이 어울려서 웃기도 해요.

상담자 사람들과 이야기를 하는군요! 먼저 이야기를 겁니까? 아니면 다른 사람들이 다가오도록 기다립니까?

내담자 양쪽 모두인 것 같아요.

상담자 영미 씨와는 어떤 점이 다른가요?

내담자 저는 먼저 말을 걸지 못하고 다른 사람들도 저에게 이야기하지 않아요.

상담자 그렇지만 지금도 저에게 이야기하고 계신데요. '못한다'라는 말은 할 수 없을 것 같아요. 그건 너무 지나친 말이 아닐까요?

내담자 저는 두려워요.

상담자 오늘 밤에 가게 같은 곳에서 영미 씨가 이전과는 다르게 다른 사람에게 이야기하는 걸 생각해 보세요. 일어날 수 있는 가장 나쁜 결과는 무엇일까요?

내담자 저를 나쁜 사람이라고 생각할지 몰라요.

상담자 만일 나쁘게 보았다고 가정해 보죠. 당신이 내가 본 중 제일 나쁜 사람이라고 했다면 어떻겠어요?

내담자 후회할 거예요.

상담자 영미 씨의 상황이 더 나빠질까요?

내담자 아니요.

상담자 그 사람이 그런 말을 한다는 게 얼마나 가능성 있는 일일까요?

내담자 낯선 사람은 안 그러겠지만 아는 사람은 그럴 것 같아요.

상담자 그렇다면 낯선 사람과 이야기해 보는 게 낫겠군요. 연습을 위해서. 그러면 실수를 해도 지장이 없겠지요.

내담자 처음 보는 사람에게 이야기하는 건 용기가 안 나요.

상담자 어제까지는 용기가 없었겠지요. 그러나 오늘은 새로운 날이에요. 오늘 하면 조금 낫고 내일은 조금 더 달라질 거예요. 무엇을 택하시겠어요?

내담자 새로운 길을 가고 싶은데 할 수 있을까요?

상담자 확실한 건 어제와 똑같이 지내면 오늘도 변화는 없을 것이라는 거죠. 질문이 또 하나 있어요. 어제나 과거와 똑같이 행동하면 나 자신에게 도움이 되느냐, 해가 되느냐 하는 것이에요. 즉, 행복의 길로 나아가는 데 도움이 되는가 방해가 되는가 하는 거예요.

내담자 도움은 될 것 같은데 새로운 것이 두려워요. 이야기했다가 남들이 이상하게 볼까 봐….

상담자 이상한 질문받는 것이 처음이라고 생각할까요?

내담자 많을 수도 있겠죠.

상담자 즐거운 길로 가고 싶다고 했는데 노력 없이도 큰 기쁨을 얻을 수 있을까요?

내담자 없겠죠.

상담자 무엇인가 노력해야 되겠죠. 물론 실수도 하겠지요. 실수하는 것이 세상의 종말을 맞는 건가요?

내담자 아니요.

상담자 불행한 길에서 안전하고 편안하게 지내는 게 가능한 일일까요?

내담자 아니겠지요.

상담자 아니면 즐거움과 기쁨과 어느 정도의 실수가 있는 새로운 길에서는 가능할까요? 오늘 저녁에 무엇인가 도움이 되는 일을 해보실 생각이 있으세요?

내담자 주위의 할머니께 이야기해 보겠어요.

상담자 어떤 분과 이야기해 보시겠어요?

내담자 아픈 할머니께 간식 드리러 갈 때 해보겠어요.

상담자 아주 좋은 생각이네요. 몇 분께 간식을 드리러 가시죠?

내담자 열 분 정도 돼요.

상담자 열 분 모두에게 이야기해 보시겠어요?

내담자 무서운 분도 있어요.

상담자 무서운 분께도 이야기하실 건가요? 몇 분께 이야기하실 수 있으시겠어요?

내담자 다섯 분이요.

상담자 여섯 분께 이야기하실 수 있을까요? 무서운 할머니 한 분을 포함해서요. 무섭긴 한데 그다지 무섭지는 않으신 할머니도 계신가요?

내담자 네. 그 할머니께도 할 수 있어요. '안녕하세요'나 '맛있게 드세요' 하고 말할 수 있어요.

상담자 예전에 이야기한 것과는 좀 다른가요?

내담자 네. 할 수는 있는데, 정말 제가 어려운 건 할머니들보다 거기 있는 직원들이거든요. 직원들과 잘 지내고 싶은데 할머니와 이야기하는 게 도움이 될까요?

상담자 네, 연습이 될 거예요. 할머니들과 연습을 하면 이야기하는 기술을 얻을 것이고, 그러면 직원들에게도 이야기할 수 있을 겁니다. 두 가지 아이디어가 더 있는데요. 그중 하나로, 할머니 한 분께 우스갯소리를 어떤 것이든 한 번 해보실 수 있을까요?

내담자 그런 건 여태까지 한 번도 해본 적이 없어요.

상담자 네, 알아요. 어느 길을 원하시죠? 두 길이 있지요. 불행의 길인가요? 행복의 길인가요?

내담자 행복한 길이죠. 그런데 어떻게 그런 이야길 해야 되는지….

상담자 아, 저는 알 수 없지요. 저는 생각을 대신 해드리지는 않아요. 아이디어가 하나 있는데요. 저에게 우스운 이야기를 한 번 해보세요. 그냥 연습이에요. 저를 할머니라고 생각하시고요.

내담자 농담을 하면….

상담자 농담이어야만 하는 것은 아니에요.

내담자 예를 들면 어떻게 하면 되죠?

상담자 영미 씨는 하실 수 있으세요. 훌륭한 이야기여야만 되는 것도 아니에요.

내담자 '할머니, 오늘 어린아이같이 보이시네요.' 그러면 되겠어요?

상담자 물론이죠.

내담자 그런데 할머니가 그 소리를 들으시면 화내실지 몰라요.

상담자 그렇다면 더 나은 이야기가 아마 있을 거예요.

내담자 '할머니 젊어 보이시네요.' 하면 어떨까요?

상담자 아! 어떠세요?

내담자 그런 말이라면 할 수 있어요.

상담자 그리고요, 지금 미소 짓고 계신 것처럼 이야기하시면서 미소를 지어 보세요. 한 가지 아이디어가 또 있어요. 이전에는 이야기하지 않았던 무엇인가를 이야기할 수 있는 직원이 있으세요? 아마도 가장 편한 느낌이 드는 사람을 고를 수 있을 거예요.

내담자 고를 순 있는데 말하기가 어려워요.

상담자 아, 그래요. 영미 씨는 선택하실 수 있어요. 두 길이 있어요! 두 길이요!

내담자 해보겠어요.

상담자 좋아요, 어떤 분이시지요?

내담자 언니예요. 말 걸기가 무서워요.

상담자 그분께 이야기를 하실 수 있으세요? 그저 이름만 불러볼 수도 있을 거예요.

내담자 이야기는 안 하고요?

상담자 네, 괜찮아요. 단지 연습이니까요.

내담자 대답 안 할지도 몰라요.

상담자 그럴 수도 있겠지요. 그분의 대답에 대해서는 염려하지 마세요… '안녕하세요.'라고 이야기해 보시겠어요? 그분 성함이 뭐지요?

내담자 미자 언니예요.

상담자 연습을 해보실 수 있으세요?

내담자 미자 언니, 안녕하세요?

상담자 '응, 잘 지내.' 잘하셨어요. 이 이야기를 오늘 밤에 해보시겠어요? 이제 마지막으로 한 가지만 더 여쭤보고 싶은데요. 이제까지 저와 이야기를 나누시면서 어떤 기분을 느끼셨나요?

내담자 편안했어요.

상담자 그렇다면 보통 때보다는 좀 더 나은 기분을 느끼셨군요.

내담자 네.

상담자 그렇다면 더 나은 기분을 느끼는 것이 가능하군요. 이야기를 나누는 것만으로도요.

내담자 용기가 있으면 될 텐데.

상담자	용기도 점차 생기게 될 거예요. 이야기를 나누고 생각을 하는 것이 기분이 더 나아지는 데 도움이 된다면 행동을 하는 것은 자신을 위해 어떤지 생각해 보세요.
내담자	행동을 해도 다른 사람들이 나를 잘못 보거나 판단하지 않는다면 좋을 것 같아요.
상담자	그랬으면 좋겠군요.

연습 문제

상담의 효율성을 높이기 위한 현실치료 상담의 연습문제

① 현실치료 상담의 인간관에 대하여 논하시오.

② 현실치료 상담에서 활용되는 WDEP와 SAMIC3에 대하여 약술하시오.

③ 현실치료 상담기법 중 '곧장 맞대결'에 대하여 설명하시오.

④ 현실치료 상담과정의 8단계를 자세히 기술하시오.

⑤ 현실치료 상담의 공헌점과 한계점에 대하여 논하시오.

PART 04

상담의 실제

Chapter 17

상담자의 역할과 자질

1. 상담자의 역할

1) 상담의 필요성 및 정의

https://blog.naver.com/holyvoice21c/221336827895

어린아이가 배가 몹시 아파 울고 있다. 점심때 먹은 매운 떡볶이가 배를 아프게 했던 것 같다. 이때 엄마가 조용히 다가와 폭신한 이불에 누이고, 따뜻한 손으로 정성스럽게 배를 만져 준다. 아이는 배 아픔도 어느새 사라지고 스르르 잊고 잠이 든다. 이러한 경우는 종종 접하게 되는 일이다. 하지만 상한 음식을 잘못 먹었다면 이야기가 다를 것이다. 이 복통은 단순한 민간요법으로 되지 않는다. 이럴 때는 전문의사를 찾아야 한다.

일상생활에서의 문제가 생겼을 때, 혼자서 해결하기도 하고, 친구나 지인을 찾아가기도 한다. 이때 넋두리하고 이야기를 주고받음으로써 마음이 편안해지는 경험을 하게 된다. 그런 과정에서 사람에 대한 믿음이 생기고 문제해결 능력과 적응능력이 향상되기도 한다. 이러한 부분들은 일상적인 대화나 조언이 큰 도움이 된다. 하지만 그 고민을 해결하기에 자신의 내적 힘도 부족하고, 심리적으로 큰 어려움을 겪고 있을 경우 전문 상담을 의뢰하게 된다.

고민을 해결하기에 자신의 내적 힘도 부족하고, 심리적으로 큰 어려움을 겪고 있을 경우 전문 상담을 의뢰하게 된다.

다음의 사례를 보자.

> K(남, 16세)는 성격이 내성적이며 예의 바르다는 주위의 평을 받고 있다. 친구관계는 한정되어 있으며, 깊은 친밀감을 갖고 어울리지는 못한다. K의 부모님은 사회적으로 존경받는 교사이다. 부모님은 항상 다른 사람에게 배려하고 자신을 낮춰야 한다고 말씀하셨으며, 대학교에 가서도 얼마든지 이성을 만날 수 있으니 현재는 학업에 충실하라고 하신다. K는 이러한 부모님을 존경하고, 자신도 그에 맞추어 생활하고자 하였다.
>
> 한 달 전 우연히 하교하는데 지하철에서 단발머리의 새침한 여학생을 보았다. 알고 보니 친구의 여자 친구였다. 그 사실을 알고는 있지만, 그 여학생이 자꾸만 떠올라 잠을 이룰 수 없고, 수업시간에도 선생님의 말씀이 머릿속에 들어오지 않는다. K는 부모님과 친구를 실망시키고 싶지 않은 마음과 여학생을 좋아하는 마음속에서 갈피를 잡을 수가 없다.

이 경우, 다른 친구들과 고민을 의논하거나, 스스로 판단하여 여학생에게 고백을 하든, 포기를 하든 어떠한 결정을 내리고 스스로 자신의 행동에 책임을 질 수 있다면 쉽게 해결될 수 있는 문제일 것이다. 하지만 평소 우울과 불안이 있어 주위 사람과 자신을 충분히 나눌 만큼의 준비가 되어 있지 않거나, 타인의 이야기가 의미 있게 들리지 않게 된다. 의기소침해져 있는 시간이 오래 지속되어 현재의 문제를 자신의 무기력함으로 투사하거나 타인의 탓으로 돌리게 될 수도 있다. 그러므로 성적은 계속 떨어지고 대인관계는 악화되며, 부모에게 갑작스럽게 일방적으로 화를 내는 빈도가 잦아진다. 그러다가 마침내는 고등학교를 진학하지 않겠다며 집에서 나오지 않는다고 가정해 보자. 이럴 때는 그 근본적인 원인과 현재의 불안정한 심리적 갈등의 해결을 위한 전문가가 필요하게 된다.

천성문 외(2009)는 '상담이란 전문적 훈련을 받은 상담자와 심리적 어려움 때문에 타고난 잠재력을 마음껏 발휘하지 못하는 내담자 간의 상호작용을 통하여 내담자의 문제를 해결할 뿐만 아니라 내담자가 행복한 삶을 살아가도록 돕는 과정이다'라고 정의하였다.

이장호(2005)는 도움을 필요로 하는 사람(내담자)이 전문적 훈련을 받은 사람(상담자)과의 대면관계에서, 생활과제의 해결과 사고·행동 및 감정 측면의 인간적 성장을 위해 노력하는 과정이라고 정의하였다.

상담은 구조화된 장면에서 전문적으로 훈련을 받은 상담자와 심리적으로 어려운 문제를 안고 있는 내담자와의 사이에 이루어지며, 호소에 따라 적당한 효과적인 매개체(대화, 미술, 놀이, 영화 등)를 활용한 상호작용을 통하여 내담자가 행복한 삶을 살아가도록 돕는 과정이라고 볼 수 있겠다.

상담은 구조화된 장면에서 전문적으로 훈련을 받은 상담자와 심리적으로 어려운 문제를 안고 있는 내담자와의 사이에 이루어지며, 호소에 따라 적당한 효과적인 매개체(대화, 미술, 놀이, 영화 등)를 활용한 상호작용을 통하여 내담자가 행복한 삶을 살아가도록 돕는 과정이라고 볼 수 있겠다.

2) 내담자의 이해

상담실에 찾아오는 내담자는 심리적인 문제에 어려움을 안고 있는 경우가 대부분이다. 본인이 인식하기에 그 비중은 타인이 인식하는 것보다 강도가 강할 수도 있고, 더 적을 수도 있다.

다음의 사례를 보자.

전업주부인 L(30세, 여)은 회사에 다니는 남편 P(32세, 남)와 세 명의 자녀가 있다. 그녀의 남편은 청소년기의 방황으로 정규 고등학교를 졸업하지는 못했지만, 19세에 미졸업자의 어려움을 느끼고, 고등학교 검정고시를 통해 고등학교를 졸업하였으며 전문자격증을 따기 위하여 최선을 다했었다. 회사에서도 인정을 받기 위하여 야근을 마다하지 않고, 일에만 열중한다. P는 요즘 회사에 나가는 것이 너무도 괴롭다고 한다. 명문대를 졸업하고 들어온 신입 직원들은 일도 열심히 하지 않는 것 같은데, 그들이 상사에게 더 인정받는 것 같고, 동료들이 자기들끼리만 차를 타 마시고 P를 따돌리는 것 같다고 한다. 출근을 하면 자신에 대해 수군거리는 소리가 들리는 것 같고, 이에 더욱 일을 하는 시간을 늘리고 있으나, 긍정적인 평가를 받지 못해서 술에 취해 집에 들어가는 날이 많아지고, 아내인 L과의 말다툼이 폭력으로까지 이어져 아이들과 L은 불안에 떨게 되었다.

위의 사례의 경우, 아내인 L은 아이들과 본인을 위해 여러 가지 방법을 모색한다. 주위에 자신의 이야기를 상의하자니 초라해지는 것 같고, 가만히 있자니 고통은 커진다. 종교가 있는 경우는 신앙의 힘으로 이겨 보려고 하거나, 어떤 경우에는 점술인을 찾아가 굿이나 부적을 쓰기도 한다. 그러다 상담실을 찾을 수도 있다. 이때 '이 고통과 현실을 상담자가 이해해 줄 수 있을까? 자신의 무능력함과 비참함을 비난하지 않을까? 하는 불안감을 안고 있다. 상담실을 찾는 내담자들은 큰 용기를 내고 다급하게 어떠한 해결책을 원하는 경우가 있다.

천성문 외(2009)는 내담자의 문제를 구체적으로 파악하는 것과 더불어, 상담자는 내담자의 강점과 내·외적 자원이 무엇인지를 총체적으로 살펴보는 과정이 필요하며, 내담자에 대한 철저한 이해는 상담과정과 목표달성에서 중요한 출발점이 되므로 상담 첫 회기부터 시작되어야 한다고 하였다. 내담자를 이해하는 과정에서 상담자는 내담자가 보이는 감정, 생각, 행동에는 그럴 만한 이유가 있고, 내담자가 처한 상황에서 그가 할 수 있는 최선의 선택임을 느낄 수 있으며, 진정으로 내담자를 공감하고 이해하게 되기 때문이다.

내담자를 이해하는 과정에서 상담자는 내담자가 보이는 감정, 생각, 행동에는 그럴 만한 이유가 있고, 내담자가 처한 상황에서 그가 할 수 있는 최선의 선택임을 느낄 수 있으며, 진정으로 내담자를 공감하고 이해하게 되기 때문이다.

상담자는 내담자를 총체적으로 이해하여야 한다. 내담자의 심리적인 어려움과 환경적인 어려움을 동시에 이해하고 신뢰와 믿음으로 내담자를 대해야 하는 과정이 필요하다.

3) 상담자의 역할

우리가 자주 사용하는 TV 및 가구가 고장 나면 드라이버나 펜치 등의 연장이 필요하다. 연장을 다루는 기술자의 역량도 중요하지만, 더불어 좋은 연장이 준비되어 있어야 한다. 상담 장면에서 도구로 쓰이는 여러 가지 연장(비유하자면) 중 가장 중요한 것은 상담자의 전문성이다. 상담자가 잘 다듬어져 있고 준비되어 있지 않은 경우, 눈으로 보이지는 않지만, 내담자에게는 치명적인 상처와 내담자가 들고 온 문제해결의 어려움을 줄 수 있다. 상담자는 내담자의 문제를 정확히 이해하고, 문제해결을 위하여 상담목표를 설정한다. 이 상담목표에 맞추어 상담목표 전략을 설정하고 단계별 상담을 진행해 나간다. 이는 마치 내담자와 함께 왈츠를 추는 것과 같다. 내담자의 스텝과 정서를 이해하고, 주위의 환경을 이해해야 중도에 멈추는 불상사가 발생하지 않고, 서로의 발을 밟지 않는다.

상담자는 내담자의 문제를 정확히 이해하고, 문제해결을 위하여 상담목표를 설정한다. 이 상담목표에 맞추어 상담목표 전략을 설정하고 단계별 상담을 진행해 나간다.

2. 상담자의 자질

오늘날 우리 사회에 비공식적 상담자와는 별도로 상담을 통해 전문적으로 삶의 문제를 도와주는 전문직업인으로서의 상담전문가가 서서히 자리를 잡고 있다. 그런데 문제는 상담활동 자체가 도움을 받고자 하는 자에게 도움이 되는 것은 아니라는 것이다. 비록 열정과 봉사는 동일하다 할지라도 상담자에 따라 효율적인 상담이 될 수 있는 반면 비효율적 상담이 될 수도 있다. 상담자가 효율적으로 상담활동을 하기 위해서는 무엇보다도

상담자가 효율적으로 상담활동을 하기 위해서는 무엇보다도 상담자로서의 자기성찰과 건전한 동기유발, 그리고 전문적 상담 지식의 습득과 훈련과정이 필요하다.

상담자로서의 자기성찰과 건전한 동기유발, 그리고 전문적 상담 지식의 습득과 훈련과정이 필요하다(한재희, 2008).

상담이론가와 실천가들은 임상적인 관찰을 통해 효과적인 조력자의 특성에 대한 이해를 확장해 왔다. 지금까지 일반적으로 밝혀진 효과적인 조력자의 주요한 특성은 다음과 같다(Patterson & Welfel, 2000; Welfel & Patterson, 2005; 노안영, 2008).

첫째, 효과적인 상담자는 내담자에게 다가갈 수 있는 능숙한 대인관계 기술을 가진다.

둘째, 효과적인 상담자는 내담자에게 진실감, 신뢰감, 자신감을 야기한다.

셋째, 효과적인 상담자는 내담자를 돌보고 존경한다.

넷째, 효과적인 상담자는 타인 이해뿐만 아니라 자기 이해를 바탕으로 성숙된 삶을 영위한다.

다섯째, 효과적인 상담자는 내담자와의 갈등을 효과적으로 처리한다.

여섯째, 효과적인 상담자는 가치 판단을 강요함이 없이 내담자의 행동을 이해하려고 한다.

일곱째, 효과적인 상담자는 내담자의 자기파괴 행동 패턴을 확인할 수 있고 그러한 자기파괴 행동을 보다 보상적인 행동 패턴으로 변화하도록 조력할 수 있다.

여덟째, 효과적인 상담자는 내담자에게 특별한 가치가 있을 어떤 영역에 있어 전문적인 지식과 경험을 갖는다.

아홉째, 효과적인 상담자는 체계적으로 추리하고 체계에 의해 생각할 수 있다.

열째, 효과적인 상담자는 문화에 대한 능숙한 지식을 가진다. 즉, 그는 사람들이 생활하는 사회적, 문화적, 정치적 맥락을 이해할 수 있다.

열한째, 효과적인 상담자는 자신을 좋아하고 존중하며 자신의 욕구를 만족시키기 위해 내담자를 이용하지 않는다.

열두째, 효과적인 상담자는 인간 행동의 심층적 이해를 발달시킨다.

열셋째, 효과적인 상담자는 바람직한 인간 모델을 가진다. 이러한 인간은 건강하고 효과적이며 충분히 기능하는 자질과 행동 패턴을 가진다.

상담자의 자질을 크게 세 가지로 나누어 보고자 한다. 첫째, 상담자의 전문적인 자질이고, 둘째, 상담자의 인간적인 자질이며, 셋째, 상담자의 윤리적인 자질이다.

상담자의 자질을 크게 세 가지로 나누어 보고자 한다. 첫째, 상담자의 전문적인 자질이고, 둘째, 상담자의 인간적인 자질이며, 셋째, 상담자의 윤리적인 자질이다.

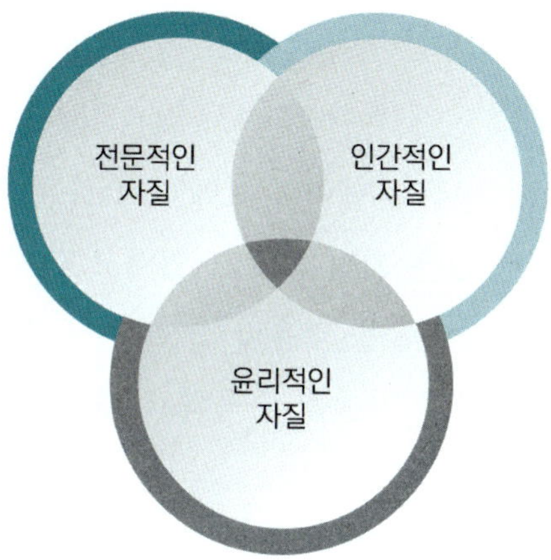

1) 상담자의 전문적인 자질

상담자는 상담과 관련된 심리학적 지식과 상담이론을 잘 알고 있어야 한다. 또한 그 상담이론을 내담자 개인의 상황에 맞추어 사용할 수 있어야 하며, 내담자가 현재까지 영향을 받고 있는 문화와 환경을 이해해야 한다.

(1) 심리학적 지식과 상담이론의 활용

우리가 건물을 지을 때, 외관을 아무리 아름답게 지었다고 하더라도 기초를 무시하고 지었다면 그 건물은 모래 위에 지어진 건물이 될 수밖에 없다. 즉, 기초가 튼튼하여야 높은 빌딩을 건축하여도 무너지지 않는다. 상담이론에 대한 체계적인 이해를 무시하고 상담자격증만을 따기 위하여 연수를 받고 상담을 할 때 단기적인 방법으로는 소통이 되나, 간혹 내담자의 핵심문제를 다루지 못하고 겉도는 상담처럼 혼란스러울 수도 있다. 더욱이 상담목표 설정과 전략대로 진행되지 못하는 오류가 발생되곤 한다.

인간을 바라보는 다양한 관점인 정신분석, 인간중심, 인지행동, 절충주의 상담 등에 대하여 이해하며 다양한 상담기법을 활용하고 있다면 내담자의 문제해결에 조금 더 근접할 수 있을 것이다.

인간을 바라보는 다양한 관점인 정신분석, 인간중심, 인지행동, 절충주의 상담 등에 대하여 이해하며 다양한 상담기법을 활용하고 있다면 내담자의 문제해결에 조금 더 근접할 수 있을 것이다.

(2) 상담기술 훈련

우리나라의 속담에 '진주도 꿰어야 보배'라고 하는 말이 있다. 아무리 이론적으로, 철학적으로 많은 지식을 갖고 있다고 할지라도, 도움이 필요한 내담자에게 적절한 상담기술을 적용할 줄 아는 능력을 가지고 있어야 한다. 이에 상담자는 다양한 기술을 습득하고, 훈련해야 한다.

(3) 문화적 차이에 대한 이해

유럽 사람들의 경우 이야기를 할 때 눈을 마주치지 않으면 그들과 말을 하기 싫어하는 것으로 이해한다. 한국에서는 눈을 똑바로 쳐다보면 건방지고, 반항하는 것으로 오인할 수 있다. 서양에서는 대화 시 팔짱을 끼고 다리를 꼬며 이야기하는 것을 자연스러운 행동으로 볼 수 있다면, 한국에서는 존칭어가 없고, 팔짱을 끼고 다리를 꼬면 건방진 것으로 이해될 수가 있다. 다국적 시대가 되어가는 요즘, 내담자의 문화를 이해하고 그의 입장에서 생각해 볼 수 있는 자세가 필요하다.

2) 상담자의 인간적인 자질

(1) 인간에 대한 깊은 이해와 존중

상담의 주 대상은 인간이다. 그 어떤 사람이라도 현재 행동의 원인이 있고, 존중받을 수 있다는 가정에서 시작하며, 개인적 · 철학적 · 문화적 · 사회적 이해와 있는 그대로의 존중하는 마음을 가지고 있어야 한다. 상담자가 도인이 아닌 이상, 편견이나 선입견이 생길 수 있고, 자신의 발달력에 있어서 어려운 내담자가 있을 수 있다. 이러한 문제를 가정하더라도 근본적으로는 이해하고 존중하려는 노력이 필요하다.

▌상담자가 도인이 아닌 이상, 편견이나 선입견이 생길 수 있고, 자신의 발달력에 있어서 어려운 내담자가 있을 수 있다. 이러한 문제를 가정하더라도 근본적으로는 이해하고 존중하려는 노력이 필요하다.

(2) 상담에 대한 열의

내담자에 대한 정확한 이해, 상담기술의 적용, 상담 연구 등을 위해서는 끊임없이 학습하고, 훈련받고, 연구하여야 한다. 그러기 위해서는 상담에 대한 열의와 열정이 중요하다.

(3) 다양한 경험과 상담관의 정립

상담자가 내담자의 모든 문제를 경험할 수는 없다. 하지만 그 문제를 경험한 경우, 더 공감하는 정도는 깊어진다. 이에 객관적인 자료, 즉 책, 영화, 교육 등을 통하여 제3의 경험이 필요하겠다. 이를 통하여 사람에 대한 이해가 깊어지고 상담관이 정립되는 과정을 확고히 할 수 있다.

(4) 상담자 자신을 인정하고 돌보기

상담 장면에서 간과할 수 없는 것이 상담자의 소진이다. 상담 장면에 충분히 집중하기 힘들 만큼 소진되었을 땐, 자신의 건강과 업무, 또 다른 원인 등에 대하여 재점검하는 기회로 삼아야 한다. 상담자가 소진되었음을

▌상담 장면에서 간과할 수 없는 것이 상담자의 소진이다. 상담 장면에 충분히 집중하기 힘들 만큼 소진되었을 땐, 자신의 건강과 업무, 또 다른 원인 등에 대하여 재점검하는 기회로 삼아야 한다.

느꼈을 때는 이에 대한 대처 방안이 있어야 한다. 가벼운 운동이나 영화 감상, 산책 등 자신에게 도움이 되는 소진해소법을 만들어 놓는 것이 중요하다.

(5) 상담자의 가치관

상담자의 가치관이 상담 장면에서 표현될 수 있다. 상담자의 가치관을 가벼운 정보제공의 수준에서 이야기할 수는 있으나, 내담자에게 강요하지는 않는다.

3) 상담자의 윤리적 자질

(1) 내담자의 권리에 대한 이해와 보호

내담자가 상담에 수동적 입장으로 임하는 것이 아니기에, 상담 장면에서 상담자의 역할, 내담자 정보에 대한 비밀유지, 수퍼비전 및 녹취 시 사전동의 등에 대한 권리를 충분히 설명하고 보호해 주어야 한다.

(2) 비밀보장의 약속과 이행과 한계에 대한 이해

상담자는 내담자의 사생활과 비밀유지에 대하여 내담자의 권리를 최대한 존중해야 한다. 상담자는 녹음 및 기록을 하기 전에 내담자에게 취지를 설명하고 동의를 구해야 하며, 기록을 보관하고, 비밀을 유지해야 한다.

상담자는 내담자의 사생활과 비밀유지에 대하여 내담자의 권리를 최대한 존중해야 한다. 상담자는 녹음 및 기록을 하기 전에 내담자에게 취지를 설명하고 동의를 구해야 하며, 기록을 보관하고, 비밀을 유지해야 한다. 내담자가 그 기록의 열람이나 복사를 요청할 경우에는 내담자에게 해가 되지 않는 한 그의 요구에 응해야 하며, 상담자가 퇴사할 경우에는 상담기관으로 양도하여야 한다.

내담자의 비밀보장이 안 되는 경우는 내담자 및 타인의 생명이나 사회의 안전을 위협하는 경우와 법적으로 정보의 공개가 요구되는 경우이다. 또한 내담자가 감염성이 있는 치명적인 질병이 있을 경우에 한해서이다.

(3) 내담자와의 이중적 관계의 금지

상담자와 내담자는 상담 장면 외에서의 이중 또는 다중관계를 피해야 한다. 상담관계를 이용하여 상담자 개인의 욕구를 충족시키거나, 성적인 관계를 맺어서도 안 된다. 한국상담심리교육복지학회 및 한국상담학회에서는 상담자와 내담자의 성적인 관계를 상담이 종결되고 2년 후부터 가능하다고 윤리강령으로 제시하고 있다.

- 한국상담심리교육복지학회(https://www.akcpew.org)
- 한국상담학회(https://counselors.or.kr)
- 한국상담심리학회(https://krcpa.or.kr)

상담자들의 윤리적인 태도 등은 윤리강령에 속한다. 처음으로 한국상담학회(2002), 한국상담심리학회(2003), 한국상담심리교육복지학회(2009)는 윤리강령을 본 학회 자격증을 취득한 정회원과 자격증을 취득하기 위해 수련받는 준회원들에게도 윤리적인 측면을 강조하고 있다. 이에 각 학회에서 주장하고자 하는 윤리강령이 제정되어 회원들에게 자격증을 취득하는데 필수항목이 되었고, 상담자와 내담자 간의 존엄성과 가치를 존중하는 중요한 기준이 되었다. 따라서 정회원들은 각 학회의 윤리강령을 숙지하고 실천하여야 한다.

한국상담학회에서 제시한 상담전문가의 윤리강령은 다음과 같다.

〈상담전문가의 윤리강령〉

전문

한국상담학회는 교육적, 학문적, 전문적 조직체이다. 상담자는 각 개인의 가치, 잠재력 및 고유성을 존중하며, 다양한 조력활동을 통하여 내담자의 전인적 발달을 촉진한다. 상담자는 내담자의 신체적, 정신적, 사회적, 영적 안녕을 유지·증진하는 데 헌신한다. 이러한 역할을 수행하는 과정에서 상담자는 내담자의 복지를 가장 우선시한다. 상담자는 내담자와의 관계에서 의사소통의 자유를 갖되, 그에 대한 책임을 지며 내담자의 성장과 사회공익을 위하여 최선을 다한다. 이를 위해 본 학회의 상담자는 다음의 윤리규준을 준수한다.

제1장 전문적 태도

제1조(전문적 능력)

① 상담자는 상담에 대한 지식, 실습, 교수, 임상, 연구를 통해 전문성을 발달시키기 위해 지속적으로 노력해야 한다.

② 상담자는 자신의 능력 및 기법의 한계를 인식하고, 전문적 기준에 위배되는 활동을 하지 않는다. 만일, 자신의 개인 문제 및 능력의 한계 때문에 도움을 주지 못하리라고 판단될 경우에는 내담자에게 동의를 구한 후, 다른 동료 전문가 및 관련 기관에 의뢰한다.

③ 상담자는 자신의 활동분야에 있어서 최신의 과학적이고 전문적인 정보와 지식을 유지하기 위해 지속적인 교육과 연수에 참여한다.

④ 상담자는 윤리적 책임이나 전문적 상담에 대해 의문이 생길 때 다른 상담자나 관련 전문가들에게 자문을 구하는 절차를 따른다.

⑤ 상담자는 정기적으로 전문가로서의 능력과 효율성에 대해 자기반성과 자기평가를 해야 하며, 필요한 경우 자신의 효율성을 증진시키기 위해 지도감독을 받아야 한다.

제2조(충실성)

① 상담자는 내담자를 보다 효과적으로 도울 수 있는 방법에 관하여 꾸준히 연구 노력하고, 내담자의 성장촉진과 문제의 해결 및 예방을 위하여 최선을 다한다.

② 상담자는 자신의 능력의 한계나 개인적인 문제로 내담자를 적절하게 도와줄 수 없을 때에는 상담을 시작해서는 안 되며, 다른 전문가에게 의뢰하는 등의 적절한 방법으로 내담자를 돕는다.

③ 상담자는 자신의 질병, 사고, 이동, 또는 내담자의 질병, 사고, 이동이나 재정

적 한계 등과 같은 요인에 의해 상담을 중단할 경우, 이에 대한 적절한 조치를 취해야 한다.

④ 상담자는 상담을 종결하는 데 있어서 어떤 이유보다도 우선적으로 내담자의 관점과 요구에 대해 고려해야 하며, 내담자가 다른 전문가를 필요로 할 경우에는 적절한 과정을 통해 의뢰한다.

⑤ 상담자는 자신의 기술이나 자료가 다른 사람들에 의해 오용될 가능성이 있거나, 개선의 여지가 없는 활동에 참여해서는 안 되며, 이런 일이 일어난 경우에는 이를 시정하여야 한다.

제2장 정보의 보호

제3조(비밀보장)

① 상담자는 사생활과 비밀유지에 대한 내담자의 권리를 최대한 존중해야 할 의무가 있다.

② 상담자는 내담자 또는 내담자의 법정대리인에게 비밀보장의 예외와 한계에 대해 설명해야 한다.

③ 상담자는 제7조 비밀보장의 한계를 제외하고는, 내담자의 서면 동의 없이는 제삼의 개인이나 단체에게 상담기록을 공개하거나 전달해서는 안 된다.

제4조(집단 및 가족상담의 비밀보장)

① 상담자는 특정 집단을 대상으로 집단상담을 시작할 때 비밀보장의 중요성과 한계를 명확하게 설명한다.

② 상담자는 집단 및 가족상담 시 개인의 비밀보장에 대한 권리와 그 비밀보장을 유지해야 할 의무와 관련해 참여한 모든 사람으로부터 동의를 구한다.

③ 상담자는 자발적인 동의 능력이 불가능하거나 미성년인 내담자를 상담할 때, 부모 또는 대리인의 동의를 받고, 그들이 참여할 수 있음을 알린다.

제5조(전자 정보의 비밀보장)

① 상담자는 컴퓨터를 사용한 자료 보관의 장점과 한계를 알아야 한다.

② 상담자는 내담자의 기록이 전자 정보의 형태로 보존되어 제삼자가 내담자의 동의 없이 접근할 가능성이 있을 때, 적절한 방법을 통해 내담자의 신상이 드러나지 않도록 조치를 취한다.

③ 상담자는 컴퓨터, 이메일, 팩시밀리, 전화, 음성메일, 자동응답기 그리고 다른 전자 테크놀로지를 사용해 정보를 전송할 때는 비밀이 유지될 수 있도록 사전에 주의를 기울인다.

제6조(상담기록)

① 상담자는 내담자에게 전문적인 서비스를 제공하기 위해 내담자에 대한 상담기록 및 보관을 본 학회의 윤리강령 및 시행세칙에 따라 시행한다. 또한 상담기록을 안전하게 보관하고 허가된 사람 이외에는 기록에 접근할 수 없도록 한다.

② 상담자는 상담내용의 녹음 혹은 녹화에 관해 내담자 또는 대리인의 동의를 구한다.

③ 상담자는 상담내용의 사례지도나 발표, 혹은 출판 시 내담자의 동의를 구한다.

④ 상담자는 내담자가 상담기록의 열람을 요구할 경우, 그 기록이 내담자에게 잘못 이해될 가능성이 없고 내담자에게 해가 되지 않으면 응하도록 한다. 다만 여러 명의 내담자를 상담하는 경우, 내담자 자신과 관련된 부분에 대해서만 공개할 수 있다. 다른 내담자와 관련된 사적인 정보는 제외하고 열람하거나 복사하도록 한다.

⑤ 상담자는 상담과 관련된 기록을 보관하고 처리하는 데 있어서 비밀을 유지해야 하며, 이를 타인에게 공개할 때에는 내담자의 동의를 구한다. 내담자에게 해를 끼치지 않는 범위 내에서 공개해야 한다.

제7조(비밀보장의 한계)

① 상담자는 아래와 같은 내담자 개인 및 사회에 임박한 위험이 있다고 판단될 때 내담자에 관한 정보를 사회 당국 및 관련 당사자에게 제공해야 한다.

1. 내담자가 자신이나 타인의 생명 혹은 사회의 안전을 위협하는 경우
2. 내담자가 감염성이 있는 치명적인 질병이 있다는 확실한 정보를 가졌을 경우
3. 미성년인 내담자가 학대를 당하고 있는 경우
4. 내담자가 아동학대를 하는 경우
5. 법적으로 정보의 공개가 요구되는 경우

② 상담자는 만약 내담자에 대한 상담이 여러 전문가로 구성된 집단에 의한 지속적인 관찰을 포함하고 있다면, 그러한 집단의 존재와 구성을 내담자에게 알릴 의무가 있다.

③ 상담자는 내담자의 사적인 정보의 공개가 요구될 때 기본적인 정보만을 공개한다. 더 많은 사항을 공개하기 위해서는 사적인 정보의 공개에 앞서 내담자에게 알리고 동의를 얻어야 한다.

④ 상담자는 비밀보장의 예외 및 한계에 관한 타당성이 의심될 때에는 다른 전문가나 지도감독자 및 본 학회 윤리위원회의 자문을 구한다.

제3장 내담자의 복지

제8조(내담자 권리 보호)

① 상담자의 최우선적 책임은 내담자의 존엄성을 존중하고 내담자의 복지를 증진시키는 것이다.

② 상담자는 상담활동의 과정에서 소속 기관 및 비전문가와의 갈등이 있을 경우, 내담자의 복지를 우선적으로 고려하고 자신이 소속된 전문적 집단의 이익은 부차적인 것으로 간주한다.

③ 상담자는 내담자에게 전문적인 도움을 주는 것이 어렵다고 판단되면 상담자는 상담관계를 시작하지 말아야 하며, 이미 시작된 상담관계인 경우는 즉시 종결하여야 한다. 이 경우 상담자는 내담자에게 적절한 다른 대안을 제시해 주어야 한다.

④ 상담자는 내담자의 잠재력을 개발하여 건강한 삶을 영위하도록 도움을 주며, 어떤 방식으로도 해를 끼치지 않는다.

⑤ 상담자는 상담관계에서 오는 친밀성과 책임감을 인식하고, 전문가로서의 개인적 욕구충족을 위해서 내담자를 희생시켜서는 안 되며, 내담자로 하여금 의존적인 상담관계를 형성하지 않도록 노력하여야 한다.

제9조(내담자 다양성 존중)

① 상담자는 모든 인간의 기본적인 권리, 존엄성, 가치를 존중하며 연령이나 성별, 인종, 종교, 성적 선호, 장애 등의 어떤 이유로든 내담자를 차별하지 않는다.

② 상담자는 내담자의 발달단계와 문화에 적합한 방식으로 정보를 전달한다.

③ 상담자가 사용하는 언어를 내담자가 이해하는 데 어려움이 있을 때는 내담자가 명확하게 이해할 수 있도록 통역자나 번역자를 배치하여 필요한 서비스를 제공한다.

④ 상담자는 자신의 고유한 가치, 태도, 신념, 행위가 사회에서 어떻게 적용되는지를 인식하고 내담자에게 자신의 가치를 강요하지 않는다.

⑤ 상담자는 훈련이나 수련감독 실천에 다문화/다양성 역량 배양을 위한 내용을 적극적으로 포함시키고 수련생들이 이에 대한 인식, 지식, 기술을 습득할 수 있도록 적극적으로 훈련시킨다.

제4장 상담관계

제10조(정보제공 및 동의)

상담자는 상담을 제공할 때에, 내담자에게 상담 관련 정보를 제공하고 이에 대한 동의를 받는다.

제11조(다중관계)

① 상담자는 내담자와의 친밀한 관계를 인식하고, 내담자에 대한 존중감을 유지하며 내담자를 이용하여 상담자 개인의 필요를 충족하고자 하는 활동 및 행동을 하지 않는다.

② 상담자는 객관성과 전문적인 판단에 영향을 미칠 수 있는 다중 관계를 피해야 한다. 상담자가 내담자를 지도하거나 평가를 해야 하는 경우라면 그 내담자를 다른 전문가에게 의뢰한다. 단, 내담자의 복지를 위해 상담자와 내담자가 사전 동의를 한 경우와 그에 대한 자문이나 감독이 병행될 때는, 상담관계를 맺을 수도 있다.

③ 상담자는 특별한 경우를 제외하고는, 내담자와 상담실 밖에서 사적인 관계를 맺지 않는다.

④ 상담자는 내담자와의 관계에서 상담료 이외의 어떠한 금전적, 물질적 거래관계도 맺지 않는다.

제12조(성적 관계)

① 상담자는 내담자 또는 내담자의 가족들과 성적 관계를 갖거나 어떤 형태의 친밀한 관계를 갖지 않는다.

② 상담자는 내담자 또는 내담자의 가족과 성적 관계를 맺었거나 유지하는 경우 상담 관계를 형성하지 않는다.

③ 상담자는 상담관계가 종결된 이후에도 최소 2년 내에는 내담자와 성적 관계를 맺지 않는다.

④ 상담자는 상담 종결 이후 2년이 지난 후에 내담자와 성적관계를 맺게 되는 경우에도 이 관계가 착취적이 아니라는 것을 철저하게 검증할 책임이 있다.

⑤ 상담자는 다른 상담자가 자신의 내담자와 성적관계를 맺는 것을 알았을 경우 묵과하지 않고 적절한 조치를 취한다.

제5장 사회적 책임

제13조(사회관계)

① 상담자는 사회윤리 및 자신이 속한 지역사회의 도덕적 기준을 존중하며, 사회공익과 자신이 종사하는 전문직의 올바른 이익을 위하여 최선을 다한다.

② 상담자는 경제적 이득이 없는 경우라 하더라도 전문적 활동에 헌신함으로써 사회에 봉사한다.

③ 상담자는 내담자의 재정 상태를 고려하여 상담료를 적정 수준으로 정하여야 한다. 정해진 상담료가 내담자의 재정 상태에 비추어 적정 수준을 벗어날 경우에는, 가능한 비용으로 적합한 상담 서비스를 받을 수 있도록 내담자를 돕는다.

④ 상담자는 수련생에게 적절한 훈련과 지도감독을 제공하고, 수련생이 이 과정을 책임 있고 유능하게 수행할 수 있도록 돕는다.

제14조(고용 기관과의 관계)

① 상담자는 자신이 재직하고 있는 상담기관의 설립 목적에 기여할 수 있는 활동을 할 책임이 있다.

② 상담자는 자신의 전문적 활동이 재직하고 있는 상담기관의 목적과 모순되고, 직무수행에서 갈등이 해소되지 않을 때는 상담기관과의 관계를 종결해야 한다.

③ 상담자는 자신이 재직하고 있는 상담기관의 관리자 및 동료들과의 관계를 통해서 상담업무, 비밀보장, 기록된 정보의 보관과 처리, 업무분장, 책임에 대해 상호 간의 동의를 구해야 한다. 상담자가 재직하고 있는 상담기관과 비밀보장이나 정보의 보관과 처리 등 윤리적인 문제로 마찰이 생기는 경우 윤리위원회에 중재를 의뢰할 수 있다.

④ 상담자는 자신이 재직하고 있는 상담기관의 고용주에게 해를 끼칠 수 있는 상황 혹은 기관의 효율성에 제한을 줄 수 있는 상황에 대해 미리 통보를 하여야 한다.

⑤ 상담자는 해당 기관의 상담 활동에 적극적으로 종사하고 있지 않다면, 자신의 이름이 상업적인 광고나 홍보에 사용되지 않도록 해야 한다.

제15조(상담기관 운영)

① 상담기관 운영자는 상담 기관에 소속된 상담자의 증명서나 자격증은 그중 최고 수준의 것으로 하고, 자격증의 유형, 주소, 연락처, 직무시간, 상담의 유형과 종류, 그와 관련된 다른 정보 등이 정확하게 기록된 목록을 작성해 두어야 한다.

② 상담기관 운영자는 자신과 현재 종사하고 있는 직원의 발전에 책임 의식을 가져야 하고, 직원들에게 상담 기관의 목표와 상담 프로그램에 대해 알려주어야 한다.

③ 상담기관 운영자는 고용, 승진, 인사, 연수 및 지도감독 시에 연령, 성별, 문화, 장애, 인종, 종교, 혹은 사회경제적 지위 등을 이유로 차별하지 않는다.

제16조(타 전문직과의 관계)

① 상담자는 상호 합의한 경우를 제외하고는 타 상담전문가로부터 도움을 받고 있는 내담자를 대상으로 상담을 하지 않는다.

② 상담자는 자신의 전문적 자격이 타 전문분야에서 오용되는 것에 적절하게 대처하며, 자신의 이익을 위해 타 전문직을 손상시키는 언어 및 행동을 삼간다.

③ 상담자는 자신의 상담 접근 방식과 차이가 있는 다른 전문가의 접근 방식 및 전통과 관례를 존중한다.
④ 상담자는 상담 전문가로서의 자신의 관점, 가치, 경험과 다른 학문 분야에 종사하는 동료의 관점, 가치, 경험을 활용하여 내담자의 복지에 영향을 미칠 수 있는 결정에 참여하고 기여한다.

제17조(홍보)

① 상담기관 운영자는 상담기관을 홍보하고자 할 때 일반인들에게 해당 상담기관의 전문적 활동, 상담 분야, 관련 자격 등을 정확하게 알려주어야 한다.
② 상담기관 운영자는 내담자나 교육생을 모집하기 위해 개인상담소를 고용이나 기관가입의 장소로 이용하지 않는다.

제6장 상담연구

제18조(상담연구)

상담연구는 연구윤리규정에 준한다.

제19조(연구책임)

① 상담연구자는 연구의 결과가 상담의 이론과 실제에 바람직한 기여를 하도록 노력해야 하고, 연구로 인한 문제에 대해 책임을 져야 한다.
② 상담자는 연구참여자를 대상으로 하는 연구를 수행할 때 윤리규정, 법, 기관규정, 과학적 기준에 합당한 방식으로 연구를 계획, 설계, 실행, 보고한다.
③ 상담자는 윤리적인 연구수행에 대한 궁극적인 책임이 연구책임자에게 있다는 것을 인식하고 연구 활동에 참여하는 모든 사람이 윤리적 책임을 공유하며 각자의 행동에 대해 책임을 진다는 사실을 주지시킨다.
④ 상담자는 연구참여 때문에 연구참여자의 삶에 혼란이 초래되는 것을 피하기 위해 합당한 사전 조치를 취한다.
⑤ 상담자는 연구 목적에 적합하다면 문화적인 고려를 통해 연구 절차를 구체화하도록 한다.

제20조(연구참여자의 권리)

① 상담자는 피험자에게 연구의 필요성을 포함하여 연구에 관한 전반적인 사항에 대해 상세히 설명하여 동의를 얻어야 하며, 그들이 자발적으로 연구에 참여하도록 해야 한다.
② 상담자는 내담자를 포함시키는 연구를 수행할 때 사전동의 절차에서 내담자가 연구 활동에 참여할 것인지에 대해 자유롭게 선택할 수 있다는 점을 명확하게 하고 동의를 받는다.
③ 상담자는 연구 과정에서 연구참여자에 대해 획득한 정보를 비밀로 유지한다.

④ 상담자는 자료가 수집된 후 연구에 대해 참여자들이 가질 수 있는 오해를 해소하기 위해 연구의 특성을 명확하게 설명한다.
⑤ 상담자는 학술 프로젝트나 연구가 완료되면 합당한 기간 내에 연구참여자의 신분을 확인할 수 있는 자료나 정보가 포함된 오디오, 비디오, 인쇄물과 같은 기록이나 문서를 파기하는 조치를 취한다.

제21조(연구결과의 보고)
① 연구결과를 발표할 때에는 그 결과와 관련된 모든 정보를 정확하게 서술해야 하며, 객관적이고 공정한 발표가 되게 하고, 연구결과가 다른 상담자의 연구를 위한 자료가 될 수 있도록 해야 한다.
② 상담자는 출판된 연구에서 중대한 오류를 발견하면, 정오표나 다른 적절한 출판수단을 통해 그 오류를 수정하는 합당한 조치를 취한다.
③ 상담자는 모든 연구참여자의 신분을 보호하고 복지를 위해 자료를 각색 · 변형하고 결과에 대한 논의가 연구참여자에게 해를 끼치지 않도록 합당한 조치를 취한다.
④ 상담자는 연구대상자의 요구가 있을 경우 연구의 결과와 결론을 제공하고 연구대상자가 요구하는 연구의 오류를 바로잡을 수 있다.
⑤ 상담자는 다른 사람의 저작을 자신의 것처럼 표절하지 않는다. 또한 자신의 작품을 이중출판하거나 발표하지 않는다.
⑥ 상담자는 공동 저자, 감사의 글, 각주 달기 등의 적절한 방법을 통해 연구에 상당한 기여를 한 사람들에게 그런 기여에 합당하게 공로를 인정하고 표시한다.

제7장 심리검사

제22조(일반사항)
① 상담자는 내담자의 환경(사회적, 문화적, 상황적 특성 등)과 개별적 특성을 고려한 후, 내담자를 조력하기 위한 목적에 적합한 심리검사를 선택해야 한다.
② 심리검사를 실시할 때에는 자격이 있는 사람이 표준화된 절차에 따라 실시해야 하며, 그 과정을 경시해서는 안 된다. 또한 수련상담자는 지도감독자로부터 훈련받은 검사 도구를 제대로 이용하는지의 여부를 평가받는다.
③ 상담자는 검사 채점과 해석을 수기로 하건, 컴퓨터를 사용하건, 혹은 다른 서비스를 사용하건 상관없이 내담자의 요구에 적합한 검사 도구를 적용, 채점, 해석, 활용한다.
④ 상담자는 검사 전에 검사의 특성과 목적, 잠재적인 결과, 수령자의 구체적인 결과의 사용에 대해 설명하고 내담자의 동의를 받는다. 이때 상담자는 내담자의 개인적 · 문화적 상황, 내담자의 결과 이해 정도, 결과가 내담자에게 미치는

영향을 고려한다.

⑤ 상담자는 피검자의 복지, 명확한 이해, 검사 결과를 누가 수령할 것인지에 대한 결정에서 사전 합의를 고려한다.

제23조(검사 도구 선정과 실시 조건)

① 상담자가 검사 도구를 선정할 때 도구의 타당도, 신뢰도, 실용도, 객관도, 심리측정의 한계를 신중하게 고려한다.

② 상담자는 제삼자에게 내담자에 대한 검사를 의뢰할 때, 적절한 검사 도구가 사용될 수 있도록 내담자에 대한 구체적인 의뢰 문제와 충분한 객관적인 자료를 제공한다.

③ 상담자는 문화적으로 다양한 집단을 위한 검사 도구를 선정할 경우, 그러한 내담자 집단에게 적절한 심리측정 특성이 결여된 검사 도구를 사용하지 않도록 합당한 노력을 한다.

④ 상담자는 검사 도구의 표준화 과정에서 설정된 동일한 조건하에서 검사를 실시한다.

⑤ 상담자는 기술적 또는 다른 전자적 방법들이 검사 실시에 사용될 때, 실시 프로그램이 잘 기능하고 있는지 그리고 정확한 결과를 제공하는지에 대해 점검한다.

제24조(검사 채점 및 해석)

① 상담자는 개인 또는 집단검사 결과 발표에 정확하고 적절한 해석을 포함시킨다.

② 상담자는 검사 결과를 보고할 때, 검사 상황이나 피검사자의 규준 부적합으로 인한 타당도 및 신뢰도와 관련하여 발생하는 제한점을 명확히 한다.

③ 상담자는 연령, 피부색, 문화, 장애, 민족, 성, 인종, 언어 선호, 종교, 영성, 성적지향, 사회경제적 지위가 검사 실시와 해석에 영향을 미친다는 것을 인식하고, 내담자와 관련된 다른 요인들을 고려하여 적절하게 검사 결과를 해석한다.

④ 상담자는 기술적인 자료가 불충분한 검사 도구의 경우 그 결과를 해석할 때 주의해야 한다. 그러한 도구를 사용하는 특정한 목적을 내담자에게 명확히 알린다.

⑤ 상담자는 내담자 혹은 심리검사를 수령할 기관에 심리검사결과가 올바로 통지되도록 해야 한다.

⑥ 상담자는 내담자 이외에는 내담자의 동의를 받은 제삼자 또는 대리인에게 결과를 공개한다. 또한 이러한 자료는 자료를 해석할 만한 전문성이 있다고 상담자가 인정하는 전문가에게 공개한다.

제25조(정신장애 진단)

① 상담자는 정신장애에 대해 적절한 진단을 하도록 특별하고 세심한 주의를 기울인다.

② 상담자는 치료의 초점, 치료 유형, 추수상담 권유 등의 내담자 보살핌을 결정하기 위해 사용되는 개인 상담을 포함한 검사 기술을 신중하게 선택하고 합당하게 사용한다.

③ 상담자는 정신장애를 진단할 때는 내담자의 문제를 규정하는 방식에 문화가 영향을 미친다는 것을 인식하고 내담자의 사회경제적 · 문화적 경험을 고려한다.

④ 상담자는 어떤 개인이나 집단들에 대해 오진을 내리고 정신병리화하는 역사적 · 사회적 편견과 오류에 대해 충분히 이해하고 이러한 편견과 오류가 발생하지 않도록 특별한 주의를 기울인다.

⑤ 상담자는 심리검사의 결과가 내담자나 다른 사람들에게 해를 끼칠 수 있다고 판단되면 진단이나 보고를 해서는 안 된다.

제8장 윤리문제 해결

제26조(윤리위원회와의 협력)

① 상담자는 본 윤리강령 및 시행세칙을 숙지하고 이를 실천할 의무가 있다.

② 상담자는 본 학회의 윤리강령뿐만 아니라 상담관련 타 전문기관의 윤리 규준에 대해서도 충분히 이해하고 있어야 한다. 상담자에게 주어진 윤리적 책임에 대한 지식의 결여와 이해 부족이 상담자의 비윤리적 행위에 대한 면책사유가 되지 않는다.

제27조(윤리위반)

① 상담자는 다른 상담자의 윤리적인 문제를 알게 되었을 때, 윤리위원회에 제소할 수 있으며 윤리위원회는 본 윤리강령 및 시행세칙에 따라 적절한 조치를 취할 수 있다.

② 상담자는 윤리강령을 위반한 것으로 지목되는 사람에 대해 윤리위원회의 조사, 요청, 소송절차에 협력한다. 또한 자신이 연루된 사안의 조사에도 적극 협력해야 한다. 아울러 윤리문제에 대한 불만접수로부터 불만사항 처리가 완료될 때까지 본 학회와 윤리위원회에 협력하지 않는 것 자체가 본 윤리강령의 위반이며, 위반 시 징계 등 상응하는 조치를 취할 수 있다.

③ 상담자는 윤리적 책임이 법, 규정, 또는 다른 법적 권위자와 갈등이 생기면 본 학회윤리규정에 따른다는 것을 알리고 갈등을 해결하기 위한 조치를 취한다. 만약 갈등이 그러한 방법으로 해결되지 않으면, 법, 규정, 다른 법적 권위자의 요구 사항을 따른다.

④ 상담자는 명백한 윤리강령 위반이 비공식적인 방법으로 해결되지 않거나, 그

방법이 부적절하다면 윤리위원회에 위임한다.

⑤ 상담자는 그 주장이 그릇됨을 증명할 수 있는 사실을 무모하게 경시하거나 계획적으로 무시해서 생긴 윤리적 제소를 시작, 참여, 조장하지 않는다.

제9장 회원의 의무

제28조(회원의 의무)

본 학회의 정회원, 준회원 및 평생회원은 본 학회 회원의 자격을 부여받기 이전이라 할지라도 본 윤리강령을 준수할 의무가 있다.

부칙

- 본 윤리강령은 2002년 8월 17일부터 시행한다.
- 본 개정 윤리강령은 2008년 8월 19일부터 시행한다.
- 본 개정 윤리강령은 2011년 12월 25일부터 시행한다.
- 본 개정 윤리강령은 2016년 4월 4일부터 시행한다.

한국상담심리학회 상담심리사 윤리규정은 다음과 같다.

〈상담심리사 윤리규정〉

전문

한국상담심리학회는 인간의 존엄성과 가치를 존중하고 다양한 심리적 조력활동을 통해 개인이 자기를 실현하는 삶을 살도록 돕는다. 본 학회는 이러한 목적을 구현하기 위하여 상담심리사 자격제도를 운영한다. 본 학회에서 인증한 상담심리사(1급, 2급)와 상담심리사 수련과정에 있는 학회원은 전문가로서의 능력과 자질을 향상시키며 상담심리사의 역할을 하는 데 있어 내담자의 복지를 최우선 순위에 둔다. 상담심리사는 전문적인 상담 활동을 통해 내담자의 개인적인 성장을 넘어 국민의 심리적 안녕을 도모함으로써 사회적 공익에 기여한다. 이러한 책무를 다하기 위해 상담심리사는 전문성, 성실성, 사회적 책임, 인간 존중, 다양성 존중의 원칙을 따른다. 윤리강령의 준수는 내담자와 상담자 보호 및 상담자의 전문성 증진에 기여한다. 이를 위하여 상담심리사는 다음과 같은 윤리 강령을 숙지하고 준수할 것을 다짐한다.

1. 전문가로서의 태도

가. 전문적 능력

1. 상담심리사는 자신의 능력의 한계를 인정하고 교육과 수련, 경험 등에 의해 준비된 역량의 범위 안에서 전문적인 서비스와 교육을 제공한다.
2. 상담심리사는 자신이 가진 능력 이상의 것을 주장하거나 암시해서는 안 되며, 타인에 의해 능력이나 자격이 오도되었을 때에는 수정해야 할 의무가 있다.
3. 상담심리사는 문화, 신념, 종교, 인종, 성적 지향, 성별 정체성, 신체적 또는 정신적 특성에 대한 자신의 편견을 자각하고, 이를 극복하기 위해 노력해야 한다. 특히 위와 같은 편견이 상담 과정을 방해할 우려가 있을 경우 자문, 사례지도 및 상담을 요청해야 한다.
4. 상담심리사는 자신의 활동분야에 있어서 최신의 과학적이고 전문적인 정보와 지식을 유지하기 위해 지속적인 교육과 연수의 필요성을 인식하고 참여한다.
5. 상담심리사는 자신의 전문적 능력에 대해 정확히 인식하고 정기적으로 전문인으로서의 능력과 효율성에 대해 자기점검 및 평가를 해야 한다. 상담자로서 직무를 수행하는 데 방해가 되는 개인적 문제나 능력의 한계를 인식하게 될 경우 지도감독이나 전문적 자문을 받을 책무가 있다.

나. 성실성

1. 상담심리사는 자신의 신념체계, 가치, 제한점 등이 상담에 미칠 영향력을 자각해야 한다.
2. 상담심리사는 내담자에게 상담의 목표와 이점, 한계와 위험성, 상담료 지불방법 등을 명확히 알린다.
3. 상담심리사는 능력의 한계나 개인적인 문제로 내담자를 적절하게 도와줄 수 없을 때, 전문적 자문과 지원을 받는 등의 적절한 조치를 취한 뒤, 직무수행을 제한할지 아니면 완전히 중단할지 여부를 결정해야 한다.
4. 상담심리사는 자신의 질병, 죽음, 이동, 퇴직으로 인한 상담의 갑작스런 중단 가능성에 대비하고 있어야 하며, 또한 내담자의 이동이나 재정적 한계 등과 같은 요인에 의해 상담이 중단될 경우, 이에 대해 적절한 조치를 취해야 한다.
5. 상담심리사는 내담자가 더 이상 도움을 필요로 하지 않거나, 상담을 지속하는 것이 더 이상 내담자에게 도움이 될 가능성이 없거나, 오히려 내담자에게 해가 될 것이 분명하다면 상담 관계를 종결해야 한다. 내담자가 다른 전문가를 필요로 할 경우에는 적절한 과정을 거쳐 의뢰하거나 관련 정보를 제공한다.
6. 상담심리사는 개인의 이익을 위해 상담전문직의 가치와 품위를 훼손하는 행동을 해서는 안 된다.
7. 상담심리사는 자신이 지도감독 내지 평가하거나 기타의 권위를 행사하는 대상, 즉 내담자, 학생, 수련생, 연구 참여자 및 피고용인을 물질적, 신체적, 업무

상으로 착취하지 않는다.

8. 상담심리사는 자신의 기술이나 자료가 다른 사람들에 의해 오용될 가능성이 있는 활동에 참여해서는 안 되며, 이런 일이 일어난 경우에는 이를 바로잡거나 최소화하는 조치를 취한다.

다. 자격관리

1. 상담심리사는 자신의 자격급수와 상담경력을 정확히 알려야 하며, 자신의 자격을 과장하지 않는다.
2. 상담심리사는 자신이 상담 관련 분야에서 취득한 최종 학위 및 전공을 정확히 명시하고, 그 이외의 분야에서 취득한 학위가 있더라도 그것을 마치 상담 관련 학위인 것처럼 알리지 않는다.
3. 상담심리사는 자신의 전문자격을 유지하기 위하여 지속적인 교육, 연수를 받아야 한다. 만약 자격이 정지되었을 경우에는 이에 따른 책임을 지며 자격을 회복하기 위해 노력한다.

2. 사회적 책임

가. 사회와의 관계

1. 상담심리사는 사회의 윤리와 도덕기준을 존중하고, 사회공익과 상담분야의 발전을 위해 최선을 다한다.
2. 상담심리사는 필요시 무료 혹은 저가의 보수로 자신의 전문성을 제공하는 사회적 공헌 활동에 참여한다.
3. 상담비용을 책정할 때 상담심리사들은 내담자의 재정상태를 고려하여야 한다. 책정된 상담료가 내담자에게 적절하지 않을 때에는, 대안적 서비스를 받을 수 있도록 돕는다.
4. 상담심리사는 상담자 양성에 도움이 되는 다양한 전문적 활동에 참여한다.

나. 고용 기관과의 관계

1. 상담심리사는 자신이 종사하는 기관의 목적과 방침에 공헌할 수 있는 활동을 할 책임이 있다. 기관의 목적과 방침이 상담자 윤리와 상충될 때에는 이를 해결하기 위해 노력해야 한다.
2. 상담심리사는 근무기관의 관리자 및 동료들과 상담업무, 비밀보장, 직무에 대한 책임, 공적 자료와 개인자료의 구별, 기록된 정보의 보관과 처분에 관하여 상호 협의해야 한다. 상호 협의한 관계자들은 협의 내용을 문서화하고 공유한다.
3. 상담심리사는 자신이 속한 기관의 효율성에 제한을 줄 수 있는 상황에 대해 미리 알려주어야 한다.

다. 상담 기관 운영자

1. 상담기관 운영자는 기관 내에서 이루어지는 제반 상담활동을 관리 감독함에 있어, 내담자의 권리와 복지를 최우선으로 고려해야 한다.
2. 상담기관 운영자는 방음, 편안함, 주의집중 등을 고려하여 상담 및 심리평가에 적합한 독립된 공간을 제공해야 한다.
3. 상담기관 운영자는 상담심리사를 포함한 피고용인의 권리와 복지 보장 및 전문성 제고를 위해 최선의 노력을 다 할 책임이 있다.
4. 상담기관 운영자는 업무에 적합한 전문성을 갖춘 상담심리사를 고용하고, 이들의 증명서, 자격증, 업무내용, 기타 상담자와 관련된 다른 정보 등을 정확하게 파악하고 관리하여야 한다.
5. 상담기관 운영자는 직원들에게 기관의 목표와 활동에 대해 알려주어야 한다.
6. 상담기관 운영자는 고용, 승진, 인사, 연수 및 지도 시에 성별, 장애, 나이, 성적 지향, 성별 정체성, 사회적 신분, 외모, 인종, 가족형태, 종교 등을 이유로 차별적인 행동을 해서는 안 된다.
7. 상담기관 운영자는 고용을 빌미로 상담심리사가 원치 않는 유료 상담, 유료 교육, 내담자 모집을 강제해서는 안 된다.

라. 다른 전문직과의 관계

1. 상담심리사는 함께 일하는 다른 전문적 집단의 특성을 존중하고, 상호 협력적 관계를 도모한다.
2. 공적인 자리에서 개인 의견을 말할 경우, 상담심리사는 그것이 개인적 의견에 불과하며 상담심리사 전체의 견해나 입장이 아님을 분명히 해야 한다.
3. 상담심리사는 내담자가 다른 정신건강 전문가의 서비스를 받고 있음을 알게 되면, 내담자로 하여금 상담 사실을 그 전문가에게 알리도록 권유하고, 긍정적이고 협력적인 치료관계를 맺도록 노력한다.
4. 상담심리사는 내담자 의뢰나 소개와 관련한 비용을 수취하거나 요구하지 않는다.

마. 자문

1. 자문이란 개인, 집단, 사회단체가 전문적인 조력자의 도움이 필요하여 요청한 자발적인 관계를 말한다. 상담심리사는 자문을 요청한 개인이나 기관의 문제 혹은 잠재된 문제를 규명하고 해결하는 데 도움을 준다.
2. 상담심리사는 자신이 자문에 참여하는 개인 또는 기관에게 도움을 주는데 필요한, 자질과 능력을 갖추었는지를 스스로 검토하고 자문에 임해야 한다.
3. 상담심리사는 자문에 임할 때 자신의 가치관, 지식, 기술, 한계성이나 욕구에 대한 깊은 자각이 있어야 하고, 자문의 초점은 문제를 가진 사람이 아니라 풀어나가야 할 문제 자체에 두어야 한다.

4. 자문 관계는 자문 대상자가 스스로 성장해 나가도록 격려하고 고양하는 것이어야 한다. 상담심리사는 이러한 역할을 일관성 있게 유지해야 하고, 자문 대상자가 스스로의 의사결정자가 되도록 도와주어야 한다.
5. 상담활동에서 자문의 활용에 대해 홍보할 때는 학회의 윤리강령을 성실하게 준수해야 한다.

바. 홍보

1. 상담심리사는 전문가로서의 자신의 자격과 상담경력에 대해 대중에게 정확하게 홍보해야 하며, 오해를 일으킬 수 있거나 거짓된 내용을 전달해서는 안 된다.
2. 상담심리사는 일반인들에게 상담의 전문적 활동이나 상담 관련 정보, 기대되는 상담효과 등을 정확하게 알려주어야 한다.
3. 상담심리사는 출판업자, 언론인, 혹은 후원사 등이 상담의 실제나 전문적인 활동과 관련된 잘못된 진술을 하는 경우 이를 시정하고 방지하도록 노력한다.
4. 상담심리사가 워크숍이나 상담 프로그램을 홍보할 때는 참여자의 선택을 위해서 정확한 정보를 제공해야 한다.
5. 상담심리사는 상담자의 품위를 훼손하지 않도록 책임의식을 가지고 홍보해야 한다.
6. 상담심리사는 홍보에 활용하기 위하여 내담자에게 소감문 작성이나 사진 촬영 등을 강요하지 않는다.
7. 상담심리사는 자신이 실제로 상담 및 자문 활동을 하지 않는 상담기관이 자신의 이름을 기관의 홍보에 사용하지 않도록 해야 한다.

3. 내담자의 복지와 권리에 대한 존중

가. 내담자 복지

1. 상담심리사의 일차적 책임은 내담자의 복지를 증진하고 존엄성을 존중하는 것이다.
2. 상담심리사는 내담자의 잠재력을 개발하여 건강한 삶을 영위하도록 도움을 주며, 어떤 방식으로도 해를 끼치지 않는다.
3. 상담심리사는 상담관계에서 오는 친밀성과 책임감을 인식해야 한다. 상담심리사의 개인적 욕구충족을 위해서 내담자를 희생시켜서는 안 되며, 내담자로 하여금 의존적인 상담관계를 형성하지 않도록 노력해야 한다.
4. 상담심리사는 직업 문제와 관련하여 내담자의 능력, 일반적인 기질, 흥미, 적성, 욕구, 환경 등을 고려하면서 내담자와 함께 노력하지만, 내담자의 일자리를 찾아 주거나 근무처를 정해 줄 의무가 있는 것은 아니다.

나. 내담자의 권리와 사전동의

1. 내담자는 상담 계획에 참여할 권리, 상담을 거부하거나 상담 개입방식의 변화를 거부할 권리, 그러한 거부에 따른 결과에 대해 고지받을 권리, 자신의 상담 관련 정보를 요청할 권리 등이 있다.
2. 상담심리사는 상담을 시작할 때 내담자가 충분한 설명을 듣고 선택할 수 있도록 적절한 정보를 제공해야 하고, 상담자와 내담자 모두의 권리와 책임에 대해서 알려줄 의무가 있다. 이러한 사전동의 절차는 상담과정의 중요한 부분이며, 내담자와 논의하고 합의된 내용을 적절하게 문서화한다.
3. 상담심리사가 내담자에게 설명해야 할 사전동의 항목으로는 상담자의 자격과 경력, 상담 비용과 지불 방식, 치료기간과 종결 시기, 비밀보호 및 한계 등이 있다.
4. 상담심리사는 내담자에게 상담 과정의 녹음과 녹화 가능성, 사례지도 및 교육에 의 활용 가능성에 대해 설명하고, 내담자에게 동의 또는 거부할 권리가 있음을 알려야 한다.
5. 내담자가 미성년자 혹은 자발적인 동의를 할 수 없는 경우, 상담심리사는 내담자의 최상의 복지를 고려하여, 보호자 또는 법정 대리인의 사전 동의를 구해야 한다.
6. 상담심리사는 미성년인 내담자를 상담할 때, 필요하면 부모나 보호자가 상담에 참여할 수 있음을 내담자에게 알린다. 이 경우, 상담자는 부모 혹은 보호자의 참여에 앞서 그 영향을 고려하고 내담자의 권익을 보호하도록 한다.

다. 다양성 존중

1. 상담심리사는 모든 인간의 기본적인 권리, 존엄성, 가치를 존중하며 성별, 장애, 나이, 성적 지향, 성별 정체성, 사회적 신분, 외모, 인종, 가족형태, 종교 등을 이유로 내담자를 차별하지 않는다.
2. 상담심리사는 내담자의 다양한 문화적 배경을 이해하려고 적극적으로 시도해야 하며, 상담심리사 자신의 고유한 문화적 정체성이 상담과정에 어떤 영향을 주는지 인식해야 한다.
3. 상담심리사는 자신의 고유한 가치, 태도, 신념, 행위를 인식하고, 내담자에게 자신의 가치를 강요하지 않는다.

4. 상담관계

가. 다중 관계

1. 상담심리사는 객관성과 전문적인 판단에 영향을 미칠 수 있는 다중 관계는 피해야 한다. 가까운 친구나 친인척, 지인 등 사적인 관계가 있는 사람을 내담자로 받아들이면 다중 관계가 되므로, 다른 전문가에게 의뢰하여 도움을 준다. 의도하지 않게 다중 관계가 시작된 경우에도 적절한 조치를 취해야 한다.

2. 상담심리사는 상담할 때에 내담자와 상담 이외의 다른 관계가 있다면, 특히 자신이 내담자의 상사이거나 지도교수 혹은 평가를 해야 하는 입장에 놓인 경우라면 그 내담자를 다른 전문가에게 의뢰한다.
3. 상담심리사는 내담자와 상담실 밖에서 연애 관계나 기타 사적인 관계(소셜미디어나 다른 매체를 통한 관계 포함)를 맺거나 유지하지 않는다.
4. 상담심리사는 내담자와의 관계에서 상담료 이외의 어떠한 금전적, 물질적 거래를 해서는 안 된다.
5. 상담심리사는 내담자의 선물로 인해 발생할 수 있는 문제를 숙고해야 한다. 선물의 수령 여부를 결정함에 있어서 상담 관계에 미치는 영향, 선물의 의미, 내담자와 상담자의 동기, 현행법 위반 여부 등을 신중하게 고려해야 한다.

나. 성적 관계

1. 상담심리사는 내담자 및 내담자의 보호자, 친척 또는 중요한 타인에게 자신의 지위를 이용하여 성희롱 또는 성추행을 포함한 성적 접촉을 해서는 안 된다.
2. 상담심리사는 내담자 및 내담자의 보호자, 친척, 또는 중요한 타인과 성적 관계를 가져서는 안 된다.
3. 상담심리사는 이전에 연애 관계 또는 성적인 관계를 가졌던 사람을 내담자로 받아들이지 않는다.
4. 상담심리사는 상담관계가 종결된 이후 적어도 3년 동안은 내담자와 성적 관계를 맺지 않아야 한다. 그 후에라도 가능하면 내담자와 성적인 관계는 갖지 않는다.

다. 여러 명의 내담자와의 관계

1. 상담심리사가 두 명 이상의 사람들에게 상담 서비스를 제공하는 경우 (예: 남편과 아내, 부모와 자녀), 누가 내담자이며 각각의 사람들과 어떤 관계를 맺어갈지를 명확히 하고 상담을 시작해야 한다.
2. 만약에 상담심리사가 내담자들 사이에서 상충되는 역할을 해야 된다면, 상담심리사는 그 역할에 대해서 명확히 하거나, 조정하거나, 그 역할로부터 벗어나도록 한다.

라. 집단상담

1. 상담심리사는 집단 목표에 부합하는 집단원들을 모집하여 집단상담이 원활히 진행되도록 한다.
2. 상담심리사는 집단참여자를 물리적 피해나 심리적 외상으로부터 보호하기 위해 충분한 주의를 기울인다.
3. 집단리더는 지위를 이용하여 집단원의 권리와 복지를 훼손하지 않는다. 또한, 집단 과정에서 집단원의 선택의 자유를 존중하고, 이들이 집단 압력으로부터 보호받을 권리가 있음을 유념한다.

4. 집단 리더는 다중관계가 될 수 있는 가까운 친구나 친인척, 지인 등을 집단원으로 받아들이지 않는다. 또한, 집단상담이 끝난 후 집단원과 사적인 관계를 맺거나 유지하지 않는다.

5. 정보의 보호 및 관리

가. 사생활과 비밀보호

1. 상담심리사는 상담과정에서 알게 된 내담자의 민감 정보를 다룰 때 특별히 주의해야 하고, 상담과 관련된 모든 정보의 관리에 있어 개인정보 보호와 관련된 법을 준수해야 한다.
2. 상담심리사는 사생활과 비밀유지에 대한 내담자의 권리를 최대한 존중해야 할 의무가 있다.
3. 내담자의 사생활 보호에 대한 권리는 존중되어야 하나, 때로 내담자나 내담자가 위임한 법정 대리인의 요청에 의해 제한될 수 있다.
4. 내담자의 사생활 보호가 제한되는 경우라 하더라도, 상담심리사는 내담자의 사생활 침해를 최소화하기 위해 노력해야 하고, 문서 및 구두 보고 시 사생활에 관한 정보를 포함시켜야 할 경우 그 목적과 밀접한 관련이 있는 정보만을 포함시킨다.
5. 상담심리사는 강의, 저술, 동료자문, 대중매체 인터뷰, 사적 대화 등의 상황에서 내담자의 신원확인이 가능한 정보나 비밀 정보를 공개하지 않는다.
6. 상담심리사는 상담 기관에 소속된 모든 구성원과 관계자들에게도 내담자의 사생활과 비밀이 보호되도록 주지시켜야 한다.

나. 기록

1. 상담기관이나 상담심리사는 상담의 기록, 보관 및 폐기에 관한 규정을 마련하고 준수해야 한다.
2. 상담심리사는 법, 규정 혹은 제도적 절차에 따라, 상담기록을 일정기간 보관한다. 보관 기간이 경과된 기록은 파기해야 한다.
3. 공공기관이나 교육기관 등은 각 기관에서 정한 기록 보관 연한을 따르고, 이에 해당하지 않는 경우에는 3년 이내 보관을 원칙으로 한다.
4. 상담심리사는 상담의 녹음 및 기록에 관해 내담자의 동의를 구한다.
5. 상담심리사는 면접기록, 심리검사자료, 편지, 녹음 파일, 동영상, 기타 기록 등 상담과 관련된 기록들이 내담자를 위해 보존된다는 것을 인식하며, 상담기록의 안전과 비밀보호에 책임을 진다.
6. 상담심리사는 내담자가 합당한 선에서 기록물에 대한 열람을 요청할 경우, 열람할 수 있도록 한다. 단, 상담심리사는 기록물에 대한 열람이 내담자에게 해악을 끼친다고 사료될 경우 내담자의 기록 열람을 제한한다.

7. 상담심리사는 내담자의 기록 열람에 대한 요청을 문서화하며, 기록의 열람을 제한할 경우, 그 이유를 명기한다.
8. 복수의 내담자의 경우, 상담심리사는 각 개별 내담자에게 직접 해당되는 부분만을 공개하며, 다른 내담자의 정보에 관련된 부분은 노출되지 않도록 한다.
9. 상담심리사는 기록과 자료에 대한 비밀보호가 자신의 죽음, 능력상실, 자격박탈 등의 경우에도 보호될 수 있도록 미리 계획을 세운다.
10. 상담심리사는 상담과 관련된 기록을 보관하고 처리하는데 있어서 비밀을 보호해야 하며, 이를 타인에게 공개할 때에는 내담자의 직접적인 동의를 받아야 한다.

다. 비밀보호의 한계

1. 내담자의 생명이나 타인 및 사회의 안전을 위협하는 경우, 내담자의 동의 없이도 내담자에 대한 정보를 관련 전문인이나 사회에 알릴 수 있다.
2. 내담자가 감염성이 있는 치명적인 질병이 있다는 확실한 정보를 가졌을 때, 상담심리사는, 그 질병에 위험한 수준으로 노출되어 있는 제삼자(내담자와 관계 맺고 있는)에게 그러한 정보를 공개할 수 있다. 상담심리사는 제삼자에게 이러한 정보를 공개하기 전에, 내담자가 자신의 질병에 대해서 그 사람에게 알렸는지, 아니면 스스로 알릴 의도가 있는지를 확인한다.
3. 법원이 내담자의 동의 없이 상담심리사에게 상담관련 정보를 요구할 경우, 상담심리사는 내담자의 권익이 침해되지 않도록 법원과 조율하여야 한다.
4. 상담심리사는 내담자 정보를 공개할 경우, 정보 공개 사실을 내담자에게 알려야 한다. 정보 공개가 불가피할 경우라도 최소한의 정보만을 공개한다.
5. 여러 전문가로 구성된 팀이 개입하는 상담의 경우, 상담심리사는 팀의 존재와 구성을 내담자에게 알린다.
6. 비밀보호의 예외 및 한계에 관한 타당성이 의심될 때에 상담심리사는 동료 전문가 및 학회의 자문을 구한다.

라. 집단상담과 가족상담

1. 집단 상담을 할 경우, 상담심리사는 그 특정 집단에 대한 비밀 보장의 중요성과 한계를 명백히 설명한다.
2. 가족상담에서 상담심리사는 각 가족 구성원의 사생활 보호에 대한 권리를 존중한다. 한 가족 구성원에 대한 정보는, 해당 구성원의 허락 없이는 다른 구성원에게 공개될 수 없다. 단, 미성년자 혹은 심신미약자가 포함된 경우, 이들에 대한 비밀보장은 위임된 보호자에 의해 제한될 수 있다.

마. 상담 외 목적을 위한 내담자 정보의 사용

1. 교육이나 연구 또는 출판을 목적으로 상담관계로부터 얻어진 자료를 사용할

때에는 내담자의 동의를 구해야 하며, 각 개인의 익명성이 보장되도록 자료 변형 및 신상 정보의 삭제와 같은 적절한 조치를 취하여 내담자에게 피해를 주지 않도록 한다.

2. 다른 전문가의 자문을 구할 경우, 상담심리사는 사전에 내담자의 동의를 구해야 하며, 적절한 조치를 통해 내담자의 사생활과 비밀을 보호하도록 노력한다.

바. 전자 정보의 관리 및 비밀보호

1. 전자기기 및 매체를 활용하여 상담관련 정보를 기록 · 관리하는 경우, 상담심리사는 기록의 유출 또는 분실 가능성에 대해 경각심과 주의의무를 가져야 하며 내담자의 정보보호를 위해 적극적인 노력을 해야 한다.
2. 내담자의 기록이 전산 시스템으로 관리되는 경우, 상담심리사는 접근 권한을 명확히 설정하여 내담자의 신상이 드러나지 않도록 조치를 취한다.

6. 심리평가

가. 기본 사항

1. 심리평가의 목적은 심리검사를 활용하여 내담자의 자기이해 및 의사결정을 돕고 치료계획을 수립하는 데 있다.
2. 상담심리사는 규정된 전문적 관계 안에서만 심리검사를 활용한 진단, 평가 및 개입을 한다.
3. 심리평가에 대한 상담심리사의 결과해석, 소견 및 권고는 충분한 정보와 근거를 바탕으로 이루어져야 하며, 상담심리사는 이에 대한 내담자의 알권리를 존중한다.
4. 상담심리사는 심리검사의 결과나 해석을 오용해서는 안 되며, 전문적 자격을 갖추지 않은 사람에 의한 심리검사의 개발, 출판, 배포, 사용에 대해서는 적절한 조치를 취한다.
5. 상담심리사는 내담자 혹은 내담자의 법정대리인의 동의가 있는 경우에만 내담자의 개인정보가 포함된 심리평가 관련 자료를 공개한다. 단, 공개 대상은 자료를 해석할 만한 충분한 자격을 갖춘 전문가로 제한한다.

나. 검사를 사용하고 해석하는 능력

1. 상담심리사는 심리평가를 수행함에 있어 평가 도구의 채점, 해석과 사용, 관리에 대한 책임이 있으며, 자신이 훈련받은 검사와 평가만을 수행해야 한다. 이는 온라인 검사의 경우에도 해당된다.
2. 상담심리사는 검사 도구의 타당도와 신뢰도, 검사 도구의 개발과 사용 지침에 대해 이해하고 있어야 한다.
3. 상담심리사는 검사의 실시, 채점 및 해석이 제공되는 온라인 검사의 경우에도

원검사의 구성 및 해석에 대해 숙지하고 있어야 한다.

4. 상담심리사는 수련생이 심리검사를 유능하게 수행할 수 있는지 지속적으로 감독해야 한다.

다. 사전 동의

1. 상담심리사는 심리평가 전에 내담자 또는 내담자의 법정 대리인에게 사전 동의를 받아야 한다. 사전 동의를 구할 때에는 검사의 목적과 용도, 비용에 대해 내담자가 이해할 수 있도록 설명해야 한다.
2. 상담심리사는 검사결과를 제공할 때 내담자 혹은 내담자가 사전 동의한 수령인에게 결과를 전달하고 적절한 해석을 제공해야 한다. 이는 집단으로 실시된 검사도 해당된다.

라. 검사의 선택 및 실시

1. 상담심리사는 내담자에게 적절한 심리검사를 선택해야 하며 검사의 타당도와 신뢰도, 제한점 등을 고려한다.
2. 상담심리사는 다문화 배경을 가진 내담자를 위한 심리검사 선택 시, 그의 사회문화적 맥락을 신중히 고려해야 한다.
3. 상담심리사는 표준화된 조건에 따라 검사를 시행한다. 검사가 표준화된 조건에서 시행되지 않거나, 검사 수행 중 일반적이지 않은 행동 혹은 예외적인 상황이 발생할 경우, 그러한 내용을 기록해야 하고, 그 검사결과의 타당성을 의심하거나 무효처리할 수 있다.
4. 상담심리사는 신뢰할 수 있는 검사결과를 얻기 위해 검사지 및 검사 도구가 노출되지 않도록 주의하고 그 내용을 언급하지 않을 책임이 있다.

마. 검사 결과의 해석과 진단

1. 상담심리사는 검사 해석에 있어서 성별, 장애, 나이, 성적 지향, 성별 정체성, 사회적 신분, 외모, 인종, 가족형태, 종교 등의 영향을 고려하고, 다른 관련 요인들과 통합 비교하여 검사 결과를 해석한다.
2. 상담심리사는 경험적으로 입증되지 않은 평가 도구를 사용할 경우, 그 도구를 사용하는 목적을 내담자에게 설명하고 결과 해석에 신중해야 한다.
3. 상담심리사는 정신장애에 대한 평가를 하는 경우 각별한 주의를 기울여야 한다. 내담자를 위한 치료 방향, 치료 유형 및 후속조치를 결정하기 위해서 개인면담 및 평가 방법을 신중하게 선택하고 사용한다.
4. 상담심리사는 내담자의 문제가 그가 속한 문화의 영향을 받는다는 것을 인지하고, 정신장애 진단 시 사회경제 및 문화적 경험을 고려해야 한다.
5. 상담심리사는 정신장애를 진단하는 것이 내담자나 다른 사람들에게 해가 된다고 판단할 경우, 진단 혹은 진단 결과의 보고를 유보할 수 있다. 상담자는 진

단이 지니는 긍정적, 부정적 함의를 신중하게 고려한다.

바. 검사의 안전성

1. 상담심리사는 공인된 검사의 전부 또는 일부를 발행자 허가 없이 사용, 재발행, 수정하지 않는다.
2. 상담심리사는 실시한 지 오래된 검사 결과에 기초한 평가를 피하고, 시대에 뒤떨어진 검사 도구를 사용하지 않는다.
3. 상담심리사는 심리검사의 요강, 도구, 자극, 또는 문항이 대중매체, 인터넷(온라인) 등을 통해 노출되지 않도록 해야 하며, 또한 특정한 반응에 대한 구체적인 해석이 대중적으로 공개되지 않도록 해야 한다.

7. 수련감독 및 상담자 교육

가. 수련감독과 내담자 복지

1. 수련감독자는 수련생이 진행하는 상담을 지도 · 감독할 때, 내담자의 복지를 우선적으로 고려해야 한다.
2. 수련감독자는 수련생이 내담자들에게 상담 서비스를 제공함에 있어서, 자신의 자격 요건을 명확히 알리도록 지도한다.
3. 수련감독자는 사전 동의 및 비밀보장 등의 권리가 내담자에게 있음을 수련생에게 주지시킨다.

나. 수련감독자의 역량과 책임

1. 수련감독자는 사례지도 방법과 기법들에 대한 교육과 훈련을 받음으로써, 사례지도 역량을 향상시키기 위해 노력한다.
2. 수련감독자는 전자 매체를 통하여 전송되는 모든 사례지도 자료의 비밀 보장을 위해서 주의하고, 필요한 조치를 취한다.
3. 수련감독자는 사례지도를 진행할 때, 학회에서 권고한 사례지도 형식과 시간을 준수해야 한다.
4. 수련감독자는 사례지도를 시작하기 전에, 진행 과정에 대해 충분히 설명한 후 동의를 받음으로써, 수련생의 적극적 참여를 독려할 책임이 있다.
5. 수련감독자는 수련생에게 그들이 준수해야 할 전문가적 · 윤리적 규준과 법적 책임을 숙지시킨다.
6. 수련감독자는 지속적 평가를 통해 수련생의 한계를 파악하고, 그가 자신의 한계를 인식하고 보완할 수 있도록 돕는다.
7. 자격 심사 추천을 하는 주 수련감독자는 수련생이 합당한 역량을 모두 갖추었다고 여겨질 때에만 훈련과정을 확인 및 추천한다.

다. 수련감독자와 수련생 관계

1. 수련감독자는 수련생과 상호 존중하며 윤리적, 전문적, 개인적, 그리고 사회적

관계를 명료하게 정의하고 유지한다.

2. 수련감독 관계의 변화나 확장이 있을 경우, 수련감독자는 그로 인한 문제가 발생하지 않도록 적절한 전문적 조치를 취한다.
3. 수련감독자와 수련생은 성적 혹은 연애 관계를 갖지 않는다.
4. 수련감독자와 수련생은 상호 성희롱 또는 성추행을 해서는 안 된다.
5. 수련감독자는 가족, 친구, 동료 등 상대방에 대한 객관성을 유지하기 힘든 사람과 수련감독 관계를 맺지 않는 것을 원칙으로 한다.

라. 상담 교육자의 책임과 역할

1. 상담 교육자는 상담과 관련된 자신의 지식과 능력 범위 안에서 교육을 제공하며, 상담 분야에서의 가장 새로운 정보와 지식을 활용한다.
2. 상담 교육자는 교육과정에서 상담자의 다양성 인식 증진 및 다문화적 역량 향상을 도모한다.
3. 상담 교육자는 교육생들이 상담이라는 전문직의 윤리적 책임과 규준을 숙지할 수 있도록 지도하고, 교육자 스스로 윤리적인 역할 모델이 될 수 있도록 노력한다.
4. 상담 교육자는 자신이 속한 기관의 정책과 실제가 수련과정의 취지와 어긋난다면, 가능한 범위에서 그 상황을 개선하도록 노력한다.
5. 상담 교육자는 수련 중인 학회 회원의 상담료나 교육비를 책정할 때 특별한 배려를 함으로써 상담자 양성에 기여한다.
6. 강의나 수업 중에 내담자, 학생, 혹은 수련생에 관한 정보나 이야기를 사례로 활용할 경우, 신상 정보를 충분히 변경하여 그 개인이 드러나지 않도록 보호한다.
7. 상담 교육자는 교육생들이 훈련프로그램 중 상담자의 역할을 할 경우에도, 실제 상담자와 동일한 윤리적 의무와 책임이 있음을 인식하도록 지도한다.
8. 상담 교육자는 평가대상이 되는 학생과 상담 관계를 맺지 않는다. 단 학교 현장에서 교육의 목적으로 이루어지는 집단 상담의 경우는 예외로 한다.
9. 상담 교육자와 교육생은 성적 혹은 연애 관계를 갖지 않는다.
10. 상담 교육자와 교육생은 상호 성희롱 또는 성추행을 해서는 안 된다.

8. 윤리문제 해결

가. 숙지의 의무

1. 상담심리사는 본 윤리강령 및 적용 가능한 타 윤리강령을 숙지해야 할 의무가 있다. 본 윤리강령에 대해 모르고 있거나, 잘못 이해했다고 해도 비윤리적 행위가 정당화될 수는 없다.
2. 상담심리사는 현행법이 윤리강령을 제한할 경우, 현행법을 우선적으로 적용한다. 만약 윤리강령이 현행법이 요구하는 것보다 엄격한 기준을 설정하고 있다

면 윤리강령을 따라야 한다.

3. 특정 상황이나 행위가 윤리강령에 위반되는지 불분명할 경우, 상담심리사는 윤리강령에 대해 지식이 있는 다른 상담심리사, 해당 권위자 및 상벌윤리 위원회의 자문을 구한다.
4. 상담심리사는 사실이 아닌 일을 만들거나 과장해서 위반 사례로 신고하거나 이를 조장하지 않는다.

나. 윤리위반의 해결

1. 상담심리사는 다른 상담심리사의 윤리강령 위반을 인지한 경우, 그 위반이 심각한 해를 끼치지 않는다면, 우선 해당 상담심리사에게 윤리문제가 있음을 인식시킨다.
2. 명백한 윤리강령의 위반으로 개인이나 조직이 실질적인 해를 입거나 그럴 가능성이 있는 경우, 그리고 개별적인 시도로 해결되지 않는 경우, 상담심리사는 상벌윤리 위원회에 신고한다.
3. 소속 기관 및 단체와 본 윤리강령 간에 갈등이 있을 경우, 상담심리사는 갈등의 본질을 명확히 하고, 소속 기관 및 단체에 윤리강령을 알려서 이를 준수하는 방향으로 해결책을 찾도록 한다.

다. 상벌윤리 위원회와의 협조

1. 상담심리사는 상벌윤리 위원회의 업무에 협조한다. 상담심리사는 윤리강령을 위반한 것으로 신고 된 사건 처리를 위한 상벌윤리 위원회의 조사, 요청, 기타 절차에 협력한다.

9. 회원의 의무

본 학회의 모든 회원(정회원, 준회원)은 상담심리사 자격취득 여부와 상관없이 본 윤리강령을 준수할 의무가 있다. 윤리강령에 어긋나는 행위를 한 상담심리사는 윤리강령과 상담심리학회 회칙에서 정한 절차에 따라 징계를 받을 수 있다. 또한, 징계결과를 학회원, 다른 기관이나 개인에게 알릴 수 있다.

부칙

1. 본 윤리강령은 2003년 5월 17일부터 시행한다.
2. 본 윤리강령은 학회 명칭과 상담전문가 명칭을 변경함에 따라 해당되는 용어를 수정하여 2004년 4월 17일 자부터 시행한다.
3. 본 개정 윤리강령은 2009년 11월 21일부터 시행한다.
4. 본 개정 윤리강령은 2018년 1월 1일부터 시행한다.

출처: 한국상담심리학회. https://krcpa.or.kr/

한국상담심리교육복지학회 윤리헌장은 다음과 같다.

〈한국상담심리교육복지학회 윤리헌장〉

한국상담심리교육복지학회 윤리헌장은 회원이 학회의 목적을 달성하기 위해 자신의 역할을 수행하는 과정에 지켜야 할 윤리적 원칙과 기준을 제반하여 학회 및 회원 개인의 윤리성을 고양시키는 데 목적이 있다. 이를 위해 본 학회의 회원은 다음과 같은 사항을 반드시 지켜야 한다.

1. 본 학회의 회원은 학회 차원의 업무를 수행할 경우 공정하고 성실한 자세로 수행해야 한다.
2. 본 학회의 회원은 학회 활동을 통하여 한국상담심리교육복지의 학문적 발전에 기여하고 공익 증진을 위해 노력한다.
3. 본 학회의 회원은 학술활동, 학회윤리규정, 상담윤리, 연구윤리 등 학계에서 권장하는 기본적인 윤리를 준수한다.
4. 본 학회의 회원은 타인 및 타 기관의 연구결과를 자신의 연구나 주장인 것처럼 저서 및 논문에 제시하지 않는다. 또한 타인의 저작권을 존중한다.
5. 본 학회의 회원은 자신의 논문을 타 기관의 학술지에 중복게재하지 않는다.
6. 본 학회의 회원은 연구에 관한 자문, 심사, 조언 등을 할 때에는 공정하게 심사하며, 제출자와 제출내용에 대해 제3자에게 누설하지 않는다. 즉, 비밀을 유지하여야 한다.
7. 본 학회의 회원은 연구수행 때 얻은 정보를 가지고 부적절한 이득을 추구하지 않는다.
8. 본 학회의 회원은 연구수행 때 사용한 금액을 투명하고 공정하게 집행한다.
9. 본 학회의 회원은 연구수행과 관련된 연구대상자, 연구보조자의 인권을 존중한다.
10. 본 학회의 회원은 윤리규정에 정해지지 않은 사항일지라도 학문적 양심과 상황적 윤리, 그리고 보편적 윤리규범에 따라 행동한다.
11. 본 학회의 회원은 한국상담심리교육복지학회 윤리헌장은 학회 가입과 동시에 적용된다.

부칙

(1) 본 윤리헌장은 2014년 11월 29일부터 시행한다.

(2) 본 개정 윤리헌장은 2021년 7월 1일부터 시행한다.

출처: 한국상담심리교육복지학회. www.akcpew.org

또한 한국상담심리교육복지학회는 자격증 수여 시 상담윤리 자격 선서문을 공포한 후 자격증을 발급한다. 자세한 내용은 아래의 사진과 같다.

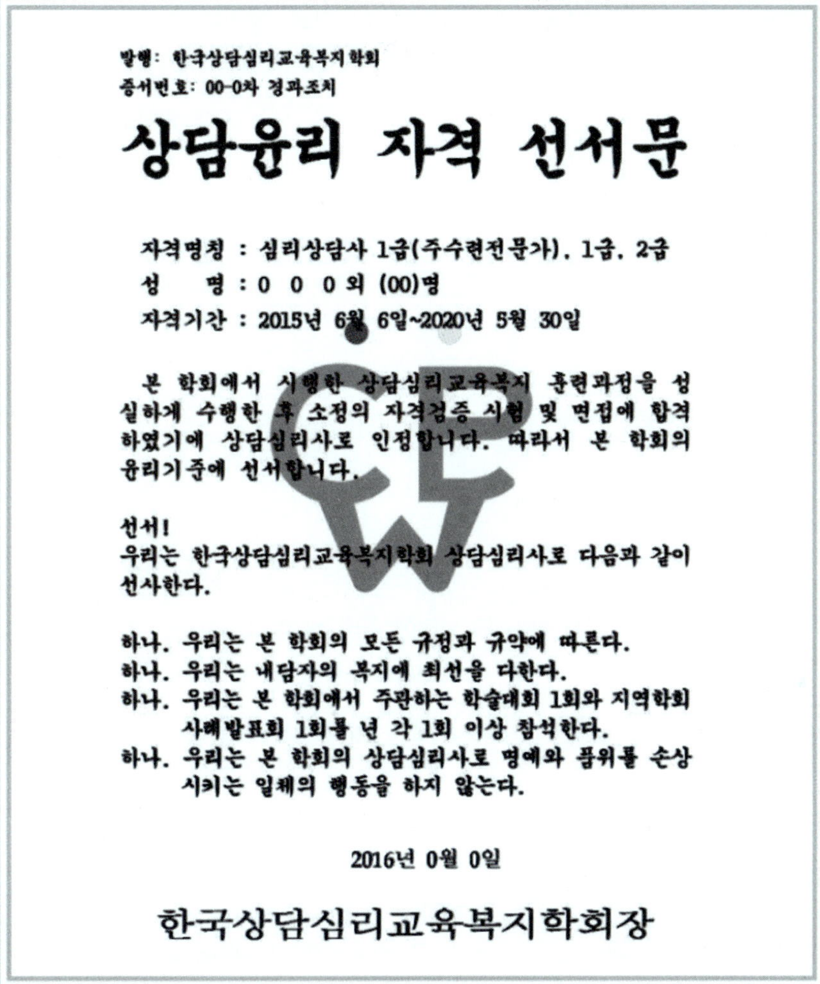

발행: 한국상담심리교육복지학회
증서번호: 00-0차 경과조치

상담윤리 자격 선서문

자격명칭 : 심리상담사 1급(주수련전문가), 1급, 2급
성　　명 : 0 0 0 외 (00)명
자격기간 : 2015년 6월 6일~2020년 5월 30일

본 학회에서 시행한 상담심리교육복지 훈련과정을 성실하게 수행한 후 소정의 자격검증 시험 및 면접에 합격하였기에 상담심리사로 인정합니다. 따라서 본 학회의 윤리기준에 선서합니다.

선서!
우리는 한국상담심리교육복지학회 상담심리사로 다음과 같이 선사한다.

하나. 우리는 본 학회의 모든 규정과 규약에 따른다.
하나. 우리는 내담자의 복지에 최선을 다한다.
하나. 우리는 본 학회에서 주관하는 학술대회 1회와 지역학회 사례발표회 1회를 년 각 1회 이상 참석한다.
하나. 우리는 본 학회의 상담심리사로 명예와 품위를 손상시키는 일체의 행동을 하지 않는다.

2016년 0월 0일

한국상담심리교육복지학회장

출처: http://www.akcpew.org-자격증수여자-상담윤리자격선서문

한국상담심리교육복지학회 정관은 아래와 같다.

〈한국상담심리교육복지학회 정관〉

제정: 2009년 12월 30일
개정: 2013년 12월 07일
개정: 2016년 05월 21일
개정: 2017년 06월 01일
개정: 2019년 06월 01일
개정: 2021년 08월 01일

제1장 총칙

제1조 (명칭)

이 학회는 '한국상담심리교육복지학회'(이하 본회)라 칭하며, 영문으로는 'The Association of Korea Counseling Psychology Education Welfare(AKCPEW)'으로 표기한다.

제2조 (목적)

본회는 상담심리교육복지학회에 관한 이론, 정책, 실천 및 교육과 관련된 학문의 조사, 연구, 발표, 발간을 통하여 4차 산업혁명시대에 상담학, 심리학, 교육학, 복지학, 그리고 간호학의 융복합적인 발전에 이바지하며 회원 상호 간의 협력을 도모하는 데 목적이 있다.

제3조 (사업)

본회는 그 목적을 달성하기 위하여 다음과 같은 사업을 한다.

① 상담 및 심리학, 교육학, 복지학, 정신건강 이론과 현장에 관련된 연구와 학술조사
② 학회지, 전문서적, 기타 간행물의 발간 및 배포
③ 연차대회, 학술대회, 분기회, 심포지엄, 세미나, 워크숍 등의 개최
④ 본 학회의 목적에 부합되는 국내 · 외 학술단체 및 정부관계기관, 산업체와의 교류
⑤ 매년 우수 논문에 대하여 학술상 수여 및 전문기관에 대한 교육자상 수여
⑥ 본 학회의 목적에 적합한 교육사업(상담연수기관)의 수행 및 지원
⑦ 회원을 대상으로 한 상담 전문 민간 자격제도 운영 및 관리시행

제4조 (소재지)

본회의 사무실은 학회소재지에 두며, 다른 지역에 지회 분과 사무실을 둘 수 있다.

제5조 (공여이익의 수혜자)

① 본회가 목적사업을 수행함에 있어서 그 수혜자에게 제공하는 이익은 무상으로 한다. 다만, 이사회의 승인을 받아 그 대가의 일부를 수혜자에게 부담시킬 수 있다.

② 본회의 목적사업의 수행으로 인하여 제공되는 이익은 수혜자의 성별, 출생지, 출신학교, 근무처, 직업, 종교 또는 기타 사회적 지위 등에 의하여 차별을 두지 아니한다.

제2장 회원

제6조 (회원의 자격)

① 본회의 회원은 본 회의 취지에 찬동하고 소정의 입회원서를 제출하여 이사회의 승인을 얻어야 한다. 다만, 창립총회시의 회원은 창립총회에서 결정한다.

② 본회에는 개인뿐만 아니라 기관도 회원이 될 수 있다.

제7조 (회원의 권리와 의무)

① 회원은 다음 각 호의 권리와 의무를 가진다.

가. 총회 출석 및 의결권(정회원)

나. 학회지 투고 및 학술대회 참석(정회원)

다. 심포지엄 및 세미나, 강연회 및 교육관련 프로그램의 참여권

라. 선거권과 피선거권(정회원)

마. 정관 · 규정 및 총회 또는 이사회 결의사항 준수

바. 이사회비 및 정회원 회비납부자를 회원으로 인정함

제8조 (회원의 자격상실)

다음 각 호의 경우에는 회원자격을 상실한다.

① 회원이 서면으로 탈퇴신고를 한 경우이다.

② 자연인인 회원이 사망하거나 단체나 법인인 회원이 해산할 때이다.

③ 1년 이상 회비를 미납한 자로서 이사회에서 제명을 결의하였을 때이다.

④ 본회의 명예를 손상하거나 회원으로서의 품위를 손상시킨 자로서 이사회에서 제명을 결의하였을 때이다.

⑤ 미납 회원은 모든 회비를 납부 후 자격이 회복되며, 심리상담사 법이 개정 및 협회 등이 만들어질 때 회원으로 받아지지 않을 수 있다.

⑥ 연회비 납부는 매년 1월 1일부터 12월 31일까지 기간으로 정한다.

제9조 (회원의 자격갱신)

다음은 모든 회원의 자격갱신 및 회비 환불에 해당된다. 본 학회의 설립목적과

발전 및 상담사 자질 등의 기술향상을 위하여 매년 회원들은 춘계 혹은 추계학술대회를 1회 의무 참석해야 한다. 단, 65세 이상의 수련감독자 중 3번 이상의 자격갱신을 하였을 경우는 아래의 ①과 ②만 유지하면 된다.

① 본 학회의 회원은 의무적으로 학회비를 납부해야 됨(평생회원 제외).
② 수련감독 및 이사 등의 회비 납부자
③ 모학회에서 주관한 춘계 및 추계학술대회 이수증 5부(1년 1부, 총 5부).
④ 지역학술대회 참가 이수증 2부
⑤ 사례발표회 참가 이수증 2부
⑥ 본 학회의 회원은 유지요건을 충족하지 못하는 경우는 당해 연도 회원의 자격 및 수련은 인정하지 않음.
⑦ 심리상담사 수련감독, 1급, 2급, 3급, 산업안전심리상담사 1급, 2급, 정신보건증진상담사 1급, 2급, 교권심리상담사 1급, 2급 자격증을 취득한자들은 취득당일부터 제10조를 의무적으로 따른다.

제3장 총회

제10조 (총회의 구성)

총회는 정회원으로 구성한다. 단, 본 학회가 한국연구재단 등재지로 승격된 후 사단법인을 추진하고, 해외 SCOPUS로 승격되기 전까지는 대의원 총회(이사회 중심)로 실시한다. 여기서 대의원은 홈페이지에 공지된 이사를 의미한다.

제11조 (총회의 권한)

총회는 다음 사항을 의결한다.

① 회장 및 임원선출의 승인
② 정관 변경
③ 예산 및 결산안의 승인
④ 사업계획의 승인
⑤ 기타 이사회 및 이사회가 부의한 사항
⑥ 본 학회가 사단법인과 SCOPUS 되기 전까지는 대의원 총회(이사회 중심)로 실시한다.

제12조 (총회의 소집)

① 본회의 총회는 정기총회와 임시총회로 구분한다.
② 정기총회는 연1회(12월), 임시총회(수시)는 회장이 소집하고 그 의장이 된다.
③ 총회를 소집하고자 할 때에는 회장은 회의안건의 중요내용을 명기하여 회의개최 21일(3주) 이전에 학회 홈페이지에 공지하여야 한다.
④ 총회는 제3항에 따라 미리 통지사항에 대하여서만 의결할 수 있다. 다만 대의

원 2/3 이상이 찬성하는 때에는 그러하지 아니한다.

⑤ 본 학회가 사단법인과 SCOPUS가 되기 전까지는 대의원 총회(이사회 중심)로 실시한다.

제13조 (총회소집의 특례)

① 회장은 다음 각 호의 1에 해당하는 소집요구가 있을 때에는 소집요구를 받은 날로부터 21일(3주) 이내에 총회를 소집하여야 한다.

가. 대의원 과반수 또는 정회원 과반수 이상이 회의의 목적을 제시하고 소집을 요구할 수 있다.

나. 감사가 대의원 과반수와 협의하여 소집을 요구할 수 있다.

② 총회소집권자가 궐위되거나 또는 이를 기피함으로써 총회소집이 불가능할 때에는 대의원 과반수 또는 정회원 과반수 이상의 찬성으로 총회를 소집할 수 있다.

③ 제2항에 따른 총회는 출석회원 중 의장을 호선하여 개최한다.

④ 본 학회가 사단법인과 SCOPUS가 되기 전까지는 대의원 총회(이사회 중심)로 실시한다.

제14조 (총회의 의결방법 및 대의원 총회)

총회의 의결은 출석한 대의원 과반수 혹은 정회원 과반수 이상의 찬성으로 하며, 가부동수인 경우에는 의장이 최종 결정한다. 하지만 사단법인과 SCOPUS가 되기 전까지는 대의원 총회(이사회 중심)로 실시한다.

① 정회원의 수가 150인을 초과하는 경우 총회에 갈음하는 대의원 총회를 실시한다. 대의원총회 실시 여부는 이사회 의결을 통해 결정한다.

② 대의원의 수는 30인 이상 60인 이내에서 이사회 결의를 통해 시행세칙으로 정한다.

③ 대의원 총회는 재적구성원 3분의 1 이상의 출석으로 성립된다.

④ 대의원 총회는 재적구성원의 3분의 1 이상의 출석과 출석구성원의 과반수 찬성으로 의결한다. 가부동수인 때에는 의장이 결정권을 가진다.

제15조 (총회의결 제척사유)

의장 또는 회원이 다음 각 호의 1에 해당하는 때에는 그 의결에 참여하지 못한다.

① 자신의 임원취임 또는 해임에 관한 사항

② 금전 또는 재산수수를 수반하는 사항이거나 자신과 학회간의 이해가 상반되는 사항

제4장 조직

제16조 (임원의 구성과 종류)

본회에 다음의 임원을 둔다(상담심리교육복지 현장의 대표성과 전문성을 가진 사람을 중심으로 임원진을 구성과 위촉한다).

① 회장 1명
② 부회장 2명 이내 및 총무이사 1명
③ 이사(운영위원) 50명 이내
④ 학술위원장(교육연수 포함), 편집위원장, 시험관리위원장, 윤리위원장, 사례관리위원장, 자격관리위원장, 학생위원장, 홍보위원장, 분과관리(대외협력)위원장 16명 이내(단, 이사직과 중복 가능)
⑤ 감사 2명 이내
⑥ 회장 선거는 대의원인 이사를 중심으로 선출하고, 정기총회 때 정회원들로부터 인준을 받아야 인정된다. 단, 사단법인과 SCOPUS가 되기 전까지는 대의원 총회(이사회 중심)로 실시한다.

제17조 (임원의 선임과 임기)

① 회장, 부회장, 상임이사, 학술위원장, 편집위원장, 자격관리위원장, 윤리위원장 및 감사는 이사회에서 선출하여 총회에서 승인하며, 임기는 각 2년으로 하되, 연임할 수 있다. 다만, 부회장, 상임이사, 학술위원장, 편집위원장, 자격관리위원장, 윤리위원장 등의 선출은 총회에서 회장과 이사회에 위임할 수 있다.
② 임원의 임기 중 사망, 탈퇴, 제명 등의 사유로 결원이 생긴 때에는 이사회나 회장 등이 선출하여 총회에서 승인된 후임자가 취임하고 후임자의 임기는 전임자의 잔여기간으로 한다.

제18조 (임기의 계산방법)

임원의 임기는 매년 1월 1일부터 시작하여 같은 해 12월 31일까지로 한다.

제19조 (임원의 직무)

① 회장은 본회를 대표하고 다음 각 호의 사항을 집행하며, 총회 및 이사회, 지역학회위원회의 의장이 되고 총회 및 이사회가 회장에게 위임한 회무를 통괄한다.
가. 본회의 사업계획과 예산안의 집행에 관한 사항
나. 총회 또는 이사회가 위임한 사항
다. 학회의 사업회계 및 서무에 관한 사항
라. (부설) 한국상담심리교육복지 연수원 운영
② 부회장 및 상임이사는 회장을 보좌하고, 이사회에 출석하여 학회의 업무에 관

한 사항을 의결하며 이사회 또는 회장으로부터 위임받은 사항을 처리한다. 이 경우 회장은 부회장 및 상임이사에게 학회의 사무를 분담하여 처리하도록 할 수 있다.

③ 총무이사, 학술위원장, 편집위원장, 자격관리위원장, 윤리위원장은 회장을 보좌한다.

④ 회장의 유고시에는 부회장이 임시 회장직을 수행하지만, 대의원(이사회원)들이 3개월 안에 회장을 선임하되, 그 임기는 전임자의 잔여기간으로 한다.

제20조 (이사회의 구성과 소집)

① 이사회는 회장, 부회장, 총무이사, 이사로 구성하되, 학술위원장, 윤리위원장, 편집위원장, 자격관리위원장은 포함되지 않는다. 단, 중복된 임원과 회장의 요청이 있을 경우는 제외한다.

② 이사회는 회장이 소집하고 그 의장이 된다.

③ 회장이 이사회를 소집하고자 할 때에는 회의 14일(2주) 전까지 안건을 명기하여 부회장 및 상임이사에게 우편(이메일), 휴대전화 통화 및 문자 등으로 통지해야 한다. 단, 긴급을 요하는 경우에는 학회의 홈페이지에 공지할 수 있다.

④ 이사회는 제3항에 따른 통지사항에 대하여서만 의결할 수 있다. 다만, 재적 상임이사 과반수가 출석하고 출석이사 2/3 이상의 찬성이 있을 때에는 그러하지 아니한다.

제21조 (이사회 소집의 특례)

① 회장은 다음 각 호의 1에 해당하는 경우에는 그 소집요구일로부터 21일(3주) 이내에 이사회를 소집하여야 한다.

가. 재적이사 과반수로부터 회의의 목적사항을 제시하여 소집을 요구할 때이다.

나. 감사가 소집을 요구할 때이다.

② 회장이 궐위되거나 이사회 소집을 기피하는 경우에는 재적 상임이사와 부회장의 과반수가 이사회를 소집할 수 있다.

③ 제2항의 이사회의 의장은 상임이사들이 선임한 임시회장이 된다.

제22조 (이사회의 권한)

이사회는 다음 사항을 심의 · 의결한다.

① 업무집행 및 임원선출을 한다.

② 본회의 내규 및 제정과 개폐한다.

③ 정관에 의하여 그 권한에 속하는 사항을 의결한다.

④ 사업계획 및 예산 · 결산안의 작성한다.

⑤ 총회에서 위임한 사항을 의결한다.

⑥ 회원의 회비에 관한 사항을 의결한다.

제23조 (이사회의 의결)

① 이사회는 출석 상임이사(회장 및 부회장, 총무이사 포함)의 과반수의 찬성으로 의결한다. 다만, 가부동수 인 경우에는 의장이 결정한다.

② 이사회의 의결은 서면으로 대체할 수 있다.

제24조 (감사의 직무)

감사는 다음 각 호의 직무를 행한다.

① 본회의 수입 및 지출에 대한 재정상황을 감사한다.

② 이사회 및 학회의 운영과 업무에 관한 사항을 조사한다.

③ 제1호 또는 제2호의 감사결과 부정 또는 불법사실을 발견한 때에는 이사회 및 총회에 보고하여 그 시정을 요구하고 그래도 시정되지 않을 때에는 주무관청에 보고한다.

④ 제3호의 보고를 위하여 총회 또는 이사회의 소집을 요구한다.

⑤ 본회의 재산상황 및 학회, 이사회의 운영과 그 업무에 관한 사항에 대하여 총회 또는 이사회에서 의견을 진술한다.

⑥ 총회 또는 이사회가 위임한 사항이다.

⑦ 감사는 매년 정기총회에 감사보고서를 작성하여 보고한다. 단, 영수증은 회계보고 1년 6개월 뒤 세절할 수 있다.

제25조 (명예회장)

본회의 회장을 역임한 자는 당연직 명예회장이 된다.

제26조 (이사회)

① 본회의 원활한 운영을 위하여 회장은 50명 이내의 이사로 구성된 이사회를 둔다.

② 이사회에는 위원장을 두지 않으며 학회의 운영에 관하여 회장의 자문에 응한다.

③ 회장의 요청으로 인하여 자문위원을 둘 수 있다.

제27조 (윤리위원회와 편집위원회)

① 본회의 학술지 연구 사업은 상담심리교육복지학회지에 대한 편집(등재지)과 발간 등을 위하여 회장은 17명 이내의 학술연구이사로 구성된 윤리위원회와 편집위원회를 둔다.

② 윤리위원회와 편집위원회에는 각기 위원장을 두고, 간사 1명을 둘 수 있다.

③ 윤리위원회와 편집위원회의 위원장은 회장이 추천하여 이사회에서 선출한다.

④ 윤리위원회와 편집위원회의 간사는 위원장의 추천으로 회장이 지명한다.
⑤ 윤리위원회와 편집위원회는 통합적으로 학술연구위원회의 기능을 한다.

제28조 (지역학회위원회)

① 본회의 학술지 지역학회의 발전과 연구 사업을 위하여 회장은 10명 이내의 지역학회장을 이사로 구성된 지역학회별로 지역학회위원회를 둔다.
② 각 지역학회위원회에 지역학회위원장을 두고, 간사 각 1명을 둘 수 있다.
③ 각 지역학회위원회의 학회장은 회장이 추천하여 이사회에서 선출한다.
④ 각 지역학회위원장은 간사를 1인을 지명한다.
⑤ 회원은 한 개 이상의 지역학회를 선택하여 교육 및 연구 활동을 할 수 있다.

제5장 재정·회계·재산

제29조 (재정)

본회의 재정은 다음 각 호에 의한다.

① 수입은 재산의 과실, 회원이 납부하는 가입비, 연회비, 평생회비, 찬조 및 보조금, 정부 및 민간보조금, 기타 수입 등으로 구분하여 보충한다.
② 지출은 총회에서 승인된 예산서 상의 지출과목에 따르며, 회장이 불가피하게 인정하는 경우 이사회에서 조정할 수 있다.

제30조 (세입 · 세출 · 예산)

본회의 세입세출예산은 매회계년도 개시 2주 전까지 편성하여 사업계획서와 함께 이사회 의결 및 총회의 승인을 얻어야 한다.

제31조 (회계의 구분)

① 본회의 회계는 목적사업회계와 수익사업회계로 구분한다.
② 목적사업회계와 수익사업회계로 구분하기 곤란한 비용은 이사회의 결정에 따라 배분한다.

제32조 (회계연도)

본회의 회계연도는 정부 회계연도에 따른다.

제33조 (사업보고서 등의 제출)

회장은 매년 정기총회의 1주일 전까지 다음 각 호의 서류 등을 작성하여 감사의 감사를 거쳐 총회에 제출하여야 한다.

① 재산목록
② 사업실적서 및 사업계획서
③ 수지결산서 및 수지예산서

제34조 (감사보고서)
감사는 제33조의 제반서류를 검토한 후 의견을 붙여 총회에 감사보고서를 제출해야 한다.

제6장 보칙

제35조 (해산)
① 본회를 해산하고자 할 때에는 이사회 전원(회장, 부회장, 총무이사, 상임이사) 및 총회에서 재적회원 2/3 이상의 찬성으로 의결되어야 한다.
② 본회가 해산할 때의 잔여재산은 국가 혹은 지방자치단체의 상담심리교육복지 사업부문에 귀속되도록 한다.

제36조 (정관의 개정)
본회의 정관을 개정하고자 할 때에는 이사회에서 추천된 자가 진행하며, 이사회와 총회의 의결을 거쳐야 한다. 단, 사단법인과 SCOPUS가 되기 전까지는 대의원 총회(이사회 중심)로 실시한다.

제37조 (기부금공개)
본회에는 학회명의의 통장을 개설하고, 이에 기부금의 수입 및 지출 등에 대해 운영위원을 통하여 이사회에 공개하여야 한다.

제38조 (시행세칙)
이 정관의 시행에 필요한 세부사항은 대의원(이사회)에서 정한다.

제39조 (사무국)
① 본회의 사무를 관장하기 위하여 사무국을 둘 수 있다.
② 사무국에 사무국장과 약간 명의 직원을 둘 수 있다.
③ 사무국장은 회장이 임명한다.

부칙
1조 (시행일)
이 정관은 총회에서 인준한 순간부터 즉시 시행한다.

2조 (회원과 임원에 대한 경과조치)
본회 발족 당시의 한국상담심리교육복지학회 창립위원은 본회의 정회원이 될 수 있다. 또한 본 정관에 의하여 최초로 선출되는 회장의 임기는 (부설)한국상담심리교육복지 연수원장과 겸직하며 학회의 설립취지의 인지도가 사회적으로 높은 수준에 도달할 때까지 연임할 수 있다.

3조 (부설 한국상담심리교육복지 연수원)
본 학회의 발전을 위해 부설로 운영되는 한국상담심리교육복지 연수원의 조직 및 전반적인 재정운영에 대하여 별도의 규정으로 정한다. 또한 본 학회의 설립목적에 부합된 학술회의 사업을 위해 교육사업으로 인한 재정관리도 학회와는 구분되어 운영한다.

1. (시행일) 이 정관은 2013. 12. 7일부터 시행한다.
2. (시행일) 이 정관은 2016. 5. 21일부터 시행한다.
3. (시행일) 이 정관은 2017. 6. 1일부터 시행한다.
4. (시행일) 이 정관은 2019. 6. 1일부터 시행한다.
5. (시행일) 이 정관은 2021. 8. 1일부터 시행한다.

연습문제

상담자의 역할과 자질을 높이기 위한 연습문제

① 상담자의 역할에 대하여 논하시오.

② 상담자의 윤리적 자질에 대하여 논하시오.

③ 상담자의 인간적 자질에 대하여 논하시오.

④ 상담자의 비밀보장의 한계에 대하여 설명하시오.

⑤ 상담관계에서 다중관계와 성적 관계에 대하여 기술하시오.

Chapter 18

상담의 기법

내담자의 문제를 탐색하여 문제의 원인을 확인하며, 핵심문제를 탐색하기 위해서는 적절한 질문과 반응이 요구된다.

반응으로 비언어적인 기법과 언어적 기법을 함께 살펴보고자 한다.

1. 비언어적 기법

1) 비언어적 기법의 중요성

상담의 시작은 때에 따라 접수자의 전화(대면)면접 접수를 통해 이루어지지만 본격적으로 상담자와 내담자의 만남이 가장 처음이라고 할 수 있다. 이때, 상담자와 내담자의 관계 형성은 차후 상담의 진행에 절대적인 영향을 미친다. 이 관계를 형성하고 상담을 진행하는 과정에 비언어적 기법은 중요한 비중을 차지한다.

상담의 시작은 때에 따라 접수자의 전화(대면) 면접 접수를 통해 이루어지지만 본격적으로 상담자와 내담자의 만남이 가장 처음이라고 할 수 있다.

영화 『굿윌 헌팅』에 정신과 상담의 Sean과 비행을 일삼는 Will의 상담 장면 중 영화 내 3회기 내내 둘은 아무 말도 없이 침묵으로 시간을 보낸다. 아무 말을 하지 않는 침묵은 그 안에 많은 상담적 요소를 내포한다. 서로의 느낌과 생각을 공유하는 것이 단지 언어로써만 이루어지는 것은 아니다.

https://blog.naver.com/dlgmltn1989/30102049530

2) 주의집중과 경청

상담자가 내담자에게 관심을 가지고 그것을 집중시킨다는 것은 상담에는 일단 기본 조건이다. 상담을 해본 사람이면 대개 경험하는 것으로서 내담자에 대한 관심과 주의집중을 계속 유지한다는 것이 그다지 쉽지 않다는 사실을 우리는 인정할 필요가 있다(김계현, 2005).

일상 대화에서 가장 기본이 되면서 중요한 것은 상대방의 말을 주의 깊게 귀담아듣는 태도다. 상대방의 말을 잘 듣지 않고는 그의 현재 감정과 생각을 이해할 수 없기 때문이다. 그러므로 대화를 할 때 상대방에게 관심을 가져 주는 것도 중요하지만 더 중요한 것은 상대방이 하는 이야기의 내

일상 대화에서 가장 기본이 되면서 중요한 것은 상대방의 말을 주의 깊게 귀담아듣는 태도다. 상대방의 말을 잘 듣지 않고는 그의 현재 감정과 생각을 이해할 수 없기 때문이다.

용이나 감정을 적극적으로 경청하는 것이라고 할 수 있다(천성문 외, 2009).

상담과정을 통하여 상담자는 수반되는 행동을 적절히 사용하여야 한다.

- 적절한 눈 맞추기
- 개방적인 자세
- 자연스러운 언어적 의성어
- 적당한 고개 끄덕임

2. 언어적 기법

1) 재진술

재진술은 내담자의 말을 그대로 반복하여 상담자의 입으로 말하는 앵무새처럼 표현하거나 내담자의 말을 다소 바꾸어서 표현할 수도 있다.

재진술은 내담자의 말을 그대로 반복하여 상담자의 입으로 말하는 앵무새처럼 표현하거나 내담자의 말을 다소 바꾸어서 표현할 수도 있다.

내담자 : 남편이 어제 또 늦게 들어왔어요. 정말 속이 상해요.

상담자 : 남편이 또 늦게 들어오셔서, 속이 많이 상하시군요.

내담자 : 네, 이제는 도대체 뭐가 문젠지, 어떻게 하면 좋을지 따져보고 싶어요.

상담자 : 남편 분과 원인에 대해 대화를 해보고 싶다는 말씀이군요.

2) 개방형 질문과 폐쇄형 질문

폐쇄형 질문은 답이 정해져 있다. 예를 들자면 '밥 먹었어요?', '키는 몇 센티예요?' 등으로 다음 답이 예, 아니오 또는 어떠한 사실이 단답으로 정해져 있다. 개방형 질문은 내담자가 해야 할 말들이 많아진다. 즉, '점심시간에 어떤 일들이 있었어요?', '당신의 키에 대해 어떻게 생각해요?'라고 질문하였을 경우, 다양한 대답이 나올 수 있다.

개방형 질문은 내담자의 탐색을 위하여 유용한 질문이며, 폐쇄형 질문은 개방형 질문에 비하여 내담자의 통찰을 이끌어 내기는 어려움이 있으나, 어떠한 중요한 문제에 대한 사실을 확인하고 확실하게 하기 위해서는 폐쇄형 질문이 유용하게 활용되기도 한다. 예로, 자살을 시도하고자 하는 내담자에게 '자살하고자 생각한 적이 있습니까?'라는 정확한 질문은 필요하다. 폐쇄형 질문을 계속적으로 사용하게 되면, 마치 내담자를 취조하는 것처럼 느껴질 수도 있고, 주도적으로 상담을 끌고 가는 사람이 될 수도 있다. 따라서 내담자의 문제에 초점을 맞추기 위해서는 개방형 질문이 효과적이라고 할 수 있다.

개방형 질문은 내담자의 탐색을 위하여 유용한 질문이며, 폐쇄형 질문은 개방형 질문에 비하여 내담자의 통찰을 이끌어 내기는 어려움이 있으나, 어떠한 중요한 문제에 대한 사실을 확인하고 확실하게 하기 위해서는 폐쇄형 질문이 유용하게 활용되기도 한다.

〈폐쇄형 질문〉

상담자 : 고등학교에 와서 힘들지 않니?
내담자 : 별로 안 힘들어요.

〈개방형 질문〉

상담자 : 중학교 때와 고등학교 때와의 어떤 차이가 있는 것 같아?
내담자 : 중학교 때는 웬만하면 참았거든요. 그런데 고등학교 때는 안 참고… 참으면 그냥 답답해 가지고 그래 가지고 그대로 표출하는 거죠.

3) 공감과 감정의 반영

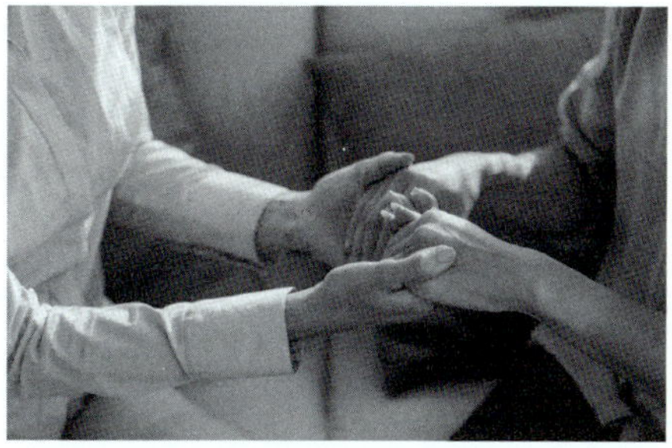

내담자가 이야기하는 말 속에 있는 중요한 감정, 태도, 신념, 가치기준 등을 상담자가 거울처럼 내담자의 관점과 입장에 듣고 이해하는 능력이다. 어떠한 설명이나 해석을 자제하고, 있는 그대로 공감할 때, 내담자는 자신을 표현하고 감정을 이야기할 때 자유로움을 느낀다.

내담자가 이야기하는 말 속에 있는 중요한 감정, 태도, 신념, 가치기준 등을 상담자가 거울처럼 내담자의 관점과 입장에 듣고 이해하는 능력이다.

내담자가 이야기한 내용 뒤에 또 다른 감정을 파악하고 내담자에게 전달하는 것을 감정의 반영이라고 한다. 상담 장면에서 내담자의 언어적인 표현뿐만 아니라, 작은 떨림, 경직, 얼굴의 붉어짐 등을 통하여 감정의 반영을 해 준다.

내담자 : 그 친구가 저의 책을 꺼내서 자기 마음대로 낙서하고 찢을 때 완전히 화가 났어요. 그 친구를 때려눕히고 싶었어요.
상담자 : 정말 화가 많이 났었군요.
내담자 : 네, 진짜 그랬어요.

4) 해석

내담자 스스로 명확하게 의식하지 못하는 것에 대하여 여러 가지 형태로 설명해 주는 것을 해석이라고 한다. 현재 하고 있는 말이나 사건들과 관련되어 설명하거나, 방어, 감정, 저항, 전이 등에 대한 해석을 할 수 있

내담자 스스로 명확하게 의식하지 못하는 것에 대하여 여러 가지 형태로 설명해 주는 것을 해석이라고 한다.

다. 해석은 내담자가 받아들일 수 있을 때 하는 것이 적당하다. 즉, 내담자가 깨닫고 있으나 확실하게 개념화하지 못하고 있을 때 행한다. 이는 내담자 스스로 깨달은 후 해석하거나 스스로 해석하도록 안내하는 것이 가장 좋다.

> ~그것 때문에 그렇게 느끼는 것입니다. 보다는
> ~그것 때문에 그렇게 느낄지 모르지요. 혹은 ~그것 때문에 그렇게 느끼지 않을까요?

5) 자기 개방

자기 개방은 상담 장면에서 상담자의 생각, 가치, 느낌, 태도 등 여러 가지 정보를 드러내는 것이다.

> **내담자** : 저는 아무런 희망이 없어요. 이번에 또 성적이 떨어졌어요.
> **상담자** : 저도 고2 때 반에서 꼴찌를 한 경험이 있어요.
> **내담자** : 선생님이요?
> **상담자** : 그때는 너무도 창피하고 힘들었지요.
> **내담자** : 지금 제가 그래요. 얘들이 어떻게 바라볼까, 엄마는 또 뭐라고 할까 생각만 해도 끔찍해요.

6) 즉시성

즉시성은 상담자가 내담자와의 관계를 통해 표현되는 것 중 내담자 문제를 잘 드러내는 것을 '지금-여기'의 방법으로 접근하는 반응이다.

즉시성은 상담자가 내담자와의 관계를 통해 표현되는 것 중 내담자 문제를 잘 드러내는 것을 '지금-여기'의 방법으로 접근하는 반응이다.

<즉시성 1>

내담자 : 저는 어른들이 정말 미워요. 그리고 그들과 이야기하는 건 생각만 해도 끔찍해요.

상담자 : 그럼 지금 나하고 이야기하는 것은 어떠니?

<즉시성 2>

내담자 : (자신의 문제를 쉬지 않고 계속 이야기하는 내담자)

상담자 : 지금 쉬지 않고 이야기를 하고 있어요. 숨이 차시지는 않나요?

7) 직면

직면은 상담 장면에서 내담자가 이야기하고 있는 것 중에서 모순이나 불일치된 것을 찾아내어 되물어 주는 것이다. 말과 행동, 말과의 불일치, 행동과의 불일치, 현실과 이상적 자아의 불일치, 언어적 행동과 비언어적 행동과의 불일치, 환상과 현실 사이의 불일치, 상담자의 지각과 내담자 지각과의 불일치 등 여러 가지 면에서 나타날 수 있다.

직면은 상담 장면에서 내담자가 이야기하고 있는 것 중에서 모순이나 불일치된 것을 찾아내어 되물어 주는 것이다.

내담자 : (눈물을 흘리며) 엄마가 잔소리를 하든, 아빠가 술을 마시든 전 더 이상 신경 쓰지 않겠어요. 이렇게 후련할 수 없어요.

상담자 : 후련하다고 이야기하고는 있지만, 슬퍼 보이네요.

8) 명료화

내담자가 한 이야기 중에서 모호한 부분을 내담자가 확실히 그 뜻을 알도록 하는 것이다. 내담자가 항상 자신의 생각이나 감정을 정확하게 언어로 표현할 수도 있는 것이 아니다. 이때 내담자가 무엇을 이야기하고자 하는 의미를 생각하여 그것을 내담자에게 다시 전해주는 것을 의미한다.

- 한 번 더 자세히 말씀해 주시겠어요.
- 예를 들어서 설명해 주시겠어요.

다시 말해서 명료화는 내담자가 애매하게만 느꼈던 내용이나 불충분하게 이해한 자료를 상담자가 말로 정리해 준다는 점에서 내담자에게 자기가 이해받고 있으며 상담이 잘 진행되고 있다는 느낌을 들게 한다.

9) 면접기술

상담수련 기간 중에 꼭 필요한 한 것이 면접기술이다. Ivey와 Ivey(1999)은 상담을 효율적으로 운영하기 위해 수련 과정에 면접기술의 유형과 이용하는 방법에 대한 중요성을 강조하였다(Ivey, Authier, 1978). 이는 상담 초기에 경청과 참여하는 기술로 상담자와 내담자 간의 관계에서 중요한 역할을 하는 것으로 임상 결과에서 보고되고 있다. 상담자가 내담자의 말을 열정적으로 경청하게 되면 내담자는 자신이 말하는 것에 상담자로부터 존경받고 있다는 생각을 하게 된다. 이로 인해 내담자는 자신과 관련된 속 깊은 이야기를 상담자에게 자유롭게 표현함으로 자기 자신을 탐구하는 데 첫걸음이 된다. 즉, 경청은 내담자의 정보와 자신의 다양한 문제를 자유롭게 표현하고 말하는 데 많은 도움이 된다(자유질문, 폐쇄형 질문, 격려 등). 그리고 참여 기술은 내담자의 감정을 파악하고 무엇이 문제인지 명확히 알 수 있으므로 상담자가 이해하는 정도를 내담자에게 쉽게 전달할 수 있다. 따라서 면접기술에 필요한 기본과정은 [표 18-1]과 같다.

표 18-1 면접기술

구분	설명	상담과정 기술
자유질문	무엇을 : 사실 어떻게 : 과정, 느낌 왜 : 이유 할 수 있는가? : 일반 상황	중요한 사람들 간의 대화를 이끌어 내 상담을 진행함
폐쇄형 질문	~하는가?, ~인가?로 시작하며 몇 마디 대답만 가능	빨리 상세한 자료를 얻고자 할 때, 긴 대답은 생략시킴
격려	내담자가 말한 일부를 반복함	상세한 내용과 의미를 다시 묻고자 할 때
바꿔 말하기	내담자의 중점 사항을 반복적으로 말하여 줌	대화 장려자이며 이해를 돕고 명확히 상담자가 이해했는지도 알 수 있음
느낌 반영	감정적인 부분에 선택적으로 주의	중요사항에 기반되는 감정 요소를 명백화시키며 느낌에 대한 대화들을 진척해 나갈 수 있음
요약	내용과 느낌(논리)들을 체계적인 형태로 반복 및 전달함	상담 초에 사용하며 정기적으로 상담 내용을 체크함. 상담을 마무리할 때 사용함

연습 문제

상담기법의 활용성을 높이기 위한 연습문제

① 비언어적 상담기법에 대하여 논하시오.

② 언어적 상담기법의 공감과 감정의 반영에 대하여 논하시오.

③ 언어적 상담기법의 직면에 대하여 논하시오.

④ 상담수련 기간 중 꼭 필요한 면접기술에 대하여 기술하시오.

Chapter 19

상담의 과정

상담의 과정을 상담이론적 기반과 기법에 따라 정의하고 적용하는 단계는 각각 차이가 있다. Clara E. Hill과 Karen M. O'Brien은 탐색과 통찰, 실행의 3단계로 나누었다. 내담자가 그들의 사고와 감정 그리고 활동을 탐색하는 것을 돕는 탐색단계, 내담자들이 사고, 감정, 행동을 이해할 수 있도록 돕는 통찰단계, 내담자들이 탐색과 통찰의 기초 위에 어떠한 행동을 할 것인지 결정하도록 돕는 실행단계가 그것이다. 이를 그림으로 나타내면 [그림 19-1]과 같다.

천성문 외(2009)는 상담의 과정을 초기, 중기, 종결의 세 단계로 구분하였다. 상담의 초기 단계에는 내담자가 가지고 온 문제를 이해하고 평가한 후에 상담목표를 세워 구체적으로 개입을 시작할 때까지로 보았다. 중기 단계는 내담자 자신의 문제에 대한 심층적 탐색과 통찰이 이루어지면서 문제가 해결되는 단계로, 심층적 공감, 감정의 반영, 재진술, 직면, 즉시성의 활용, 해석 등의 상담기법이 많이 사용됨을 강조하였다. 종결 단계는 통찰을 바탕으로 현실생활에 적용할 수 있는 새로운 행동을 시험하고 평가하는 단계로 보았다.

상담의 과정을 초기, 중기, 종결의 세 단계로 구분하였다. 상담의 초기 단계에는 내담자가 가지고 온 문제를 이해하고 평가한 후에 상담목표를 세워 구체적으로 개입을 시작할 때까지로 보았다. 중기 단계는 내담자 자신의 문제에 대한 심층적 탐색과 통찰이 이루어지면서 문제가 해결되는 단계로, 심층적 공감, 감정의 반영, 재진술, 직면, 즉시성의 활용, 해석 등의 상담기법이 많이 사용됨을 강조하였다. 종결 단계는 통찰을 바탕으로 현실생활에 적용할 수 있는 새로운 행동을 시험하고 평가하는 단계로 보았다.

탐색

- 상담자들은 내담자들과 소통이 원활하도록 하고 상담관계를 발전시킨다.
- 상담자들은 내담자들이 자신의 이야기를 하도록 용기를 북돋아 준다.
- 상담자들은 내담자들이 사고와 감정을 탐색할 수 있도록 격려한다.
- 상담자들은 내담자들과 감정의 각성을 촉진시킨다.
- 상담자들은 내담자들의 관점에서 내담자들을 더 잘 알도록 한다.

통찰

- 상담자들은 내담자들과 함께 새로운 통찰과 이해를 구축할 수 있도록 노력한다.
- 상담자들은 내담자들이 그들의 생각과 감정과 행동 속에서 규칙(규범)을 결정할 수 있도록 용기를 북돋아 준다.
- 상담자들은 상담관계에 있어서 발생하는 문제에 대해 내담자들과 함께 작업한다(예: 애착, 오해).

실행

- 상담자들은 내담자들이 가능한 새로운 행동을 탐색할 수 있도록 용기를 준다.
- 상담자들은 행동을 위한 발전 방법을 용이하게 한다.
- 상담자들은 시도된 변화에 관한 피드백(feedback)을 제공한다.
- 상담자들은 변화를 측정하고 행동 계획들을 수정하도록 내담자를 돕는다.
- 상담자들은 변화에 관한 감정의 과정을 돕는다.

[그림 19-1] 상담기술 모듈에 수행과제들

출처: Clara. E. Hill & Karen M. O'Brien(2001).

강신덕 외(1998)는 관계 맺기, 변화전략 세우기, 변화촉진, 변화의 유지, 종결기로 상담의 과정을 보았다.

본서에서는 내담자의 심리적인 문제를 해결하고 건강한 생활을 돕기 위한 상담의 과정을 초기 단계, 중기 단계, 종결 단계로 나누어 보고자 한다. 첫째, 초기 단계에는 ① 상담접수, ② 상담관계 형성, ③ 상담의 구조화, ④ 사례개념화, ⑤ 목표설정 및 전략을 다루고, 둘째, 중기 단계에는 내담자의 자기 탐색과 통찰을, 셋째, 종결 단계에는 내담자의 문제해결 정도와 일상생활에서의 적용 정도와 종결에 대한 과제, 추수지도 등을 다룬다.

1. 초기 단계

1) 상담접수

상담접수는 전화, 이메일, 내방 등을 통해서 이루어진다. 상담실의 상담접수는 내담자가 상담에 대한 기대와 상담실의 전문성에 대한 신뢰를 가질 수 있기 때문에, 경력이 있는 상담자가 담당하는 것이 바람직하다. 또한 내담자의 문제가 접수면접만으로도 도움을 받을 수 있는 경우 단회 상담으로 종결될 수 있다.

초기 상담접수 시에는 상담신청서, 상담동의서를 작성하고, 상담에 대한 안내가 이루어진다. 상담소요 시간, 상담료, 상담장소 등에 대한 구조화가 다루어질 수 있다. 상담자가 다수인 상담실의 경우에는 초기 면접 후, 내담자의 문제에 대한 상담자 배정의 과정이 이루어질 수 있다.

상담신청서

<table>
<tr><td>신청일</td><td colspan="5"></td></tr>
<tr><td>성명</td><td></td><td>생년월일</td><td></td><td>나이</td><td>세</td></tr>
<tr><td>소속</td><td colspan="3"></td><td>성별</td><td>남 여</td></tr>
<tr><td>현주소</td><td colspan="3"></td><td>종교</td><td></td></tr>
<tr><td rowspan="2">연락처</td><td>집</td><td></td><td>H.P</td><td colspan="2"></td></tr>
<tr><td>E-mail</td><td colspan="4"></td></tr>
<tr><td>현재 거취</td><td colspan="5">자가( ) 친척집( ) 하숙( ) 독서실( ) 기타( )</td></tr>
<tr><td>방문경위</td><td colspan="5">자진( ) 친구( ) 부모( ) 교사( ) 기타( )</td></tr>
<tr><td>상담실을 알게 된 경위</td><td colspan="5">전화번호부 또는 114 전화안내( )
기관(병원, 학교, 쉼터 등) 의뢰( )
주변 사람(친구, 부모, 이웃)을 통해( )
홈페이지 등 인터넷( ) 신문 및 방송( ) 기타( )</td></tr>
<tr><td>받고 싶은 심리검사</td><td colspan="5">성격유형검사(MBTI, MMTIC)( ) 다면적 인성검사(MMPI)( )
적성, 진로검사( ) 지능검사( ) 문장완성검사(SCT)( )</td></tr>
<tr><td rowspan="2">상담경험</td><td>있다( )</td><td colspan="4">• 방법 : 전화 · 서신 · 내방
• 시기 (년 월) 장소 ( )
• 상담이유 :
• 심리검사 :
• 종결되었다면 그 이유 :</td></tr>
<tr><td>없다( )</td><td colspan="4"></td></tr>
</table>

• 가족사항

성명	관계	연령	학력	직업	동거 여부	자신과의 친밀도
					예 아니오	1 2 3 4 5
					예 아니오	1 2 3 4 5
					예 아니오	1 2 3 4 5
					예 아니오	1 2 3 4 5
					예 아니오	1 2 3 4 5

자신과의 친밀도: 1-매우 나쁨, 2-나쁨, 3-보통, 4-좋음, 5-매우 좋음

• 관심 있는 문제 영역

• 가족
( ) 부모/자녀 관계
( ) 부모 간의 갈등/폭력
( ) 경제적/환경적 문제
( ) 형제/자매 관계
( ) 기타 ________________

• 대인관계
( ) 친구관계
( ) 선후배와의 관계
( ) 따돌림
( ) 부모 외 어른과의 관계
( ) 기타 ________________

• 행동 및 습관
( ) 컴퓨터/인터넷 과다사용
( ) 약속위반/태만한 생활
( ) 무력감/게으름
( ) 충동조절 곤란
( ) 기타 ________________

• 학업 및 진로
( ) 성적
( ) 진로
( ) 학습방법
( ) 시험불안
( ) 기타 ________________

• 성격
( ) 소극적/과민한 성격
( ) 충동적/공격적 성격
( ) 의존적/우유부단한 성격
( ) 완벽성향/경직된 성격
( ) 기타 ________________

• 정서적 문제
( ) 우울/무기력
( ) 불안/걱정
( ) 적개심/분노
( ) 외로움/공허감
( ) 기타 ________________

• 비행	• 이성 및 성문제
( ) 가출	( ) 이성과의 관계
( ) 폭력성 문제	( ) 성문제
( ) 음주/흡연	( ) 기타 ________________
( ) 기타 ______________________	

• **위의 문항 중 가장 큰 어려움은?**

• **상담신청서**

- **상담 녹음 및 녹취 동의서**

상담자(　　　)와 내담자(　　　)는 상담과정 중 상담받는 장면을 상담자가 기록, 녹음하거나 녹화하는 데 동의합니다. 이 자료는 내담자의 문제해결에 적극적으로 도움을 주기 위함과 상담자의 전문성 증진을 위하여 수퍼비전 받는 용도로 사용되며, 그 이외의 용도로 활용될 경우에는 내담자의 허락과 동의를 구합니다. 20　　년　　월　　일 내담자 :　　　　(서명) 상담자 :　　　　(서명)

2) 상담관계 형성

상담자와 내담자 사이에 형성되는 신뢰관계를 상담의 용어로는 라포(rapport)라고 부른다. 내담자는 상담에 대한 기대와 더불어 불안감이 있다. 자신의 어려움을 낯선 누군가에게 표현한다는 것은 그가 가지고 있는 불안감을 더욱 증폭시키는 일이다. 그렇기 때문에 상담관계의 형성은 상담의 질적인 만족을 좌우한다. 상담관계를 형성하는 것이 단지 좋은 사람으로 보여 주기 위함만은 아니다. 상담의 장에서 자신을 표현하고 이해받

상담자와 내담자 사이에 형성되는 신뢰관계를 상담의 용어로는 라포(rapport)라고 부른다. 내담자는 상담에 대한 기대와 더불어 불안감이 있다.

을 수 있는 신뢰로운 안전망을 형성하는 것이다. 그러기 위해서 상담자는 전문적이지만 호감을 줄 수 있는 복장을 선택하여야 한다. 권위적인 정장이나 성실하지 못해 보이는 불량한 복장은 관계 형성에 부정적인 영향을 준다. 정리되어 있는 상담실과 전문서적의 배치는 신뢰를 줄 수 있다.

상담자의 적극적인 경청, 정확한 공감, 내담자의 수용은 상담관계 형성하는 데 중요한 역할을 한다. 왜냐하면 상담자는 내담자에게 일관된 관심과 공감에 민감하게 반응해야 한다. 신뢰 있는 상담관계 형성은 상담자와 내담자 간에 한 번의 만남으로 형성되기보다는 여러 번의 만남으로 신뢰가 형성된다. 그러므로 내담자에게 심리적인 안정감을 줌으로 내담자는 상담자를 자신의 생각과 감정의 속으로 받아들인다. 따라서 상담자와 내담자는 신뢰를 바탕으로 협업하는 관계를 형성하고, 상담과정들 속에서 변화를 경험하고 성숙해 나가도록 하는 것이다.

3) 상담의 구조화

상담의 구조화는 초기 단계에 이루어지고, 이 구조화는 간단하고 명료하게 전달되는 것이 좋다. 효과적인 구조화는 상담과정 중에 발생될 수 있는 일반적인 문제들을 줄이고, 좀 더 원활하게 상담을 진행할 수 있도록 돕는다.

상담구조화에는 상담자와 내담자 간의 역할에 대한 구조화, 상담시간의 구조화, 상담료의 구조화, 상담장소의 구조화 그리고 비밀보장의 한계에 대한 구조화 등이 다루어지며, 한 번에 모든 것을 다루다 보면 자칫 더 중요한 내담자의 이해와 상담의 흐름을 방해할 수 있다. 가능한 첫 회기 후반기에 이루어지는 것이 적당하지만 경우에 따라 2회기, 3회기에 다룰 수 있다.

상담구조화에는 상담자와 내담자 간의 역할에 대한 구조화, 상담시간의 구조화, 상담료의 구조화, 상담장소의 구조화 그리고 비밀보장의 한계에 대한 구조화 등이 다루어지며, 한 번에 모든 것을 다루다 보면 자칫 더 중요한 내담자의 이해와 상담의 흐름을 방해할 수 있다.

- 상담자와 내담자 간의 역할에 대한 구조화

상담과정은 ○○○씨가 고민하는 문제에 대하여 해결책과 도움이 되는 방안을 찾고 연습하게 됩니다. 상담자인 저는 ○○○씨가 말하는 문제들을 어떻게 하면 해결할 수 있는지 ○○○씨와 함께 생각하면서 노력하겠습니다. ○○○씨가 사전에 하고 싶은 이야기와 떠오르는 것을 이야기하며 적극적으로 표현할 때 더욱 효과적입니다.

- 상담시간의 구조화

상담시간은 경우에 따라 차이가 있을 수 있기는 하나, 50분으로 이루어지게 됩니다. ○○○씨와 저 또한 부득이한 사정이 생기게 되는 경우, 사전에 연락을 드려서 시간을 조정할 수 있습니다. 일주일에 한 번 정도 상담을 진행하며, 상담실 전화번호는 02-×××-××××입니다. 그리고 상담사인 제가 ○○○씨에게 전화해야 할 경우를 위해 번호를 알려주세요.

- 상담료의 구조화

- 유료의 경우 : 1회 상담 시 ○○○원의 상담료가 듭니다.
- 무료의 경우 : 본 상담실은 공익을 위해 ○○○로부터 지원을 받고 있으므로 ○○○씨와 상담료는 부담되지 않습니다.

- 상담장소의 구조화

장소는 이곳에서 계속 이루어지게 됩니다. ○○○씨와 여기서 상담을 진행하는 데 불편하시면 말씀해 주세요. 앞으로 상담을 받으실 때는 이곳에서 계속 이루어집니다.

- 비밀보장의 한계에 대한 구조화

○○○씨와 함께 하는 내용은 비밀이 보장되는 것을 원칙으로 합니다. 하지만, ○○○씨나 주변인의 생명을 해치거나 신변상의 위험이 예상되는 경우에는 비밀보장의 한계가 있습니다. (자살, 성폭행, 법적인 경우 등)

4) 목표설정 및 전략

내담자 개인과 환경, 지지체계 등에 대한 전반적인 이해가 되고 나면, 앞으로의 상담의 목표점을 설정해야 한다. 상담목표는 나침반처럼 방향을 제시해 주는 역할을 하게 된다.

내담자 개인과 환경, 지지체계 등에 대한 전반적인 이해가 되고 나면, 앞으로의 상담의 목표점을 설정해야 한다. 상담목표는 나침반처럼 방향을 제시해 주는 역할을 하게 된다. 적극적인 상담이 진행되기 위해서는 내담자와의 합의를 통하여 상담목표를 설정하는 것이 좋다. Choca(1980)는 개인상담이 다음의 네 가지 중 하나 이상의 목표를 지닌다고 하였다.

① 내담자에게 지지적 관계를 제공하여 보다 높은 수준으로 기능을 할 수 있게 하거나 적어도 더 악화되지 않고 현재 수준의 기능을 유지할 수 있도록 한다.

② 자신과 환경에 대한 내담자의 이해 수준을 증가시킨다.

③ 내담자가 아동기의 갈등을 훈습할 수 있는 관계를 수립한다.

④ 내담자로 하여금 생활이 덜 고통스럽게 자신과 환경을 변화시키도록 돕는다(신경진, 2010).

2. 중기 단계

상담 중기 단계에서 내담자는 심리적인 문제에 대한 통찰이 이루어지게 된다. 내담자의 탐색은 지금까지 진행되어 온 행동과 삶의 패턴의 변화에 대한 저항을 불러일으킬 수도 있지만, 궁극적으로는 통찰과 저항을 통해 자신과 문제를 깊이 더 이해하게 된다.

상담 중기 단계에서 내담자는 심리적인 문제에 대한 통찰이 이루어지게 된다. 내담자의 탐색은 지금까지 진행되어 온 행동과 삶의 패턴의 변화에 대한 저항을 불러일으킬 수도 있지만, 궁극적으로는 통찰과 저항을 통해 자신과 문제를 깊이 더 이해하게 된다. 나아가 내담자가 상담장면을 통하여 통찰한 내용을 생활과 현실에서 경험하고 실습해 나가는 경험을 하게 된다.

통찰을 현실에 효과적으로 적용하게 하기 위해서는 상담자는 다양한 상담 기법들을 활용하게 된다. 매체를 활용한 기법을 적용하면서, 상담의 심층적 공감, 감정의 반영, 재진술, 직면, 즉시성, 해석 등의 기법을 사용하게 된다.

3. 종결 단계

초기 내담자가 호소한 문제에 대하여 자기 탐색과 통찰이 이루어지고, 이로 인하여 대안방법에 대한 훈련으로 호소문제에 대한 현실의 적응력이 생기는 내담자의 행동에 변화가 일어나게 된다면 상담은 종결하게 된다. 이때 내담자는 그동안 의지해 온 상담자에 대하여 다양한 감정을 느끼게 된다. 따라서 종결 시기에는 내담자의 의존, 이별에 대한 감정을 다루는 것 또한 중요하다.

종결에는 상담자에 의한 조기 종결, 내담자에 의한 조기 종결, 상담자와 내담자의 합의에 의한 합의종결이 있다.

종결에는 상담자에 의한 조기 종결, 내담자에 의한 조기 종결, 상담자와 내담자의 합의에 의한 합의종결이 있다.

종결 후에는 내담자가 잘 적응하고 있는지 전화, 이메일을 통하거나, 때에 따라서는 추후 면담을 통하여 추수지도를 할 수 있다.

4. 사례개념화

사례개념화(case conceptualization)는 상담자가 내담자의 심리적, 대인관계적, 행동적 문제에 대해서 원인과 촉발요인, 그리고 유지요인 등으로 가설을 세우는 것을 의미한다(이윤주, 김계현, 2002). 상담자는 사례개념화를 통해 접수면접이나 상담 초기 동안 내담자가 진술한 내담자의 문제와 관련된 단편적인 정보들을 통합하고 추론하여 내담자가 이 시점에서 문제를 경험할 수밖에 없는 메커니즘을 이해하고, 내담자가 여기에서 벗어날 수 있는 실천 가능한 청사진을 세우게 된다.

홍경자(2001)는 사례개념화를 심리검사, 면접과 행동관찰, 내담자의 가족이나 관련 인사로부터 얻은 정보 등을 통합하여 내담자의 문제에 대한 이론적 모형을 자기 나름대로 수립하는 것이라고 주장했다. 또한 김진숙(1996)은 사례개념화의 목적을 내담자 문제의 성격과 원인에 대한 정확한 이해를 통해 상담목표와 개인 전략 수립에 필요한 방향성을 제시한다고 보았다. 이를 종합적으로 설명하면 사례개념화는 대부분 상담초기에 내담자의 관련 정보나 단서를 바탕으로 개략적인 밑그림(설계)을 그리고, 상담을 진행하면서 내담자의 문제 상황을 구체적으로 탐색하는 과정을 통해 보완해 가는 것이다.

1) 사례개념화의 개념

(1) 사례개념화의 기능

사례개념화는 상담자가 상담을 진행하는 데 있어 좌표가 되고, 그에 따라 상담자 자신이 하고 있는 개입들이 맞는지 안 맞는지 수정 · 보완할 수 있어 상담의 효과성을 높이는 데 많은 도움이 된다. 게다가 상담사례개념화를 상세하게 쓰면 내담자 문제해결의 안내자가 될 뿐만 아니라, 상담 및 심리치료에 전문직으로 자리매김하는 데 도움이 된다.

(2) 상담사례개념화 양식

상담자가 상담사례개념화 양식을 시각적으로 이해하면 내담자의 문제를 시각화하는 데 도움이 된다. 상담자가 내담자 문제해결의 과정과 결과를 표현하더라도 상담자의 생각들을 그림과 도식으로 표현하는 시각화연습이 있어야 상담자가 내담자의 복잡한 정보를 효과적으로 요약하여 개념화할 수 있다.

(3) 사례개념화 교육내용

① Loganbill과 Stoltenberg의 사례개념화 아홉 가지

첫째, 인적사항(인구학적 정보, 즉 연령, 성별, 인종, 결혼 여부, 대학학과, 주거 형태, 옷 입는 양식, 외모, 일반적 자기표현), 둘째, 호소문제(내담자의 관점에서 내담자가 중요하게 생각하는 순서), 셋째, 문제 관련 역사(상담의 깊이와 기간, 이론적 배경 및 문제의 특성에 따라 다양), 넷째, 대인관계 스타일(내담자가 타인을 보는 관점으로 타인에 대한 일반적 태도와 이러한 특성이 상담 장면에서 드러나는가에 대한 것), 다섯째, 환경적 요소(스트레스 요인과 지지요인), 여섯째, 성격역동(인지적 요인, 정서적 요인, 행동적 요인 등), 일곱째, 상담자의 문제에 대한 개념화(내담자 관련 정보들을 통합)한 것으로, 여덟째, 내담자의 성격 핵심 역동, 공통 주제 등을 통해 내담자 문제에 관한 상담자의 관점 요약, 아홉째, 객관적 정보, 상담자의 주관적 인상이나 추론의 기회 제공, 각 영역에서 중요 요소를 종합적으로 요약한다.

② 장성화 사례개념화 교육내용 일곱 가지

첫째, 내담자의 인적사항(성별, 나이, 학력, 인종, 결혼, 외모 등), 둘째, 내담자의 호소문제(내담자의 시선에서 내담자가 바라보는 문제와 생각하는 순서), 셋째, 내담자의 문제 발생(발달적 관점, 과거 문제력, 현재 상황, 문제의 특성에 따른 다양성), 넷째, 내담자의 개인 및 환경적 요인(자기이해력, 자기비판, 방어기제, 스트레스, 지각요인, 인지·정서·심리 등), 다섯째, 내담자의 대인관계(대인관계 양상, 대인관계문제 영역, 대인관계 패턴 등), 여섯째, 내담자의 문제에 대한 종합적 분석(전략적인 상담이론, 내담자와 관련된 원인에 대한 종합적인 분석 등), 일곱째, 내담자의 상담목표 및 계획(장기 및 단기목표, 상담전략 등) 등이 해당된다.

③ 이윤주 사례개념화 교육내용 여덟 가지

첫째, 내담자 현재 문제 및 관련 증상(지금 상담에 오게 된 계기, 구체적 호소들, 증상, 핵심문제 및 핵심정서, 객관적 정보), 둘째, 문제와 관련된 역사적 배경(발달적 역사, 문제의 기원, 과거 문제력 및 당시 환경상황), 셋째, 문제와 관련된 내담자의 개인적 요소(자아개념, 통찰 내용과 수준, 인지적 스타일 및 특징, 정서적 스타일 및 특징, 신체 생리 행동적 특징, 원함), 넷째, 문제와 관련된 내담자의 외적 요인(문제와 관련된 현재 생활 여건, 문제를 지속시키는 상황적 요인), 다섯째, 내담자의 대인관계 특성(대인관계 양상, 대인관계 문제 영역), 여섯째, 내담자의 자원 및 취약성(긍정적 상황과 강점, 내담자의 대처전략, 부정적 상황과 약점), 일곱째, 문제와 내담자에 대한 종합적 이해(핵심문제에 대한 이론적 설명, 내담자와 관련된 요인들에 대한 종합적 이해 및 평가), 여덟째, 상담목표 및 계획(최종목표; 장기목표, 과정목표; 단기목표, 상담전략, 상담목표 달성의 장애로 예상되는 요소들)이 해당된다.

2) 상담사례개념화를 통해 이론적 관점 찾기

상담자가 내담자의 문제를 어떻게 규정하고, 상담의 방향을 어떻게 할 것인가는 상담자의 이론적 배경에 따라 달라진다. 상담과정에서 내담자의 진술에 대한 상담자의 반응은 상담자의 이론적 배경에 따라 아주 다양하게 나타난다. 수련기 초기와 중기에 있는 상담자는 상담과정에서 의식적이든 무의식적이든 상담자 자신의 행동에 숨어 있는 이론적 배경을 점검하고 설명함으로써 유능한 상담자의 길로 안내할 수 있다(이윤주, 2007).

(1) 주 호소문제

호소문제는 내담자의 입장에서 자신의 문제를 진술하는 방식으로 호소문제를 분석함으로써 상담자가 문제에 대한 내담자의 시각을 이해할 수 있으며, 상담과정에서 초점을 두어야 할 주 호소문제를 구체화하는 데 도움이 된다.

표 19-1 주 호소문제

구분	지원전략
주 호소문제 구체화하기	1. 내담자가 호소한 내용 중 우선순위를 두고 선택한다. 이때 우선순위 기준은 가장 먼저 나온 것, 가장 중요하게 생각하는 것, 가장 관심 있는 것, 가장 시급한 것, 힘든 것, DSM-5 진단기준 등일 수 있다.
	2. 상담자는 내담자에게 주 호소문제와 관련된 질문을 해서 주 호소문제를 구체화한다.
	3. 상담자는 먼저 다뤄야 할 문제가 무엇인지에 대해 내담자와 협의한다.
	4. 상담자는 호소문제에 위계가 있는지 확인하고 상위에 있는 것을 주로 문제로 한다.
	5. 상담자는 내담자의 호소문제를 개략적으로 유목화한다.
	6. 상담자는 내담자의 호소문제 중에 반복적으로 나타나는 패턴이나 초점을 찾아본다.
	7. 상담자는 내담자가 호소문제를 진술할 때 자신의 문제를 통찰할 수 있도록 한다.
	8. 상담자는 내담자의 문제를 객관화할 수 있어야 한다.
	9. 상담자는 상담과정에서 일어나고 있는 내담자의 행동을 관찰할 수 있어야 한다.
	10. 상담자가 내담자의 호소문제 중 주 호소문제를 효과적으로 도출하기 위해서 자신의 이론적 관점을 정리하는 것이 도움이 된다.

(2) 촉발요인

촉발요인은 내담자의 주 호소문제를 직접적으로 일으키게 한 요인이나, 이 시점에서 문제가 심각해져 상담실을 찾도록 한 요인을 의미한다. 대부분의 상담이론에서 촉발요인은 내담자의 문제를 직접으로 일으킨 스트레스(예: 최근 부모의 이혼, 신체적 상해, 질병)에서 찾을 수 있으나, 상담자의 이론적 관점에 따라 촉발요인으로 해석하는 스트레스는 다소 차이가 있을 수 있다. 또한 상담사례에 따라 촉발요인이 쉽게 드러나기도 하고, 쉽게 드러나지 않아 추측해야 하는 경우도 있다. 시간적으로 최근의 일련의 사건에서 찾을 수도 있고, 오랜 시간을 거슬러 올라가 찾을 수도 있다. 상담자는 촉발요인을 구체화하는 과정에서 촉발요인이 쉽게 드러나는가? 그렇지 않은가?, 최근의 사건인가?, 시간을 거슬러 올라가는 사건인가? 등에 대한 의미를 숙고할 필요가 있다.

표 19-2 촉발요인

구분	지원전략
촉발요인 구체화하기	1. 상담자는 내담자의 주 호소문제와 관련된 원인을 탐색한다.
	2. 상담자는 내담자의 문제와 관련된 선행사건을 탐색한다.
	3. 상담자는 내담자가 이 시점에서 상담하게 된 계기를 탐색한다.
	4. 상담자는 내담자의 주 호소문제와 관련된 상황을 탐색한다.
	5. 상담자는 내담자의 문제가 시작된 시점과 관련 있는 문제사를 통해서 촉발요인을 구체화할 수 있어야 한다.
	6. 상담자는 내담자의 촉발요인을 내담자 관련 정보다 직접적인 질문을 통해 확인해야 한다.
	7. 상담자는 촉발요인을 찾았더라도 상담과정에서 필요할 때는 검증할 수 있어야 한다.
	8. 상담자는 주 호소문제와 관련된 정보를 통해 내담자의 촉발요인을 추정할 수 있다.
	9. 상담자는 상담과정에서 일어나고 있는 내담자의 행동을 관찰할 수 있어야 한다.
	10. 상담자가 내담자의 호소문제 중 주 호소문제를 효과적으로 도출하기 위해서 자신의 이론적 관점을 정리하는 것이 도움이 된다.

(3) 유지요인

유지요인은 내담자가 촉발요인에 취약해져 문제를 경험하게 하는 내담자의 과거에 일어났던 사건을 의미한다. 유지요인은 일반적으로 발달적 이슈를 의미한다. 상담의 이론적 배경에 따라 다양한 형태로 나타낸다. 즉, 정신역동은 대상관계와 심리 · 성적 발달단계에서, 인지행동주의는 부적응적 도식과 대인관계적 도식에서, 행동주의는 초기학습의 습관과 강화 역사에서 내담자의 문제를 유지시키는 요인들을 찾는다.

표 19-3 유지요인 구체화 촉진전략

구분	지원전략
유지요인 구체화	1. 상담자는 내담자의 주 호소문제가 지속적으로 유지됨으로써 얻는 이득 무엇인지를 탐색해야 한다.
	2. 상담자는 내담자의 주 호소문제와 관련된 주변환경을 탐색해야 한다.
	3. 상담자는 내담자 관련 정보나 내담자의 진술내용을 통해 유지요인을 확인하여야 한다.
	4. 상담자는 주 호소문제와 관련하여 비교적 지속적으로 반복되는 패턴을 통해서 유지요인을 추론할 수 있어야 한다.
	5. 상담자는 심리검사를 활용해서 내담자의 주 호소문제와 관련된 내적 유지요인을 도출할 수 있어야 한다.
	6. 상담자는 자신의 이론적 관점에서, 내담자의 주 호소문제를 지속적으로 유지시키는 요인을 구체화할 수 있어야 한다.

(4) 내담자의 문제를 상담자 관점에서 재진술하기

상담자 관점은 지금까지 주 호소문제, 촉발요인 그리고 유지요인 등을 근거로 하여 이들의 관계를 상담자의 이론적 관점에서 설명하거나, 내담자 문제의 근원적인 원인에 대해 가설을 세워 보는 것을 의미한다.

표 19-4 내담자의 문제를 상담자 관점에서 재진술하기

구분	지원전략
재진술하기	1. 상담자는 내담자의 문제를 설명할 수 있는 주된 관점이 있어야 한다.
	2. 상담자는 내담자의 문제를 설명함에 있어 필요시 다양한 관점을 취할 수 있어야 한다.
	3. 상담자는 일단 내담자의 문제를 정리하고 이에 적합한 이론적 관점을 선택해야 한다.
	4. 상담자는 자신의 이론적 관점에서 내담자의 주 호소문제, 촉발요인 및 유지요인 등을 통해 내담자의 문제를 설명하는 것을 반복적으로 연습할 필요가 있다.
	5. 상담자는 DSM-5 분류체계를 활용하여 내담자의 문제를 정리하면 이를 내담자와 함께 논의할 수 있어야 한다.
	6. 상담자는 일단 이론적 관점에서 내담자의 문제를 정리하면 이를 내담자와 함께 논의할 수 있어야 한다.
	7. 상담자가 내담자의 문제에 대해 갖는 설명의 틀은 하나의 가설에 불과함을 명심해야 한다.
	8. 상담자는 내담자의 문제에 대한 설명의 틀을 동료 상담자나 수퍼바이저와 논의할 수 있어야 한다.

(5) 상담목표와 상담계획 수립하기

① 상담목표 구체화하기

상담목표는 상담의 방향을 결정짓는 것으로 크게 장기목표와 단기목표로 구별할 수 있다. 장기목표는 상담을 통해 기대하는 긍정적인 성과로서 포괄적인 내용을 담고 있으며, 단기목표는 구체적이고 측정 가능하며 실질적인 문제해결에 기여하고 내담자가 통제할 수 있는 내용을 의미한다. 상담과정을 분석해 보면 의외로 상담자는 포괄적인 상담방향만 제시하거나 또는 상담자가 생각하는 상담목표에 내담자도 동의할 것이라고 가정하고 상담을 진행할 때가 많다. 이러한 경우 내담자는 자신의 어려움을 해결하기 위해 어떤 방향으로 노력해야 하는지를 정확히 모르므로, 상담과정에서 내담자의 문제를 개념화하여 내담자의 주 호소문제를 극복하기 위해서 어떤 방향성을 갖고 상담을 해야 할지에 대해 정하고, 내담자와 논의하여 합의하는 것이 매우 중요하다고 할 수 있다.

표 19-5 상담목표 구체화

구분	지원전략
상담목표 구체화	1. 상담자는 우선적으로 내담자가 원하는 것을 상담목표에 반영해야 한다.
	2. 상담자는 관찰 가능하고 평가 가능한 구체적인 상담목표를 세울 수 있다.
	3. 상담자는 내담자 관련 정보나 내담자의 진술내용을 통해 상담목표를 구체화하여야 한다.
	4. 상담자는 내담자가 실천할 수 있고, 상담자 자신이 감당할 수 있는 것을 상담목표로 세울 수 있어야 한다.
	5. 상담자는 상담목표에 대해 내담자와 함께 조율할 수 있어야 한다.
	6. 상담자는 내담자의 근원적 문제를 해결하기 위한 상담목표를 가설적으로 세울 수 있어야 한다.

② 상담계획 구체화하기

상담계획은 상담자가 고려해야 할 세부영역으로 상담전략과 상담기간, 사례운영방식 등이 포함된다. 상담계획은 내담자의 문제와 특성, 상담목표를 고려하여 내담자 개개인에 맞게 개별화된 내용으로 구성되어야 한다. 상담자가 실효성 있는 상담계획을 짜기 위해서는 상담자와 내담자의 능력을 동시에 고려해야 한다. 좋은 상담계획을 수립하더라도 상담자의 능력을 벗어난 것이거나 내담자가 준비되어 있지 않아 현 시점에서 실천할 수 없는 것이라면 그 실효성은 현저하게 떨어질 것이기 때문이다. 따라서 상담자는 우선 자신의 능력 범위 안에서 내담자가 상담목표를 달성하는 데 도움이 되는 상담전략, 상담기간, 사례운영방식을 구상하게 하며, 이렇게 구상된 상담계획들이 현실적으로 내담자와 내담자의 문제 특성에 비춰 보아 실천 가능한지를 검토해야 한다.

표 19-6 상담계획 구체화

구분	지원전략
상담계획 구체화	1. 상담자는 상담목표를 달성하기 위한 청사진을 바탕으로 상담계획을 성립할 수 있어야 한다.
	2. 상담자는 내담자 문제의 특성에 따라 상담자 스스로 가능한 개입전략을 연결하여 구상할 수 있어야 한다.
	3. 상담자는 무엇보다 내담자가 준비되어 있는 만큼, 받아들일 수 있는 만큼만 상담계획에 반영해야 한다.
	4. 상담자는 먼 효과보다 비교적 당장의 효과를 기대할 수 있는 상담계획을 수립할 수 있어야 한다.
	5. 상담자는 내담자와 상담계획에 대해 논의하여 내담자의 적극적인 자료를 끌어낼 수 있어야 한다.
	6. 상담자는 상담계획을 수립할 때 내담자와 충분히 협의해야 한다.
	7. 상담자는 상담계획에 관해 다양한 자신의 레퍼토리를 개발할 수 있어야 한다.
	8. 상담자는 특정 내담자에 대한 자신의 상담계획을 동료 상담자나 수퍼바이저에게 이야기하여 상담계획을 타당화할 수 있어야 한다.

3) 상담자의 특성 이해

(1) 일반적 특징

① 교육적 배경

처음 상담을 시작하는 초급 상담자는 학부에서 심리학, 교육학, 사회복지학들을 전공한 경우가 많다. 따라서 초급 상담자들은 인간발달, 성격심리, 교육학, 인간관계를 비롯한 상담 관련 분야에 대한 기본적인 지식을 가지고 있다. 하지만 이들의 상담실제에 관한 관심과 지식, 그리고 경험은 제한적이었다. 따라서 1980년대 이후 상담자 교육이나 상담과정 연구 모델로 사례개념화가 발달되기 시작하였다. 초급과 중급단계에 속해 있는 상담자들은 상담이론이 완전히 정립되기 않았기 때문에 개념화에 대한 능력이 부족하다. 또한 내담자가 제공하는 다양한 정보에 대한 통합 및 추론 능력의 부족과 상담 이외 업무(행정, 연구) 등을 수행하는 경우가 부족하여 개념화 교육이 진행되었다. 대부분의 상담 관련 대학 또는 대학원 과정은 학생에게 내담자를 만나기 전에 상담과정에 대한 기본적인 이해, 상담과 진단에 있어서의 개념적 훈련, 그리고 실습 기회를 제공한다. 초급 상담자는 수업에서 배운 지식과 정보를 자신의 경험에 비추어서 평가한다. 배운 내용과 자신의 경험이 비슷하면 스키마가 빨리 형성, 발달하고, 상담과 관련해서 생성된 스키마들이 내담자 혹은 상담에 대한 이해의 기초가 된다. 하지만 자신의 경험과 일치하지 않는 정보는 초급 상담자의 스키마 속으로 통합되는 데에 오랜 시간이 걸리거나, 이미 존재하는 스키마에 부정확하게 통합될 수 있다.

② 상담 분야에 입문한 동기

초급 상담자가 상담 분야에 입문하게 된 동기는 초기 단계의 상담 실습과 교육에서 어떤 영역에 학습의 중점을 둘 것인지 결정하는 데에 영향을 미친다. 어떤 실습생은 어려움에 처해 있거나 고민하고 있는 내담자를 도와주려는 동기를 가지고 상담분야에 입문한다. 국내 상담자들의 경우에는 이것이 가장 주된 동기인 것처럼 보인다. 예를 들면 학교 교사로 재직 중일 때 학생들을 상담하면서 상담의 필요성을 느껴 상담을 전공하게 된 경우이다. 이들은 다른 사람의 고통을 줄여주는 데 필요한 기술, 즉 치료적 상담 개입 혹은 상담 기법에 대한 것을 배우고 싶어 한다. 하지만 이들은 상담 관련 연구, 진단, 혹은 기본적인 인간의 인지, 감정, 그리고 사회화 과정에 대해서는 별로 관심을 보이지 않을 수 있다. 초급 상담자 중에는 상담학이라는 학문 분야에 대한 지적 자극이 동기가 되어 상담을 택하는 경우가 있다. 이들은 처음에는 내담자의 문제나 고통에는 관심이 적고, 인간 본성에 대한 학문적 이해, 연구 방법, 통계 그리고 임상 자료 수집 등에 학습 경험의 초점을 맞춘다.

자신의 경험이나 중요한 타인을 이해하기 위해 상담자의 길을 선택한 상담 실습생은 자신의 아동기 경험, 관계문제, 그리고 다른 인생 경험 탐색과 이해에 더 많은 시간과 노력을 투자해야 할 것이다. 상담자 중에는 상담을 배우는 과정 중에 자신의 문제를 치유 받는 경우가 있다. 예를 들면 학부 시절 상담 관련 과목(성격심리학, 인간관계론, 상담과 생활지도 등)을 수강하면서 자신의 문제에 대한 해결책을 얻거나 다른 해석을 얻게 되어 상담을 전공하게 된 경우이다.

어떤 실습생은 상담자의 사회적 지위에 주된 동기가 있다. 이들은 개인적 경험이나 자기에 대한 이해보다는 자격증을 따는 필수요건에 더 관심을 가진다. 특히 한국 여성의 경우에 상담 분야에 종사한다고 했을 때 주변 사람들의 반응은 대체로 긍정적이기 때문에 상담을 진로로 선택한 경우가 있다.

(2) 발달적 특징

① 자신과 남에 대한 알아차림

초급 상담자는 자신과 남에 대한 알아차림이 부족하고 상담 회기 중에 내담자에게 주의를 기울이기보다는 자신의 상담 수행에 더 신경을 쓴다. 초급 상담자는 자신이 상담과정을 이해하고 있는지, 적절한 방법으로 상담기술을 수행하는지에 대해서 걱정한다. 이들을 내담자와 같이 있는 상담장면에서 내담자의 말에 주의를 기울여서 내담자를 이해하려고 하기보다는 상담자로서 내담자에게 어떻게 반응해야 하는지를 더 많이 생각한다. 상담 회기 중에 초급 상담자는 적절한 상담 기술에 대한 스키마를 탐색하면서, 자신이 배웠던 기술을 잘 수행하고 있는지에 더 관심을 둔다. 또한 초급 상담자는 내담자가 말하는 것이 자신이 개념화한 내담자의 모습과 일치하는 방향으로 해석하려고 노력한다. 이러한 노력은 내담자나 내담자의 관점을 진정으로 이해하는 데 사용될 상담자의 에너지를 소진시킨다.

초급 상담자는 높은 수준의 불안을 경험한다. 이들은 상담자로서 무엇을 해야 할지 모르기 때문에 자신감이 부족하고, 수퍼바이저 혹은 내담자로부터 부정적인 평가를 받을까 염려한다. 초급 상담자는 수행 불안을 경험하고 있기 때문에 내담자를 공감하거나 내담자의 감정적 경험을 반영해주기 어렵다. 초기의 혼란과 불안은 실습생이 경험을 쌓아감에 따라 점차로 줄어들지만, 초급 상담자가 내담자를 알아차리기보다 상담자 자신에게 주의를 기울이는 경향은 어느 정도 지속된다. 실습생이 초기에 갖는 자신의 상담 수행에 대한 부정적 평가는 나중에 자신감이 쌓여가면서 나아진다. 초급 상담자의 자신감은 학습한 상담기술을 사용할 수 있게 되고, 상담 과정을 이해할 수 있게 되면서 생기게 된다. 자신감을 갖게 되어도 초급 상담자는 한참 동안은 여전히 자신의 상담 수행에 더 많은 주의를 기울여서 내담자에 대한 통찰이 잘 일어나지 않는다.

② 동기

초급 상담자는 상담 활동에 대한 높은 동기를 보인다. 상담을 수행해야 한다는 부담감으로 내담자가 약속을 취소할 경우에 한편으로는 안도하기도 하지만, 초급 상담자는 상담을 배운다는 것에 깊은 관심을 갖고 더 빨리, 더 많이 배우기를 원한다. 학습에 대한 높은 동기에는 불안하지 않기를 바라는 마음과 그 불안이 자신감으로 바뀌기를 바라는 마음이 포함된다. 대부분의 실습생은 대학 또는 대학원 과정 중에 하는 상담실습이 실제 상담 수행의 첫 경험인 경우가 많다. 이들의 열정적인 태도는 상담에 대한 학습과 수행에 촉진제가 되고, 높은 동기는 치료적 상담 개입 기술을 배우는 데에 쓰인다.

초급 상담자의 높은 동기는 실습 후기로 가면서 다른 양상으로 나타나는데, 실습 초기에 겪게 되는 어려움과 좌절로 인해 초급 상담자의 동기가 낮아질 수 있다. 반대로 초급 상담자는 과도한 자신감을 갖고 높은 동기를 유지하기도 한다. 과도한 자신감은 초급 상담자가 기본적인 상담 과정 기술을 수행하는 데 유능함을 느끼고 내담자에 대해 제한적이긴 하지만 더 많이 이해하기 때문에 발생한다. 또한 수퍼바이저로부터 긍정적인 평가를 받은 경험이 쌓이면서 실습생은 자신에 대한 과도한 자신감을 갖게 되기도 한다.

③ 자율성

초급 상담자는 대부분 수퍼바이저에게 많이 의존하기 때문에 자율성이 낮다. 이들은 자율적인 상담자라고 하기에는 아직 부족하기 때문에 수퍼바이저에게 의존하는 것이 바람직할 수 있다. 수퍼바이저는 실습생에게 심리적 지지와 상담 관련 지식을 제공한다. 수퍼비전은 실습생이 심리적 지지, 상담 수행과 직접 관련된 정보와 조언, 내담자와의 관계에 대한 도움을 받을 수 있는 기회이다. 초급 상담자에게 수퍼바이저는 역할모델, 즉 실습생 자신의 부족한 지식을 보충하고 불안을 극복하는 데 중요한 사람으로 여겨진다.

상담 경험이 쌓여가면서 초급 상담자는 수퍼바이저에 대한 의존성을 줄여간다. 실습생이 초기에 수퍼비전을 통해서 성공적인 상담 경험을 하게 되면 초급 상담자는 자신감과 자율적으로 기능하고자 하는 욕구를 발달시킬 것이다. 한 영역에서 상담을 잘 수행할 수 있는 초급 상담자는 자신감을 가지고 새로운 영역에 대한 관심을 보인다.

연습 문제

이론적 기반과 기법을 통해 상담과정을 향상시킬 수 있는 연습문제

① 상담기술 모듈에서 탐색에 대하여 논하시오.

② 상담의 구조화에 대하여 논하시오.

③ 사례개념화의 정의에 대하여 기술하시오.

④ 사례개념화의 유지요인과 촉발요인에 대하여 설명하시오.

⑤ 상담자의 특성 중 발달적 관점에 대하여 기술하시오.

[부록]

사례발표

일시 : 20○○년 ○월 ○○일 장소 :

발표자 : ○○○ 수퍼바이저 : ○○○, ○○○

1. 내담자 기본 정보

1) 내담자 신상 정보

여, ○○세, 학력, 기혼, 주부, 종교

2) 주 호소문제(수퍼바이저에게 도움이 될 수 있는 정보량)

"다혈질인 저 자신을 통제할 수 있었으면 좋겠어요."
"아이들을 많이 껴안아 주는 엄마이고 싶어요."

3) 상담의 맥락(구체적으로 작성)

① 상담장소 : ○○상담센터/ 상담기간: 20○○. 5. 28~현재 진행 중, 총 34회기 마침/ 주 1회, 회기당 60분

② 내방경위 : 본 상담자와 상담했던 이전 내담자의 권유로 내방하게 됨.

③ 이전 상담경험 : 20○○년 1월 큰아이가 ADHD 진단을 받았던 신경정신과에서 부모 상담으로 30분 정도 상담 받은 적이 있음. 이때 문장완성검사(SCT)와 MMPI-2검사 받은 경험이 있는 것으로 추정됨.

4) 인상 및 행동관찰

160cm 정도의 키, 작고 예쁜 얼굴에 비해 살찐 체형, 짧은 머리, 화장은 전혀 하지 않고 청바지에 남방을 주로 입는 수수한 차림이다. 액세서리나 치장을 하지 않아 외모에서 여성스러움은 많이 느껴지지 않는다.

상담시간을 엄수하며, 30회기가 넘는 기간 중 단 한 번 몸이 아파 빠진 것 외에 성실하게 상담에 임하였다. 주변 사람들에게 손수 만든 음식이나 차 등을 선물하기를 좋아한다. 역할 바꾸기 할 때 감정이입을 잘하는 편이고 은유적 표현을 많이 사용한다.

5) 발달배경

내담자는 농촌에서 60세가 다 되신 아버지와 어머니 사이에서 늦둥이 막내로 태어났다. 자라면서 가난하고 연세 많은 부모님이 늘 창피했다고 한다. 이웃 사람들이 자신과 부모를 측은하게 보는 시선, 학교에서 다른 아이들과 비교되는 자신의 차림새에 대해 의식하고 있었다.

언니, 오빠는 결혼하거나 도시로 나가서 부모님과 주로 살았는데, 아버지가 아프셔서 집안일을 많이 거들어야 했다. 중학교 1학년 때 아버지가 돌아가셨는데 그즈음에는 어머니와 함께 병수발도 들어야 했다. 부모님이 알려 주어서 한 일은 거의 없고, 학교에서나 집에서나 전부 혼자 알아서 했다. 방임적이고 무책임했던 부모님에 대해 서운함이 크다고 하였다.

6) 가계도

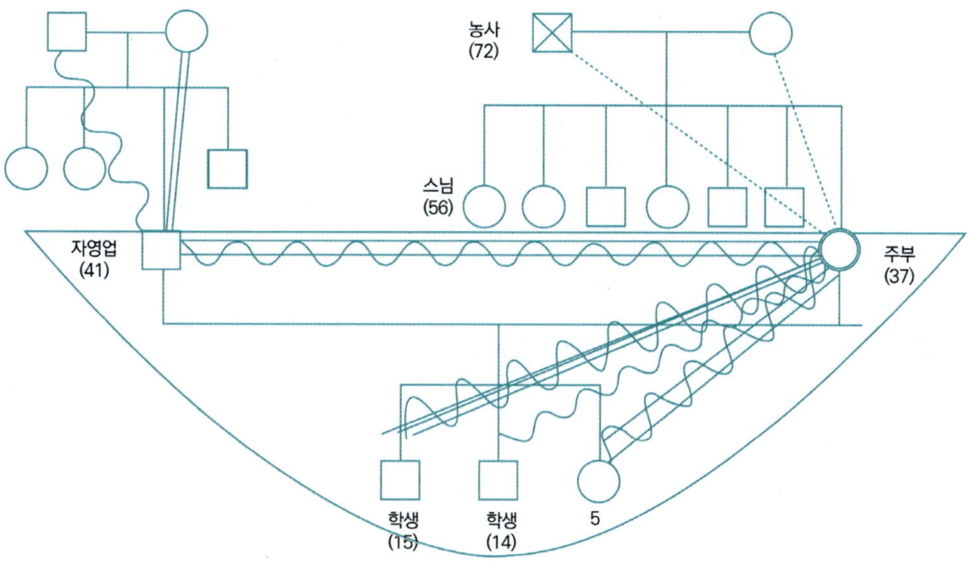

① 남편(유통업) : 집 나가 딴살림하다 돌아온 아버지에 대한 분노가 있고, 아버지처럼 되기 싫어 성실하게 가정을 꾸린다. 장남으로 책임감도 강하고 불행하게 사신 어머니에 대한 애정이 깊다. 이 점이 내담자와 관계에서 갈등의 원인이 되기도 한다. 아이들에게 대체로 관대하고 너그럽지만, 아들들이 성적이 나쁘거나 행실이 바르지 못하다고 생각될 때 매를 들기도 한다. 개인 사업을 하는데 내담자에게 장부정리를 시키고 독촉하기도 한다. 돈에 대해 철저하고 잔소리를 한다.

② 큰아들 : 중1, 20ㅇㅇ년 초에 ADHD 진단을 받고, ㅇㅇ병원 소아정신과에서 ADHD아이 대상 집단상담을 8회 받았다. 약 처방을 받았으나

한 달 먹이고 엄마가 끊었다. 내담자가 가장 아끼는 아들로, 내담자는 아들과 자주 동일시한다. 동생이 속을 많이 썩여 자신이라도 엄마 입장을 헤아리려 한다고 말하였다. 수의사가 되는 것이 꿈이다.

③ 작은아들 : 6학년인 작은아들은 계획에 없이 연년생으로 생겨 낳고 싶지 않았었다고 한다. 설상가상 낳고 보니 가장 싫어하는 시아버지와 외모, 식성, 성격까지 닮아 내담자의 모든 심리 갈등의 진원지이다. PC방에 가기 위해 학원을 자주 빼먹고 거짓말을 한다. 과외 선생님이 이대로 중학교 가면 따라가기 힘들 것이라고 해서 대안학교에 보내려 했는데 본인이 거부하였다. 4학년 때 ADHD 진단을 받았고, 약의 부작용에 대한 책을 보고 먹이지 않았다. 아이가 학교에서 친구들과 자주 다투고 선생님을 힘들게 한다. 친구들에게 맞아 최근에 고막이 터졌다. 본 상담자의 권유로 몇 달 전 재진단을 받고 놀이상담을 하고 있다. 관악기를 배우고 있고 본인의 꿈은 연예인이 되는 것이다.

④ 딸 : 4세인 딸은 내담자의 기쁨의 원천이면서도 힘들 땐 왜 낳았을까 싶어 한다. 딸을 가꾸어 줌으로써 대리만족을 느끼기도 한다. 오빠들의 질투의 대상이다. 딸을 낳고 집에 있으면서 몇 년간 우울했었다.

7) 사회적 관계

친구나 친지, 직장동료, 학교친구 등 주로 교류하는 사람과의 관계 방식을 제시하는 것이 도움이 된다.

2. 내담자 문제의 개념화

1) 심리검사 결과 및 해석

※ 해석부분은 생략되어 있음.

- BDI=3점(20○○. 8. 실시)
- 에니어그램 2번 유형에 3번 날개(20○○. 6월 말 실시)
- 문장완성검사(20○○. 7. 1. 실시)

〈자기개념〉

4. 나의 장래는 우리 가족들과 함께 화목하고 행복할 것이다.
5. 어리석게도 내가 두려워하는 것은 화내고 있는 나 자신이다.
11. 내가 늘 원하기는 아이들의 마음을 편안하게 해 주는 것.
15. 내가 믿고 있는 내 능력은 생활력이 강하다.
17. 어렸을 때 잘못했다고 느끼는 것은 아버지가 위독하실 때 아버지의 ○○○빵과 ○○○를 몰래 먹었다.
42. 내가 평생 하고 싶은 일은 다른 사람들에게 도움이 될 수 있는 일.

〈가족〉

13. 나의 어머니는 늘 바쁘셨다.
19. 대개 아버지들이란 자상함보다는 가부장적이다.
49. 나는 어머니를 좋아했지만 어머니를 좋아했던 기억이 없다.

2) 내담자의 강점과 약점

- 강점 : 아이들 어렸을 때 우유와 신문 배달을 할 정도로 생활력이 강하고 부지런하다. 자신이 경우 바르게 행동한다는 것에 대한 자부심이 있다. 화목한 가정을 가꾸고자 하는 의지가 강하다.
- 단점 : 감정에 머무르는 것을 힘들어하고 회피하려 한다. 우울을 말하면서도 검사에서는 부인한다. 아이들에 대한 기대를 현실적으로 조정하지 못해 분노조절이 안 된다.

3) 상담자가 본 내담자 문제

내담자의 자기 이미지는 생활력 강하고 경우 바른 좋은 자기와 아이들을 잘 양육하지 못하는 부족한 엄마로서의 나쁜 자기로 분열되어 있다. 좋은 자기 이미지는 신문, 우유배달을 하기도 하고 맏며느리로서의 역할에 치중하며, 언니, 오빠를 두고 자진해서 친정어머니 병간호를 맡아 하는 행동 등으로 유지된다. 반면, 나쁜 자기 이미지는 가난한 집에서 원치 않던 환갑둥이 막내딸로 태어나, 방임적인 부모 밑에서 관심과 돌봄을 희구하며 성장하는 것에서 비롯된 것으로 보이는데, 자신을 초라한 존재로 받아들이고 있으며 수치심을 가지고 있다. 구체적인 예로는 학력에 대해서 수치심을 가지고 있고, 아이들을 어떻게 해서든지 화이트칼라로 키워 보상받고 싶어 한다. 이러한 내면적 갈등으로 인해 내담자는 자신의 아이들에게 요구가 많아지고 갈등의 원인이 된다.

특히 자녀들이 자신의 뜻대로 따라주지 않으면 자신이 재경험하고 싶지 않은 조롱거리가 된 듯한 부정적 자기 이미지가 자극되어 반응적으로 화를 내게 된다. 그리고 화를 내면 낼수록 아이들과 관계가 나빠지는 악순환을 겪고 있다. 이 과정이 반복되면서 자녀양육에 대한 자신감을 잃고 차라리 내가 없어야 아이들이 잘 될지도 모른다고 생각하기에 이르렀다. 자신이 과도하게 화를 내는 원인에 대한 자각은 부족한 상태이고, 엄마 역할에 대한 좌절감이 크다.

내담자의 타인에 대한 이미지 또한 자신의 마음을 잘 몰라주는 나쁜 대상(시어머니, 시아버지, 작은아들)과 이상화된 좋은 대상(큰아들, 상담자)으로 나뉘어 있다. 내담자는 관계에 대한 욕구가 남편이 자신을 사랑해 주고, 내 편이 되어 줌으로써 충족되길 기대하고 있는데, 이것이 좌절될 때 세상은 버겁고 힘든 곳이며, 때로는 떠나 버리고 싶은 곳이 된다. 자연히 남편에 대한 이미지는 만족과 좌절을 주는 상황에 따라 좋음과 나쁨의 양극을 오간다.

따라서 본 상담자는 내담자의 사고 패턴을 분열과 함께 나쁜 자기 이미지에 대해서는 투사를 좋은 자기 이미지에 대해서는 투사적 동일시를 사용하는 것으로 이해하고자 한다.

3. 상담목표 및 전략

1) 상담목표

① 자신이 스스로에 대해 수치심을 가지고 있음을 자각하고 받아들이기
② 아이들에게 공부에 대해 지나치게 요구하는 것이 과거 자신의 경험에서 나온 것임을 깨닫기
③ 자신이나 타인이 좋고 나쁜 것을 동시에 갖고 있을 수 있다는 것을 수용하기
④ 자신에게 즐겁고 의미 있는 일을 찾아서 행동으로 옮기기

2) 상담전략

| 1단계 |

① 수치스러웠던 장면에 머물러서 직면

② 화목한 가정에 대한 열망의 좌절로 인한 분노 인식하게 하기

③ 자신을 좀 더 '괜찮은 사람'으로 만들기 위한 그동안의 절박한 노력 자각

④ 수치 밑에는 절박한 개선의 욕구가 있음을 타당화

⑤ 자신을 부끄럽게 만들었던 부모에게 하고 싶었던 말 찾기, 자기의 경계 설정

⑥ 스스로 할 수 있는 취미나 일 탐색하기

⑦ 아이들에게 자신의 소망을 강요하지 않고 말하게 하여 경계를 알게 하기

| 2단계 |

① 자신의 수치심을 자극시키는 대상에게 분노를 폭발하는 행동은 수치를 피하기 위한 행동이 패턴화된 것임을 자각

② 심리적 갈등이 있을 때 인터넷 게임을 하거나 폭식하는 등 회피성향이 있음을 자각하도록 하기

③ 새로운 행동 패턴(좌절의 표현반응인 화내는 것 말고, 자녀에게 정말 원하는 것을 제대로 전달하는 행동 연습)

| 3단계 |

① I-massage 습득하기

② 반영적 경청법 알게 하기

③ 부모교육서 읽고 적용하기

④ 아이들이 원하는 것과 자신이 바라는 것이 다를 수 있다는 것을 인정하기

4. 회기 요약

> **Tip**
>
> 회기가 짧을 때는 상호작용 위주로 회기별로 정리함. 진행된 회기가 너무 긴 경우 회기를 묶어서 핵심적인 내용 중심으로 기술한다.
> 수록된 사례는 5회기씩 묶어서 정리한 내용 중 일부를 발췌한 것이다.

- 1~5회기

제가 굉장히 다혈질인 것 같아요. 혼내고 때리고 큰아이가 손톱 물어뜯고 엄지손가락 파고 기대하는 만큼 상처가 많아요. 아이들이 학교생활에 충실하지 않아요. "저 자신을 통제할 수 있었으면 좋겠어요." 부모님께 사랑을 못 받았어요. 그냥 키우신 거지. 그런 습성들이 배어 있어 그런지 사랑 주는 법을 몰랐던 것 같아요. "아이들을 많이 껴안아 주는 엄마이고 싶어요." 아무 생각하고 싶지 않을 때 인터넷 고스톱을 쳐요. (생략)

- I-massage, 에니어그램 검사

- 6~10회기

문장완성 검사 쓰기 힘들었어요. 3번째 해보는데 밝아진 것 같아요. 앞만 보고 열심히 살면 자식들이 따라오리라 생각했어요. 아들 시험기간 내내 빈 책가방. 제 번호를 아들이 수신 거부해 놔서 아빠에게 혼났어요. 내

가 뭔가 비참했어요. 작은아이는 이기적인데 제가 막말하고 뺨을 한 대 때렸어요. 전 스트레스 받으면 먹어요…. (생략) (아이에게 뭘 물려주고 싶은데요?) 지식, 학력, 학벌. 배려하는 마음. 잘 어울려 살아가는 마음. 동네에서 호프집에 있으면서 애들 치킨 시켜 주었는데 이웃 언니가 너는 남이 먼저고 네 자식은 팽개치냐!

창피하고 숨고 싶었어요. 내 잘못이 크구나! 딸이 떼가 많이 늘었어요. 작은아들이 PC방에서 8시에 왔는데 나가라고 했어요. 〈역할 바꾸기〉

- 작은아들 심리검사 권유. 우울감 검사, '내 아이를 위한 사랑의 기술' 읽기. 운동이나 취미생활 생각해 보기

• 26~30회기

남편이 너 상담 받기 잘했대요. (어떤 의미에서요?) 제가 제 소리를 내요. (예를 들면요?) 아이들 과외에 관해서도, 남편은 시키지 말하고 하거든요. 전 해 줄 건 해 주고 싶어요. / 남편이 "물질이 있어야 정신이 풍요하다고 본다. 나는 우리 아이들이 늦지 않았다고 생각한다. 엄마의 역할이 크다." (그 말은 어떻게 들리나요?) 무겁고 숨이 막혀요. 제가 저를 감당 못 할까 봐. 알아서 할 건데 누가 터치하면 싫어요. (중략) 비교적 잘 지냈어요. 애들 스키캠프 가고. 전 소득세 신고하고. 작은아이가 집 밖으로 튕겨 나가려는 걸 느껴요. 안 세상보다 바깥세상이 자유롭겠죠. 〈역할 바꾸기〉 작은아들로 머물러 있고 싶지 않아요. 답답하고 엄마에 대한 분노, 질책. 엄마가 믿어 줬으면…. 아들의 엄마에 대한 불편한 마음을 알 것 같아요. 어떻게 어루만져 주어야 하나. 마음이 무겁네요. 10년 이상 이렇게 지냈으니 얼마나 춥겠어요.

- 욕구지연능력, 충동성 조절 방안

5. 축어록(34회, 20○○. 2. 5. 10:00)

상 1　○○ 씨는 초라함이라는 것에 많이 힘들어하시는 것 같아요. 우리가 그 이야기를 좀 더 해보는 게 어떨까요?

내 1　(침묵) 후~(한숨)

상 2　"남편이 아이를 상대로 해서 그렇게 똑같이 반응을 하고 아이를 감싸 주지 못하냐고 추궁하는 듯한 시선으로 바라본다."고 하셨잖아요. 그 시선을 느끼면 사라져 버리고 싶고 초라하고 위축되고… 그때 느낌이나 생각을 한번 자세히 얘기해 보세요.

내 2　(침묵) 음. 딸하고 그런 관계들이 많은 것 같아요. 밥을 먹을 때 혹은 딸이 어떤 행동을 했을 때 딸이 물론 잘못을 하지만 제가 강하게 나올 때가 있어요. 하지 마! 아, 왜 그러는 거야! 이렇게 나갈 때가 있어요. 사실 제가 볼 때에는 딸이 잘못해서 그런 걸 수도 있는데 그걸 감싸지 못하는 제가 참 한심스러워 보이나 봐요.

상 3　스스로도 그렇게 느끼고 있는데 남편이 그런 시선으로 바라보는 거예요? 아니면 나는 딸이 잘못해서 내가 이러는 게 당연한데?

내 3　강하게 나오는 것은 제가 자제력이 부족해서죠. 더 다른 말로 따뜻한 말로 다가갈 수도 있을 텐데. 그런데 남편의 표정이 그 표정이 있어요. 그 '네가 좀 더 세심하지 못했다'라는…. 어른인 네가 이해해야지 그런 거.

… 중략 …

상 75　오늘 나누었던 이야기 중에서 인상적이었던 것을 말씀해 주시겠어요?

내 75　음… 딸아이와 저의 관계를 다른 사람들이 볼 때 어떻게 느끼는지 알게 됐어요. 그것이 제일 기억에 남네요. 음, 그리고 작은아들이 외로워할 것이라는 것을 알게 된 것도요. 혼자서 얼마나 춥고, 외로웠을지…. (침묵) 따뜻하게 안아 줘야죠!

상 76　네에, 지금 말씀하신 내용을 기억하시면서 한 주간을 지내보시고 어떤 변화나 느낌이 있었는지 다음 뵐 때 말씀해 주세요. 수고하셨어요. 다음 주 같은 시간에 뵙겠습니다.

내 76　네, 감사합니다. 안녕히 계세요.

6. 수퍼비전 받고 싶은 점

> **Tip**
>
> 논의하거나 도움받고 싶은 점을 3~4개 정도 구체적으로 제시한다.

① 내 3 이후에 내담자의 경험을 따라가지 못한 것 같습니다. 이 시점에서 적절한 공감적 반응은 어떤 것이었을까요?

② 『상담자가 본 내담자 문제』에서 가감할 부분에 대해 논의하고 싶습니다.

참고문헌

강갑원(2004/2008). **알기 쉬운 상담이론과 실제**. 경기: 교육과학사.

강경희(2001). 미술교육을 통한 심리치료적 접근: 주의력 결핍·과잉행동장애. 원광대학교 교육대학원 석사학위논문.

강봉규(1999). **상담이론과 실제**. 서울: 교육출판사.

강신덕, 금명자, 김진숙, 김혜숙(1998). 청소년 개인상담 실습교재. 청소년대화의 광장.

고유식(2004). 인류-문화 종교 연구방법론으로서의 오이디푸스 콤플렉스 연구. 감리교신학대학교 대학원 석사학위논문.

권석만, 이한주, 이순희(2007). **정신분석적 심리치료**. 서울: 학지사.

김계현(2005). **상담심리학**. 서울: 학지사.

김규수, 류태보(2001). **교류분석치료**. 서울: 형설출판사.

김성회 외(1997). 의사거래분석적 상담. 이형득 편저. **상담이론**. 경기: 교육과학사.

김영봉, 권순희, 장성화, 황인호, 김옥진, 류홍희(2011). **생활지도와 상담**. 서울: 서현사.

김영환(1997). **행동적 상담**. 이형득 편저. 상담이론. 서울: 교육과학사.

김인자(1997). 현실요법과 선택이론. 한국심리상담연구소.

김인자(2000). 현실요법사례집. 한국심리상담연구소.

김정규(2003). **게슈탈트 심리치료**. 서울: 학지사.

김정규(2007). **게슈탈트 심리치료**. 서울: 학지사.

김진숙(1996). **예술심리치료의 이론과 실제**. 서울: 중앙적성출판사.

김청자, 정진선(2009). **상담의 이론과 실제**. 서울: 동문사.

김춘경, 이수연, 이윤주, 정종진, 최웅용(2010). **상담의 이론과 실제**. 서울: 학지사.

김춘경, 이수연, 이윤주, 정종진, 최웅용(2016). **상담의 이론과 실제**. 서울: 학지사.

김충기(2001). **교육심리학**. 서울: 동문사.

김충기, 강봉규(2001). **현대상담이론과 실제**. 경기: 교육과학사.

김현수(1988). **교류분석**. 서울: 민지사.

김형태(1998). **상담의 이론과 실제**. 서울: 동문사.

김형태(2003). **21세기를 위한 상담심리학**. 서울: 동문사.

김홍규(1984). **현대생활지도론**. 서울: 장원사.

노안영, 강만철, 오익수, 김광운, 송현종, 강영신, 오명자(2005). **아들러 상담이론과 실제**. 서울: 학지사.

노안영(2005). **상담심리학의 이론과 실제**. 서울: 학지사.

노안영(2006). **상담심리학의 이론과 실제**. 서울: 학지사.

노안영(2008). **상담심리학의 이론과 실제**. 서울: 학지사.

노안영, 강영신(2004). **인간 이해 및 성장을 위한 성격심리학**. 서울: 학지사.

노안영, 강영신(2006). **성격심리학**. 서울: 학지사.

노안영, 강영신(2008). **성격심리학**. 서울: 학지사.

류태보(1996). 교류분석치료가 비행청소년의 성격기능에 미치는 영향. 대구대학교 대학원 석사학위논문.

박경애(1999). **인지행동치료의 실제**. 서울: 학지사.

박경애(2007). **상담의 주요 이론과 실제**. 서울: 교육아카데미.

박성수, 김창대, 이숙영(2002). **상담심리학**. 서울: 한국방송대학교 출판부.

박찬부(1998). **현대정신분석비평**. 서울: 민음사.

방선옥, 장성화, 김영봉, 권순희, 황인호(2011). **교육심리학의 이해**. 서울: 서현사.

사회교육원 예술치료학과교재(2004). **한국 표현예술 심리치료**. 서울: 명지대학교.

설기문(1997). **개인심리학적 상담이론**. 이형득(편저), 상담이론. 서울: 교육과학사.

수잔 핀처 저, 김진숙 역(2003). **만다라를 통한 미술치료**. 서울: 학지사.

신경진(2010). **상담의 과정과 대화 기법**. 서울: 학지사.

오성춘(1990). **상담학개론**. 서울: 장로회신학대학 출판부.

우재현(1998). **심성개발을 위한 교류분석 프로그램**. 서울: 정암서원.

이기춘(1986). **교류분석과 상담**. 대학 카운슬러 연구협의회(편). 상담의 이론과 실제. 서울: 중앙적성출판사.

이남표(2000). **의미요법**. 서울: 학지사.

이명우(2003). 상담사례개념화 교육 프로그램 개발 연구. 연세대학교 대학원 박사학위논문.

이성태(1991). 이해중심 TA와 재경험중심 TA프로그램이 자율성, 생활자세 및 내재화에 미치는 효과. 계명대학교 대학원 박사학위논문.

이윤주(2007). **상담사례개념화의 영역과 요소**. 서울: 한국학술정보.

이윤주, 김계현(2002). 상담자의 사례개념화 수행능력과 상담 경력간의 관계. **한국심리학회지: 상담 및 심리치료, 14(2)**, 257-272.

이인정, 최해경(2003). **인간행동과 사회환경**. 경기: 나남출판사.

이장호(1986). **상담심리학의 입문**. 서울: 박영사.
이장호(1989). **상담면접의 기초**. 서울: 중앙적성출판사.
이장호(2000). **상담심리학(3판)**. 서울: 박영사.
이장호(2003). **상담심리학(3판)**. 서울: 박영사.
이장호(2005). **상담심리학**. 서울: 박영사.
이장호, 금명자(2001). **상담연습교본**. 경기: 법문사.
이재창(2005). **생활지도와 상담**. 서울: 문음사.
이진영(2008). **알기 쉬운 전문상담교사**. 서울: 희소사.
이현림(2008). **상담이론과 실제**. 경기: 양서원.
이현림(2009). **상담이론과 실제**. 경기: 양서원.
이형득 외(1984). **상담의 이론적 접근**. 서울: 형설출판사.
이형득 외(1985). **상담의 이론적 접근**. 서울: 형설출판사.
이형득 외(1995). **현대상담: 심리치료의 이론과 실제**. 서울: 중앙적성출판사.
이혜성 역(2002). **다섯 명의 치료자와 한 명의 내담자**. 서울: 이화여자대학교출판부.
임경수 역(2007). **실존주의 심리치료**. 서울: 학지사.
장선철, 문승태(2006). **상담 심리학**. 서울: 동문사.
장성화(2010). **교육학개론**. 서울: 동문사.
장성화(2010). **수업심리학**. 서울: 학지사.
장성화, 김순자, 윤향숙, 박지현, 황윤미(2016). **상담의 이론과 실제**. 경기: 정민사.
정원식, 박성수, 김창대(1999). **카운슬링의 원리**. 경기: 교육과학사.
조병기(2006). 오이디푸스 콤플렉스 관점에서 바라본 '갈매기'의 뜨레쁠레프와 뜨리고린의 대립적 행동에 관한 연구. 중앙대학교 대학원 석사학위논문.
조현춘, 조현재 역(2003). **심리상담과 치료의 이론과 실제**. 서울: 시그마프레스.
조현춘, 조현재, 문지혜, 이근배, 홍영근(2010). **심리상담과 치료의 이론과 실제**. 서울: 시그마프레스.
주리애(2003). **미술치료는 마술치료**. 서울: 학지사.
주영지(2001). 음악치료의 적용을 통한 주의력결핍 과잉행동 아동의 행동변화. 부산대학교 행정대학원 석사학위논문.
쥬디 아론 루빈 저, 김진숙 역(2003). **미술심리치료 총론**. 서울: 도서출판 키파프레스.
천성문, 박명숙, 박순득, 박원모, 이영순, 전은주, 정봉희(2006). **상담심리학의 이론과 실제**. 서울: 학지사.
천성문, 박명숙, 박순득, 박원모, 이영순, 전은주, 정봉희(2009). **상담심리학의 이론**

과 실제(2판)**. 서울: 학지사.

천성문, 이영순, 박명숙, 이동훈, 함경애(2015). **상담심리학의 이론과 실제**. 서울: 학지사.

최혜림, 정성숙 역(2001). **최신 집단정신치료의 이론과 실제**. 서울: 하나의학사.

클라라힐, 카렌오브리언 공저, 주은선 역(2001). **성공적인 탐색·통합·실행 상담을 위한 상담의 기술**. 서울: 학지사.

한숙자(2004). **전문상담학개론**. 서울: 창지사.

한재희(2003). **상담패러다임의 이론과 실제**. 서울: 교육아카데미.

한재희(2008). **상담패러다임의 이론과 실제**. 서울: 교육아카데미.

현정환(2007). **상담이론·실제·연습의 상담심리학**. 경기: 양서원.

홍경자(2001). **자기이해와 자기지도력을 돕는 상담의 과정**. 서울: 학지사.

한국상담심리학회 www.krcpa.or.kr

한국상담학회 www.counselors.or.kr

한국상담심리교육복지학회 www.akcpew.org

Adler, A. (1912). *The neurotic character*. In H. L. Ansbacher & R. R. Ansbacher(Eds.) (1956). *The individual Psychology of Alfred.* New York: Harper.

Adler, A. (1917). *The neurotic constitution: Outline of a comparative individualistic psychology and psychotherapy*. B. Glueck & J. E. Lind(Trans.). New York: Moffat, yard. (Original work published 1912).

Adler, A. (1958). *What life should mean to you*. New York: Capricorn. (original work published 1931).

Baldwin, M. W. (1987). Relational schemas as a source of if-then self-inference procedures. *Review of General Psychology*, *1*, 326-335.

Bandura, A. (1974). Behavior theory and the models of man. *American Psychologist*, *29*, 859-869.

Berne, E. (1961). *Transactional analysis in psychotherapy*. New York: Grove Press.

Berne, E. (1964). *Games people play: The psychology of human relationships*. New York: Grove Press.

Berne, E. (1966). *Principles of Group Treatment*. New York: Oxford University press.

Berne, E. (1970). Keynote address at Golden Gate Group Psychotherapy Society Conference, San Francisco, California, June.

Berne, E. (1972). *What do you say after you say hello?* New York: Grove Press.

Burks, H. M., & Stefflre, B. (1979). *Theories of counseling*(3rd ed.). New York: Mcgraw-Hill.

Caplan, G. (1964). *Principles of preventive psychiatry.* New York: Basic Books.

Choca, J. (1980, 1988). *Manual for clinical psychology trainees*(1st and 2nd eds.). New York: Brunner/Mazel.

Clara, E. H., & Karen, M. O. (2001). *Helping Skills: Facilitating Exploration, Insight, and Action*. 주은선 역(2006). 성공적인 탐색·통합·실행 상담을 위한 상담의 기술. 서울: 학지사.

Corey, G. (1982). *Theory and practice of counseling and psychotherapy*. Monterey, Calif.: Brooks/Cole Publishing Company.

Corey, G. (1986). *Theory and practice of counseling and psychotherapy*. Monterey, Calif.: Brook/Cole.

Corey, G. (1994). *Group counseling*(4nd ed.). Monterey, Calif: Brooks/Cole.

Corey, G. (1996). *Theory and practice of counseling and psychotherapy*. Pacifid Grove, CA: Brooks/Cole.

Corey, G. (2001). *Theory and practice of counseling and psychotherapy*. 조현춘, 조현재 역(2003). 심리상담과 치료의 이론과 실제. 서울: 시그마프레스.

Corey, G. (2009). *Theory and practice of counseling and psychotherapy*. 조현춘, 조현재, 문지혜, 이근배, 홍영근 역(2010). 심리상담과 치료의 이론과 실제. 서울: 시그마프레스.

Cormier, W. H., & Cormier, L. S. (1979). *Interviewing strategies for helpers: A guide to assessment, treatment, and evaluation.* Monterey, Calif: Brooks//Cole.

Douglas, C. (2005). Analytical psychotherapy. In R. J. Corsini & D. Wedding (Eds.) *Current phychotherapies*(7th ed.) Belmont, CA: Brooks/Cole.

Dusay, J. M., & K. M. (1984). Transactional analysis. In R. J. Corsini(Ed.) *Current psychotherapies*(3rd ed.) Itasca, : F. E. Peacook.

Ellis, A. (1962). *Reason and Emotion In Psychotherapy*. New York: Lyle Stuart.

Ellis, A. (1987). The evolution of rationalemotive therapy (RET) and cognitive behavior therapy(CBT). In J. K. Zeig(Ed.), *The evolution of psychotherapy*. New York: Brunner/Mazel.

George, R. L., & Christiani, T. S. (1995). *Counseling: theory and practice.* Boston: Allyn and Bacon.

Hahn, M. E, & Maclean, M. S. (1955). *Counseling Psychology*. New York: Mcgraw-Hill Book Co.

Harris, T. (1967). *I'm OK-You're OK.* New York: Harper & Row Pub.

Ivey & Simek-Downing (1980). *Counseling and Psychotherapy: Skills, theories, and practice*. Englewood Cliffs, NJ: Prentice-Hall.

Ivey, A. E., & Authier, J. (1978). *Microcounseling: Innovations in Interviewing, Counseling, Psychotherapy, and Psychoeducation*. Springfield, IL: Charles C Thomas.

Ivey, A. E., & Ivey, M. B. (1999). *Intentional interviewing and counseling: Facilitating client development in a multicultural society*. Pacific Grove: Brooks/Cole Pub.

Ivey, A., D'Andrea, M., & Ivey, M. B. (2012). *Theories of counselling and psychotherapy: A multicultural perspective*(7th ed). Thousand Oaks, CA: Sage.

James, R. K., & Gillialand, B. E. (2001). *Crisis intervention strategies*(4th ed). Celmont, CA: Briiks/Cole.

Judy, A. (2001). *The Art of Therapy*. 김진숙 역(2001). 미술심리치료 총론. 서울: 도서출판 키파프레스.

Jung, C. G. (1945). Marginalia on contemporary events. *In Collected Works*, Vol.18, The Symbolic Life. London: Routledge & Kegan Paul.

Jung, C. G. (1961). *Memories, dreams, reflections*. New York: Pantheon.

Krumboltz, J. D. (1993). Integration career and personal counseling. *The Career Development Quarterly*, *42*(2), 143-148.

Krumboltz, J. D., & Thoresen, C. E. (1976). *Counseling methods*. New

York: Holt, Rinehart and Winston.

Levitsky, A., & Perls, F. (1970). The rules and games of Gestalt therapy. In J. Fagan & IL Shepherd (Eds.), *Gestalt therapy now*(pp.140-149). Palo Alto, CA: Science and Behavior Books.

Maduro, R. J. & Wheelwright, J. B. (1977). Chapter 4 Analytical Psychology. In Corsini, R. J. *Current personality theories*. F. E. Peacock Publishers, Inc. Itasca, ILL.

Mosak, H. H. (1995). Adlerian psychotherapy. In RJ Corsini & D. Wedding (Eds.), *Cunmt psyckothanapia*(5th ed., pp.51-94). Itasca, IL: Peacock.

Needleman, L. D. (1999). *Cognitive case conceptualization: A guide for practitioners*. U.S.A. Lawrence Erlbaum Associates.

Nystul, M. S. (1999). *Introduction to counseling: An art and Science Perspective*. Boston: Allyn & Bacon.

Patterson, C. H. (1980). *Theories of Counseling and psychotherapy*(3th ed.). New york: Harper & Row Publishers.

Patterson, C. H., & Watkins, C. E., Jr. (1996). *Theories of psychotherapy*(5th ed.). Boston: Allyn & Bacon.

Patterson, L. E., & Welfel, E. R. (2000). *The counseling process*. Australia: Brooks/Cole.

Patterson, M. L. (1977). Interpersonal distance, affect, and equilibrium theory. *Journal of Social Psychology*, *101*, 205-214.

Perls, F., Hefferline, R., & Goodman, R. (1951). *Gestalt therapy: Excitement and growth in the human personality*. New York: Dell.

Peterson, J. V., & Nisenholz, B. (1999). *Orientation to counseling*(4th). Boston: Allyn.

Pietrofesa, A. J., Hoffman, A., Splete, H. H., & Pinto. D. V. (1978). *Counseling: theory, research, and practice*. Chicago: Rand McNally.

Polster, E. (1987). *Every person's life is worth a novel.* New York: W. W. Northon & Company.

Rogers, C. R. (1942). *Counseling and psychotherapy.* Boston: Houghton Mifflin.

Rogers, C. R. (1951). *Client-centered therapy: Its current practice, implications, and theory.* Boston: Houghton Mifflin Company.

Rogers, C. R. (1952). *Client-centered therapy: Its current practice, implications, and theory.* Boston: Houghton Mifflin Company.

Rogers, C. R. (1959). A Theory of Therapy, Personality, and Interpersonal Relationships: As Developed in the Client-Centered Framework. In S. Koch (Ed.), Psychology: A Study of a Science. *Formulations of the Person and the Social Context*(Vol. 3, pp. 184-256). New York: McGraw Hill.

Rogers, C. R. (1961). *On becoming a person.* Boston: Houghton Mifflin.

Rogers, C. R. (1975). Empathic: An unappreciated way of being. *Counseling Psychologist*, *5*, 2-10.

Rogers, C. R. (1980). *A way of being. Boston:* Houghton Mifflin.

Rogers, C. R. (1980). *My philosophy of interpersonal relationships and how it grew.* Boston: Houghion Mifflin.

Rogers, C. R. (1987). Comments on the issue of equality in psychotherapy. *Person-Centered Review*, *1*, 257-259.

Shertzer, B., & Stone, S. C. (1974). *Fundamentals of counseling.* Boston: Houghton Mifflin.

Shertzer, B., & Stone, S. C. (1981). *Fundamentals of guidance*(4th ed.). Boston: Houghton Mifflin.

Shilling, L. E. (1974). *Perspective on counseling theories*. Englewood Cliffs, N. J.: Prentic-Hall.

Stewart, N, R., Winborn, B. B., Johnson, R. G., Burks, H. M., jR., & Engelkes, J. R. (1978). *Systematic counseling*. Englewood Cliffs, N. J.: Prentice-Hall.

Strong, S. R. (1968). Counseling: An interpersonal influence process. *Journal of Counseling Psychology*, *15*(3), 215-224.

Sweeny, T. J. (1989) *Adlerian Counceling: practical approach for a new decode*(3rd ed.). Muncie, Ind: Accelerated Development.

Tyler, L. E. (1969). *The work of the counselor*(3rd ed.). New York: Appleton-Century Crofts/Prentice-Hall.

Ven Deurzen, E. (2002). Existential therapy. In W. Dryden(Ed.), *Handbook of individual therapy*(4th ed., pp.179-208). London: Palgrave, Macmillan.

Watson, D. L., & Tharp, R. G. (1997). *Self-directed behaviour: Self-*

modification for personal adjustment. Monterey California: Brooks/Cole.

Welfel, E. R., & Patterson, L. E. (2005). *The counseling process: A multitheoretical integrative approach*(6th ed.). Belmont, CA: Thomson Brooks/Cole.

Williamson, E. G. (1939). *How to counsel students.* New York: McGraw-Hill.

Wilson, G. T. (2008). Behavior therapy. In R. Corsini & D. Wedding (Ed.s), *Current psychotherapies*(8th ed., pp.223-262). Belmont, CA: Brooks/Cole.

Wubbolding, R. E. (1988). *Using reality therapy*. New York: Harper & Row.

Wubbolding, R. E. (1988). *Using reality therapy*. 김인자 역(2004). 현실요법의 적용. 서울: 한국심리상담연구소.

Yalom, I. D. (1981). *Existential psychotherapy*. New York: Basic Books.

Yontef, G. (1993). *Awareness, dialogue and process: Essays on Gestalt therapy. Highland*, NY: Gestalt Journal Press.

Yontef, G., & Jacobs, L. (2008). Gestalt therapy. In R. Corsini & D. Wedding(Eds.), *Current psychotherapies*(8th ed., pp.328-367). Belmont, CA: Brooks/Cole.

찾아보기

본문색인

ㄱ

ㄴ

ㄷ

ㄹ

ㅁ

ㅇ

인명색인

저자약력

장성화(張星化)

건국대학교 동 대학원 박사

현) 공군사관학교 심리리더십학과 교수
  한국상담심리교육복지학회 학회장
  한국상담학회 수련감독(군경소방, 대학, 집단)
  한국청소년상담학회 학회장

저서: 상담이론과 실제 외 20편

논문: 한국판 자살생각 척도 타당화 연구 외 70편

김순자(金順子)

건국대학교 대학원 박사

현) 진로상담협회 수석부회장
  서울한영대학교 상담심리학과 교수
  한국상담심리교육복지학회 수련감독
  한국상담학회 수련감독(집단, 대학, 진로)

저서: 진로상담의 이론과 실제, 심리학개론 등

논문: 직업카드를 활용한 중학생의 진로 집단상담 프로그램개발 효과 연구 등

윤향숙(尹鄕淑)

건국대학교 동 대학원 박사(수료)

현) 한국교육력회복연구소 소장
  한국상담심리교육복지학회 수련감독
  한국상담학회 수련감독(대학, 진로, 교정)
  한국상담심리교육복지학회 경기 및 강원 지역학회장

저서: 상담심리학 이론과 실제, 학교폭력 예방의 이론과 실제 등

논문: 감염병 대유행 시대의 비대면 집단상담 사례연구: 교사들의 직무스트레스를 중심으로 등

박지현(朴志現)

건국대학교 대학원 박사

현) 서원대학교 교육학과 교수

한국청소년상담복지개발원 컨설팅위원

충청북도청주교육지원청 학교폭력대책심의위원

한국상담학회 수련감독, 한국상담심리학회 상담심리사 1급

저서: 학교폭력예방 및 학생의 이해 등

논문: 학교 밖 청소년을 위한 동기강화 집단상담 프로그램 효과 검증 등

황윤미(黃允美)

건국대학교 동 대학원 박사

현) 건국대학교 학생상담센터 상담전문교수

한국상담심리교육복지학회 이사

한국상담학회 수련감독(진로, 심리치료), 한국상담심리학회 상담심리사 1급

한국상담학회 자격관리위원장

저서: 집단상담, 상담심리학 등

논문: 대학생의 자아분화, 스트레스 대처방식, 정신건강이 대학생활적응에 미치는 영향 등

상담의 이론과 실제 제3판

제3판 1쇄 발행 / 2022년 7월 20일
제3판 3쇄 발행 / 2026년 3월 5일

•

공저자 / 장성화 · 김순자 · 윤향숙 · 박지현 · 황윤미
발행인 / 이 중 수
발행처 / **동 문 사**

•

서울특별시 서대문구 홍제원 1길 12
(홍제동 137-8)
Tel: 02)736-3718(대), 736-3710, 3720
Fax: 02)736-3719
등록번호: 1974.04.27. 제9-17호
가격: 25,000원

•

ISBN: 979-11-6328-425-3(93370)
E-mail: dong736@naver.com
www.dongmunsa.com